■ 大学公共课系列教材

U0646243

中国文化概论

ZHONGGUO WENHUA GAILUN

邓天杰◎主 编

北京师范大学出版集团
BEIJING NORMAL UNIVERSITY PUBLISHING GROUP
北京师范大学出版社

图书在版编目（CIP）数据

　　中国文化概论/邓天杰主编. —北京：北京师范大学出版社，
2012.8（2022.11重印）
　　（大学公共课系列教材）
　　ISBN 978-7-303-15073-1

　　Ⅰ. ①中… 　Ⅱ. ①邓… 　Ⅲ. ①中华文化-高等学校-教材
Ⅳ. ①K203

　　中国版本图书馆 CIP 数据核字（2012）第 179543 号

图书意见反馈：gaozhifk@bnupg.com 　010-58805079
营销中心电话：010-58807651
北师大出版社高等教育分社微信公众号　新外大街拾玖号

出版发行：北京师范大学出版社　www.bnupg.com
　　　　　北京市西城区新街口外大街 12-3 号
　　　　　邮政编码：100088
印　　刷：天津中印联印务有限公司
经　　销：全国新华书店
开　　本：730 mm×980 mm　1/16
印　　张：22.75
字　　数：420 千字
版　　次：2012 年 8 月第 1 版
印　　次：2022 年 11 月第 13 次印刷
定　　价：35.00 元

策划编辑：王　强　　　　责任编辑：王　强
美术编辑：毛　佳　　　　装帧设计：毛　佳
责任校对：李　菡　　　　责任印制：马　洁

前　言

　　中国文明历经五千年，是人类历史上唯一没有中断的文化。它弘浩博大，流丽万有。这是一个东方奇迹。

　　中华优秀传统文化是中华民族的"根"和"魂"。习近平总书记高度重视中华优秀传统文化，并将其作为治国理政的重要思想文化资源。他反复强调，中华优秀传统文化是中华民族的突出优势，中华民族伟大复兴需要以中华文化发展繁荣为条件，必须结合新的时代条件传承和弘扬好中华优秀传统文化。为了普及中国传统文化和满足高校教学的需要，我们编写了这部教材。在编写过程中，我们力图做到两点：第一，比较全面地介绍中国传统文化。从文化构成情况来看，中国文化由两个部分组成：一是官方文化；一是民间文化。官方文化与民间文化相辅相成。再者，中华民族是以汉民族为主，由众多民族组成，各民族都创造了自己独具特色的文化。因此，我们在编写的过程中，以汉民族的主流文化为主，适当兼顾民间文化和少数民族文化，努力做到比较全面地反映中国文化的全貌。第二，注意教材编排的科学性。一是在内容的安排上注意逻辑性，避免重复和交叉；二是在行文上注意简明扼要，既讲明问题，又避免啰唆，便于教师发挥和学生自主学习。

　　值得注意的是，在学习和研究传统文化知识的过程中，我们也应坚持科学的态度。要坚持马克思主义的方法，采取马克思主义的态度，有扬弃地予以继承，取其精华，去其糟粕，用中华民族创造的一切精神财富来以文化人、以文育人。

　　本教材编写分工如下：邓天杰编写第一章、第二章、第四章、第六章、第八章、第九章、第二十章；陈会明编写第三章、第十一章、第十二章、第十四章；王照年编写第十章、第十五章、第十六章、第十七章；蔡登秋编写第七章；林琳编写第十三章；安春燕编写第五章、第十八章、第十九章。

在编写的过程中，我们参考了大量有关论著，采纳和引用了学者们的研究成果，在此表示诚挚的谢意！

由于水平所限，书中难免存在一些不足。恳请读者批评指正。

编　者

目　　录

第一章　中国文化概述

中国文化是在中华大地上孕育涵养、成长发展起来的，是中华民族物质财富和精神成果的结晶。它源远流长，博大精深，延绵不绝而独具特色，几经兴衰，表现出极强的生命力，成为中国人极为宝贵的精神纽带和思想资源，使中华民族牢固地凝聚在一起，始终坚强地立足于世界民族之林。在人类发展史上，中国文化经由传承与创新，对未来中国和世界文明的发展，必将产生不可估量的深刻影响。

第一节　文化的基本属性

一、文化的含义

文化作为一种包罗万象的庞大体系，迄今为止国内外学术界为之所下定义约有 400 多种。这正从一个方面说明了文化的恢弘璀璨、绚丽多彩和历久而弥新的特性。

美国著名文化人类学家克罗伯等著的《文化：概念和定义的批判性回顾》认为："文化是包括各种外显或内隐的行为模式；它通过符号的运用使人们习得及传授，并构成人类群体的显著成就，包括体现于人工制品中的成就；文化的基本核心包括由历史衍生及选择而成的传统观念，尤其是价值观念；文化体系虽可被认为是人类活动的产物，但也可被视为限制人类进一步活动的因素。"1974 年版的《大英百科全书》认为，"文化是一种渊源于历史的生活结构的体系，这种体系往往为集团的成员所共有"，并包含集团的"语言、传统、习惯和制度，包括有激励作用的思想、信仰和价值以及它们在物质工具和制造物中的体现"。1973 年版的《苏联大百科全书》认为，广义的文化概念应是"社会和人在历史上一定的发展水平，它表现为人们进行生活和活动的种种类型和形式以及人们所创造的物质和精神财富"；而狭义的文化概念，则"仅指人们的精神生活领域"。以上三种对文化概念的阐释是国际学术界比较权威的定义。

在中国语言系统中，"文化"一词源于"文"、"化"二字的复合使用。商代甲骨文中，"文"字像身上有花纹的人形，似纹身之人；"化"字像一正一倒的人形，喻变化之义。《周易·贲卦·象传》曰："观乎天文，以察时变；观乎人文，以化成天下。"孔颖达的《周易正义》注释谓："观乎人文以化成天下者，言圣人观察人文，则《诗》、《书》、《礼》、《乐》之谓，当法此教而化成天下也。"由此可见，这里的"人文"与"化成"体现的是"以文教化"的思想观念。而"文"与"化"连缀为一词，最早见于西汉刘向所撰《说苑·指武》："圣人之治天下也，先文德而后武力。凡武之兴，为不服也，文化不改，然后加诛。夫下愚不移，纯德之所不能化，而后武力加焉。"这其中的"文化"一词意思也是以文德教化天下。因此，中国传统语言系统中的"文化"含义，与现代词汇中的"文化"概念有所不同。现今使用的翻译词汇"文化"，其词源于拉丁文 cultura，词意具有多种含义，如耕种、居住、练习、注意、敬神等。此后英文 culture 又由此引申出教育、知识、修养、礼貌、情操、风尚、人类能力的发展以及科学和美术的修养等意义，并逐渐演绎成现代词汇中的专门术语。

"文化"一词与"文明"的概念相近，以至于二者往往相互通用。如美国学者亨廷顿在《文明的冲突》一书中即把文明界定为"文化实体"。而中国《辞海》中载："文明，犹言文化，如物质文明、精神文明。""文明"一词，在中国古代文献中，最初见于《尚书·舜典》："濬哲文明，温恭允塞。"其含义宋人蔡沈《书经》释作帝舜具有"深沉而有智，文理而光明，和粹而恭敬，诚信而笃实"四种"幽潜之德"。而据孔颖达疏曰："经纬天地曰文，照耀四方曰明。"又《周易·贲卦·象传》："文明以止，人文也。"王弼注曰："止物不以威物而以文明，人之文也。"而孔颖达疏云："用此文明之道，裁止于人，是人之文德之教。"可以看出，古代汉语中的"文明"与"文化"都具有道德伦理的文化意义。现代汉语中"文明"是作为英文 civilization 的翻译词汇，而 civilization 源于拉丁文 civilis(城市)和 civis(公民)，意思含有比外国人或蛮族的原始生活方式优越之义，其定义也有许多种。18 世纪欧洲才将这个术语用于正式文献中，至 20 世纪中期方广泛运用于人文科学各领域，一般指阶级社会出现以后的人类社会历史，并与原始社会——野蛮社会相对立。正如摩尔根《古代社会》中将人类历史划分为三个阶段：蒙昧时代、野蛮时代和文明时代。现代史学界一般认为"文明"社会的主要标志，应是出现了政治组织上的国家；已有城市作为政治、经济、文化(包括宗教)各方面的活动中心；已发明文字并能利用文字作记载；已能冶炼金属等。当今国际学术界对"文明"概念比较流行的认识是将其理解为广泛意义上的"文化"，即人们有目的的活动方式及其一切成果的总和。

二、文化的结构

关于文化的结构，目前学术界通常分为三个层面：一是精神文化层面。又称意识文化、观念文化或心理文化等，包括价值观念、思维方式、道德思想、审美情趣、宗教感情、民族心理或性格等纯意识领域，也包括音乐、绘画、文学、诗歌等理论化和对象化意识领域。二是物质文化层面。这里所说的物质文化层面，主要指精神、观念、意志、情感的物化形态，或物质生产和物质生活中的文化内涵。它包括人类为满足生活和生存发展而进行的物态创造活动及其文化产品，这是广义的文化。三是制度文化层面。制度是人类在社会活动中建立各种社会关系规范的总和，既包括反映社会形态和社会性质的制度，如奴隶制度、封建制度、资本主义制度、社会主义制度等；也包括各种具体制度，如家庭、婚姻、宗教、经济、政治等制度；还包括风俗、习惯以及其他种种约定俗成的日常生活方式与行为方式。制度文化则主要指文化发展、文化生活如何制度化以及上述各种制度所体现的文化性质、文化功能及其他多重文化内涵。

文化结构中的三个层面是互相渗透的整体。这是因为文化是人类区别于其他动物的根本特征之一。文化代表了人类对真、善、美的不懈追求，它推动人们的智慧、情感、意志从自发状态向自觉状态不断提升，使人们的精神发展与物质生活的再生产、制度的再生产融为一体。

三、文化的基本特征

（一）文化具有时代性

每一代人都生活在一个特定的时代环境中并进行文化活动。物质生产方式不同，先前文化积累和外来文化资源不同，每一代文化活动必然深深打上时代的烙印，他们的文化保存和文化创造都不能完全脱离既定的历史条件及其所提供的可能空间，这就是文化所具有的时代性。

（二）文化具有民族性

文化作为人类的社会活动是由具有地域性特征的社会共同体——民族

3

创造的，由此形成不同的文化类型差别，这就是文化的民族性。法国艺术哲学家丹纳在其著作《艺术哲学》中对民族特性阐述道："你们不妨把一些大的民族，从他们出现到现在逐一考察；他们必有某些本能某些才具，非革命、衰落、文明所能影响。……在最初的祖先身上显露的心情与精神本质，在最后的子孙身上照样出现。这便是原始的花岗石，寿命与民族一样长久，那是一个底层，让以后的时代把以后的岩层铺上去。"这是因为任何文化都不可能凭空创造，它只能在先前世代积累的基础上，通过批判、转型而前进。文化的民族基因贯穿于民族语言、文字及各种文化的表现形式之中。文化的民族性使之成为不以人的意志为转移的客观存在。

民族性和时代性也是相互关联的。一般而论，物质和制度文化层面较富于时代性，因而是比较活跃的因素；精神文化层面更多地表现出具有民族性，因而变化比较缓慢。

第二节　中国文化生成的地理环境

地理环境是文化创造的自然基础，任何一种文化在演进发展过程中，都离不开地理环境的制约与影响。而各个民族面临不同地理环境下的生存挑战，这正是民族文化发展差异的一个重要因素。

一、中国地理环境是中华民族多元一体格局的自然基础

中华民族的生存空间是三面深入亚洲大陆腹地，一面是大海的地理环境。其格局为西北是高原沙漠戈壁，西南是高山峻岭，东面濒临沧海，四周的自然屏障形成一个相对封闭的独立地理单元。而这一特殊的生存空间与地理环境对中国文化的发展具有深远的影响。

中国的自然地理环境是中华民族各族群之间存在的一种天然联系。中华民族各族群的起源是多元的，然而中国这一多民族国家之所以被称为"中华民族大家庭"，不仅仅因为这些民族群体是生活在中国这一相对独立的地理生态系统中的共同主人，而且还因为这些民族群体在这一地理生态系统中并非各自孤立发展，而是在政治、经济、文化方面密切交往乃至在血缘的不断交融中逐渐发展形成的。尤其是这些民族群体围绕着居住在这地理生态系统的中心地带，具有悠久、浓厚和优秀文化传统的核心群族形成了具有强大向心力、凝聚力的政治、经济、文化实体。

二、中国地理环境对统一趋势具有重要影响

由于中国所处的地理环境是个相对独立的地理单元，局部地区的差异性一般受到整体所具有的统一性制约。对外交往阻碍较多，内部交往则相对便利，故中华民族都关注内部交往，热衷于向内发展。在这种自然的内向性作用下，促进了民族的大融合以及文化的多元统一。同时，中国周边环境的相对封闭性和中原环境的相对完整性、易达性，尤其是中原地区作为中华民族核心的主要活动地域，不仅使其较发达的文化成为民族凝聚力和稳定性的基础，而且有利于政治、经济和文化的一统。从《禹贡》按照华夏形势将全国分成九州，《尚书·尧典》中"协和万邦"到《诗经·小雅》中"普天之下，莫非王土；率土之滨，莫非王臣"；从孟子说天下必将"定于一"到荀子称"四海之内若一家"；从秦始皇一统天下在全国推行郡县制与车同轨、书同文、行同伦等政策措施以及封建中央皇朝"四夷咸宾"、"万国来朝"的思想意识，皆使统一政治成为中国民族的深层观念和思维方式。

三、中国地理环境与中国文化多样性的构成

中国早已形成统一多民族的国家，而不是任何一个特定民族的国家。这种民族群体的交流与渗透已有几千年的历史，在文化方面形成了中华各族群之间各种内在的或潜在的共性，构成"中华民族多元一体格局"的深厚文化基础。然而中国广博辽阔的土地上，自然地理环境面貌迥异。从西北的帕米尔高原、青藏高原与戈壁沙漠到西南的云贵高原、十万大山；从长城以北的内蒙古高原与大草原到长城以南的华北平原、长江中下游的丘陵平原地带；从东北的大兴安岭到南海的曾母暗沙等，自然气候千差万别，地形地貌彼此不同，构成了多种生活与生产方式、多种文化纷呈的多元生态文化圈的物质基础。据考古学统计，中国各地发现的新石器文化遗址就有 7000 多处，如黄河中游地区的仰韶文化、龙山文化；黄河下游地区的青莲岗文化、大汶口文化、岳石文化；长江中游地区的大溪文化、屈家岭文化、青龙泉文化；长江中下游地区的河姆渡文化、良渚文化、崧泽文化以及燕山南北的红山文化等，都是著名的新石器文化遗址。

上古时代的部落联盟，如华夏炎黄联盟、东夷联盟、西南苗蛮联盟、西北羌狄联盟等，都是通过征伐、兼并、融合，在一定地域范围内形成的各具文化特色的民族集团。迄至商周时期，由于地区性多元文化的发展以及民族社会经济发展的不平衡，各地区不仅表现出不同的风俗习惯，而且

形成了区域性的民族性格和精神风貌，如《晏子春秋》谓："古者百里而异习，千里而殊俗。"如果说地理环境是民族文化的摇篮，那么地理环境同样也是民族性格的熔炉，不同的地理环境会孕育和熏陶出不同区域的文化性格。《诗经·国风》汇集了 15 个地区的诗歌，生动地呈现了多姿多彩的地域文化特征。及至汉代，班固《汉书·地理志》曰：秦地人好稼穑、务本业，以力气为上，以射猎为先；河南殷墟人性格刚强、多豪杰，喜相侵夺，薄于思礼；晋地人深思俭陋；周地人巧伪趋利；晋北戎狄等地人慷慨悲歌，好作奸巧；齐地人舒缓迂阔，奢侈夸诈；鲁地人长幼相让，尚礼义，重廉耻；宋地人性格重厚，多君子；卫地人性格刚武；楚地人怯懦偷生，信巫鬼，重淫祀；汝南人性格急剧，有气势；吴越人好勇轻死等。这些区域性的风俗习惯与文化精神正是中国文化及其精神的源泉。中国文化内涵之所以博大深邃、璀璨夺目，正是这些区域性民族多元文化交融、汇集的成果。

四、中国地理环境与中国文化的延续性和封闭性

错综复杂的自然地理环境，为中国文化多元化、多样化发展提供了适宜的生态空间，而相对独立的地理单元和难以逾越的地理障碍所具有的封闭性，使以陆路交通为主的古代时期的中国文化几千年中一直未受到外部力量或异质文化的毁灭性冲击。与外部世界的相对隔离，使中国文化传统长盛不衰，既能以自身独立的姿态保持前后递进、陈陈相因的延续性，又通过在内部环境系统中完成的统一，形成共同的民族心理与伦理观念。然而中国地理环境的封闭性以及先进和稳定的农业社会文明，使先秦以来的中国人均将中国视为天下的中心来构想世界的格局。在中国先民的观念中，中国的礼仪文化及其价值系统是普天之下都应奉为楷模的文明形态；天下由中国与四夷即东夷、南蛮、西戎、北狄所共同构成；中国的朝廷是"天朝"，中国的皇帝是"天子"。《尚书·大禹谟》曰："皇天眷命，奄有四海"，"无怠无荒，四夷来王"。这是治理天下的理想境界。"帝王居中，抚驭万国，当如天地之大，无不覆载"。这种构想一方面为中国长期维持大一统政治局面奠定了思想基石；另一方面在这种思维方式、文化心态和认知理解下，中国古人最为关注的是"华夷之大防"和"用夏变夷"，容易囿于唯我独尊、自我中心、自我陶醉、自我封闭的观念和文化优越感中，丧失对外积极开拓进取的动力与精神。由于中国古代缺乏睁眼看世界的开阔视野，缺乏外部力量的冲击与刺激，也就必然缺乏走向世界的冲动欲望，因而难以产生飞跃性的突变和革命性的质变。

中国各民族对其生态环境的文化适应，并非多是消极被动的，也有许多积极能动的实践。所以在理性审视与正确把握地理环境因素与人文因素的相互关系以及在认识地理环境对中国文化的影响和作用时，应肯定人类社会政治、经济、文化因素对地理环境改造的积极动力和创造性、主导性作用。重视地理环境与民族文化相互依存、相互制约的规律，重视人和自然的和谐发展，当是人类社会发展所追求的理想。

第三节　中国文化的发展历程

一、上古：中国文化的产生

上古是指几百万年前至有文字记载以前的历史阶段。中国史学界一般把上古界定为170万年前至殷商的4000多年前这段时期。

中国文化的起源应该从中国人的起源说起。考古材料证明，中国是人类发源地之一，从人类的直系远祖腊玛古猿到直立人（元谋人、蓝田人），再到早期智人（马坝人、大荔人、丁村人），晚期智人（山顶洞人、资阳人），每一个环节都没有缺失。

180万年以前中国境内就已有猿人活动。他们使用的工具是简单加工的石块。北京猿人已经能熟练地使用火。火的使用标志着人与动物的最后诀别。

在新石器时代，中国古代先民广泛使用经过磨光或钻孔加工的工具，如石斧、石刀、石铲、石凿和石犁等，粗糙的陶器也广泛出现。这个时期的经济生活有了重大变化，人们从狩猎、采集进入到农业和畜牧业社会。这标志着先民从开始依靠自己的劳动增加天然物产，进入生产性经济生活。

原始先民的观念文化主要表现在原始宗教信仰和原始艺术上。在原始先民的宗教信仰方面，有自然崇拜、生殖—祖先崇拜和图腾崇拜。

在原始观念文化中，原始艺术也有长足发展，主要艺术形式有彩陶、陶绘、音乐、舞蹈、雕刻、岩画，神话也很丰富。

在上古时代，人与人之间的相互关系，主要有婚姻关系、氏族关系，其组织形式包括原始群、家族、氏族、部落、部落联盟等。

就婚姻关系而言，在原始社会，中华先民经历过以下几个阶段：首先是血亲杂交；其次是血缘群婚；最后是族外婚。婚姻关系的不断变化，证明人类逐步走向文明。

就氏族关系而言，经过了母系氏族和父系氏族两个阶段。母系氏族是以母亲的血缘关系结成的原始社会的基本单位。在母系氏族社会里，妇女在生产和生活中起着主导作用。大致说来，母系氏族社会从旧石器时代晚期开始，贯穿整个新石器时代。中国上古神话传说中的女娲氏、庖牺氏、神农氏、有巢氏、燧人氏都是母系氏族时期中华先民创造的神，其中后代称谓的三皇，即地皇神农氏、人皇伏羲氏、天皇燧人氏，即生活于这一时期。

父系氏族是以父亲的血缘关系为中心结成的原始社会晚期的基本单位。随着男子劳动地位的改变，使他们逐渐取代了妇女在生产和生活中的支配地位。在父系氏族社会里，人们按照父亲的血统确定亲属关系。父系氏族社会大约产生于青铜时代和铁器时代早期，传说中的五帝（黄帝、颛顼、帝喾、唐尧、虞舜）就生活在这一时期。尧舜禅让是这一时期制度文化的体现。

在中华大地上发现了大量的上古时期的文化遗址。人们将上古旧石器、新石器时代的文化分布划分为三个文化集团。

第一，华夏文化集团。包括仰韶文化和龙山文化分布区。它发祥于黄土高原，后沿黄河东进，散布于中国的中部及北部的部分地区。黄帝、炎帝就生活在这个区域。黄帝和炎帝是传说中的中国原始社会晚期的两个部落首领。他们的部落原先都居住在今天的陕西境内，后来沿着黄河两岸向东发展到今天的山西、河北、河南、山东一带。炎帝和黄帝被尊为华夏族的共同祖先。

第二，东夷文化集团。大致在今山东、河南东南和安徽中部一带，即大汶口、龙山文化和青莲岗文化江北类型分布区。传说中的后羿和蚩尤就生活在东夷文化区域内。

第三，苗蛮文化集团。主要活动在今湖北、江西一带，即大溪文化、屈家岭文化分布区。东部的河姆渡文化、良渚文化也可归入此文化区。传说中伏羲、女娲都生活在这个区域。传说伏羲、女娲是一对兄妹，他们相婚而产生了人类。又传说女娲曾用黄土捏人，炼五色石补天，折鳌足以支撑四极，杀死猛兽，治理洪水，使人民得以安居。又传说伏羲教民结网，从事渔畜牧。八卦也是由伏羲创制的。

以上三个文化集团经过多年征战，最后由华夏文化集团占据了统治地位，从此，华夏族在漫长的中国历史中一直成为中国人的象征。

二、夏商西周：从神本走向人本

夏商西周是中国原始公社解体，奴隶制由产生到鼎盛的时代，也是中国社会由部落联盟到统一国家体制形成并逐步走向完备的时代。中国奴隶制在西周时期达到鼎盛。

中国奴隶制国家体制的确立是在商代后期，其标志是以区别嫡庶为核心的宗法制度的产生。宗法制度的主要特点就是财产和地位由嫡长子继承。国家体制的完备是到西周才完成的。

夏商西周文化思想的基本特点是以神为本走向以人为本，从尊命尊神走向尊礼尚德。这是中国文化思想史上的重大转折。

周代的礼制既是典章制度的总汇，又是当时各级人士政治、经济、社会、家庭生活各种行为规范的准绳。儒家对其进行了继承和发扬光大，为后世各朝各代的统治阶级所推崇，使其以强劲的力量规范着中国人的生活行为、心理模式和是非观念。

周代是中国哲学的发端时期，主要体现在《周易》上。传统的说法是伏羲画八卦，周文王把八卦演化为六十四卦，并写出卦辞和爻辞，即《易经》。孔子作《易传》，《易经》与《易传》共同构成《周易》。《周易》对中华民族自远古以来的生产和生活经验进行了理论上的总结。它用阳和阴的对立统一学说分析宇宙一切现象。它的核心思想是自然界一切事物都处于矛盾运动当中，并在阴阳的相互作用中向前发展。《周易》是中国最古老的哲学著作，是中国文化思想的重要源头之一，对中国文化的影响巨大而深远。

三、春秋战国：中国文化的"轴心时代"

从周平王迁都（前770）到秦始皇统一中原（前221）这段时间，习惯上以公元前476年为界划分为春秋和战国两个时期。春秋战国时期是中国文化的奠基时代，中国民族文化从此大致确立。在社会生产力上，由青铜时代进入到铁器时代。在民族方面，以华夏为主体的中原民族与周边各族不断融合，形成了华夏族。在文化上，则进入了空前繁荣昌盛的时期，由诸子百家创立的各个学派，使中国文化精神的多个侧面都得到了充分的展开和升华，为中国文化的发展奠定了基础。

在春秋战国时代，诸子蜂起，学派林立，各种不同的文化应运而生。出现了中国文化史上最为辉煌的一页。

四、秦汉：一统帝国与文化一统

公元前221年，秦灭六国，秦王嬴政完成统一大业，建立了中国历史上第一个专制主义中央集权的统一帝国。为了巩固国家的统一，秦王朝采取了一系列措施，在政治上创立皇帝制度，实行"三公九卿"制；在经济上，一是统一收税，二是确定土地私有制；在文化上，一是"书同文"（把小篆作为统一文字），二是"车同轨"（统一车辆行制），三是"度同制"（统一度量衡和货币），四是"行同伦"（统一教化），五是"地同域"（统一版图），六是"焚书坑儒"（焚烧书籍，坑杀儒生）。

秦始皇统一文化的措施，增进了秦帝国版图内人们在经济生活、文化生活和文化心理上的共同性，为中国文化共同体的形成奠定了坚实的基础。同时，也为君主专制开了一个恶例。

西汉时期，最大的文化事件就是新儒学的兴起。董仲舒提出了"罢黜百家，独尊儒术"的政治主张，从此封建思想成为了封建时代的统治思想。他还提出天生万物、人副天数、君权天授等重要学说，丰富了唯心主义理论。他倡导的君为臣纲、父为子纲、夫为妇纲的伦理关系和仁、义、礼、智、信个人德性修养，为封建专制统治提供了理论依据。

西汉开辟了"丝绸之路"，使中国文化第一次真正走向世界，西域的音乐、舞蹈、杂技、佛教也由此传入中国。

五、魏晋南北朝：乱世中的文化多元走向

秦汉时天下一统，到了魏晋南北朝时，就呈现出了内乱外患的动荡局面。战乱和割据，不仅打破了一元化的集权统治，同时也出现了文化多元化的局面。

第一，玄学崛起。玄学是魏晋南北朝时的一种哲学思潮。当时的哲学家们信奉儒家的《周易》、道家的《老子》和《庄子》，并称为"三玄"。后世称这种哲学为"玄学"。玄学经过了何晏与王弼"贵无论"的"名教本于自然"，裴頠"崇有论"的"名教不离自然"和郭象"独化论"的"名教即是自然"的三个阶段。玄学的主要内容是探讨个体存在的意义和价值，以探讨理想人格为中心课题，追求在情感之中达到对无限的体验，形成了"重自然"轻雕饰的美学观念。玄学对魏晋士人玄、远、清、虚的生活情趣有很大影响。

第二，道教创制与佛教传播。道教是中国本土的宗教，它源于远古的鬼神崇拜，是东汉时人张陵创立的，发展至魏晋南北朝时，首次使用"道教"一词。统一各个道教派别，与此同时，道教逐步形成了一套完整的宗教仪式和斋醮程序、道德戒律。道教的基本信仰与教义是"道"，认为"道"是"虚无之系，造化之根，神明之本，天地之元"；强调信徒"修道养德"，以便达到"得道成仙"之目的。

佛教产生于公元前 6—前 5 世纪的古印度，东汉时开始在中国广泛传播，魏晋南北朝时期，佛教最初依附于玄学，最终则代替了玄学的地位。

第三，文学的自觉。魏晋南北朝时期，人在不同程度上摆脱了对社会政治道德的完全依附，心灵复苏，从而导致了文学的自觉。一是文学观念的自觉，文学自身的价值和地位得到确认；二是追求强烈的情感与辞采美，"诗缘情而绮靡"的观念得到确认；三是文论体系形成。

六、隋唐：传统文化的鼎盛时代

公元 581 年，杨坚建立了隋帝国，到 618 年就灭亡了。可是隋朝为唐朝的空前强盛奠定了基础。在隋朝的基础上建立起来的唐帝国，是一个空前强盛的帝国。隋唐时期，中国文化进入了气势恢弘、史诗般的隆盛时代。

隋唐时期文化的繁荣，与隋唐所创设的政治制度休戚相关。其中最主要的是得益于隋唐时期的用人制度。隋朝废除了魏晋时的九品中正制，推行科举制度。通过科举考试来选拔官员，改变了魏晋以来按照门第高低选用官吏的方法，在一定程度上限制了门阀士族世世代代做大官的特权。大批中下层士子凭借自己的学识和才能，堂堂正正地进入了仕途。正是因为这批精英分子的努力，使得隋唐文化出现了空前的繁荣。在文学、绘画、音乐、宗教、陶瓷、建筑等各个方面取得了历史上前所未有的成就，甚至有些成就也是后世望尘莫及的。

七、两宋：内省、精致趋向与市井文化勃兴

宋代最大的成就就是理学构建，其奠基者是程颢和程颐，最后由朱熹完成，称之为"程朱理学"。

在本体论上，朱熹认为"理"是构成世界的本体，是主宰一切的力量。在认识论上，提出"格物"到"致知"的认知结构；在修养论上，强调"正心"、"诚意"；在价值观上，主张"尊王贱霸"、"重义轻利"；在思辨性上，既注重矛盾的普遍性，又强调矛盾的特殊性。程朱理学对后世影响深远。

宋代文化最大的特点是雅俗并存。士大夫崇尚雅，市民崇尚俗。

八、辽夏金元：游牧文化与农耕文化的冲突与融汇

在北宋和南宋帝国统治的 300 多年间，中国北方先后出现了三个少数民族建立的政权：契丹族建立的辽国、党项族建立的西夏和女真族建立的金国。他们过着游牧生活，经常南下侵扰宋朝，对宋文化造成冲击，同时他

们也从宋文化中汲取营养,这就产生了冲突与融会的双重效应。

一方面,宋朝受辽夏金的侵扰,使得宋文化里充满着国破家亡的忧患。这种忧患意识在士大夫文化中表现得尤其明显。在欧阳修、苏轼、李清照、陆游、辛弃疾、岳飞的诗词文当中都体现出了一种浓郁的忧患悲愤气息。

另一方面,游牧民族从农耕文化中吸收到丰富营养。在辽朝,《史记》、《汉书》被译成契丹文字,广泛流传。孔子受到朝野上下的尊崇,唐宋诗词受到辽人的喜爱。

在西夏,党项族人把《孝经》、《论语》、《孟子》等译成本族文字。至宋仁宗时,西夏任用中国贤才,读中国书籍,用中国车马,行中国法令(中国即中原之国,汉族)。

受中原之国影响最大的当属金国。建立金国的女真族一直活动在东北一带。自从1141年宋金订立"绍兴和议"之后,女真族人不断内迁,定居中原,与汉族人民长期杂居,学说汉话,与汉人通婚,改姓汉姓。在全国学习汉文化经典,科举考试仿汉唐之制,儒学被奉为正宗道统。

元朝本是中国北方的蒙古族建立的政权。1260年,成吉思汗的孙子忽必烈登上大汗宝座。1271年迁都燕京(今北京),建国号为"大元"。1279年南宋灭亡,元朝统一中国。在长期的统治生活中,忽必烈感到在大元帝国处处推行蒙古族的游牧文化是行不通的。在汉族儒生士大夫的影响下,他采取一系列措施,改变蒙古族的旧俗,"行中国事"(中国即中原之国),风俗饮食礼仪在各个方面逐渐汉化。程朱理学曾被元统治者升格为官学,成为居主导地位的观念文化。

忽必烈入主中原后,还征服了周边一些国家和地区,疆域北达西伯利亚,南到南海,西南至西藏云南,西北达新疆。还一度发动了对欧亚各国的三次战争,并建立了四个汗国。

在元帝国对欧亚大陆的征服过程中,规模盛大的中外文化交流也在进行之中。外来宗教大规模涌入中国,信仰伊斯兰教的穆斯林从阿拉伯和波斯大量迁居中国。属于基督教的景教和天主教在全国各地遍设教堂。

中外科技相互交流。元代有大批中亚波斯人、阿拉伯人迁居内地,他们也把本国的先进科技(如天文学、数学)介绍到中国,中国至今仍在使用阿拉伯数字。与此同时,中国文化迅速向外国传播,火药传入阿拉伯,后传入欧洲,印刷术传入波斯、埃及,后传入欧洲。中国的历法、数学、算盘、瓷器、丝绸、茶等,在亚欧广泛传播。马可·波罗来到大元帝国旅行之后,写作《马可·波罗游记》把中国介绍给了西方人。

九、明清：传统文化的沉暮与开新

明清时期君主专制统治超过以往历代王朝，文化专制也达到了登峰造极的程度。比起秦始皇"焚书坑儒"，汉武帝时的"罢黜百家，独尊儒术"，明清时期的文化专制有过之而无不及。一是大兴"文字狱"，对文人进行迫害和镇压；二是崇正宗灭异端，明朝崇尚的正宗是程朱理学，统治者大刀阔斧地铲除异端学说。

明清时期，资本主义在中国微露萌芽。明末清初一批文人从不同侧面与当时的正宗文化——程朱理学展开论战，有的批判锋芒直指君主。明清时期的启蒙思想的代表人物有李贽、黄宗羲、顾炎武、王夫之。他们对封建传统道德进行了大胆地揭露，指斥帝王，提出"天下之大害者，君而已矣"，主张"有其力者治其地"。他们批判程朱理学，反对明末以来的空疏学风，主张"凡文之不关当世之务者，一切不为"，提倡经世致用。明清时期的启蒙思想，可以同西方的文艺复兴相提并论。

清朝不得不提的一大文化贡献就是对典籍的整理与汇编。明清两代皇帝调动巨大的人力、物力，对中国上下几千年浩如烟海的典籍进行了整理、汇编，明朝永乐年间，明成祖编纂了大型类书《永乐大典》，保存了大量古代文化典籍，被公认为世界上最早、最大的一部百科全书。清康熙、雍正时又一部大型类书《古今图书集成》编纂成书，这部书将清代所能见到的各种古籍分成历象、方舆、明伦、博物、理学、经济六编。全书一万卷，是我国现存类书中规模最大、用处最广、体例最完善的一种。康熙年间编撰完成的大型字典《康熙字典》是世界上最早、收字最多的字典。清代乾隆年间又完成了大型丛书《四库全书》，此书历时 10 年编成，收录古籍 3503 种，是至今为止世界上页数最多的丛书。

第四节　中国传统文化的基本特征

中国传统文化的基本特征就其主体内容而论，大致可分为农业文明、王权主义、宗法制度和儒道思想四个方面。

一、农业文明

自古以来，中国传统社会就是一个以小农经济为基础的农业社会，虽然周边少数民族游牧经济也是中华文明的一种经济类型，但其只是主体经济的补充形式，在中国社会、政治、经济发展中始终没有成为占支配地位的生产方式和生产关系。所以，传统的中华文明首先表现为农业文明。公元前4000年，兴起于黄河中游各支流台地上的仰韶文化已基本上实现了从原始的渔猎向农耕的过渡，长江流域同时期的河姆渡文化也已进入农耕时代。夏商时期，农业已是当时重要的经济部门。从西周到战国，农业得到了很大的发展，铁器渐次采用，施肥、防虫害、选种等农业技术逐渐得到推广，作物产量逐渐提高。

商周时期，统治者为不懈怠农事，不仅设立官守，"教民稼穑树艺"，而且每年"天子亲率诸侯耕地籍田"，举行籍田礼，即象征性的亲耕仪式，以示农为邦本。春秋战国时期，由于农耕经济既是社会财富的主要来源，又是社会秩序稳定和征募兵员的主要途径，故为了争霸战争的需要，各国诸侯竞相推行"耕战"政策，以农为本的重农思想正式形成。例如，齐国管仲推行"富国强兵"的主张，其主要措施就是实行"重本（农）抑末（工商）"政策。秦国商鞅思想以及建立在其上的政治思想，使中国古代的科技思想和知识常常被当做"奇技淫巧"而遭压制，也是以农为国本。

春秋战国时期，不仅诸侯政治家们认识到农业是立国之本，诸子们的重农思想也非常突出。例如，重视农事，实现每个农夫"五亩之宅"、"百亩之田"的理想，就是儒家孟子王道仁政学说的重要组成部分。荀子也强调农业是财富的源泉。而法家韩非则视工商游食之民为国家之蛀虫。

秦汉以后，重农思想继续发展，仍为中国传统社会的经济、政治上的主导思想。据《汉书》记载，汉代皇帝屡屡颁布诏书强调以农为本。汉文帝刘恒颁诏曰："农，天下之大本也，民所恃以生也。而民或不务本而事末，故生不遂。"西汉政治家晁错有名的"贵粟论"就提出："方今之务，莫若使民务农而已矣。"这种重农思想在正史《二十四史》中皆有重要体现，是历代统治阶级的基本国策。

重农思想对中国传统社会产生了深远的影响：第一，中国成熟的农业文明，使奠基于农耕生产之上的自给自足的自然经济成为中国传统文化的物质基础和主导力量，从而形成了一个潜在的农业文化圈，畜牧业和手工业不易发展成足以和农业抗衡的经济部门，只能作为小农经济不足的补充。同时，遭"重本抑末"传统鄙薄轻视。中国历史上，张衡、蔡伦、诸葛亮、马钧、祖冲之、僧一行、郭守敬等人的科技发明，若不是他们身居官僚行列而被顺带记载，恐也难有一席之地。15世纪以后，中国科技发展落后于西方，这是重要原因之一。第二，农业文明的发达使人们养成安土重迁的乡土性格。农业社会和农业民族的特点为安地定居，世世代代生活在同一块土地上。久而久之，人们对其生活的地方产生深深的依赖和眷恋，如果没有天灾兵燹，绝不会轻易迁离家乡，这种安土重迁的思想深深根植于中国文化之中。《易经·系辞》曰："乐天知命，故不能忧；安土敦乎仁，故能爱。"而《汉书·元帝纪》中将中华民族的这种乡土特性概括为"安土重迁，黎民之性"。《朱子语类》云："安土者，随所寓而安也，敦乎仁者，不失其天地生物之心也。"这种民族特性，一方面使华夏汉民族滋生了"厚德载物"、中庸尚和道德观念、务实重民思想以及勤劳节俭、知足常乐、和平主义的生活情趣，在文化功能上起着巨大的凝聚力作用；另一方面，自给自足的自然经济结构，分散的小农经济，地理、心理以及经济、文化上的闭塞性，也助长了血缘、亲缘、族缘、乡缘、地缘关系的发展，成为宗法观念与关系、家长制和纲常伦理、专制主义的经济基础。第三，促进了中国古代农学著作与思想的发展，使中国古代农业科技领先世界。据北京图书馆《中国古农书联合目录》统计，中国古代有名的农学著作就有 643 种之多。中国古代农书卷帙浩繁、内容丰富、题材多样，农业思想极富哲理。春秋战国时期，"农家"已是诸子百家中的一个重要学派。同时，中国古代农学的发展与古代天文学、地理学和科技发明也有着密切的关系。

经济不仅是政治的基础，而且也是一个社会思想文化的基础。故农业文明乃是中华传统经济形态基本特征，也是政治形态、社会形态和文化思想形态基本特征的基础，对中华传统文化特质的塑造发挥了决定性的影响。

二、王权主义

在几千年的中国传统文化政治形态中，王权主义始终处于核心的地位，尤其是春秋战国以后，王权至上、中央集权和官僚体制三位一体的王权主义始终支配着中国社会政治文化的发展，形成重人治、轻法治等诸多特征。

春秋战国时期，王权至上的政治格局已经形成，如管子曰："权势者，人主所独守也。"商鞅云："权者，君之所独制也。"自从秦始皇一统天下创立皇帝制度以来，"天下事无大小皆决于上"，皇帝总揽一切大权，"视天下犹一家，中国犹一人焉"。尽管历代皇帝皆有庞大的官僚机构体系为办事机构，但君主仍最大限度地将权力集中于个人手中，举凡官制、行政、立法、司法、财政、民政、军事等主要权力均由皇帝亲掌。汉代时，在董仲舒"天人感应"理论指导下，进一步强化了王权与神权的结合。董仲舒《春秋繁露》中曰："故之造文者三画而连其中谓之王。三画者，天、地与人也。而连其中者，通其道也，取天、地与人之中以为贯而参通之，非王者孰能当是"；

"王者,天之所予也"。皇帝依仗天命以立权威,借天命以成人事,成为王权至上的传统。明太祖朱元璋"每断大事,决大疑,臣下唯面奏取旨"。清代康、雍、乾三朝是中国王权专制的巅峰。康熙声称:"今天下大小事务,皆朕一人清理,无可旁贷。若将要务分任于人,则断不可行。"雍正的治世原则是:"以君心之是非为是非,以君心之好恶为好恶。"而乾隆则宣称:"本朝家法,自皇祖皇考以来,一切用人听言大权,从无旁落。"由此可见,一人独治天下,权力不可以假人,是中国皇帝制度的核心原则。

应该说,中国传统社会的血缘宗法关系是王权至上的逻辑起点,分散的小农经济则是王权至上的社会经济基础。而与王权至上相辅相成的则是中央集权制。在中国这样一个广土众民和小农经济的国家,只有地方权力集中于中央,中央权力集中于君王,才能巩固和强化王权统治。而奠定几千年中国中央集权制的基础,则是秦始皇废诸侯而建立郡县制。这一制度的关键在于地方郡县官员必由中央皇帝任命,地方官员必须听从中央皇帝的指令以实行管理。故郡县制度对中央权力的运作就如手之使臂,臂之使指,不仅体现着中央对地方的直接监控与管辖,而且通过官僚等级制的组织体制,形成了从中央至地方各级组织层层节制的金字塔结构,并由此产生了维护与巩固这一体制的一整套规章制度及思想意识形态。作为中国传统政治形态支柱的思想价值观,有中国传统政治精神支柱的天命论;有以天子为大一统政治核心的国家大一统和思想大一统观念;有致力于巩固统治社会基础的民本论;有倡导德治、推行"内圣外王"的伦理政治文化观;有在传统政治思想及其运作中规范人际关系基本原则的纲常论;以及作为开科取士考选人才和全部政治活动指导思想的经学思想等。

中国古代文化思想上的独尊一家也是王权至上的一个重要表现。其主要表现为限制学术争鸣,钳制自由思想。尽管程度不同、做法不一,历代统治者的基本趋向总是尽量桎梏人们的言行、牢笼人们的精神,把知识变成政治,把经学变成官方哲学,使之成为进入官场科考的唯一途径。

中国传统文化中以王权主义为核心的政治意识形态,不仅对中央集权的大一统国家起着巩固和强化作用,而且通过各种渠道,直接地、广泛地影响着人们的思想意识。围绕着王权主义思想,儒家的仁政与礼治学说、道家的无为而治主张、法家的法治理论以及天地君亲师(即敬天、敬地、忠君、事亲、尊师)的社会秩序观念,长时期支配着社会政治发展的方向。此外,专制王权不仅采取各种措施"重农抑商"、"重本抑末",以维护其社会经济基础,而且注重官僚体制及文官制度的建设,以巩固和扩大其社会统治基础。从隋唐开始的考选人才的科举制,使一般寒门庶族的子弟均有同等机会考试，打破了官僚贵族世家通过举荐垄断仕途的局面，有利于吸纳社会精英到统治秩序之中。然而王权专制下庞大而严密的官僚体制对社会的统治，易于因循守旧，导致官冗政弊，官民矛盾激化。天地君亲师和三纲五常伦理型政治文化使人们形成崇拜权力的意识和仆从的习惯。因此，中国历代即便有主张革新者，也多打着"法先王"的旗号，进行"托古改制"以颂古非今。故中国文化思想有一个明显的特点，即在极大层面上受到君权天授的天命观、君民相维的思想观、上下相依的伦理观、天下一统的政治观等政治哲学与思想体系的深刻影响，依从于专制王权统治的政治需求，成为维护王权主义的精神支柱。

三、宗法制度

宗法制度渊源于由血缘来作为纽带连接和沟通社会的原始父系家长制。而中国古代社会的宗法家族制度，不仅是社会组织重要支架的细胞和基石，也是政治结构的重要支架。

夏代伊始，中国进入了"家天下"的阶级社会，宗君合一的宗法形态就已形成。所谓"宗"，《说文解字》释其原始义为"尊祖庙也"。王筠《说文句读》谓："宀示者，室中之神也。天地神祇，坛而不屋，人鬼则于庙中祭之。"故宗君合一，就是将敬天、法祖、先王崇拜的神权与君权的合一。而祭祀、崇拜与神化祖先或先王之目的，就在于宣示后王的神性以及血缘的正统，强调后王权威的神圣性。先秦三代，尤其是商周时期，王对宗庙祭祀乃是"国之大节"，有严密的礼仪制度。自周代起，宗庙就是王室和国家权力的象征，祭祀祖先活动也成了宗法与政治的合一，宗庙被毁也就意味着王朝的灭亡。

同宗君合一紧密联系的是嫡长子继承制，它是宗法制的核心。在以血缘为纽带的父系原始社会，家庭成员以同男性家长血缘关系的亲疏、尊卑为依据，来调整与确定自己的地位、身份，并以此维持与巩固父系家长的统治特权。商周之际，为确保王位继承的秩序性和稳定性，继承王位渐从"兄终弟及"过渡到"父死子继"的嫡长子继承制。至周代，为适应大规模封邦建国和封建等级制的政治需要以及协调和巩固贵族统治秩序，将嫡长子继承制作为一种完备的宗法制度在统治阶级内部推行，并以"亲亲"、"尊尊"的宗法观念作为建设各级政权的指导思想。宗族中有大宗、小宗之分，周王为天子因而是天下大宗，同姓诸侯则为小宗；诸侯在其封国内是大宗，卿大夫为小宗；卿大夫在其采邑内为大宗，士为小宗。从王位到诸侯、卿大夫之位，都由嫡长子继承世袭。因此贵族的嫡长子总是不同等级的大宗，不仅享有对宗族的统治权，而且享有政治上的特权。与此同时，以尊祖敬宗作为维系纽带，宗子掌握主祭权是神圣原则。在同一祖先的名义下，"别亲疏，序昭穆"，以使君臣父子尊卑有分、亲疏有别、贵贱有等、长幼有序，等级森严，不可逾越。

先秦以来形成的宗法观念，尤其是儒家传统宗法伦理思想，其核心是三纲：君为臣纲，父为子纲，夫为妻纲。其根本原则是长幼有序、尊卑有别。这种宗法关系，使中国传统文化社会形态具有以下一些基本特征：第一，在社会形态中确立了家庭本位制，使社会中宗族凝聚力不断加强，成为国家与社会的基本结构。第二，"家国同构"，以血缘亲情为本位的家庭与国家在组织结构方面具有共同性，父权与君权互为表里。家庭是国家之缩影，国家则是家庭之放大，两者的秩序形态和宗法精神观念是同构的。同时，国家以法律和手段促进和保护家庭制度和关系以及其公共财产。而家庭权力与地方政权、神权相结合，维护封建统治秩序。第三，统治阶级不仅倡导"以孝治天下"，而且"孝道"成为社会道德规范和行为准则的是非善恶标准，并在此基础上形成比较强大的社会舆论以及礼教，成为指导和统一社会的意识形态。例如，《孝经》开宗明义宣告："夫孝，德之本也，教之所由生也。"这种观念不仅推及天子如父、臣卿如子、忠孝相通的政治伦理和三纲五常观念，而且使"修身、齐家、治国、平天下"成为个人追寻与实践的理想人生目标。第四，在社会的各种关系、生活方式、价值取向和理论形态方面，形成异常成熟的社会宗法礼仪文化以及伦理性政治文化，成为中华传统文化的主轴。

中国传统文化中的宗法观念与礼教的紧密结合，具有很强的道德吸引力和感召力，深刻影响了社会生活与文化的各个方面。与中华农业文明紧密结合的宗法制度，不仅创造了一种稳定的有利于文化积累和延续的社会环境，而且也催发了华夏民族从对神的崇拜到对人自身力量的热情关注。它催生了孝顺父母、敬老扶幼、注重家庭观念和道德修养、讲究群体意识、尚古传统、忠君爱国和社会责任感等优良传统；同时，又滋生了老人政治、宗法小团体、地方宗派、狭隘民族主义以及重血缘、亲族和人情，成为中国古代社会长期延续和社会超强聚合的关键。

四、儒道思想

中国传统文化以儒道思想为主体构架。作为思想形态领域内主干的儒道思想，对几千年的中国社会发展产生了广泛而深刻的巨大影响。

以孔子提出的"仁"为核心学说的儒家思想产生于春秋时代，至战国百家争鸣中渐成"显学"。随着秦汉中央集权统一皇朝的建立，儒家学者董仲舒创立了以儒家学说为主导的君主专制政治思想，迎合了加强中央集权制度的时代形势，汉武帝采纳了其"罢黜百家，独尊儒术"的建议，定儒学于一尊。这使儒家思想成为国家意识形态，以儒学为主导的汉民族文化思想也开始正式形成。尤其是儒家经学的确立，成为全社会的指导思想，影响渗透到了社会生活的方方面面。经学作为科举选拔人才的必经途径，使儒家思想成为广大士阶层与社会精英的习惯思维和行为模式。

儒家思想作为一种主导性社会思想资源，其发展有一个历史过程，它是在与各种思想文化的融契、浸润中不断丰富发展起来的，内部也存在不同的流派。从先秦儒学到汉唐经学，从宋明理学到明清实学及考据学，每一个时期的儒学代表人物都有其理论特色。宋明理学是儒学发展的最高理论形态，既兼备前说，又融会佛道；既探究天人宇宙和心性本源哲学，又关注现实社会人生的伦理政治问题。

综而论之，儒家思想的基本特点大致如下：第一，注重天人之学和人与自然关系的探讨，强调以人为本，追求天人合一的至高境界；第二，关注社会人际关系与道德伦理，以忠恕孝悌修养为本，以"仁"为最高原则，以"礼"为行为规范；第三，以"中和"观念为核心的中庸之道成为儒家思想的重要方法原则；第四，倡导经世致用、知行合一和笃行精神，具有安邦兴国的强烈历史与社会责任感。对于儒家思想，从不同的视野角度还可以总结出一些特点，如对宗教的批判与容纳等，然而以伦理为本位的道德理想主义则是其最大的理论特质。

以老庄为代表的道家思想对中华传统文化也有深刻的影响。道家思想也是一个不断发展变化的体系，从先秦老学和田骈、慎到、宋钘、尹文等学说，从庄周学派到汉初黄老之学、汉末道教，再至魏晋玄学等阶段，其流派众多，思想庞杂。在思想派别上，道家虽是儒家的主要对立面，但又是儒学的重要补充者。如儒家学说具有阳刚特征，表现出积极有为、自强不息的人生态度，弘扬以天下为己任的强烈社会责任感，肯定立德、立功、立言为"三不朽"事业，强调以伦理道德教化人民，倡导和实践内圣外王之学等。从先秦孟子提倡的"穷则独善其身，达则兼善天下"，到宋代理学家强调"为天地立心，为生民立命，为往圣继绝学，为万世开太平"，都是这种阳刚特征的典范。而道家学说却具有阴柔特征，其理想人格与人生态度表现出清心寡欲、返璞归真、超越物外、顺应自然、重生贵生、以柔克刚、

19

急流勇退、无为而无不为，治国之道寻求无为而治，钟情山林田园生活。先秦老子提倡"道法自然"、"不敢为天下先"，庄子提倡"无己"、"无功"、"无名"、"无待"的逍遥游思想，就是道家阴柔特征的楷模。此外，儒道两家思想还有一个重要的不同特点，即儒家强调个体对于群体和社会的服从，宣扬重义轻利、忠君爱国，主张通过以个体融入群体和社会的方式来保持群体和社会的和谐统一，具有忧国忧民的忧患意识，推崇大同社会公天下的理想；而道家则关注个体的价值和精神自由，讲究保持个体的身心和谐与自我实现意义，以协调人际关系，达到社会秩序的安定，憧憬"小国寡民"的社会理想蓝图。道家思想在封建专制压抑和束缚人性的状况下，具有超越世俗和调节人身心的功能。历史上许多士人特立独行、放荡不羁、性格耿介、清高孤傲，同道家思想的影响有很大关系。

儒道两家作为主导的社会思想资源，既有相互对立、相互针砭的一面，更有互相渗透、互相融通、互相吸取的一面。如儒家思想吸取了宇宙生成论、宇宙本体论以及清心寡欲的养心学说等道家思想，它们为儒家伦理提供了自然哲学心性之学的基础；道家思想吸取儒家思想主要有关道德的伦理学说，以加强自身人文方面的内涵。在"天人合一"思想观念上，儒道两家也颇有会通之处。而儒道两家思想的融合，不仅最早可追溯到孔子向老子问礼的思想交往上，而且表现在中国古代历史上学术思想发展的高峰——宋明理学中儒道（包括佛学）的融会贯通。因此，在中国文化史上儒道两家思想相辅相成、互相交替递补的过程，在思想形态上陶冶与塑造了中华民族的思维方式。

第五节　中国传统文化的基本精神

民族精神是民族文化的灵魂与精髓，具有相对的稳定性，中国文化的基本精神主要表现在以下几个方面。

一、天人合一的精神

究天人之际，通古今之变；重天人之学，循天道尚人文，这种对天人关系的不懈探索，不仅成为中国古代不同思想流派共同关注的主题，而且是一切学术思想之根本。而在这一持续了几千年的"天人之辨"中，始终贯穿着一个"天人合一"的观念和思想主线。"天人合一"作为一个涵蕴极深、涵盖极广的概念，渊源于上古农业文明中人们的生存发展与自然环境之间的密切关系和观天测地之思维方式，成熟于先秦老庄、孔孟等诸子流派的论述，如《老子》曰："人法地，地法天，天法道，道法自然。"庄子《齐物论》则云："天地与我并生，万物与我为一。"而《孝经》引孔子言谓："天地之性人为贵。"总而论之，"天人合一"的精神特质与根本含义就是肯定自然界和人的精神的和谐统一、生命价值与伦理道德的和谐统一。而儒道两家哲学思想则构成"天人合一"思想的主流。道家的思想表现为以人合天，认为一切顺乎自然、顺乎其本性的精神境界、实践境界，就是一种天人合一的境界；儒家思想则倡导以天合人，其思想原理的体现就是天道即人道，讲求天人相知、契合贯通。"天人合一"观念中的"天"主要有三层意思：一是自然之天；二是义理之天或称道德之天；三是宗教之天或称神性之天。从思维模式而论，"天人合一"的思想观念就是以人道理解和规范天道，反过来又以宇宙终极的天道观诠释和论证人道，追求人与天地自然的协调和谐关系，追求真、善、美合一的境界。

"天人合一"是中华民族一个既根本又独特的思想观念，是崇尚自然、走向自然的中华传统文化的基本原型和深层指南，故对中国传统文化各个方面都具有渗透、浸润、贯通与统摄的作用，并对古人价值取向、行为模式、审美情趣、思维方法等产生深远的影响。中国古建筑文化的特点就是追求与天同源同构，与自然和谐统一。尤其是中国古都建筑设计思想更是充溢着法天象地、"象天设都"的寄喻和比附，宫殿的每一部位可以说都寄托与象征着天地相应、人神一位的观念意识。明清故宫、天坛以及山陵的布局形制中就渗透着天人合一观念的象征艺术和精神，给今人提供了一个充满神秘魅力的天朝帝都典范。"天人合一"、"万物一体"也可称是中国审美文化之精魂，如中国古代音乐观就是建立在天人相"和"之思想基础上。《吕氏春秋·大乐篇》云："凡乐，天地之和，阴阳之谓也。"中国古代对书画艺术品的最高赞誉，就是其合于天地造化，书画线条流贯着宇宙之气和人性之情，如唐代张彦远《历代名画记》赞颂绘画祖师史皇："始善图画，创制垂法，体象天地，功侔造人。"张怀瓘《书议》等对书法美学要求"幽思入于毫端，逸气弥于宇宙"，"探文墨之妙有，索万物之元精"。中国古代"天人合一"的观念始终是"精骛八极，心游万仞"的古典文学的核心观念，如刘勰《文心雕龙》主张"文与天地并生"，"为五行之秀，实天地之心。心生而言之，言立而文明，自然之道也"。由此可见，正是"天人合一"的精神观照，为古代士人创造了一个自由思想的文化空间，使生命意识与天地自然、宇宙意识融契时，获得提炼、升华和超越。如此士人才会有涵盖天人之意、吞吐宇宙之象、包容乾坤之情怀的不朽之作传世。

综而论之，中国传统文化中凡是精神的升华、思想的超越、情操的高拔、气质的陶冶、真理的感悟等，无不以天人合一为最高境界，无不以天人合一为最终依据。

二、以民为本的精神

以民为本思想是中国文化的悠久传统，它体现了中国文化的人本主义精神，对中国古代政治思想有着巨大的影响。

以民为本思想源于先秦，《尚书·五子之歌》记载夏代太康兄弟述大禹训诫曰："民可近，不可下。民惟邦本，本固邦宁。"周初的统治者在总结小邦周之所以能取代大邦殷的统治原因时，认为这是殷商对人民实行暴虐无道统治而激起反抗的结果。故周武王提出"天视自我民视，天听自我民听"。将天意归结为民意；而周公施政则提出了"敬德保民"的观念。春秋战国至西汉前期，重民思想迭兴高潮，诸子思想从多角度论证君主治国应"以德配天"，民是国家兴亡、事业成功的决定力量及社会财富的源泉。这一时期重民思潮有三个方面的意义：

第一，从神本到人本，在天人关系中凸显人的地位。《周易·说卦》曰："立天之道曰阴与阳，立地之道曰柔与刚，立人之道曰仁与义。"这是将天道和人道相提并论。《左传》载，子产谓："天道远，人道迩，非所及也，何以知之？"季梁曰："夫民，神之主也。是以圣王先成民而后致力于神。"从这几段文献资料中，可以看到在春秋战国社会变迁时期，对社会发展与国家兴亡根源的思考已从神本转向人本。而这种重人、重民的人本观念意识在儒家思想中也得到集中体现，如孔子曰："务民之义，敬鬼神而远之"；"未能事人，焉能事鬼……未知生，焉知死"。孟子谓："仁者，人也。"《荀子》曰："人有气、有生、有知，亦且有义，故最为天下贵也。"这种人本观念的抬头，正反映了从信仰社会向理性社会的跨越。

第二，从君本到民本，在国家与社会关系中彰扬民为国本和民为君本的思想。孟子认为："桀纣之失天下也，失其民也；失其民者，失其心也。得天下有道：得其民，斯得天下矣。"为此，孟子提出："民为贵，社稷次之，君为轻。"而荀子则将民众看成是社会与国家事业发展的决定性力量。如《荀子·王制》云："《传》曰：君者，舟也；庶人者，水也。水则载舟，水则覆舟。"《荀子·王霸》谓："用国者，得百姓之力者富，得百姓之死者强，得百姓之誉者荣。三得者具而天下归之，三得者亡而天下去之。"这些民为君本、民为国本的思想观念，是先秦诸子思想家们对历史经验教训的总结，此后历代有作为的统治者大多接受了这一思想观念，因此成为中国传统政治的基石。

第三，民无不本，突出民众是一切事业成功的力量。儒学思想家孟子谓："天时不如地利，地利不如人和。"这就是说，在任何事物中同自然天地相比，民众的作用和力量是根本的。在经济方面，诸子思想家们认识到民众是社会财富的来源，《论语·颜渊》记载孔子之言："百姓足，君孰与不足？百姓不足，君孰与足？"《慎子·威德》谓："百姓之于圣人也，养之也；非使圣人养己也。"在军事方面，诸子思想家们认识到民众是战争胜负的决定力量，《荀子·议兵》曰："士民不亲附，则汤武不能以必胜也。故善附民者，是乃善用兵者也。"《管子·重令》则云："凡兵之胜也，必待民之用也，而兵乃胜。"民众是国家与社会的最广大基础，是政治与经济、军事及各项事业的决定性力量。

三、和合中庸的精神

"和合"可称中国文化精神之元，贯通于中国文化的方方面面。和合作为一种文化精神，源于阴阳之间相互关系的哲学。《周易·系辞下》曰："乾，阳物也。坤，阴物也。阴阳合德而刚柔有体，以体天地之撰，以通神明之德。"和合的本体义体现在《周易·乾卦》卦辞：元、亨、利、贞。这四字《周易·文言》称之为"君子四德"，释曰："元者，善之长者；亨者，嘉之会也；利者，义之和也；贞者，事之干也。君子体仁足以长人，嘉会足以合礼，利物足以合义，贞固足以干事。君子行此四德者……"又《周易·象传·乾卦》谓："乾道变化，各正性命，保合大和，乃利贞。首出庶物，万国咸宁。"由此可见，和合作为一种价值观，在《周易》思想中已基本确立。《周易》中的和合思想，已将"阴阳合德"原理推演到社会政治关系以及君臣、夫妻、父子等关系的方方面面。

在先秦哲学思想中，从《周易》的"阴阳合德"、"君子以厚德载物"到《道德经》的"阴阳和谐"、墨家的"兼相爱"以及孔子中庸之道的和谐精神，依据对阴阳关系的辩证定位，展示了民族文化中贵和尚合执中的普遍社会心理。先秦至西汉典籍中对和合的阐论范围极为广泛，如"和实生物"、"天物合而成"、"天施地化，阴阳和合"、"天地合气，人偶自生"、"天地和合，生之大经也"等，体现了对天地间生命的普遍关怀，孕育了中国文化对普遍生命价值的尊重，对社会和谐理想的追求。《礼记·礼运》中描绘的大同世界理想，就是社会和谐太平的形象体现。

和合思想在孔子和谐理论中表现为"中庸"。"中庸"实即"中和"之义，指的是矛盾事物的统一、和谐。从先秦以来产生的和合思想，使中国文化传统具有"有容乃大"、"兼容并包"的精神底蕴，它已逐渐泛化为普遍的民族和社会心理习惯。政治上"大一统"的观念，经济上"不患贫而患不均"的思想，文化审美上"以和为美"的情趣，人际关系上温、良、恭、俭、让、"以和为贵"的准则，夫妻关系上"琴瑟之和"的观念，家庭关系上"家和万事兴"，人体养生上"顺应四时"，人生观上"知足常乐"和君子"安贫乐道"，君臣关系上"君仁臣敬"，民族关系上"协和万邦"，思想流派上"和而不同"、"求同存异"，教派关系上的儒、释、道三教合一，治国思想上"为国以礼"、"为政以德"、"揖让而天下治"等，皆是和谐精神浸润会通的体现。

贵和尚合执中思想观念的历史积淀，使注重于社会协调的价值取向成为中华民族的普遍思维原则。这一深刻而广泛的思想观念具有双重意义。一方面，对保持社会稳定和发展，对维护统一的多民族国家有着重要的积极作用；另一方面，其不偏不倚、允当适度、过犹不及等理念，使中国文化在竞争、进取与创造精神方面存在保守与不足之处，从而在面对近代以来西方文化的严峻挑战时相当一段时间里应对不力。正确地、科学地理解与弘扬中国文化"和合"精神，至今仍是一个不可忽视的问题。

四、经世致用的精神

"经世致用"是中国传统文化的基本精神之一，它体现了中国文化中积极入世、注重现实、重功效和实践理性的价值取向。

"经世致用"的精神滥觞于先秦诸子百家的思想观念，而《周易·象传》赞扬的刚健精神可称首开其端。其云："刚健而文明"，"天行健，君子以自强不息"。在儒家文化中，强调力行意识，倡导积极入世是一项重要内容。《中庸》引孔子名言曰："力行近乎仁。"这是将力行与儒学核心思想和道德理想"仁"相并论述。而《中庸》所云"博学之，审问之，慎思之，明辨之，笃行之"，不仅反映了孔子学以致用的思想和追求理想价值实现的精神，而且成为两千多年来士子的座右铭。孟子主张"穷则独善其身，达则兼善天下"，"得志，与民由之；不得志，独行其道"。荀子也曾谓："君子博学而谋，修身端行。"这些儒学思想不仅体现了经世致用、入世重行的人生观，而且展示了儒家求道、乐道的精神面貌。《礼记·大学》中提出"大学之道"有三个纲要：明德、亲民、至善，还有八条：格物、致知、诚意、正心、修身、齐家、治国、平天下。这既是儒家倡导的教育思想，更是一种儒家的入世品格和经世致用的价值观及文化精神。

经世致用突出的是"用"的意义，知行合一彰显的是"行"的意义。"用"和"行"不仅是检验思想理论的标准，并且也是衡量是非善恶的尺度。因此，"用"和"行"必须具有高尚的人品、人格和人道，必须具有崇高的气节和操守精神。这才是"用"和"行"的真谛，其主要表现以下几个方面：

第一，自强不息的奋发精神。在"用"和"行"上，注重士人内心品格的修养，崇尚至大至刚、傲然卓立的气节操守。孔子提出"三军可夺帅，匹夫不可夺志也"。孟子认为气节就是"至大至刚，以直养而无害，则塞于天地之间"之"浩然之气"。《孟子·告子下》曾列举一批受困厄而奋发有所作为者："舜发于畎亩之中，傅说举于版筑之间，胶鬲举于鱼盐之中，管夷吾举于士，孙叔敖举于海，百里奚举于市。"认为只有在困境中磨炼，百折不挠的奋斗者才能有所成就。司马迁也认为身处逆境而奋起、遭遇厄运却不馁，才能成就事业。他自己就是"就极刑而无愠色"，撰成千古"史家之绝唱"的《史记》。

第二，正道直行的人生观念。这种观念表现为注重操守、弘扬志气、主持正义、推崇仁义。孔子所说的"己所不欲，勿施于人"；孟子提倡的"富贵不能淫，贫贱不能移，威武不能屈"；历代所褒扬的见义勇为，当仁不让，"杀身成仁"、"舍生取义"、"死守善道"；所推崇的道义气节、刚正不阿、扶正压邪以及"穷且益坚，不坠青云之志"和"出淤泥而不染"的精神等，这种正道直行的观念孕育、熏陶、激励了中国历史上无数志士仁人、民族英雄，为坚持与捍卫正义，忍辱负重、宁折不屈、视死如归，成为中华民族的典范。

第三，以天下为己任的爱国精神。经世致用、力行精神又表现为强调将国家民族的前途命运放在首位，倡导以治国平天下为士人力争达到的至高境界。《周易》曰："君子安而不忘危，存而不忘亡，治而不忘乱。"《论语·子路》曰："士不可以不弘毅，任重而道远。"司马迁在《史记·廉颇蔺相如列传》中赞扬"先国家之急，而后私仇"；宋代政治家范仲淹所撰的《岳阳楼记》中抒发忧患情怀曰："不以物喜，不以己悲。居庙堂之高，则忧其民；处江湖之远，则忧其君。是进亦忧，退亦忧。然则，何时而乐耶？其必曰：先天下之忧而忧，后天下之乐而乐矣！"文天祥《过零丁洋》诗中震烁千古的绝唱："人生自古谁无死，留取丹青照汗青"；晚明东林党人首领顾宪成所书的对联："风声、雨声、读书声，声声入耳；家事、国事、天下事，事事关心"；至顾炎武大声疾呼的"天下兴亡，匹夫有责"等，这些名诗名言，无一不是以天下为己任，为国家鞠躬尽瘁、死而后已的情怀与精神的生动写照。

中国文化传统中经世致用精神以及国家民族与社会的观念，不仅孕育、涵养和激励了历代士人为国为民为天下锲而不舍追求真理、建立事业的传统，而且其重实践、重人事的理性，力行践履的积极入世品格，死"或重于泰山，或轻于鸿毛"之人生哲理以及有所作为、刚健自强的精神，抑制了中国士人对虚幻出世和彼岸世界的沉迷，陶冶和熔炼了中国文化非宗教性特征。这使中国文化的理性拓展和文化自觉减少了桎梏与束缚。

中华民族精神是中华民族文化价值体系的方向，体现了民族共同心理素质和把握世界的思维模式，是中华民族的精神源泉。中华民族精神是中华民族在长期社会历史发展中凝聚而成的。作为中华民族的思想文化价值的集中体现，作为一种精神凝聚力，它们是维系国家统一、民族团结的精神纽带，发挥着推动社会进步、培养人格精神的巨大作用。

思考与讨论题：

1. 什么是文化？文化的本质特征是什么？文化与文明有区别吗？

2. 中国的地理环境对中华民族的文化有什么影响？

3. 中国文化的发展经历了哪几个重要阶段？每个阶段有哪些重要的文化成果？

4. 中国传统文化有哪些基本特征？这些特征是如何形成的？

5. 中国传统文化的基本精神实质是什么？这些基本精神有什么重大作用？

第二章　中国传统思维

思维方式是文化的核心成分，它渗透于文化的各个领域。了解中国的传统思维方式，对于把握中国文化具有重要的意义。

第一节　中国传统思维方式

思维方式是处在一定社会发展阶段的实践主体，按照自身的需要、目的的可能，使用思维工具，反映、理解和把握客体的思维活动样式，是主体活动方式的内化和理性积淀。整体思维、辩证思维、中庸思维、直觉思维、权威思维、实用思维、形象思维和循环思维是中国传统思维方式的重要类型，它们以特有的方式认知世界。

一、整体思维

"整体"是一个近代名词，在中国古代一般称作"一体"或"统体"。推崇整体思维，这是中国人思维方式的一大特色。这种思维方式的特点，是认为世界（包括自然界和人类社会甚至整个宇宙）自产生之日开始便是一个有机整体，在这个整体之中，有许多相互关联和相互作用的子系统与部分，它们一直处于不断变化之中。因此，若想认识世界乃至世界上的任何事物，最适宜的视角是用联系的、整体的观念看待问题，强调事物之间的关系与联系，主张将事物内部矛盾的两个方面"合二为一"，进行通盘考虑，而不喜欢从局部、从细节上把握事物。《周易·系辞上》说："是故《易》有太极，是生两仪，两仪生四象，四象生八卦……"在这个卦象系统里，由阴爻阳爻两种符号所组成的不同卦象，对应于天地人万物。如乾道像天、男、父、马、刚等；坤道像地、女、母、牛、柔等。各爻各卦之间又相互联系，相互作用，从而使整个六十四卦的《周易》成为一个首尾相接、万物毕备、功能齐全的不可分割的系统整体。而《周易》又是中国先民用以认识事物、解决问题的思维工具，由此，使得中国先民在思考认识之中，自觉或不自觉地用整体思维去认识与看待事物。如在天人关系上，主张天人合一；在人我关系上，推崇人我合一；在身心关系上，爱讲身心合一。《周易·说卦》说："立天之道曰阴与阳，立地之道曰柔与刚，立人之道曰仁与义。"也就是说，天之根本德性，即含于人的心性之中；天道与人道，实是一以贯之的。《周易·乾卦》又说："夫'大人'者，与天地合其德，与日月合其明，与四时合其序，与鬼神合其吉凶，先天而天弗违，后天而奉天时。天且弗违，而况于人乎？况于鬼神乎？"孟子则主张"天人合性"（天人一性）。《孟子·尽心上》说："尽其心者，知其性也。知其性，则知天矣。存其心，养其性，所以事天也。"认为客观的自然与主观的人类之间存在着相辅相成的关系，天中有人，人中有天，天道和人道是相通的。古人不仅认为天人相通，而且还认为天人相类。古人认为，天人在形体与性质上都相似。董仲舒在《春秋繁露·人副天数》里说："人有三百六十节，偶天之数也；形体骨肉，偶地之厚也。上有耳目聪明，日月之象也；体有空窍理脉，川谷之象也；心有哀乐喜怒，神气之类也。……天地之符，阴阳之副，常设于身，身犹天也，数与之相参，故命与之相连也。"在《春秋繁露·王道通三》里，董仲舒又说："夫喜怒哀乐之发，与清暖寒暑，其实一贯也。喜气为暖而当春，怒气为清而当秋，乐气为太阳而当夏，哀气为太阴而当冬。四气者，天与人所同有也，非人所能蓄也，故可节而不可止也。节之而顺，止之而乱。人生于天，而取化于天。喜气取诸春，乐气取诸夏，怒气取诸秋，哀气取诸冬，四气之心也。四肢之答各有处，如四时；寒暑不可移，若肢体。……上下法此，以取天之道。春气爱，秋气严，夏气乐，冬气哀。爱气以生物，严气以成功，乐气以养生，哀气以丧终，天之志也。"

《淮南子·精神训》也说过与董仲舒类似的言论："是故圣人法天顺情，不拘于俗，不诱于人，以天为父，以地为母，阴阳为纲，四时为纪。天静以清，地定以宁，万物失之者死，法之者生。夫静漠者，神明之定也；虚无者，道之所居也。……天有四时、五行、九解（指八方、中央，故曰九解）、三百六十六日，人亦有四支[肢]、五脏、九窍、三百六十六节。天有风雨寒暑，人亦有取与喜怒。故胆为云，肺为气，肝为风，肾为雨，脾为雷，以与天地相参也，而心为之主。是故耳目者日月也，血气者风雨也。……夫天地之道，至纮以大，尚犹节其章光，爱其神明，人之耳目曷能久熏劳而不息乎？精神何能久驰骋而不既乎？"

从行为层次上讲，既然"天人合一"，因此，人们在处理与万事万物之间的关系时，就应效法自然。正如《老子·二十五章》所说："人法地，地法天，天法道，道法自然。"力倡效法自然是一条贯穿于天、地、人的大法则，在这一大法则的指导下，主张人们在待人处世时要做到：第一，善于将自然规律应用于人类社会；第二，通过行人道而体现天道；第三，人与自然应和谐相处，不像西方学者那样认为天与人是彼此对立的。

二、辩证思维

与推崇整体思维密切相关，中国人崇尚辩证思维。这种思维方式的特点，是从世界是普遍联系的、变化的与复杂的观点出发看待矛盾，认为任何事物与事物之间以及任何事物当中都蕴涵着相反相成的矛盾，处理这种矛盾的最佳方式是将事物的正反两个方面结合起来考虑，认为矛盾双方是你中有我我中有你的"包含"或"共生"关系，而不是非此即彼的"死活"关系，以此求得整体系统的动态平衡。《周易》的"物极必反"和老子的"反者道之动"，被中国人视作重要的思维原则或规律，一切都处于对立中，一切对立又都可以转化，即"以柔弱胜刚强"；并且，一切对立都以统一、和谐为最终结果，如《老子·四十二章》说："万物负阴而抱阳，冲气以为和。"将"和"作为调节对立双方的最高准则。儒家更是强调和谐统一，这自不必多说。从理论上讲，中国人的辩证思维包含三个原理：变化论、矛盾论与中和论。变化论从世界的变化性出发，认为世界永远处于变化之中，没有永恒的真与伪，没有永恒的善与恶。矛盾论主张万事万物都是由对立双方组成的矛盾统一体，没有矛盾就没有事物本身。中和论主要体现在中庸之道上，认为任何事物都存在着适度的合理性。中国人的这种思维观念与西方人是不同的。西方人如美国人则相信亚里士多德的形式逻辑思维，它强调的是世界的统一性、非矛盾性与排中性。受这种思维观念的影响，西方人相信一个命题不可能同时对或错，而是要么对，要么错，无中间性。于是，在对待真与善的问题上，中西方人有较大的差异。就对待求真的问题来说，中国人强调真伪共存，这与西方文化采取真伪对立的线性思维方式大不一样；就对待求善的问题而言，中国人强调善恶共处，这与西方文化采取善恶二分的思维方式截然不同。中国人的这种辩证思维，若用一个图形来表示，"太极图"可算是一个最形象的展示；若用一个故事来表达，《塞翁失马》的故事可说是经典的说明。

中国人注重辩证思维而轻视形式逻辑思维，其根本原因在于先哲很早就发现客观世界中有许多事物是相反相成的，他们很重视这一规律，并且认为，只有辩证思维才能更好地反映和驾驭这一规律，而形式逻辑的推理方法却不能很好地体现事物相反相成的辩证关系。因为辩证思维着眼于事物的运动、发展和变化，强调思想反映事物的内在矛盾。形式逻辑只纯粹地研究思维形式的结构，反对思维的自相矛盾。因此，在《吕氏春秋》等著作里甚至出现了一些反对形式逻辑的倾向。《吕氏春秋·别类》举例说：莘和蒿两种植物，单独食用，就会毒死人，合起来食用，就会起到延年益寿的功用。金和锡都很软，两种金属炼成合金，却很坚硬。这就得出了与"推理"方法相反的结论。同时，中国传统的辩证思维与西方的辩证思维并不完全相同。中国人的辩证思维强调对立的交参与和谐，虽不否认对立，但较为强调"统一"的一面，因此，中国先哲喜欢讲"天人合一"、"阴阳一体"；西方的辩证思维强调对立的斗争和转化，虽不否认统一的一面，但较重视对立，于是，西方哲学爱说"神凡两分"、"主客对立"。

三、中庸思维

善用中庸思维，这是中国人思维方式的另一大特色。这种思维方式的特点，是喜欢用一种恰如其分或恰到好处的"分寸"来把握问题，以使问题获得圆满解决。于是，对于"过"与"不及"的思维方式，中国人一贯持批评态度，表现出中国人一贯具有克制自己欲望的特点。对于"中庸"一词的解释，最出名的要数北宋著名学者程颢和程颐。据《河南程氏遗书·二先生语七》记载，二程兄弟对"中庸"的解释是："不偏之谓中，不易之谓庸。中者，天下之正道；庸者，天下之定理。"稍后的朱熹极其推崇此解释，不但将之原封不动地移至自己的《四书章句集注·中庸章句》里，而且朱熹在《中庸章句》里对"中庸"这一书名的解释基本上也是复制了二程兄弟的上述思想。朱熹说："中者，不偏不倚、无过与不及之名。庸，平常也。"可见，"中"的本义是不偏不倚、无过与不及，也就是恰到好处之义。过与不及都不是恰到好处。在孔儒心里，"中"是相对于事和情形说的，"中"会随时变易，要真正做到中庸，必须有权变思想，这就是儒家在《中庸》里所说的"君子而时中"。"时中"，也就是随时变易之中，用今天的话说，就是具体问题具体分析。正如南宋陈淳在《北溪字义·经权》里所说："权，只是时措之宜。'君子而时中'，时中便是权。天地之常经是经，古今之通义是权。问权与中何别？曰：知中然后能权，由权然后得中。中者，理所当然而无过不及者也。权者，所以度事理而取其当然，无过不及者也。"可见，一个善守中庸的人，就是既要固守中正之道又敢于打破常规的人，以便将面临的不同事情都能处理得恰到好处。因此，《二程遗书》卷六说："惟善变通，便是圣人。"

四、直觉思维

直觉思维是指人凭直觉对事物进行瞬间的、直接的选择与判断，从而认识事物的性质、联系与关系的一种思维方式。这种思维方式的特点，是未经严密的逻辑程序，直接而快速地获得整体感觉和总体把握。"直觉"是一个近代的名词，20世纪初法国哲学家柏格森专讲直觉，他曾给直觉下过一个定义："所谓直觉，就是一种理智的交融，这种交融使人们自己置于对象之内，以便与其中独特的、从而是无法表达的东西相符合。"直觉，在中国古代称之为"玄览"、"体认"、"体贴"、"体会"、"体悟"等，如《老子·十章》说："涤除玄览，能无疵乎?"程颢说："吾学虽有所授受，天理二字却是自家体贴出来。"庄子力倡认知要超越感官体验和理性思维。《庄子·知北游》说："无思无虑始知道。"《庄子·大宗师》说："堕肢体，黜聪明，离形去知，同于天道，此谓坐忘。"禅宗力倡的"不立文字"、"直指人心"、"顿悟成佛"的顿悟……所有这些说法，用今天的眼光看，其中蕴涵的就是直觉思维。直觉思维的显著特点是"悟"。悟的实质是透过表象，直达本质。"悟"有三个显著特性：一是直接性。在表象与本质之间不需要任何媒介，而是直达结论，中间没有论证过程。这意味着，直觉思维可以不经由严密的逻辑程序，直接而快速地对某一事物获得整体感觉和总体把握。二是机缘性。它的出现是不可预期的，往往是由于某种机缘（如偶因启发）的出现而随即出现的。三是个体性。直觉思维强调体验、领悟型的思维形态，而"悟"字左边是一个"忄"，右边是一个"吾"，"吾"指"我"，这说明"悟"本指"自己内心知晓"之义。可见，悟所强调的往往是认识的主体的"我""自己内心要知晓"，只要自己内心明白了某个道理，自己也就悟了，而不太强调悟了的人一定要将自己所悟的东西清楚而准确地表达出来以便让他人也知晓，所谓"只可意会，不可言传"，说的就是这个道理。在中国人看来，将自己所悟的东西清楚而准确地表达出来以便让他人也知晓的做法不但不是必须的，有时甚至是画蛇添足，反为不美。因为中国人一向强调真知需要自己亲自去体悟，如人饮水，冷暖自知。同时，"悟"一般是个体因突然的灵光一现而出现的，因此，"悟"者本人有时对自己"悟"的过程也说不清道不明，因而难于用语言来揭示"悟"的科学心理规律。结果，对于同一个人而言，其过去"悟"的经历难以为其将来的开悟提供有价值的启示；在不同人之间，彼此交流"悟之道"更是几乎不可能的。

这导致中国人至少自先秦开始就已清楚地认识到语言和概念在表达思

想情感方面的局限性。这两种因素相互影响的结果，致使中国人不太信任语言和概念，不太看重语言和概念在表达思维、思想和情感中的重要作用。《老子·一章》开篇就说："道，可道，非常道；名，可名，非常名。"《老子·五十六章》说："知者不言，言者不知。"《庄子·外物》说："筌者所以在鱼，得鱼而忘筌……言者所以在意，得意而忘言。"《庄子·天道》说："世之所贵道者书也，书不过语，语有贵也。语之所贵者意也，意有所随。意之所随者，不可以言传也，而世因贵言传书。"王弼《周易略例·明象》说："夫象者，出意者也。言者，明象者也。尽意莫若象，尽象莫若言。言生于象，故可寻言以观象；象生于意，故可寻象以观意。意以象尽，象以言著。故言者所以明象，得象而忘言；象者所以存意，得意而忘象。犹蹄者所以在兔，得兔而忘蹄；筌者所以在鱼，得鱼而忘筌也。"禅宗更彻底，声称语言无用，应该抛弃，力倡"第一义不可说"，主张"以心传心，不立文字"，"但有语言，尽传法之尘垢；但有语言，尽属烦恼边收；但有语句，尽属不了义教；但有语句，尽不许也"。不重视语言、概念，自然就不会认真去研究它，就不会产生像西方那样的语言学和逻辑学。中国先秦时代的名学之所以在秦汉以后会终绝，一个重要的原因就在此。但是，不重视语言概念并不意味着中国人没有正确有效的思维，恰恰相反，中国先人创造了极为丰富、深刻的思想成果。这些成果主要不是运用逻辑思维而是运用直觉思维取得的。

五、权威思维

权威思维，是指凡是权威所讲的观点、意见或思想，不论对与错，一般人多不加思考地予以接受。在漫长的封建社会里，权威思维一直处于优势地位。中国人的权威思维主要有以下几种表现形式：

（一）迷信权威人物

迷信权威人物，这是中国人权威思维的集中体现，正如《孝经·卿大夫章》所说："非先王之法服不敢服，非先王之法言不敢道，非先王之德行不敢行。"受此心理的影响，在对待知识的态度上，中国人多是采取不敢怀疑的尊重式学习。至于学习知识的方式，则多采取接受与吸收的学习方式。致使一些"小人物"在著书时，明明是自己写的著作，却硬要托名是"黄帝"之类的"大人物"写的，非用此法，其著作或思想就难以为别人承认，别人也不会予以接受、采纳，正如《淮南子·修务训》所说："世俗之人，多尊古而贱今，故为道者必托之于神农、黄帝而后能入说。"这使得一些变法人士，往往假借圣贤之口来表达自己的改革或改良思想，典型者如宋代的王安石著《三经新义》与清代的康有为著《孔子改制考》。同时，受崇拜权威人物心理的影响，中国人一向有"尊重长辈"的规矩：在任何情况下，如果长辈在场或直接参与，那么就应该尊重和听从他们。

(二)尊经

中国人崇尚权威，进而出现尊经心态，因为经书是先圣亲手写的。自汉武帝采纳董仲舒"罢黜百家，独尊儒术"的建议后，中国传统文化进入了"经学时代"，尊经的思维方式也开始大为流行。自此之后至清代，许多学人将某一学科的原始经典神圣化、经典化。在他们眼中，经书包括了全部真理，经典上所说的都是正确的，经典上没讲的也都不必讲，以经典的是非为是非，以经典的内容范围为学术的范围。在这种经学思维模式下，他们一张口一下笔，必是"子曰"、"《诗》云"，这就是论证的大前提。许多学人将一生的精力与才智几乎都用在为经书作注疏上，这种经学笺注的思维方式也反映到科学领域中，如对《内经》、《神农本草经》和《九章算术》等也采取了经注的形式。这导致中国产生了一种名叫"小学"的独特学问：以训解或阐释儒家经典为主要内容的学问。这使得自秦汉以后直至清代的 2000 余年的漫长历史中，无数学人即便有了一些心得体会，有了一些自己独到的见解，也多采取"述而不作"的态度，即便要著书立说，也多不是"另起炉灶"来写一部书，而往往是采取"注经"的形式，将自己的思想通过笺注的形式附加到经注里，并且多遵循一个不成文的规矩：注不犯经，疏不犯注。于是，后人注经时虽有"我注六经"或"六经注我"的差异，但从总体上看，多不脱离经书定下的大框架，而只在经书的框框内做文章，其思想没有根本上的发展，导致一门学科自始至终维持在原来的思想体系上。

(三)崇古

中国人因崇尚权威，进而崇古。崇古心理的特征，是认为过去的都是好的，现在的都是坏的，进而重过去而轻现在和未来，喜欢借过去来说明现在乃至未来。在中国漫长的封建社会里，崇古心态的具体表现就是推崇上古社会，一些政治家、思想家乃至普通的平民百姓，都将上古社会视作黄金时代，"法先王"常常成为统治者制定规章制度的依据，而不敬先王或"数典忘祖"一定会招致国人的一致反对。正如《孟子·离娄上》所说："为政不因先王之道，可谓智乎?"《荀子·非相》也说："凡言不合先王，不顺礼义，谓之奸言，虽辨，君子不听。"中国古人心中的圣贤像尧、舜和禹，也都是生活于上古时代的。因此，古人多生活于祖宗的阴影里，祖宗定下的规矩一定要遵守，由此中国人养成了祖宗崇拜心理。

六、实用思维

所谓实用思维，是指注重从实用角度出发来思考问题，强调知识的实用性的一种思维方式。这是中国人思维方式的显著特色。正如《左传·襄公二十四年》所说："'大上有立德，其次有立功，其次有立言。'虽久不废，此之谓不朽。"《左传·文公七年》也说："正德、利用、厚生，谓之三事。"这可说是中国人的价值观的宣言，为其后许多中国人所承继。中国人一向推崇的这三种重要事情都是讲的实用价值：所谓"德"，讲的主要是个人的道德修养；所谓"功"，讲的主要是惠及于民或有利于厚生利用的事情；所谓"言"，讲的主要是载道的言，即关于人生的经验与教训，而不是什么纯粹的广闻博识（关于客观事物的真理性知识）。其后的荀子将这种价值观与思维方式发挥到极致。《荀子·天论》说："传曰：'万物之怪，书不说。无用之辩，不急之察，弃而不治。'若夫君臣之义，父子之亲，夫妇之别，则日切磋而不舍也。"于是，在判断的类型上，中国人以价值判断来统摄事实判断，喜欢从有用的还是无用的或是道德的还是不道德的角度对人对事进行判断，而事实判断常常被纳入到价值判断的框架加以理解与对待，首先考虑的是不是有用。中国人的实用思维还有三个明显的特点：第一，中国人讲的"实用"，往往只看重"眼前的用处"，而不看重"长远的用处"。第二，中国人喜欢将这种"实用"与伦理道德教化相关联，这就大大地限制了"实用"的范围。第三，中国人常常将实用思维与思辨式的理论思维（抽象思维）对立起来，在理论上片面鼓吹抽象思维的价值，强调"道"先于且重于"器"；在实践层面上又往往过于重视实用思维，而瞧不起纯粹的思辨活动，即重"器"而轻"道"。朱熹曾说："凡有形有象者，皆器也；其所以为是器之理者，则道也。"受此思维方式的深刻影响，在中国历史上，尽管也有人如荀子在《礼论》里提出了"故学者固学为圣人也，非特学为无方之民也"这样崇高的为学目标，但事实上，绝大多数读书人之所以发奋读书，大都不是将追求真理或智慧作为终极目标，而是将读书视作获取权力或财富的重要而直接的手段，"书中自有千钟粟，书中自有黄金屋，书中自有颜如玉"，皆直接或间接地向人讲述了这个道理。

受中国式的实用主义思维的深刻影响，在学习内容上，中国历史上的学人往往非常重视经世致用、重现实、重人伦，主张理论必须实用，必须贴近生活。这种思维方式，就其积极面而言，使中国学人养成了关注现实的传统，对于杜绝华而不实的空洞理论与"屠龙术"之类技艺的产生有一定的意义；就其消极面来讲，导致中国的学问未真正获得独立的地位。更为严重的是，导致中国的学问范围偏窄，因为"六合之外，圣人存而不论"是中国学人一向信奉的信条，这就为中国传统的学问设置了"禁区"。由此导致中国人的思维以人伦为中心，注重对人事的探讨，而轻视对物的追思，使得中国人的智慧主要是一种处理人事的智慧，而不是处理物事的智慧。并且，导致中国人不太注重理论的建设，从而使中国古代的发明或发现多停留和局限于技术的层面，只是一种技术或技艺，而不是一种基于某一理论基础上的科学，这就使中国古代的技术或技艺的发展缺乏持久的动力，从而最终阻碍了中国古代技术或技艺的发展。

七、形象思维

形象思维不是简单借助感性形象而进行的，而是对原本外在的感性形象进行了思维加工，使之成为更适合于思维需要的工具。其具体表现方式是喜用比喻。比喻作为一种艺术表现手法，其主要特点是要求取象和取义的有机结合。取象是指文学作品中的思想必须包含或寄寓于具体的物象之中，通过物象表现出来；取义要求文艺作品中的物象高于实际生活，有一定的思想寄托。在中国古代，比喻作为一种喻志的手段、一种思维方式，大量用在文艺作品和文艺理论著作里。例如，在《琵琶行》中，白居易用形象的语言将无形而美妙的乐声转换成具体的视象，描绘得十分形象而具体："大弦嘈嘈如急雨，小弦切切如私语。嘈嘈切切错杂弹，大珠小珠落玉盘。间关莺语花底滑，幽咽泉流冰下难……"此传统一直为后人所继承。

文艺家如此，中国的思想家亦然。他们喜欢借用形象但又并非感性具体形象的象数符号系统来表达，典型者就是《周易》里所表达的思维方式。从《周易》来看，这种形象思维的工具是将感性形象与理性抽象相结合而创造出的阴阳爻卦的符号系统，这是一个具有形象但又并非感性具体形象的象数符号系统或意象符号系统，它是代表某种意义的卦象或物象，具有借喻的意义。同时，中国的理论家在论理时也广泛采用比喻。孔子在《论语·子罕》里说："岁寒，然后知松柏之后凋也。"便是以松柏耐寒来比喻圣贤义士的高洁品格，揭示士穷见节义、世乱识忠臣的道理。宋代朱熹借用唐代华严宗"一多相摄"的理论，用"月印万川"的比喻来论证其"理一分殊"的思想，要人们懂得理只是这一个，道理则同，其分不同。君臣有君臣之理，父子有父子之理。进而按天理办事。比喻作为中国传统思维方式中的一种形式，具有沟通同类以及异类的作用。它在叙事、说理和抒情的过程中，借助具体物象来表达抽象的思想感情，生动、直观、形象，易于使人接受并感悟其蕴涵的道理。

八、循环思维

古代中国人的思维还有一个典型特点，偏爱循环思维，认为始点即是终点，终点也是始点，循环往复，生生不息。用古人的话说，这就是所谓的圆道观。古代中国人爱用循环思维这一特点，从下列事实里可看出：在天文历法上，中国人以天干地支纪年，认为 60 年是一个循环，像至今仍沿用的农历（阴历），就是 60 年一循环。在生肖上，中国人的鼠、牛、羊等十二生肖也是 12 年一循环。在哲学上，中国人惯用的阴阳五行思想实也是循环往复的；常用的八卦图，也是一个阴阳各半而相辅相成的圆形，蕴涵有循环往复、相生相克和生生不息的含义。在美学上，中国人喜欢"圆形"，这不是一个简单的几何图形，而是一个重要的美的范畴，同样蕴涵有循环往复、生生不息和祥和美好之义。在俗语中，诸如"三十年河东，三十年河西"和"皇帝轮流做，明年到我家"之类的话语随处可见。假若用一个图形来表示的话，古代中国人讲的循环思维实际上是一个封闭的"圆"，而不是开放的螺旋式上升的曲线。因此，古代中国人讲的循环思维，就其优点看，说明中国人看到了客观世界中存在循环往复、相生相克、生生不息的规律，像四季的更替就是如此；就其缺点而言，古代中国人没有看到客观世界里还存在螺旋式上升的规律，于是，容易得出诸如"天不变，道亦不变"的蕴涵静止、保守思想的观点。

第二节　中国传统思维方式的优势与不足

一、中国传统思维方式的优势

在狩猎和农业时代，中国传统思维方式曾参与创造了光辉灿烂的华夏文明，它智慧的沉思、直觉的发现，至今还为许多西方科学家羡慕不已。相比西方思维方式而言，它有其独特的优势。

第一，中国传统思维方式有利于培养人的领悟能力。中国古代思想家、哲学家大都具有极高的天资和悟性，善于从整体上通过对诸种现象的直觉领悟而获得智慧，而且倾向于认为真理只能在直觉的悟性中感受到，并且取得过光辉的成就。孔子、老子、墨子的绝大部分言论，都是领悟式的公理宣告或命题表述，直接宣告，不加论证。一部《孙子兵法》影响深远，大多是结论性陈述，不予论证，全靠领悟。这部书至今仍被日本等国高度重视，用于指导经济管理，正是因为它的领悟式体系包容了许多可以悟出一般规律的大智慧。中国人自古至今许多深刻思想都以启发人领悟的方式进行。封建社会的教科书《四书五经》大体都靠领会而不是靠严密的逻辑论述。由于这种倾向暗示了人的直觉、灵性的重要性，因此极大地发展了中国人的领悟能力。依靠直觉领悟，中国人很早就悟出了大量精深的哲理，特别是在社会生活领域，诸如"物极必反"、"穷则变，变则通"、"兵无常势，水无常形"、"天时、地利、人和"、"居安思危"、"戒骄戒躁"、"防微杜渐"、"救急如救火"等，都是人类宝贵的文化遗产。经过数千年领悟式文化的熏陶，中国人在综合领悟认识客观对象方面具有绝对的文化优势。

第二，中国传统思维方式有利于开阔人的思维空间。中国的传统思维认知方式，具有显著的经验色彩和意象性。古人往往以直观经验为基础，通过比喻、象征、类比，对其他事物进行推导。在中国古代思想家看来，只要把握了某些现象的某些特征和属性，就可以推导出其全部的特征和属性。《荀子·解蔽》说："疏观万物而知其情，参稽治乱而通其度，经纬天地而材官万物，制割大理而宇宙裹矣。"《荀子·非相》："欲观千岁，则数今日；欲知亿万，则审一二。……以近知远，以一知万。……故以人度人，以情度情，以类度类。"这种以类度类，由已知揭示未知的认识方法，是建立在经验和具象的基础上，主体借助于一定的物象或原理，以阐明特定的情感意志的方法。在历史上，它曾起到了沟通天地人，纳万物为一体，视四海之内为一家的作用。它对于启发思想，开阔思路，举一反三，触类旁通，由此及彼，由表及里地认识事物，具有积极的作用。

第三，中国传统思维方式有利于推动科学技术的发展。从近几年中外学者的大量研究来看，中国传统文化包含了许多有助于推动科技发展的博大精深的合理思想。这些思想已令西方一大批著名学者无比惊叹和无限敬仰，尤其是当今科技发展正面临着越来越多的复杂性难题，而对这些难题的研究和解决上，东方文化的独特思维方式恰好有着极大的优越性，可以发挥西方思维所无法替代的重大作用。例如对于生态系统这样的复杂系统，当我们用理性思维来对待时，首先将生态系统与人分开，与广阔的时空大背景分开，而且还会首先将系统分割成部分来研究，然后再把对部分的研究结果综合起来以得到关于整个系统的结论。这种思维方法的一个直接后果，就是有意或无意地将系统的影响因素及其关系简单化、片面化，甚至对于不可见的因素的影响因无法确知而被忽视掉。而中国传统文化的整体思维方式则可弥补其缺陷。在整体性思维方式的引领下，人们不仅可以认识优胜劣汰的原理，还可进一步认识自然界可以"多样而和谐"、"和而不同"、"和而发展"、"和而长久"，不同的事物可以彼此协调存在。然而，这种认识的深刻含义是科学的理性思维所无法真正做到，也无法真正理解的。又如，虽然现代分子生物学已经有了长足的发展，包括遗传工程在内的生物工程也有了长足的进展，可是科学对生物整体的认识却还十分贫乏，尤其对生命现象的研究，现代物理学的理解是一个角度一种结论，现代生物学的研究又是另外一个角度另一种结论，而现代心理学则经常把精神现象理解为物理的、化学的、生物的过程。其实不管这各门科学研究到如何的深度，也不管我们如何能高明地把多种研究结果综合起来，只要在理性思维方式的主导下，科学的发展就永远无法破译生命之谜，因为生命是一种整体现象，只有依靠中国传统文化的非理性整体思维方式才有可能真正解决。

到目前为止，世界上由于受到中国传统文化独特思维方式的影响而获得诺贝尔奖者已有四人：德国的海森堡，其论文是《测不准原则》；丹麦的玻尔，其论文为《互补原理》；美籍华人杨振宁、李政道，其论文为《弱相互作用下的宇称不守恒定律》。可以预见，今后因受到中国传统思维方式的影响而获诺贝尔奖者，还当后有其人。此外，还有一大批深受中国传统思维方式的影响而作出重要成果的现代学者，如日本的物理学家汤川秀村、美国著名物理学家卡拉普、耗散结构论的创始人普利高津、协同学的创始人哈肯、世界著名的英国科学史家李约瑟、日本哲学家和农学家福冈正信等。现在已有越来越多的中外学者关注和认识中国传统思维方式的科技价值，中国传统文化的独特思维方式的科技价值正在不断地显现，并将在科技界发展前沿领域大放异彩。

二、中国传统思维方式的不足

中国传统思维方式有巨大的优势，对于开发人的智力，推动人类社会发展，有积极的意义。但是，它也有明显的不足，主要表现在以下几个方面：

　　第一，中国传统思维方式局限于尊经崇古传统之内，思维流程保守僵化。在两千年漫长的封建社会中，中国的思想领域基本上或本质上是儒家思想的自我更新，缺乏根本的裂变。自汉代开创章句之风以来，人们思维的一个重要侧重点，便在于"训诂"、"注疏"，思想学问一定要"递禀师传"，讲究"恪守所闻"，"代圣人立言"。而中国历史悠久，典籍浩繁，人们的伦理意识和历史意识又特别强，已形成尊崇圣者贤人、沿袭传统模式、墨守历史成规的思维习惯。再加之闭关锁国、妄自尊大，产生新思想、新观念的压力从来不是很大。因此，陈腐的古圣贤之言和政治道德箴言充斥思维空间，变成一种无形的精神枷锁和罗网，在人们的思维活动中占据着支配地位，成为人们思维中坚信不疑的指导思想和原则信条，成为思维活动的起点、思维发展的有序链条、价值评价的标准和思维活动不可逾越的框框，左右着人们思维流程的方向和性质。这就导致了思路在旧秩序和老套子中恶性循环而不能自拔，并成为一种固执性偏见，顽固地排斥新事物。

　　第二，中国传统思维方式注重实际问题和讲究实际应用的倾向，导致重视科学技术的应用，但对自然科学理论的建立与完备比较忽略，缺乏科学的系统的体系建构，因而实用科学技术、技艺和科学发明较发达，在此基础上本应提升出来的科学理论和体系则相应欠缺。例如，中国人长于计算，祖冲之计算圆周率精确到小数点后六、七位数之间，大大领先于欧洲，但中国没有提供一个系统的数学体系和理论模型。中国传统的筹算数学发展到 13 世纪，以天元术、四元术为代表，已达到数学发展的顶峰，而数学思维也即到此为止，始终未能突破"算术"而把"算"推向更高的演绎体系。

　　第三，中国传统思维方式往往偏重于经验的归纳，而缺乏概念的逻辑推理。概念的内涵和外延不清，界限不明。在论证自己的理论观点时常满足于举例说明，缺乏严密的逻辑程序，没有明确的分析和有条理的论证。在具体的概念中常常是概念含糊，歧义太多。立辞又多独断，缺乏详细论证。在古代哲学著作中，一个名词，一个概念，在同一个章节中，往往用来表示不同的含义，而不加适当的解释。如重要范畴"气"，既可以是物质的气，也可以指精神性的气，此外还有邪气、元气、骨气、至大至刚之气和浩然之气等。再如"体"字，本指身体、形体，后来用以表示永恒的本性，本来是用来表示最具体的，后又用来表示最抽象的，也用来表示深切的认识，如体会、体认。古代哲学家提出一个命题，常常不做详细的分析论证，也不从理论上加以阐释说明，而多是以牵强比附代替论证。

　　第四，中国传统思维模式中的理论框架，如天道、八卦、阴阳五行等，对理论创新起到消极作用。这套玄妙的理论万古不变，简直成了适用于一切科学的神圣公式，什么都可套进去，什么都可解释，并让人感到一种似是而非的满足。中国的思维方式正是在这种理论框架的束缚下，失去了进一步理论创造的活力，使思维活动受阻于这种框架的范式之中。如天体的运转、四季的往复交替、人的生老病死、自然和社会的各种必然现象等，人们尽管积累了不少的经验和知识，但往往并不是进一步从中抽象提升出规律性的理论体系，或再问一个为什么，而是把它归结为"天道"，即天然之道，思维的进程到此为止，不再越雷池半步。例如，中医中药有辉煌的临床业绩，但其依据的基本理论是阴阳五行相生相克学说，因此一直保留着经验主义的形态，未能建立起科学的医学理论。

第三节　中国传统思维方式的革新

思维方式是历史的产物，不同的时代具有不同的思维方式，完全超时代的或者一成不变的思维方式是没有的。思维方式必须随时代的变化而变化。但是这种变化不是割断历史的连续性，它必须在原有的基础上变化。所以，我们必须继承传统思维方式的积极因素，同时注意吸收其他民族的思维方式，以建构新的思维方式。

第一，继承传统的辩证思维方式，并使之进一步条理化，以转变为现代的辩证思维。通观中国传统思维方式，它的突出成就就在于辩证思维，而其不足在于分析方法薄弱。它注意从总体上看问题；注意从运动中看问题；注意从联系上看问题。这都含有朴素辩证法的要素，是宏观把握世界的初级方法。这些与现代思维方式所要求的辩证性是不矛盾的。我们的任务是致力于辩证思维的进一步条理化。

第二，克服传统思维方式中分析方法薄弱的不足，致力于分析思维的精密化。中国传统思维方式的主要缺点是分析方法不足，这在先秦哲学即已显现出来了。我们应该大力学习西方的分析方法，致力于分析思维的精密化，克服中国传统思维方式概念模糊的缺点，使概念和观念固定化。建立分析的程序、逻辑的结构。逻辑的要点便是标准化和固定化，这是极其重要的思维工具。

第三，继承中国传统思维方式中的系统观，建立现代的思维方式。令人饶有兴味的是，当前世界上流行的系统思想，在中国传统思维方式中已有萌芽。古人用有与无、始与母、一与二、阴与阳的对立关系来表达自然界的统一性，其间包含了事物之间相互联系、相互制约的系统思想。中国古代朦胧的系统观，早已引起国外学者的注视。耗散结构理论的创始人普利高津预言，西方科学与中国文化的整体性、协同性理论的很好结合，将导致新的自然哲学和自然观。中国古代的系统观的缺点是缺乏形式化的分析，其合理性在于严格把握不使构成整体、系统的要素脱离系统的制约的原则。继承传统思维方式中的系统观，克服其缺乏形式化的缺点，是建构现代思维方式的一个基本要求。

第四，打破权威思维模式的消极影响，发扬创造性思维，改变"述而不作"的传统，致力于新的创造。权威思维模式的要害是遵从经典，唯书、唯上、唯心而不唯实。在当代社会中，我们还能看到这种思维方式的某种痕迹。如有些人看问题总是喜欢从"经典"或框框出发，唯书不唯实。还有些人受权威思维方式的影响，总喜欢按领导的意志办事，不去做独立思考。所有这些都是与改革的要求相背离的，也不符合现代思维方式的要求。所以，我们要在改革中克服唯书、唯上、唯心、不唯实的权威思维模式，从中国的实际出发，发扬创造性思维，根据实际提出新的理论，以保证改革的顺利进行。

总之，我们对中国传统思维方式实事求是地研究和运用它，把它提到与西方思维方式互补的地位，这才是公正地对待中国传统文化遗产的态度。也只有如此，才能有助于我们在东西方文化交流和碰撞中创造出更有活力的新的时代思维方式和智慧来。

思考与讨论题：

1. 中国传统思维方式有哪些主要的类型？
2. 中国传统思维的方式有哪些优点和不足？
3. 怎样改造传统思维方式以构建现代思维方式？

第三章　中国伦理道德

　　中华民族在漫长的历史发展中，建构起了十分成熟的道德价值体系，形成了丰富多样的个人伦理、家庭伦理、国家伦理，乃至宇宙伦理的道德规范体系，从内在的情感信念，到外在的行为方式，都提出了比较完备的德目，影响较为深远。

第一节　中华民族的传统美德

　　一般说来，传统道德规范或德目有两种：一是由伦理学家概括出来的，或者由统治阶级提倡并上升为理论的规范；二是那些虽然未能在理论上体现和表述出来，上升为德目，但在世俗生活中得到了广泛认同与奉行的习俗性规范。前者比后者更自觉；后者比前者更丰富，并且往往比前者更纯朴、更直接地体现着某个民族的品格。在中国道德史上，《尚书·皋陶谟》把人的美德概括为九项："宽而栗，柔而立，愿而恭，乱而敬，扰而毅，直而温，简而廉，刚而塞，强而义。"孔子建构起了第一个完整的道德规范体系，他以知、仁、勇为三达德，在此基础上提出礼、孝、悌、忠、恕、恭、宽、信、敏、惠、温、良、俭、让、诚、敬、慈、刚、毅、直、俭、克己、中庸等一系列德目。孟子以仁、义、礼、智为四基德或母德，将它扩展为"五伦十教"，即君惠臣忠、父慈子孝、兄友弟恭、夫义妇顺、朋友有信。法家代表人物管仲则提出所谓"四维七体"。"四维"是礼、义、廉、耻。"七体"为孝悌慈惠、恭敬忠信、中正比宜、整齐撙诎、纤啬省用、敦懞纯固、和协辑睦。这些德目，后人把它们综合为"六德"：知、仁、圣、义、中、和；"六行"：孝、友、睦、姻、任、恤；"四维"：礼、义、廉、耻；"八德"：忠、孝、仁、爱、信、义、和、平。董仲舒以后，"三纲"（君为臣纲、父为子纲、夫为妻纲）、"五常"（仁、义、礼、智、信）成为不可动摇的金科玉律。这些德目，当然并不都是中华民族的传统美德，有一些是包含封建糟粕的东西，我们必须加以具体分析。所谓"传统美德"，是指在自觉的或习俗的道德规范中那些为大多数人所接受并实际奉行的，而且是古今一以贯之的，在现代仍发挥着积极影响的那些德目。

从人与自身、人与他人、人与群体的关系三个方面可以概括出中华民族十大传统美德。

一、仁爱孝悌

这是中华民族美德中最具特色的部分。"仁"可以说是中华民族道德精神的象征，虽然它曾为统治阶级所利用，但并不能由此否认它是中华民族的共德和恒德。"仁"不仅在各个历史时期，在各种道德中是最基本的也是最高的德目，而且在世俗道德生活中也是最普遍的德性标准。在中国文化中，"仁"与"人"、"道"是同一的，是人之所以为人的根本特性。"仁也者，人也。合而言之，道也。"[①]"仁远乎哉？我欲仁，斯仁至矣。"[②]"仁"发端于人类共同生活中所形成的"恻隐之心"，即"同情心"，基于家族生活中的亲情。"仁"德的核心是爱人，"仁者爱人"。其根本是孝悌，"孝弟也者，其为仁之本与"[③]。孝悌之德的基本内容是父慈子孝、兄友弟恭，它在社会道德生活中具有崇高的地位，得到普遍的奉行。由此形成一种浓烈的家族亲情，对家庭关系，从而也对中国社会的稳定起了极为重要的作用，是民族团结的基石。

中华民族之所以形成坚韧的伦理实体并经久不衰，与这种孝悌之德的弘扬及其所形成的稳固的家庭关系有着不可分割的联系。孝悌之情的扩展就有所谓忠恕之道。"忠恕"，是由"仁"派生出来的，是"仁"由家族之爱走向泛爱的中介环节。孔子把"恕"作为"一言以终身行之"的道德准则，认为"忠恕之道"是"为仁之方"。忠恕之德的基本要求是以诚待人，推己及人。具体内容是"己立立人，己达达人"、"己所不欲，勿施于人"。在忠恕之德的基础上，中国人形成了"四海之内皆兄弟"、"老吾老以及人之老，幼吾幼以及人之幼"、"不独亲其亲，不独子其子"的宽广情怀和安老怀少的社会风尚，形成中华民族大家庭社会生活中浓烈的人情味和生活情趣。爱人、孝悌、忠恕，是仁德的基本内容，也是中华民族传统美德的集中体现。在中

---

① 《孟子·尽心下》。

② 《论语·述而》。

③ 《论语·学而》。

国传统社会中既出现了无数孝子慈父、仁兄贤弟，也培养了许多为民请命、杀身成仁的仁人志士。

二、谦和好礼

中国是世界闻名的礼仪之邦，"礼"是中国文化的突出精神。好礼、有礼、注重礼义是中国人立身处世的重要美德。中国文化认为，礼是人与动物相区别的标志。"凡人之所以为人者，礼义也。"①礼也是治国安邦的根本。"礼，经国家，定社稷，序民人，利后嗣者也。"②

礼同时又是立身之本和区分人格高低的标准。《诗经》言："人而无礼，胡不遄死？"孔子更是说："不学礼，无以立。"中国伦理文化从某种意义上可以说就是"礼仪文化"。"礼"是中华民族的母德之一。作为道德规范，它的内容比较复杂。作为伦理制度和伦理秩序，谓"礼制"、"礼教"；作为待人接物的形式，谓"礼节"、"礼仪"；作为个体修养涵养，谓"礼貌"；用于处理与他人的关系，谓"礼让"。"礼"根源于人的恭敬之心、辞让之心，出于对长上、对道德准则的恭敬和对兄弟朋友的辞让之情。作为一种伦理制度，"礼教"在历史上曾起过消极的作用；但作为道德修养和文明的象征，礼貌、礼让、礼节是中华民族传统美德的体现。"礼"和仁德是相互联系、分不开的。

礼之运作，包含有"谦和"之德。谦者，谦虚也，谦让也。中国人自古就懂得"满招损，谦受益"的道理。老子曾以江海处下而为百谷王的事实，告诫人们不要"自矜"、"自伐"、"自是"。谦德亦根源于人的辞让之心，其集中体现就是在荣誉、利益面前谦让不争以及人际关系中的互相尊重。中国历史上的许多故事，如"将相和"、刘备三顾茅庐等都是以谦德为主题。与此相联系，有所谓"和德"。"和德"体现在待人接物中为"和气"，在人际关系中为"和睦"，在价值取向上为"和谐"，而作为一种德性为"中和"。"喜怒哀乐之未发谓之中，发而皆中节谓之和"③，中国传统文化以"和"为重要的价值取向。孔子言："礼之用，和为贵。"④《中庸》也把"致中和"作为极高的道德境界。"和"被认为是君子的重要品质："君子和而不同，小人同而不

---

① 《礼记·冠义》。
② 《左传·隐公十一年》。
③ 《礼记·中庸》。
④ 《论语·学而》。

和。"①由此和睦家族、邻里，最终协和万邦。"礼"、"谦"、"和"都体现了中华民族的美好情操。

三、诚信知报

中国美德由于性善的信念占主导地位，强调发挥自主自律的精神，所以特别重视"诚"与"信"的品德。"诚"即真实无妄，其最基本的含义是诚于己，诚于自己的本性。《大学》言："所谓诚其意者，毋自欺也。""诚"既是天道的本然，也是道德的根本。"诚者天之道也，思诚者人之道也。"②真实无妄是天道，而对诚的追求则是人道，故"养心莫善于诚"③。以"诚"为基础，中国人形成了许多相关的道德，如为人的"诚实"，待人的"诚恳"，对事业的"忠诚"，正如《中庸》所说，"不诚无物"。"信"与"诚"是相通的品德。《说文解字》云："信，诚也，从人言。"孔子把它作为做人的根本。"人而无信，不知其可也。"④"信"之基本要求是言行相符，"言必信，行必果。""信"可以训练人诚实的品质，也是取得他人信任的前提。"朋友有信"历来是中国人交友的基本准则。孔子就把"老者安之，朋友信之，少者怀之"⑤作为自己的志向；在为政中，把"足食、足兵、民信之矣"作为三个要领。三者之中，"信"又是最根本的，因为"自古皆有死，民无信不立"⑥。董仲舒以后，中国传统道德更是把"信"和仁、义、礼、智并列为"五常"之一。守信用、讲信义是中国人公认的价值标准和基本的美德。

人伦关系中，中华民族不仅有诚与信的德目，还有"报"的德性。"报"即知恩思报。回报既是中国人的传统美德，也是道德生活的重要原理与机制。中国古人早就有"投之木瓜，报之桃李"的道德教训。孔子把"孝"的准则诉诸回报的情理。"滴水之恩，当涌泉相报"在世俗生活中是公认的美德，是"义"的重要内容。中国人强调要报父母养育之恩、长辈提携之恩、朋友知遇之恩、国家培养之恩等等。与此相反，"忘恩"与"忘本"、"负义"是同义的，必然会受到严厉的道德谴责。在漫长的文化积淀中，"知报"已经成为中国人道德良知和道德良心的重要组成部分，是中国道德质朴性的重要表征。

---

① 《论语·子路》。
② 《孟子·离娄上》。
③ 《荀子·不苟》。
④ 《论语·为政》。
⑤ 《论语·公冶长》。
⑥ 《论语·颜渊》。

四、精忠爱国

中华民族在长期的生存和发展中，逐步凝结成对祖国深厚的爱国主义情感，形成精忠爱国的浩然正气和民族气节。这种爱国主义可以说是最质朴的情感和品性，它是爱亲爱家爱乡之情的直接扩充。因为在中国社会中，家—家乡—国家是直接贯通的，中国人总是把自己的国家称为"祖国"，不仅是衣食之源，而且是情感之源，对其具有强烈的依恋意识。爱国主义作为一种"千万年来巩固起来的对自己的祖国的一种深厚的感情"，它是爱亲爱家情感的升华，由此形成一种捍卫民族尊严、维护祖国利益的崇高品德。在中国传统道德中爱祖国、爱民族历来被看做是"大节"。虽然在封建社会中它与忠君联系在一起，具有时代的局限性，但它在本质上是把君作为国家的代表，"忠君"的背后，是一种深层的国家意识。这种精忠爱国的精神是中华民族的巨大凝聚力，也是推动民族发展的巨大精神力量。特别是当国家民族处于危急存亡之际，各族人民都起来反对外来的侵略和压迫，"保家卫国"，不屈不挠，不惜以身殉国。中华民族在几千年的发展中，在多次外族入侵面前之所以没有亡国，与这种爱国主义传统有着直接的联系。我国历史上曾出现过许多著名的爱国主义者和民族英雄，如爱国诗人屈原、陆游，不辱使节的苏武，前赴后继抵御外族入侵的杨家将，精忠报国的岳飞、文天祥，还有鸦片战争时期的林则徐、关天培，中日甲午战争中的邓世昌等，都是中华民族爱国美德的杰出代表。

五、克己奉公

中华民族由于家族本位的社会结构和礼教文化的传统，培育了一种整体主义的精神，并在此基础上形成克己奉公的美德。在传统宗法社会中，由于家族的整体利益关乎每一个家族成员，因此要求把维护家族整体利益作为首要的价值取向。"礼"的精神本质是一种秩序的精神，突出的是整体秩序对个体的意义，要求个体服从并服务于整体。中国伦理道德历来强调公私之辨，把"公义胜私欲"作为道德的根本要求，乃至把"公"作为道德的最后标准。朱熹曾说："凡事便有两端，是底即天理之公，非底即人欲之私。""公"之核心是去私意，"背私之谓公"。因而奉公就必须克己，克尽己私便是公，亦即是天理。"克己"即克制己私，超越自我，服从整体。当然，传统伦理中的公私观具有整体至上主义的倾向，它被统治阶级利用后便成为封建专制主义的工具。但中国道德并不完全反对私利，关键看它是否合乎道德。孟子说："非其道，则一箪食不可受于人；如其道，则舜受尧之天下，不以为泰。"①克己奉公的精神，本质上是先公后私，个人私利服从社会公利的精神，中国人历来以"廓然大公"、"天下为公"作为价值理想。中国文化中的大同境界，其基本精神就是一个"公"字。"大道之行也，天下为公，选贤与能，讲信修睦。故人不独亲其亲，不独子其子，使老有所终，壮有所用，幼有所长，矜寡孤独废疾者皆有所养……是谓大同。"②这种"公"的精神培育是强化对社会、民族的义务感和历史责任感。在这种精神培育下，中国历史上曾出现过无数爱国爱民，为民族为社会舍小家顾大家的杰出人物，他们创造了无数可歌可泣的业绩，成为中华民族的骄傲。

六、修己慎独

性善的信念和性善论的传统，使得中国伦理道德，乃至整个中国文化，都建立在对人性尊严的强调与期待上。中国传统伦理深信，人性中具备了道德的一切要素与可能，因而"为仁由己"，只要安伦尽份，反躬内求，便是道德的完成。由此形成向内探求的主体性道德精神，集中体现为以律己修身为特征的道德修养学说。这种修养学说强调自主自律、自我超越以维护人伦关系和整体秩序，建立道德自我，其基本精神是"求诸己"。孔子说："君子求诸己，小人求诸人。"③君子"不怨天，不尤人"④，"躬自厚而薄责于人"⑤。儒家把修己、养身看做是立身处世、实现人的价值的根本，"自天子以至于庶人，壹是皆以修身为本"⑥。"知所以修身……则知所以治天下国家矣"⑦。在中国伦理史上，形成了一整套富有民族特色的修养方法，如慎独、内省、自讼、主敬、集义、养气等，最有代表性的就是曾子所说的"吾日三省吾身：为人谋而不忠乎？与朋友交而不信乎？传不习乎？"⑧中国传统道德历来有"慎独"的告诫："君子戒慎乎其所不睹，恐惧乎其所不闻。莫见乎

---

①　《孟子·滕文公下》。
②　《礼记·礼运》
③　《论语·卫灵公》。
④　《论语·宪问》。
⑤　《论语·卫灵公》。
⑥　《礼记·大学》。
⑦　《礼记·中庸》。
⑧　《论语·学而》。

隐，莫显乎微，故君子慎其独也。"①慎独就是在自我独处时要严于律己，戒慎恐惧，"如临深渊，如履薄冰"。修己慎独的修养传统培养了中华民族践履道德的自觉性与主动性，造就了许多具有高尚品质和坚定节操的君子人格。

七、见利思义

对义利关系的处理集中体现了中国伦理道德的价值取向。传统义利观的内容十分复杂，重义轻利的倾向也曾影响中国社会经济的发展。但应当说先义后利、以义制利才是传统义利观的基本内容和合理内核，也是中华民族十分重要的传统美德。孔子强调"见利思义"，并把它作为区分君子小人的重要标准。孟子要求"先义而后利"，培养"配义与道"的浩然正气。荀子明确提出："先义而后利者荣，先利而后义者辱。"②宋明理学在把义利与公私联系的同时，又把义利与天理人欲等同，一方面强调"正其义不谋其利"；另一方面又认为"正其义而利自在，明其道而功自在"，从而得出了"利在义中"、"义中有利"的结论。宋明理学虽有重义轻利的倾向，但整个传统价值观的基调和主流是先义后利。明清之际的思想家批判了宋明理学的义利观，提出"正义谋利"，"天理寓于人欲之中"，强调的仍然是"义中之利"，实际上还是遵循"先义后利"的原则。以义为人的根本特点和价值取向，是中华道德精神的精髓，它升华为"生以载义"、"义以立生"的人生观："将贵其生，生非不可贵也；将舍其生，生非不可舍也。……生以载义，生可贵；义以立生，生可舍。"③它升华为中华民族"杀身成仁"、"舍生取义"的崇高道德境界。孟子的表述，集中体现了这一精神境界："鱼，我所欲也；熊掌，亦我所欲也。二者不可得兼，舍鱼而取熊掌者也。生，亦我所欲也；义，亦我所欲也。二者不可得兼，舍生而取义者也。"④由此形成"以身任天下"的坚贞之志，"宠不惊而辱不屈"，"生死当前而不变"。这种道德观念是鼓舞志士仁人为民族大业义无反顾地献身的重要精神力量，也是中华民族崇高道德人格的光辉写照。

---

① 《礼记·中庸》。
② 《荀子·荣辱》。
③ （清）王夫之：《尚书引义》，卷五。
④ 《孟子·告子上》。

八、勤俭廉正

中国人民历来就以勤劳节俭、廉明正直著称于世。他们以劳动自立自强，形成了热爱劳动、吃苦耐劳、诚实勤奋的优秀品质。与此相联系，中华民族又有尚俭的传统。对劳动者来说，"俭"是对自己劳动成果的珍惜。"锄禾日当午，汗滴禾下土，谁知盘中餐，粒粒皆辛苦"的诗句就反映了"俭"与"勤"的天然联系。孔子把"温、良、恭、俭、让"作为重要的德目，强调勤俭戒奢。老子提出为人处世的"三宝"："一曰慈，二曰俭，三曰不敢为天下先"①，要求"去甚，去奢，去泰"②。比较接近下层劳动人民的墨家更是主张"节用"、"节葬"。三国时，诸葛亮提出"俭以养德"的思想，要求"淡泊明志，宁静致远"。对为政者来说，"俭以养德"的德，主要是廉德。廉既是对为政者的要求，也是一般人应有的品德，因为无"廉"则不"洁"，无"廉"则不"明"。"廉者，清不滥浊也"。清白不污，纯正不苟，为"廉洁"；能辨是非，以义取利，是"廉明"；能自我约束而不贪求，是"廉俭"。"廉犹俭也"。"廉"的根本是在取予之间，取道义，去邪心，严格自我约束。孟子把这样的人格称为"廉士"。正因为如此，法家把"礼、义、廉、耻"作为"国之四维"。有了"廉"，便可能做到"正"。"正"体现在品格上是"正直"，表现在待人上是"公正"，作为境界又有所谓"正气"。正人必先"正己"、"正心"，是为根本。"正"即是遵循公义和道德，因而又与"诚"、"中"等德目相通。"大学之道"就把"正心"作为重要的条目。勤俭廉正既是中华民族共同的价值取向，也是中国人共有的美德。中华民族之所以能在极其艰苦的条件下和各种困难的环境中不断发展，与这些美德的具备是分不开的。鲁迅先生曾把那些埋头苦干、拼命硬干、为民请命、舍生求法的人称为我们民族的脊梁。历史上的那些清官谏臣，在某种程度上正是体现了"廉正"的美德，才受到人民的称颂和尊敬。

九、笃实宽厚

中国是一个以农业为主要生产方式的国家，长期的农耕生产，形成了中华民族质朴的品格和务实的精神。中国传统道德崇尚质朴、朴素，儒家虽然重视"礼"的节文，但也要求以质朴为基础。道家更是主张"见素抱朴"，

---

① 《老子·六十七章》。
② 《老子·二十九章》。

以"返璞归真"为最高境界。中国人在为人处世方面，以"实"为标准，反对虚伪、虚妄。老子说"信言不美，美言不信"，孔子认为"巧言令色，鲜矣仁"，要求君子"讷于言而敏于行"，"耻其言之过其行"。在长期的道德实践中，中华民族形成了许多以"实"为价值标准的规范和美德，如老实、诚实、求实、踏实、平实、实在，形成崇尚实干、反对空谈的务实精神和实践精神。在待人上，中华民族一向以宽厚为美德，严于律己，宽以待人，"躬自厚而薄责于人"。在人与人关系中，中国人以"将心比心"、"以心换心"为原则和原理，推己及人，设身处地为他人着想，在互动中达到人伦的和谐与人格的实现。现实生活中德化、感化、感通的实质就是以宽厚的道德人格打动别人，达到人我沟通的目的。日常生活中的"宽容大度"、"宽宏大量"、"厚德载物"、"忠厚长者"等道德评价，都是中华民族宽厚品德的体现。笃实宽厚的美德形成中国民族精神的崇实性和包容性，使得中华民族这个大家庭能够和睦相处，形成连绵不断的民族历史和民族活力。

十、勇毅力行

这是中华民族在践履道德方面所具有的德性和德行，或者说是在道德意志方面所体现的美德。中国自古就有"勇"的德目。孔子以"知、仁、勇"为三达德，其中仁是核心，知所以知仁，勇所以行仁，三者形成知、情、意一体的德性。孟子认为，人格修养要达到"不动心"，即道德信念不被利益得失动摇的境界，就必须具有"勇"的品格。他把勇分为三种：凭力气的血气之勇，凭意志的意气之勇，理直气壮、恪守坚定的道德信念的"大勇"。"杀身成仁"、"舍生取义"就是这种大勇的体现。"勇"与"毅"相联系。"毅"即在艰难困苦中坚持下去的毅力以及在遵循道德准则方面的毅力。孔子说："刚毅木讷近仁。""毅"的美德的突出体现就是养气守节，固守高尚的情操。"富与贵，是人之所欲也；不以其道得之，不处也；贫与贱，是人之所恶也，不以其道得之，不去也。……君子无终食之间违仁，造次必于是，颠沛必于是。"①利害当前，择善固执，抱持坚定信念，勇往直前，义无反顾，"见利不亏其义"，"见死不更其守"，"往者不悔，来者不豫，过言不再，流言不报"，"可亲而不可劫"，"可近而不可道，可杀而不可辱"，② 这些都是说的坚毅、刚毅的品格，还有"士之为人，当理不避其难，临患忘利，遗生

① 《论语·里仁》。
② 《礼记·儒行》。

行义，视死如归"①，"三军可以夺帅，匹夫不可以夺志"，"富贵不能淫，贫贱不能移，威武不能屈"的"大丈夫"人格，也是以坚毅、勇毅为基础和前提的。要坚持实现成圣成仁的目标，就必须强调"力行"，因此中国人十分重视"力行"的美德。中国文化认为，人格的完善，社会的进步，重心不在知与言，而在于行。"力行近乎仁"，"君子讷于言而敏于行"，"知之者不如好之者，好之者不如乐之者"。只有身体力行，才能成圣成仁。至王阳明，更是提出"知行合一"的命题，把力行的美德提高到哲学的高度。正是这种勇毅力行的美德，使得中华民族在各种险恶的环境中能够化险为夷，自强不息，不断前进。

中华民族的传统美德在中国社会的发展中起了十分重要的作用。它形成一种崇高的民族精神，建立起一种具有丰富内涵的民族道德人格。当然，对传统美德本身也要进行历史的分析。一般说来，传统美德集中体现了我们民族的共性，它们具有普遍的和永恒的价值。有些德目在历史上虽然曾经为统治阶级所提倡和利用，但是，一方面要把统治阶级的道德和统治阶级某些成员身上体现民族共性的那些美德相区分，把统治阶级的利用和传统美德本身相区分；另一方面，统治阶级之所以用某些道德来标榜自己，正说明它们是深入人心的、最有号召力的本民族公认的美德。当然，由于传统美德长期践履于中国传统社会尤其是封建社会这样一个特定的环境中，必有其历史的局限性，如南宋的岳飞。这说明传统美德在历史的实践过程中是具有两面性的。

传统美德在历史上造就了各种道德人格，这些道德人格按照其体现道德理想的不同程度可分为圣人、贤人、仁人、大人、君子、成人、善人等。正是这些理想人格的存在，在中国历史上的各种生死危亡关头才涌现出了许多挺身而出、不顾个人安危维护民族大义的志士仁人。文天祥在《正气歌》中如数家珍般地做了赞颂："时穷节乃见，一一垂丹青：在齐太史简，在晋董狐笔；在秦张良椎，在汉苏武节；为严将军头，为嵇侍中血，为张睢阳齿，为颜常山舌；或为辽东帽，情操厉冰雪；或为《出师表》，鬼神泣壮烈；或为渡江楫，慷慨吞胡羯；或为击贼笏，逆竖头破裂。"他们是中华民族传统美德的人格结晶和自觉体现。

①《吕氏春秋·士节》。

第二节　中国伦理思想的基本原理及其历史发展

中国是一个尊道贵德的国家，不仅整个社会的风尚重视伦理道德，尊重有德之人，而且思想家们也十分重视伦理道德方面的理论建构，总结、提升中国伦理精神，建立了丰富、多样并且不断发展、完善的各种伦理思想体系。中国传统伦理思想体系有两个基本特点：第一，它是中华民族的各种文化精神互摄整合而形成的有机体，儒家、道家、佛家是其基本结构要素，其中儒家伦理是主流与主体；第二，它随着中华民族与中国社会的发展而生长发育，在此过程中阶级性与民族性、时代性与普遍性交错并存，浑然一体，相辅相成，相补相协。把握中国伦理文化的真谛，就必须对中国伦理思想的历史发展过程进行考察，由此才能发现中国伦理之深邃的人文原理与道德智慧。

中国伦理思想的历史发展，经历了孕育展开—抽象发展—辩证综合的辩证过程，它与中国社会历史发展的三大阶段（先秦—汉唐—宋明）正相符合，体现了逻辑发展与历史发展的一致性。

一、先秦：中国伦理精神孕育展开阶段

在上古神话和《周易》中，可以大致发现中国伦理精神的某些基因。中国古神话有三个重要特点：一是崇德不崇力；二是惩恶扬善，善恶报应；三是重天命而轻命运。《周易》建构了中国伦理精神的原初的哲学模式：天人合一的宇宙论体系；"自强不息"、"厚德载物"的精神；善恶报应的信念；阴阳二分的思维方式。它们体现了中国人最初建构自己的精神世界时的价值取向，对中国伦理思想的发展产生了普遍和永恒的影响。

西周确立了适合当时中国国情的、对中国社会与中国文化的发展产生了深远影响的伦理秩序和意识形态，这就是周礼。周礼成功地把氏族社会的原理转换为文明社会的伦理政治秩序，为日后中国社会建立了伦理生活的范式。西周以后，出现了春秋战国时期的社会大变动和思想意识形态上的百家争鸣，以此为契机，中国伦理精神得以展开，形成儒家、道家、墨家、法家等各种思想文化流派，其中以孔孟为代表的儒家的伦理设计最积极，最准确地体现了中国社会传统的特点，故影响最为深远。

孔子站在中国文化的历史性转折点上，通过对春秋以前中国文化成果的总结，成功地对中国社会的生活秩序进行了伦理化、道德化的提升，创

造了以礼、仁、中庸为内核的伦理思想体系，为儒家伦理提供了一个基础。"仁"是孔子对中国伦理学最突出的贡献，是中国伦理精神由自发走向自觉的标志。"仁"以爱人的道德意识和道德情感为根基，"仁者爱人"，其出发点是以"孝悌"为核心的亲亲之情。由此通过"忠恕"的环节推己及人、己立立人、己达达人，扩充为社会的伦理原理与道德情感。"仁"既是一切德性的生命根源和发端，又是最高层次的品德和德性的最高境界；同时还是道德行为的推动力。"为仁由己"，只要克己修身、笃实躬行，便可成为"仁人"。孔子以后，孟子从主观能动的方面发挥了孔子的伦理思想。他的五伦说、性善论、修养论以及仁、义、礼、智的价值体系，成为儒家伦理发展完善的重要环节，因而在中国文化史上，将孔孟并列，合称为"孔孟之道"。在中国，当诞生了儒家伦理的同时，也就诞生了道家伦理，二者是一对孪生儿。在中国重血缘亲情的入世文化中，儒家伦理具有必然性，但仅此还不足以使中国人确立安身立命的基地，儒家伦理精神的运作还需要道家的人生智慧作为结构上的补充。于是，入世与隐世，入伦情感与人生智慧，心与身，构成中国伦理理想性与世俗性、进取性与柔韧性的互补。中国伦理思想体系结构中还有法家与墨家。但法家的政治伦理精神以政治代替伦理，最后导致了非道德主义。墨家的社会伦理精神代表了小生产者的理想，在精神取向与文化原理上又游离于"家"、"国"之间，缺乏生长的根基，秦以后便终绝。因而只有儒、道两家才成为对日后中国伦理精神的发展产生广泛深远影响的两个基本理论形态。

二、汉唐：中国伦理思想的抽象发展和大一统、封建化阶段

在先秦时期，中国伦理思想体系的基本要素已形成，但并没有一家能占主导的或统治的地位。汉唐是中国伦理思想继续发展和大一统、封建化的时期，这一社会发展的必然性与文化选择的能动性相结合的过程又可分为三个小阶段：两汉儒家、魏晋玄学、隋唐佛学。

儒家伦理之所以能在两汉以后占主导地位，就是因为它最能体现中国社会的特质和国情，同时其理论本身也发展得最为完备。秦汉之际，《礼记》成书，由此作为日后中国伦理精神生长的元典和本体的《四书》伦理体系事实上已经形成。《大学》、《中庸》是《礼记》中的两篇，它是先秦儒家伦理思想的提炼和概括。《大学》提出"三纲领八条目"，从"明明德"即复明自己光明的德性出发，经过"亲民"即亲亲仁民的过程，最后止于君仁臣忠、父慈子孝、朋友有信的"至善"境界。这一过程具体展开为八个阶段：格物、

致知、诚意、正心、修身、齐家、治国、平天下。"大学之道"是培养统治阶级理想人格的途径，所谓"大学精神"就是"内圣外王"的精神，它体现了中国社会家国一体的原理和儒家伦理政治的本质。《中庸》揭示了儒家伦理"天人合一"的中庸境界与精神模式。从此，"极高明而道中庸"成为中国人修身养性的最高境界。

《大学》、《中庸》是儒家伦理成熟的标志，然而，它并不就是封建伦理，中国封建伦理的真实形态是董仲舒的"三纲五常"论。儒学的独尊和董仲舒伦理体系的出现，标志着中国伦理精神的封建化和抽象化的统一。"三纲五常"与以孔孟为代表的古典儒家伦理既有内在联系又有原则区别。"三纲"由"五伦"发展而来，它抓住了五伦中最重要的"三伦"，以此作为人伦的根本，应该说，这种提炼突出了中国家国一体的社会结构和君主专制政治体制中最本质的方面。但是，先秦儒家讲的"五伦"关系是一种双向的相对关系，而"三纲"关系则是单向的以人身依附和服从为原则的绝对关系。"五伦"虽然强调宗法等级秩序，有"夫义妇顺"之类歧视妇女的内容，但它是以君臣、父子等的互惠互动和在上者的率先垂范为前提，具有较浓的人情味；而"三纲"则使伦理关系完全服从于封建政治关系，使双向的人伦义务变成片面的等级服从，使得人对人的关系，变成人对理、人对纲常的单方面的服从、义务关系。因此在一定意义上可以说，"三纲"是先秦原始儒家伦理思想的异化，其内容包含了封建性与民族性的深刻矛盾。

董仲舒以后，以"三纲五常"为核心的儒家伦理成为不可动摇的名教或礼教。魏晋南北朝时期的社会大动荡，使得儒家伦理陷入尖锐的冲突之中，道家精神的潜在，使中国伦理精神系统又出现了一种新的形态——玄学伦理。玄学伦理是试图把儒道结合以克服人的精神和伦理生活中的矛盾的一种努力，其特点是"托好老庄"，用道家的"自然"价值观对儒家的"名教"进行评判。但它的片面发展，形成一种苟且偷安、纵欲混世的人生态度。于是中国伦理又出现了新的精神形态——隋唐佛学。隋唐佛学以生死轮回、因果报应的虚幻形式克服了传统伦理中"德"与"得"、道德与命运的内在矛盾，在基本精神取向上又与儒家伦理契合，特别是禅宗的即心即佛，其宗教修行方式与儒家的修身养性理论实有相通之处，因此它又成为向儒家伦理回归的中介环节。

三、宋元明清：中国伦理思想辩证综合阶段

汉唐时期的社会发展表明，单一的儒家纲常伦理，或儒与道、儒与佛

的简单结合，都不能满足中国封建社会的需要，而这一时期伦理思想的发展又为建立一个整合的伦理体系提供了可能。于是，宋明时期以儒学为核心的理学便应运而生。但这时的儒学，已不是孔孟的古典儒学，也不是董仲舒的官方儒学，而是融合了道玄与佛学的"新儒学"。

新儒学伦理最重要的学派是程朱理学和陆王心学。程朱理学建立了以"天理"为核心的伦理思想体系。"天理"是以纲常名教为核心的伦理道德本体。"人伦者，天理也"；"理者，五常而已"。人伦五常就是天理。经过这个转换，人间的伦常之理便上升为天道的法则，实现了"天道"与"人道"的统一。这种理论不仅为纲常名教找到了本然的根据，而且也使之具备了神圣性与永恒性，它表面上是以"天道"说"人道"，实际是把"人道"上升到"天道"的高度。在此基础上，程朱提出了"存天理，灭人欲"的口号，认为天理、人欲不容并列，其本质的区别是"公"与"私"的对立，"己者，人欲之私也；礼者，天理之公也"。二者对立的实质就是对纲常礼教秩序的维护或破坏。这种伦理思想，一方面提倡整体价值观，在理欲对立中突出人性的尊严和道德的能动性；另一方面它又与封建政治结合而沦为道德专制主义，成为"以理杀人"的工具。

陆王心学的基本范畴也是"理"，其基本宗旨也与程朱理学相同，即维护封建政治秩序的长治久安。二者的区别在于，陆王认为"理"不是外在的客观实体，而是人的"心"或"良知"的先验结构。心与理是一个东西，社会伦理规范与主观道德观念都是根源于人心，因而提出所谓"良心"概念，认为它不但是道德的根源，而且先验地具有辨别善恶的能力，人的道德修养不需要像朱熹那样格物致知，大费手脚，而只要启识本心，存心明性。陆王心学的伦理思想受孟子的影响较大，而其思维方式又与禅宗的"即心即佛"一脉相承。陆王的根本目的也是要维护封建的"天理"，但"心"的主体能动性的充分发挥，在理论上又会导致对"理"的反思与理性考察，甚至导致对"理"的怀疑与否定。王阳明的"致良知"说要人们"破心中贼"，能动地进行封建道德修养，但由于他在理论上强调发挥主体的能动性，倡导怀疑精神，结果适得其反，在客观上造成了对封建道德的离心力，最终导致了宋明理学的自我否定。所以当戴震大破理学体系，揭露其"以理杀人"的实质后，宋明理学便失去了存在的合理性，中国传统伦理也必然要为近现代伦理所代替。

由以上分析可知，中国伦理思想的发展，一方面受社会关系的制约，随着社会关系的变化而变化；另一方面又有其内在的原理与发展逻辑。在中国传统伦理思想体系中，既有时代性、阶级性（主要是封建性）的内涵，同时又有某些普遍性、民族性的因素。封建性与民族性的区分是准确把握和认识中国伦理思想的关键。儒家伦理之所以能在中国占主导地位，当然与统治阶级的利用与提倡分不开，但统治阶级之所以选用它，很大程度上是因为它体现了我们民族的特点，适合于传统中国社会的国情，就是说，它具备了相当程度的民族性。民族性构成中国伦理思想的普遍性与合理性，也就是"中国特色"的最重要的体现。

中国伦理思想体系主要由三方面内容构成：人伦关系原理，道德主体品格要求，人性的认同。概括地说，就是人伦、人道、人性。"礼"的法则，"仁"的原理，修养的精神，构成中国伦理体系的基本结构要素。

思考与讨论题：

1."仁"德的基本内涵有哪些？它在中华民族传统美德中占有什么地位？试对中国伦理的"仁爱"与西方伦理的"博爱"进行文化比较。

2."孝悌"之德对中华民族的发展具有怎样的历史意义？在 21 世纪，它是否还具有合理的道德价值？

3.在市场经济条件下，为什么还要讲"诚信"？

第四章　中国传统民俗

中国的风俗文化是中国人民世代相承的生活习惯和生活传统的积淀，它虽然没有高雅文化那样纯净与雅致，但它是一种未经提纯的、作为原生态的鲜活文化，具有朴实与生动的本色，充满野性与活力，并常常成为社会文化进步的源头活水，其中蕴蓄着的丰富文化养料和发人深思的生活智慧，构成了中国文化的底色。学习研究中国文化，不可不对中国民俗予以充分的注意。

第一节　中国民俗概况

中国民俗文化十分丰富，从历史、地域和民族等方面可以看到中国民俗的概貌。

一、从历史的角度看中国民俗

中国历史悠久，地域广大，民族众多，有着民俗事象产生的丰厚土壤。从历史来看，中国民俗的起源可以向上推溯到两万年前的山顶洞人时代。考古发现，山顶洞人已使用骨针缝制兽皮衣服，将穿孔的石珠、兽牙作为装饰品，这应是服饰民俗最初的表现；山顶洞人的尸身周围撒有红色的赤铁矿粉，红色象征鲜血和生命，因此，它很可能是一种当时的葬俗形式。后来，随着原始的家畜饲养、农业耕种和陶器制作的出现，原始先民的生产性民俗开始萌芽。丧葬也使用了石棺、陶瓮等葬具，有了最初的随葬品，并有了集中的氏族墓地。原始先民的婚姻形式是由群婚制发展为对偶婚，再向一夫一妻制转变，期间经历了母系氏族社会和父系氏族社会两个阶段。中国原始先民的婚俗是怎样的，有许多已无从了解，但是，人们从考古发现和文字释义中可以找到蛛丝马迹。考古发现，新石器时代早期彩陶上描画最多的图案是繁殖力很高的青蛙和鱼类，人们还用陶土来塑造孕妇的形象，民俗学家认为，这是原始的生殖崇拜和女性崇拜的反映。然而，后来，女性的地位下降了。汉语"婚姻"的"婚"字是女字旁加一个黄昏的"昏"，它反映上古时代存在抢婚的习俗，即男子趁黄昏天暗时抢掠女子成婚；"婚姻"的"姻"字的解释是女子依靠男子，委托终身。"婚姻"文字的释义显示了女子和男子地位的不平等。

原始社会的先民茹毛饮血、身着羽皮、刀耕火种，其民俗的表现与当时的社会状况和经济、生产水平相适应。后世，随着社会的发展，生产力的提高，民俗也随之更新与发展。然而，后世流行的习俗中仍可见到某些原始社会习俗的影子，如龙舟比赛，可以溯源到原始社会的龙图腾。据闻一多考证，赛龙舟早在原始社会已经出现，是由南方吴越地区的部落举行龙图腾祭祀而来。又如，我国有些地区人们搬家，有以火为先导的习俗。闽南地区人们入居新屋时，要由户主手捧烘炉先导；广西人迁居时，先将一盆旺火搬进新屋；浙江杭州、绍兴一带的人乔迁新居，即使在白天也要用灯烛、火把先导。这种以火先入住屋的习俗来源也可以追溯到原始社会。原始社会的穴居时代，人们进入山洞居住时，总是先用火把入洞，以驱逐洞中可能躲藏的野兽，久而久之，形成以火先入新居的习俗。这种习俗自原始社会出现后一直绵延至今，其时间的穿透力令人惊叹。

当然，中国的民俗并不都有远古时代的背景，中国历史绵远流长，其间不断有老的民俗更新，又有新的民俗产生。中国封建时代，儒家思想占有统治地位，婚姻、丧葬、祭祀、教育以至生活各方面处处显见儒家思想，与此相关的民俗充满儒家的精神。佛教传入中国，出现佛教节日、佛寺建筑，佛教的信仰深入民心，对民俗产生不可低估的影响。近代社会西学东渐，在西方文化的影响下，人们的衣食住行、婚丧嫁娶、人际交往，乃至道德信仰等方面的民俗风习再次出现深刻变化，时至今日，变化仍在持续。

二、从地域的角度看中国民俗

中国民俗的产生与地理也有相当关联，中国地域广大，各地的民俗相异之处甚多。以传统民居为例，北方草原牧区有毡房、陕北黄土高原有窑洞、云南西双版纳有竹楼、北京有四合院、上海有石库门房屋，其他各地富有特色的建筑还有很多，它们的存在是和当地的自然经济条件相关的。人类的文化创造离不开一定的生态环境，生活在山区的人民用石头制造出石屋、石路、石桌、石凳；江南竹乡的人民生活中处处有竹子，他们以竹制的箬笠为帽，以竹布制衣，以竹笋为食，以竹纸写字，以竹篓、竹篮、竹箔盛物，还使用竹椅、竹凳、竹床、竹席、竹帘、竹筷、竹笼、竹杖、竹筏等各种各样的竹制品。这些物品都使用当地的资源，因地制宜制作而成，充分显示了地理环境对民俗的影响。

中国的饮食因地域不同而有各种风味，近代以来，有特色的中国地方菜系有八个，它们是鲁菜（山东）、苏菜（江苏）、川菜（四川）、粤菜（广东）、浙菜（浙江）、闽菜（福建）、徽菜（安徽）、湘菜（湖南），其中以前四种影响最大。中国地方菜风味的形成不仅与当地的自然条件有关，而且和当地的人文特色也有关联。例如，鲁菜擅长用急火爆炒，烹制的菜肴鲜、脆、嫩、滑，以咸味为主，酸甜为辅。它和山东人豪爽、耿直的性格十分相符。苏菜烹饪善用文火，以炖、焖、蒸、煨见长，烹制的菜肴注重原汁原味。这和江苏人温婉、细腻的性格是一致的。川菜口味辛辣，符合四川人开朗、热情的性格。粤菜取料广泛，其他菜系不常见的蛇、猫等都可入馔，粤菜的烹调还吸取了西餐的某些技艺，这和广东人勇敢、开放的心态有关。中国有一句俗话，"一方水土养一方人"，饮食的风味和人的性格的关系便是这句话的有力例证。

三、从民族的角度看中国民俗

中国民俗的产生还和民族有密切关联。中国民族众多，各民族都有富有特色的民俗事象，其中以民族服饰最为突出。中国少数民族的服饰大多色彩丰富，有的绣有各种图案花纹，这些色彩与图案花纹是民族精神的反映，也是民族审美意识的表露。云南的西双版纳是一个风景如画的地方，在此生活的傣族姑娘喜欢穿色彩艳丽的紧身衣和筒裙，自然界能找到的各种颜色几乎都可在她们身上见到。傣族姑娘的服饰与其生活环境显得自然协调。生活在吉林延边地区的朝鲜族是个崇尚白色的民族，朝鲜族男子的传统服饰是白色或灰色的衣裤，外套黑色或咖啡色坎肩；朝鲜族女子喜穿白衣、黑裙。这种颜色倾向，是其含蓄、恬静的民族性格的写照。彝族是中国西南地区的少数民族，彝族以黑色为贵，其服装多用黑、青、蓝等深色布料，有的在上面绣上红、黄、白条纹。彝族服饰的尚黑是因为其祖先以黑虎作图腾，上面绣有红、黄、白条纹正是虎皮花纹的表示。茶是中国发明的饮料，中国人有"以茶待客"的礼俗，然而，中国各民族向客人捧出的茶是有区别的。拿汉族来说，北方人爱喝花茶，江南人爱喝绿茶，福建人爱喝乌龙茶。福建漳州人喝的乌龙茶，是用特殊的茶具冲泡极浓的茶叶，称作功夫茶。少数民族的茶也有自己的特色，蒙古族、维吾尔族的奶茶，是在茶中放入盐和奶；藏族的酥油茶，是在茶中放入盐和酥油；少数民族的特色茶还有傈僳族的酽茶、德昂族的煨茶、东乡族的盖碗糖茶等，它们和汉族喜爱的各种茶饮一起，组成中华民族多姿多彩的茶风俗。

第二节　民俗在文化中的地位及其分类

一、民俗在文化中的地位

民俗是传统文化的自然形态，是传统文化的基础。民俗作为人类最基本的文化现象之一，它广泛存在于社会生活的各个领域，体现不同民族的生活方式、历史传统、社会意识，使各民族得以保持自己的文化特色。民俗是历史的积淀，它可以世代传袭，反复出现，形成稳定的民俗事象。民俗作为社会普遍遵守的规范，还是政治、法律之外控制社会的重要因素。

民俗作为一种特殊的文化现象，它与文化大系统发生关系的同时，又和文化大系统下的许多子系统发生关系，其中和文学、历史学、社会学关系最为密切。文学描写有许多民俗的反映，民间文学的民俗背景尤其强烈，许多民间文学本身就是民俗事象的记载。为此，一些民俗学家认为，民间文学具有文学和民俗学的双重身份。民俗和历史学也有互相交织的情况，一方面，各种生活民俗、生产民俗、文艺民俗大大丰富了历史的记载；另一方面，历史的发展也促进了民俗的发展。民俗还和社会学有着重重联系，在西方，民俗学是和社会学同时兴起的，两者的研究对象、研究方法十分相像。民俗和文学、历史学、社会学的密切关系使民俗学成为与这三门学科互相交叉的边缘学科。民俗和文化大系统下的政治、哲学、科技等子系统也有联系。中国民俗对于"天"的崇拜意识，被涂上忠君的政治色彩；中国民俗中的阴阳五行意识，是哲学的重要概念；中国民俗崇拜的黄帝、鲁班、华佗等历史名人，是舟车、木匠、医药等科技门类的行业神。由于民俗与众多文化大系统之下的子系统有着相互关联，它被看成是文化大系统与其具体门类的子系统联系的中介。但同时，民俗本身又是文化大系统所属的一个子系统，因此，民俗在文化系统中具有双重身份。

二、民俗的分类

民俗在文化中的双重身份决定了民俗的内容是非常驳杂的，有必要将其分门别类，以理顺脉络。下面是中国民俗的大致类型：

物质民俗是指与物质的生产、消费、流通各环节有关的民俗。包括农耕民俗、畜牧民俗、渔猎民俗、手工业民俗、商业民俗、服饰民俗、饮食民俗、居住民俗、行旅民俗等。

社会民俗是指社会群体的结合和交往产生的民俗。包括人生礼仪民俗、姓名称谓民俗、岁时节令民俗、社会结构民俗、游艺民俗等。

意识民俗是指以信仰为核心的民俗。包括原始信仰、宗教信仰、生产和生活禁忌等。

这些民俗类型有各自的划分界限，然而在实际生活中，许多民俗事象是综合表现的，如中国的春节是一个综合性的民族节日，从民俗的划分来说属于岁时节令民俗。春节的活动丰富多彩，有写春联、剪窗花、挂年画、贴福字、放爆竹、吃年夜饭、守岁、送贺年片、拜年、给压岁钱、祭天祀祖、迎接财神等。其中和饮食民俗、游艺民俗、信仰民俗等有诸多关联。又如，农耕民俗与农时农事相关，农民的劳作需不违农时，按照节气进行安排；许多民族在大的农事活动，如春播、秋收等季节有固定的祭祀、庆典等仪式。以此看来，农耕民俗与岁时节令民俗和信仰民俗也有着密不可分的联系。

中国民俗的类型除了有以上的划分外，还有良俗与陋俗之分，社会道德是区别良俗与陋俗的标准。当然，在不同的社会阶段，道德标准是不同的，良俗与陋俗的评判也会不同。例如，在封建社会里，男尊女卑是天经地义的道德，男子纳妾、休妻现象并不受社会的谴责，而从现代人的角度看，这些现象显然属于社会的陋俗，应该受到批判。

第三节　中国民俗的特点

由于民俗文化是文化大系统与其具体门类的子系统联系的中介，大文化系统的精神对民俗文化的渗透也就格外突出。中国文化有极强的生命延续力，有内在的包容会通精神，而且是一统与多元并存的、崇尚伦理的文化，中国民俗的特点的概括离不开这一大文化系统的背景。具体而言，中国民俗具有如下特点：

一、中国民俗具有多样性

中国历史悠久，民俗的发生和传承情况十分复杂。一是不同的民族有不同的民俗。以春节的娱乐活动来说，汉族有舞龙、舞狮；苗族有斗牛、赛马、打年鼓、踩芦笙；壮族有舞鸡、舞春牛；瑶族有耕作戏；土家族有摆手舞；藏族有跳锅庄、演藏戏。各民族的年夜饭也各有特色，如蒙古族年夜饭吃"手把肉"、彝族吃"坨坨肉"、壮族吃"压年饭"、赫哲族吃"吐火宴"。至于各民族的节日服装和节日礼仪更是五花八门，多姿多彩。二是同一民族也有不同的民俗。如过中秋，各地有许多不同的节俗。据清代文献记载，中秋北京的市场上出售一种俗称"兔儿爷"的泥兔，上面饰以彩画，有的还穿衣戴甲，很受儿童欢迎；安徽的儿童在中秋玩一种"舞草龙"的游戏，夜晚时草龙身上插满蜡烛，舞动起来煞是好看；而苏州的中秋之夜，妇女们打扮得花枝招展，结伴出游，俗称"走月亮"。这些不同的中秋节俗活动都出自汉族，显示了居住于不同地区的汉族人中秋节日风情的差异。三是不同地域有不同的民俗。中国幅员辽阔，各地的地理环境千差万别，民俗文化总是与当地的地理环境相适应，表现出鲜明的地域特征。作为历史发展过程中积淀下来的生活形式，不同地域的中国民俗文化代表了当地的文化特色，成为某一地域的一种文化标志，以至于我们可以从一个人的生活方式、饮食习惯和习俗等方面的不同表现，就可以判断出他是哪里人，属于哪个民族。保持民俗的差异性非常重要，对于民族的存在和发展有着无比重要的意义。

二、中国民俗具有融合性

中国各民族的风俗习惯在漫长的历史时期里互相影响，有的发生融合。其中汉民族的文化比较发达，对少数民族产生较大的影响。史籍记载的北魏孝文帝改革，就是少数民族受汉文化影响的一个例子。北魏是鲜卑族建立的政权。孝文帝改革，命令鲜卑族改汉姓、说汉话、穿汉服、与汉人通婚等。这是历史上的一次民俗融合的实例。当然，民俗融合的发生在大多数情况下不是靠行政命令，而是在民间自发进行的。旗袍原来是满族的服装，满族建立的清王朝并未强令汉族妇女穿旗袍，然而，民间有汉族妇女学穿满族的旗袍。辛亥革命后，旗袍的样式经过改良，成为汉族妇女的流行服装。旗袍受汉族妇女的欢迎是少数民族习俗影响汉族的一个民俗相融的实例。

三、中国民俗具有传承性

民俗文化是人类世代相传的社会文化，在相当长的历史时期内有一定的"惯性"，在发展过程中具有相对稳定的特点。历史、传说、宗教，是民俗节日形成的三个源泉。优良的民俗文化得到社会的广泛承认，代代相传，并发扬光大。民俗文化内容十分丰富，在广大劳动人民中广泛传播，故对社会、经济、生活各方面产生深刻而持久的影响，形成了一个国家、一个地区的本土意识、民族意识，这些意识往往具有相对独立的固守性特点，形成了一个民族、一个地区人民特有的心理和文化特征。例如，中华民族具有强烈的热爱祖国、热爱家乡的情感，这种意识在春节、元宵节、中秋节、端午节等岁时节日民俗中也得到充分反映。我国现存的岁时节日民俗，都是千余年来传承下来的。虽然各个历史时期、不同地区、不同民族在过节的细节上有所差异，但这些节日民俗的主要内容和形式始终被承袭下来。

四、中国民俗具有强烈的生命意识

中国人的宗教观念相对比较淡薄，人们并没有选择宗教作为寻求永恒的生命的途径，而是把自我生命的延续寄托在后代的身上。在民间工艺美术中，这种生命意识表现得尤为突出。生殖崇拜可以说是中国民间传统造型艺术中的一个永恒的主题。中国民众从远古时代就意识到了"阴阳"相合万物生的道理，因此，在民间美术中，阴阳组合作为生命繁殖的基本源头的图形随处可见，俯拾皆是。一般来说，鱼、鸟、蝴蝶、鸡、蛇、狮子、猴多指示阳性；而蛙、莲、兔、桃、花、石榴、葫芦、瓜、绣球多指示阴性。民间图形往往是把指示阴性和指示阳性的象征物进行两两组合，如"鱼穿（钻）莲"、"鸟站莲"、"蝴蝶生子"、"榴开百子"、"瓜瓞（蝶）连绵"、"猴吃桃"、"蝴蝶采石榴"、"蝴蝶扑金瓜"、"狮子滚绣球"、"梅花小鸟"等，通过这些组合暗示创造生命的基本道理。

从造型的基本构成中又派生出许多吉祥组合，如"连（莲）生贵子"的造型可以是由莲花和娃娃组成，也可以由莲花、笙（一种乐器）、桂树枝构成。"多子多福"常由石榴、西瓜等子粒较多的瓜果与桃、佛手等组合在一起。"子孙万代"常由带着枝蔓的葫芦和孩子组合在一起，其他还有"观音送子"、"麒麟送子"、"天仙送子"、"天降麟儿"等。

除此之外，许多民间玩具如河南淮阳的人祖母猴——泥泥狗、猴头雁，山西的布老虎（虎蛇合体等）；民间饮食如西北地区的礼馍：抓髻娃娃面花、蛤蟆口面花、双鱼面花、馄饨面花、五彩蛋面花等；婴儿的枕头如蛙枕、鱼枕、抓髻娃娃枕、双鱼枕等，尤其是民间的各种抓髻娃娃的造型，也都具有强烈的生命意识。

五、中国民俗具有多神崇拜倾向

在中国人的信仰民俗中，虽然宗教观念比较淡漠，但是并不等于中国人没有宗教意识。面对残酷的大自然，人类必须要生存，而现实当中很多事情并不是人力所能为，也不是人力所能控制的。因此，在生活的某些时间或某些场合，人们也需要神。在中国民俗中，中国的神灵之多可以说是世界罕见的。例如，中国民众供奉的神灵有牛神、马神、保生大帝、井神、床神、门神、场神、谷神、贼神、厕神、药王、虫王、娼妓神、穷神、狱神、茶神、城隍、山神、火神、蛇神、财神等，几乎世界万物皆有神灵。除了各种民间神灵之外，儒释道三教的诸位神灵，人们更是照单全收，无一遗漏。例如，民间供奉的天地全神便列出了几十位甚至上百位儒释道及民间诸神。

对中国民众来说，灶王爷、观音菩萨、送子娘娘、财神可以同时出现在一幅画面里，人们并不认为这有什么不伦不类，也不考虑他们分别出于哪种宗教系统，他们的背景又是怎样的。人们考虑的是这些神灵对他们是否有用，因此有些地方一个庙里供有少到十几种，多到几十种、上百种不同的神。关帝庙里可以供菩萨，娘娘庙里可以供玉皇大帝，而且庙里的神越多，拜庙的人也就越多，庙里的香火也就越旺盛。由此可见，中国民众的宗教信仰是极其多元的，同时还具有明显的功利性特点。

第四节　中国民俗文化的社会功能

民俗与人类的社会生活和社会生产关系密切，它广泛存在于社会的各个角落，对社会产生重要的作用。

中国古代的统治者很早就认识到民俗与社会风气直接相关的道理，将民俗与政治加以联系。早在西周时，统治者就已经把对民风民俗的了解作为观测政治得失的尺子，派人去民间采风。西周之后，历史上一些有作为的统治者都重视民俗的教化作用，将民俗视为政治和法律的辅助工具。他们从维护统治的角度去强调移风易俗，提倡以良俗作为社会的楷模，使之有利于国家的治理。在世界各民族中，将民俗的作用提到如此高度的，可能属中国首倡。而这也从另一个角度向我们展示了民俗在中国大文化系统中所处的地位。

民俗文化源于传统生产生活习惯，在现实生活中发挥着特定的作用和功能。当前，我国正大力构建社会主义和谐社会，民俗文化在建设社会主义和谐社会中也具有它独特的功能。

一、中国民俗文化具有培养爱国主义情感的功能

民俗文化作为人类生活与活动领域的一个方面，它从一个侧面映射着一个民族的民族精神。因此，研究中国民俗文化可以帮助我们加深对祖国历史文化的认识，提高国民文化素质，激励广大人民爱祖国、爱民族、爱乡土的情感。

传统文化源远流长，有着几千年悠久历史，由于民俗文化所具有的稳定性的特征，使其具有教育意义。其中，在婚姻民俗、人生仪礼等民俗活动中不断强化的家族意识，具有特殊的意义。家族观念的稳定性，教育了子孙后代要爱家爱国，只有国家社会和谐，家庭才会和谐。因此民俗文化孕育了民族精神，民族精神就在民俗文化之中。

民间节日、民间仪礼等都渗透着中华民族的精神品质。例如，春节期间各地的舞龙活动、端午节龙舟竞渡活动等，都反映了中华民族特有的龙文化。具有浓烈民族特色的民俗文化活动，构筑了中华民族共同的精神家园，成为乡情的主要内容，由此形成了强大的凝聚力、向心力，不断培育着爱国主义的情感。

二、中国民俗文化具有道德规范的功能

民俗文化的道德规范功能指民俗文化对人们行为方式的制约作用。民俗文化也是一种约束面较广的社会行为规范。民俗社会中经常使用的不成文法或习惯法，它对民众的思想和生活产生强大的约束力量，迫使人们在一定的道德和习惯规范中行事，以得到心理和环境的协调和平衡。在民俗活动中，人们通过亲身的参与，知道了善与恶、是与非，道德感不断得到强化。例如，在内容十分丰富的春节民俗文化活动中，就有通过拜年活动表现出来的尊老爱幼、通过除尘活动表现出来的爱卫生、通过吃年夜饭表现出来的家庭和睦等多方面的道德内容。人们在这些年复一年的活动中反复得到道德的熏陶。这些道德规范和民间信仰，规范着人们的思想和行为，对社会的稳定和发展、民族和国家的凝聚力的加强，起着积极的整合与促进作用。千百年来，正是通过不断地积累、传承，形成了仁爱孝悌的道德精神、谦和好礼的立身处世美德、诚信知报的品德、克己奉公的集体主义精神、修己慎独的道德修养等。可以说这些美德从民俗中产生，在民俗中

传播、完善，渗透到我们生活的方方面面，成为人们处世立身的准则和行为规范。

三、中国民俗文化具有维护社会和谐的功能

民俗文化是影响当今中国社会和谐的一个重要因素。人是在文化中得到完善的，社会也是在文化中得到发展的，民俗文化是社会和谐得以长久存在的保证。

民俗文化的和谐就是社会的和谐，民俗文化与和谐社会天然存在着本质的联系。和谐社会是社会的多元主体通过对某种行为文化的认同和行为选择的协调而形成的一种有利于满足人的需要、促进人的全面发展的良好的社会关系和精神氛围。民俗文化活动具有强烈的参与性特点。人们在春节、中秋节等民俗活动中，寻找聚会的机会，在友好的气氛中化解分歧，在喜庆中增进友谊，避免因忙碌而淡化亲情、友情。

民俗文化的传承和弘扬，可以促进人的思想交流、感情沟通、关系融洽，促进各方面工作的协调发展，使人们在对其文化共同认知的基础上，形成共同的价值取向，促进社会和谐。

四、中国民俗文化具有提升生活质量的功能

许多民俗文化项目的创立与传承，其重要目的就是为了摆脱基于生计而造成的繁忙之苦，获得身心放松的效果。于是，民俗文化就具有娱乐的功效。因此，民俗文化不仅是人民群众的智慧结晶和创造，同时也能够供人民群众享受和利用，提高人们的生活质量。在中国传统节日民俗文化中，大部分活动都带有浓厚的娱乐性质。例如，在春节里，全国各地都开展舞龙、舞狮、扭秧歌等体育与娱乐活动；清明节主要开展荡秋千、拔河、踢毽子等体育与娱乐活动；端午节全国各地，主要以南方地区为主，开展赛龙舟活动；中秋节主要开展舞龙、舞狮、赛龙舟；重阳节主要有登高，有的地区还开展了舞龙、舞狮、跳芦笙舞等体育与娱乐活动。短期的休闲、娱乐，使人劳逸结合，生活得到了调适，感情得到了慰藉，精神得到了补偿，从而使生活质量得到明显的改善。

五、中国民俗文化具有审美功能

中国几千年来的民俗文化活动也反映了人们对美好生活的理想与追求，满足了人们达到心情愉悦的需求，对中华民族文学艺术的发展起到了极大

的推动作用，具有强大的审美功能。

在几千年的历史中，民俗活动成为先民审美活动的重要载体。在不同民俗文化活动中，他们反复表达了美与善相统一、人与自然相和谐、人间大同等丰富多彩的审美主题，比如在年画中，就有表现正义战胜邪恶、忠义战胜奸佞、多子多福、长寿安康等多方面的审美内容，每一种民俗文化活动中，都有不少传说、歌谣、美术等文学艺术的内容，比如在春节民俗文化中，就有关于"年"的传说、贴窗花剪纸与年画、歌舞表演等文艺内容；在生日民俗中，就产生了大量以长寿为题材的绘画作品、神话传说。扭秧歌、打腰鼓、唱莲花落、唱山歌、踩高跷、闹灯会、舞狮、舞龙等大量民间艺术形式，都是在民俗节日的表演中发展出来的。

中国民俗文化中的审美活动，不仅丰富了人们的精神世界，而且还培养了人们的艺术鉴赏力，推动了中华民族独特的审美情趣的形成。

总之，民俗文化的功能是多种多样的，其意义是极其深远的。千百年流传的民俗文化，是中华民族的文化瑰宝，值得我们将其传承和发扬光大。

思考与讨论题：

1. 中国民俗在文化大系统中具有什么样的地位？
2. 中国民俗有什么特点？
3. 中国民俗具有什么功能？

第五章　中国礼仪文化

中国素以文明古国、礼仪之邦著称于世，在五千年的历史演变过程中，不仅形成了一套宏大的礼仪思想和礼仪规范，而且其精髓深入人心，进而内化为中华民族的自觉意识并贯穿于心理与行为活动之中。完整的伦理道德、生活行为规范构成了一种文化，即礼仪文化。

第一节　衣食住行的礼仪

中国有五千年的文明史，中国人也以其彬彬有礼的风貌而著称于世。礼仪文化作为中国传统文化的一个重要组成部分，对中国社会历史发展起了广泛而深远的影响，其内容十分丰富。礼仪文化所涉及的范围十分广泛，几乎渗透于古代社会的各个方面。

一、衣的礼仪

服饰与"礼"的关系最为密切。这不仅因为衣服离身体最近，行"礼"总是身体在行"礼"，还由于衣服最容易根据形制、色彩、饰物等划分为不同的级别。把这些不同的级别应用到礼制上，便成为各种身份和地位的象征。中国古人被严格的纲常约束，礼节繁多，而中国人又习惯以衣帽取人，衣着打扮常常不止是一个人的个人代号，往往还是他的社会代号。

据说从黄帝开始，人们已经懂得了织布。但是，布被看做最贵重的东西，平民百姓不可能用布来装饰身体，而身居高位的黄帝非常注重讲究礼仪，是他最先倡导穿衣的礼仪，出现了"襟袖宽博，彬彬下垂矣"的观点，渐渐宽衣长袍成了时尚。当初，平原君见到子高"衣长裾，振褒袖"，马上问"你也穿儒服？"可见最先的儒家衣袍就是长衣曳地。孔子曾把衣冠端正、相貌威严列为从政秘诀"崇五美"之一。《礼记·冠义》称："冠而后服备，服备而后容体正、颜色齐、辞令顺。"行了冠礼，戴上了帽子，"服"已完备，这为容貌端庄、言辞和顺打下了很好的基础。而当政者所穿衣服是否有常，还会直接影响到民德能否归一："长民者，衣服不贰，从容有常，以齐其民，则民德一。"从这个角度看，"衣服不贰"、"正其衣冠"、"红紫不为亵服"体现的都是恭谨和庄重的君子人格。根据《乡党》篇对孔子日常生活起居的描述可知，孔子选择衣服的原则大体上不外乎两方面：一是合"礼"，如"绀緅"是用来作祭服的，所以不能作领、袖的饰边；红紫不是正色，所以即便是私居时也不能穿。二是合"时"，如"亵裘长"为的是取暖，"短右袂"为的是方便做事。

服饰既具有保护身体的功能，同时也是一种装饰和文化的象征。因此，服饰一方面有实用的价值；另一方面又表现了个人的和地方、民族群体的日常审美趣味，表现了一定社会的伦理观念。从人类风俗上看，服饰的产生最初是人类为了抵御风寒、保障人身安全的一种文化创造，是人类走出自然界的显明文化标志之一。随着由简到繁、由少到多、由粗到精，服饰的审美价值日趋上升。在文明社会，服饰也成为社会道德观念的一种物化。服饰的形式大致包括衣服，发饰，鞋帽，佩戴（如首饰、围巾等），装饰（如手帕、化妆包等）。中国的服饰在各地区、各民族世代习俗的传承中形成了各种类型，这些服饰类型，主要有以下几方面的构成因素：

第一，性别和年龄因素。这是由人类主体生理因素产生的服饰类型。例如，男女性别在头饰上有各自的特点，古代男以冠、帻束发为饰，女以镶配有珠玉，金银或骨、竹的簪、钗点缀秀发。即使在今天，女性头饰也比男性要多样化，她们或梳长辫、或戴头花、或裹头巾、或佩耳环等。年龄也是服饰类型多样化的原因，如古代汉族小孩只穿"襦袴（裤）"，即短上衣和套裤（开裆裤）。20岁时举行冠礼，要改服装戴冠帽。当然，随着社会的发展，在性别上也会经常出现不分男女的状况，如明代李乐在《见闻杂记》中述及江南情形说："熟闻二十年来，东南郡邑，凡生员读书人家有力者，尽为女人红紫之服，外披内衣，姑不论也。"并作诗曰："昨日到城市，归来泪满襟。遍身女衣者，尽是读书人。"现在在服饰上更有性别接近的趋势。

第二，职业和地位因素。这是由社会的生产实践和社会关系造成的服饰类型。不同的职业往往有自己的服饰标准，社会地位对服饰的影响也十分明显。贾谊《新书·服疑》云："奇服文章，以等上下而差贵贱，是以高下异，则名号异，则权力异，则事势异……"衣着服有明尊卑、别贵贱的特殊功用，"贵贱之别，望而知之"，历代都不准僭越。如头饰，古代贵族男性一般戴冠、弁、冕，而平民则只戴帻。在衣服的色彩上，古人认为紫色衣袍最为尊崇，"紫色为君服"。《左传》记载：有人不讲礼仪，在狐裘袍子里穿了紫色衣衫，在宴会上，不小心露出了内里的紫衣，在场的皇太子当场赶他离开。几天后，皇太子罗列了三个罪名把这个人杀了。远古时候的平民只能穿白色。一片粗糙白布中，出现一个浑身有色彩的人，他的身份、地位、财产立刻一目了然了。阴阳家有一种说法，认为衣服的颜色与四时、方位必须对应起来，如春月衣青衣、服青玉，夏月衣赤衣、服赤玉，秋月衣白衣、服白玉，冬月衣黑衣、服玄玉等。这种说法对后来王朝更替时所谓"易服色"有相当大的影响。

第三，季节、区域和民族因素。这是由自然时空和人种不同形成的服饰类型。因季节不同，人们将衣服分为春秋、夏、冬三类，并创造了不同的服装款式：单衣、夹衣、棉衣、皮衣。佩戴装饰上季节差别则更明显，如冬季围围巾、夏天摇扇子等。而且，服装类型的区域性主要是由各地的自然条件和经济生活所提供的物质原料所决定的。例如，赫哲族过去从事渔业生产，服饰原料多取材于鱼类，故有鱼皮服装；鄂温克、鄂伦春族以狩猎生活为主，服饰则多用兽皮做成；蒙古族、藏族、哈萨克族从事畜牧业生产，服饰则多用牲畜皮毛制作。此外，各民族的不同社会风俗和审美心理，也使中国的服饰呈现出多姿多彩的类型。例如，傣族妇女喜穿无领、斜襟、紧身、短袖的上衣，下着筒裙；维吾尔族妇女喜穿连衣裙，外罩背心或上装，戴绣花小帽。

第四，工艺因素。这是由制作方式带来服饰类型的不同。无论是编织、印染、还是刺绣、裁缝，这些技术上的因素不仅制约了各种服饰原料，如纺织工艺的平纹、斜纹、格子纹，印染和刺绣工艺的各色花鸟虫鱼，而且构成了服饰的成品和款式，如佩戴的镶嵌和缀饰、服装的样式。在中国，服饰制作工艺的地方化尤为突出，如苏绣和湘绣服饰已经驰名世界，而少数民族的土机染纺的各种花布服饰也打入了国际市场。

礼仪性是服饰的一种社会伦理观念的象征，如中国各地区、各民族的婚丧服饰，都有一定的规定和要求。如今，汉族仍然流行带结婚戒指和穿孝服的婚丧服饰习俗。古人见要人贵客，常常连忙"正领齐袪"、"正襟危坐"。端正领子，拉起两只袖子，使它们对齐，理直衣襟，再端坐以示郑重。古人把这称作"振衣"。《弟子规》要求："冠必正，纽必结，袜与履，俱紧切。"这些规范，对现代人来说仍是必要的。帽正纽结、鞋袜紧切，是仪表方面的基本要求。如果一个人衣冠不整、鞋袜不正，往往会使人产生厌恶之心，难以接近。当然，衣着打扮必须适合自己的职业、年龄、生理特征、相处的环境和交往对象的生活习俗，需得体大方。浓妆艳抹、矫揉造作，只会适得其反。当今中国人穿着打扮日趋西化，传统的中山装、旗袍等已退出历史舞台，正式场合男女着装已与西方并无二异。

二、食的礼仪

饮食礼仪在中国文化中占有极重要的位置。饮食礼仪是指人类饮食生活的行为方式，通俗地讲，它有饮和食两大部分，而食又可分为饭食和菜肴。饮食礼仪从整体上可归纳为以下三大饮食习俗礼仪：

（一）日常生活中的饮食礼仪

这首先体现在从人体的生理出发，为恢复体力、维持生命的目的而形成的习惯中。它包括饮食的次数、主副食量的分配以及饮食时间的规定。中国秦汉以前基本上是一日早晚两餐制，汉朝开始才普遍实行一日三餐制。由于各地生产季节的差异，有些地区以两餐制和三餐制交互使用，在主副食搭配上也有不同。例如，游牧民族常以米面为主食，辅之以奶制品和肉，平原地区的农耕居户往往以大米、白面为主食，辅以蔬菜和少量的鱼、肉。

正所谓"无酒不成礼仪"，宴饮之礼无论迎送都离不开酒品。先秦时期人们"以飨燕之礼，亲四方之宾客"，后世的聚餐会饮也常常是一幕幕礼仪活剧。迎宾的宴饮称为"接风"、"洗尘"，送客的宴席称为"饯行"。宴席上饮酒有许多礼节，客人需待主人举杯劝饮之后，方可饮用，正所谓"与人同饮，莫先起觞"。客人如果要表达对主人的盛情款待的谢意，也可在宴饮的中间举杯向主人敬酒。在进食过程中，同样先由主人执筷劝食，客人方可动筷，正所谓"与人共食，慎莫先尝"。古代还有一系列进食规则，如"当食不叹"、"共食不饱、共饭不泽手"、"毋投骨于狗"等。主客相互敬重，共同营造和谐进食、文明进食的良好氛围。

（二）宴饮中的饮食礼仪

中国古代宴饮，席位排列以左为尊。《礼记·少仪》云："尊者，以酌者之左为上尊。"《礼记·曲礼》："主人入门而右，客人入门而左；主人就东阶，客人就西阶，客若降等，则就主人之阶；主人固辞，然后客复就西阶。"《仪礼·公食大夫礼》："宾入门左。"《史记·项羽本纪》："项王、项伯东乡［向］坐。亚父南乡坐。亚父者，范增也。沛公北乡坐，张良西乡侍。"鸿门宴在军帐中举行，其席位尊卑按室内次序排列，以东向为尊。

中国传统家宴一般使用方桌，席位排列也是以左为尊，且男尊女卑的

71

观念体现得尤为明显。《红楼梦》第三回叙述贾府接待林黛玉席次安排："王夫人遂携黛玉穿过一个东西穿堂……贾母正面榻上独坐，两边四张空椅，熙凤忙拉了黛玉在左边第一张椅上坐了，黛玉十分推让。贾母笑道：'你舅母你嫂子们不在这里吃饭。你是客，原应如此坐的。'黛玉方告了座，坐了。贾母命王夫人坐了。迎春姊妹三个告了座方上来。迎春便坐右手第一，探春左第二，惜春右第二。"贾母正中，先左后右，左座为上。

在饮食观念和烹调方式上，讲究"食不厌精，脍不厌细"。烹饪中特别注重火候，要求把菜做得精细，以调动食欲为目标，以调和五味为根本，以色彩诱人为追求，以色香味形俱佳为上品。不讲求十分精准的操作规范，而注重经验的把握，添加调料往往用"若干"或"少许"等模糊词语来描述，即使要求添加，也很少有厨师用称去称量。

(三)信仰上的饮食礼仪

这是民间信仰和宗教仪式在中国人民饮食生活中形成的礼仪。大体上分为两个方面：一是供奉食品，如"血祭"、"祭酒"、"供果"等，表示对鬼神的祭祀和宗教信仰；而民间给亡人供饭、酒、菜，则反映了追悼亡灵的民间信仰。二是禁忌食品，如生育前后的饮食禁忌，孕妇禁食兔肉(以免生下的孩子兔唇)和鲜姜(唯恐生下的孩子六指)，迷信成分甚重。

三、住的礼仪

中国古代的住宅，通常是一个大的院落，有大门，大门外边有屏，又叫"萧墙"，也就是今天的照壁。大门内是院子，叫"庭"，主体建筑是建在高台上的，由堂、室等组成。主体建筑的前半是堂，堂的东西墙叫"序"，它的前边朝庭的一面是敞开的，没有墙，只有两根柱子，叫"东楹"、"西楹"，今对联又称"楹联"，即来源于此。堂建在高台上，前边有两个台阶，称"东阶"、"西阶"。堂的边叫"廉"，廉很直，所以后代说"廉正"、"廉洁"。室在堂的后边，要进室内就必须先上堂，所以又有"登堂入室"之说。庭是群臣朝见君主的地方，所以又叫"朝"，后代连说成"朝廷"("廷"同"庭")。

古代宫廷大门的两边，有两个高大的建筑物，叫"阙"，又叫"观"，所以后代用"宫阙"指称宫殿，如苏轼《水调歌头》："不知天上宫阙，今昔是何年。"也有用"观"指称宫殿的，如《史记·廉颇蔺相如列传》："大王见臣列观，礼节甚倨。"又有用"阙庭"来指代朝廷的，如《班超告老归国》："丐超余年一得生还，复见阙庭。"

古人的住宅，还常称为"宅"、"馆"、"庐"等。宅既指住宅，同时又包括前后左右的宅地，所以有"五亩之宅"的说法。馆是比较华丽的住宅，如《滕王阁序》："临帝子之长洲，得仙人之旧馆。"庐是极为简陋的住房，类似后代的茅屋、窝棚，《陋室铭》中有"南阳诸葛庐"，就是《出师表》"三顾臣于草庐之中"的"草庐"。历代帝王还喜欢用土石建筑高台，作为游玩之处。古代的楼，最初指建在高处的建筑物，如城楼等。汉代以后，出现了多层的房屋，也叫"楼"。这样"楼"也就有了今天的含义，如《江南春绝句》："南朝四百八十寺，多少楼台烟雨中。"古人外出，也住旅馆、招待所，甚至宾馆等，也就是逆旅、客舍、传舍等，如《王积薪闻棋》："将游京师，宿于逆旅"，《送元二使安西》："客舍青青柳色新"，《廉颇蔺相如列传》："舍相如广成传舍"。

为父母服丧，要居住在倚庐（倚墙搭建的草棚）中，室内不作任何涂饰，晚上睡在苫草上，把土块当枕头，首经和腰经也不脱去。服齐衰之丧，居住在垩室（土坯垒砌的草屋），当卧具用的蒲席，边缘虽然剪齐，但没有扎边。服大功之丧，可以睡在席子上。服小功、缌麻之丧，可以睡在床上。此外，居父母之丧，卒哭之后，可以将倚庐近地的一边用柱子撑高，使棚内空间增大。棚顶的草也可以略作修剪，睡觉用的草苫，可以换成齐衰之丧的那种。小祥之后可以搬到垩室去住，可以睡席子。大祥之后，可以回到自己的寝室居住。禫祭之后，就可以恢复正常生活，睡在床上了。如此种种不同，《礼记·间传》说是"此哀之发于居处者也"。需要说明的是，居倚庐、寝苫草乃是针对男子而言，女子不在此列。

四、行的礼仪

在传统行走礼仪中特别注重行走的礼节，在不同的场合讲究不同的走路姿势，《释名》："两脚进曰行，徐行曰步，疾行曰趋，疾趋曰走。奔，变也，有急变奔赴之也。"古代如果单说"行"，就是走；如果"行"跟"步"相对而言，行是正常速度的走，步则是慢走。安步当车、散步、踱步等词语中的"步"字还是古义。"趋"是小步快跑，是表示恭敬的动作。古代常行"趋礼"，即地位低的人在地位高的人面前走过时，一定要低头弯腰，以小步快跑的方式对尊者表示礼敬，这就是"趋礼"。在尊者、长者面前要趋，在君王面前更要趋。对方即使不是国君，也并非尊贵年长者，但只要是值得尊重的人，都要趋。入朝不趋，是一种特殊的恩遇。在中国历史上，萧何是第一个被赐以履剑上殿、入朝不趋的人。此外，还有"行不中道，立不中门"的原则，即走路不可走在路中间，应该靠边行走；站立不可站在门中间。这样既表示对尊者的礼敬，又可避让行人。

古代士大夫外出是不步行的，《论语·先进》载："颜渊死，颜路请子之车以为之椁。子曰：'才不才，亦各言其子也。鲤也死，有棺而无椁。吾不徒行以为之椁，以吾从大夫之后，不可徒行也。'"早在原始社会，先民们为了出行方便，就已经开始制造和利用代步工具了。从《史记·夏本纪》所记的大禹治水"陆行乘车，水行乘舟，泥行乘橇，山行乘檋"的记载可见，夏代之时已经出现了适应于不同用途的交通工具。随着交通工具的发明，人们的交往程度和范围大大拓宽，从而促进了各地文化的交流。中国古代的交通工具，主要有车、船、轿等。

第二节　婚丧嫁娶的礼仪

婚俗和葬俗是文化学方面的一个重要问题。婚俗和葬俗的形成与变化既反映了人类文明的进步，也反映了社会生活的发展，因此成为衡量人类文明的一个尺度。

一、婚俗

人类社会的婚姻制度是从原始社会的群婚发展而来的。那时"其民聚生群处，知母不知父，无亲戚兄弟夫妻男女之别，无上下长幼之道"，处于不分辈分、不分血缘的"血亲群婚"状态。

从总体上说，中国约在旧石器时代中期结束了原始群婚阶段而进入了血缘群婚阶段。

所谓"血缘群婚"，就是由血缘关系构成的一种群婚现象，即在同血缘的氏族内，相同辈分的男女互为夫妻。随着社会的发展和文明的进步，人们逐渐认识到血缘婚姻的危害并逐渐产生明确的婚禁，即禁止一切血缘亲属间的婚姻，而到血缘以外的氏族集团寻找婚配对象，这就产生了氏族之间的"对偶婚"，也就是"同姓不婚"。一男一女共同生活，但相互结合松散。其婚姻关系并不稳固，只要有人做个证明，双方就可以离异。

对偶婚的进一步发展，就是固定的"一夫一妻制"。这一婚姻形态从仰韶文化中晚期到龙山文化时期开始出现和发展，一直持续到现在。考古工作者曾经在陕西省华阴县发现了龙山文化时期的一个夫妻合葬墓，它正好是这种婚姻形态早已形成的证据。奴隶制度形成后，女子地位迅速下降，妇女成为奴隶主掠夺和占有的对象。"奴"字从女，而"奴隶"的本义正是隶属于他人的女子。从奴隶社会到新中国成立前，表面上是一夫一妻制，实际上是一夫多妻制。确切地说，劳动人民是一夫一妻制，而剥削阶级是一夫多妻制。例如，在春秋时代，诸侯娶一国之女为妻（嫡夫人），女方以侄（兄弟之女）娣（妹妹）随嫁，此外还有两个和女方同姓的国家送女儿陪嫁，亦各以侄娣相从，这统称为"媵"。一夫一妻制的婚姻制度形成后，跟着产生了媒人和婚礼。人们认为婚姻是"上以事宗庙，下以继后世"的大事，必须经过"父母之命，媒妁之言"，方可合乎上述宗旨。《诗经》歌咏道："取妻如之何？匪媒不得。"可见媒人在古代婚姻中的作用非常大，许多青年男女的命运都掌握在媒人的手里。

古代的婚姻，据说要经过六道手续，叫做六礼：第一是纳采，男家向女家送一点小礼物（如一只雁），表示求亲的意思；第二是问名，男家问清楚女子的姓氏，以便回家占卜吉凶；第三是纳吉，在祖庙卜得吉兆以后，到女家报喜，在问名、纳吉时当然也要送礼；第四是纳征，这等于宣告订婚，所以要送比较重的聘礼，即致送币帛；第五是请期，这是择定完婚吉日，向女家征求同意；第六是亲迎，也就是迎亲。

六礼之中，纳征和亲迎最为重要。《诗经·大雅·大明》："文定厥祥，亲迎于渭"，旧说是周文王卜得吉兆纳征订婚后，亲迎太姒于渭滨。后世以"文定"作为订婚的代称。《礼记·昏义》谈到亲迎后新郎新娘"共牢而食，合卺而酳"（以一瓠分为两瓢谓之"卺"，新郎新娘各执一瓢而酳，称为"合卺"。后代合卺变为交杯，新郎新娘换杯对饮），后世夫妇成婚称为"合卺"就是从这里来的。以后又发展为合髻的仪式，即夫妻并坐，将两人一缕头发束在一起，"结发夫妻"一词由此而来。汉代以前，婚礼并不热闹，汉代以后日趋讲究排场。至于皇帝，则形同国礼，其铺张场面更非庶民可比。

新中国成立后，人们废除了旧婚姻的一切陋习，实行男女婚姻自由。1950年，国家颁布《婚姻法》，男女婚姻受到法律保护，父母、亲属不得干预儿女婚事。但是，旧的婚俗时有沿袭，或改头换面，比如昔日的媒人，改称"介绍人"；相亲为男女见面，比旧俗前进了一步。由介绍人穿针引线，男女见面相亲，双方没有意见，即商定吉日举行订婚仪式。此间，男家必备厚礼（俗称"彩礼"）给女家，礼物包括如自行车、缝纫机、手表、收录机等，一般是冬、春各置全套衣服，直至结婚。结婚日期由双方商定后，男女各持介绍信，到乡政府或街道办事处办理结婚登记，领取结婚证书。结婚日子，多选择在重大节日或三、六、九日。

二、葬俗

远古时期人们的丧葬极为简单，不立坟墓，也没有礼仪和祭祀，这就是古书上讲的"死陵者葬陵，死泽者葬泽"。进入阶级社会以后，为适应统治阶级和礼教思想的需要，丧葬方式日益繁杂，形成了一系列固定的程序。

人之将死时，古人把新絮放在临终的人的口鼻上，试看是否断气。这叫做"属纩"。属是放置的意思，纩即新絮，"属纩"也因此成为临终的代称。古人初死，生者要上屋面向北方为死者招魂，这叫"复"，复而不醒，然后办理丧事。

古人死后，要给他沐浴，这个风俗持续到后世。死后有"敛"（殓）的仪式，有小敛，有大敛。小敛是给尸体穿上衣衾，越是贵族，衣衾越多。大敛则是把尸体装进棺材，敛时死人口里须饭含。"饭"是把米放在死者口里。"含"又写作"琀"，是把玉放在死者口里。《战国策·赵策》云："邹鲁之臣，生则不得事养，死则不得饭含。"

入殓后，停丧待葬叫做"殡"。后世所谓出殡是把灵柩送到埋葬的地方去。送葬的规矩是白衣执绋。绋是拉柩车的绳子，执绋的原意是亲友们帮助拉车，实际上只有形式。后来出殡，在送殡人行列的两旁拉两根带子，那就是执绋的遗制。挽歌据说最初是挽柩的人唱的，古乐府相和曲中的《薤露》、《蒿里》都是挽歌，陶渊明有《挽歌诗》三首，后世的挽联就是从挽歌演变来的。

从殷代到战国，统治阶级还把生前使用的车马带到墓里去。最初的随葬品都比较简单，只是一些原始的石器和兽牙制作的装饰品。后来随葬的物品越来越全面，包括青铜制的饮食器、兵器、乐器，玉制、骨制的装饰品以及其他。越是贵族，随葬品就越多越精美，也有一些专为随葬而作的"明器"（伴葬的器物）。汉代日常生活中的东西被仿制成陶土模型随葬，明器的象征性就更加明显了。殷代奴隶主有人殉的制度，奴隶主一死，广大奴隶就要同其他工具或牲畜一样从葬。新中国成立后，考古工作者在河南安阳殷墟遗址内发现了几处奴隶殉葬墓，殉葬奴隶多者近千人，少者近百人，尸骨都没有脑袋，说明是被杀后殉葬的。后世知道人力可贵，改以"俑"来代替。俑是人偶，有木俑、土俑。秦始皇兵马俑的发现，表明至少在秦代已流行用俑殉葬。

以上讲的是贵族士大夫的丧葬，至于庶人的丧葬，完全是另外一回事。即使是最节俭的丧葬，对于"匹夫贱人"来说，已经是"殆竭家室"。庶人死了至多只能"稿葬"（即草草安葬）。如果遇着饥荒的年头，就只好饿死以填沟壑了。

秦汉时期，统治者以"身体发肤，受之父母，不敢毁伤"为由，禁民火葬，土葬遂成为汉民族的通用葬式，并世代沿袭。土葬之俗，在多数地区实行一次葬法，但在部分地区和民族中也实行二次葬法或多次复葬法。中国土葬在不同民族和不同的历史时期的形式特点虽有差别，但其基本观念都一样，即认为死者应保存完尸，"入土为安"，故土葬之俗，长期因袭。在个别少数民族中，也有视土葬为最坏葬法的，如藏族民间实行火葬、天葬、水葬，而对患有麻风、天花等传染病人或强盗及受刑而死的囚犯用土葬，认为可以根绝瘟疫流行和惩治罪恶。

汉族除了土葬，还有火葬，而且火葬的历史也很悠久。据《墨子》、《荀子》等书的记载，中国在先秦时就有火葬，当时实行火葬的先民，是生活在西北地区的民族，如氐族，后来融合于汉族。在甘肃省临洮发掘的原始社会村落遗址的墓葬中有骨灰罐，说明当时已有火葬。佛教传入中国以后，由于僧人死后火葬，因而火葬风气对社会产生了一定影响，信仰佛教的王公百姓多有实行火葬的。《水浒传》中西门庆和潘金莲害死武大郎即送去火葬，说明那时的确有火葬场所。然而中国的儒学重视伦理道德，认为火葬有碍孝道，所以封建统治者还是明令禁止火葬的。

第三节 少数民族的生活礼仪

中国是一个多民族国家，勤劳勇敢的各族人民共同开拓了幅员辽阔的国土，共同缔造了灿烂的礼仪文化。在漫长的历史发展中，各民族逐渐形成了独具特色的生活礼仪。

一、藏族

藏族主要分布在西藏，青海、甘肃、四川、云南等地也有分布。

敬献哈达是藏族对客人最普遍、最隆重的礼节，献的哈达越长越宽，表示的礼节也越隆重。对尊者、长辈，献哈达的时候要双手举过头，身体略向前倾，把哈达捧到座前；对平辈，只要把哈达送到对方手里或手腕上就行；对晚辈或下属，就系在他们脖子上。如果不鞠躬或用单手送，都是不礼貌的。接受哈达的人最好做和献哈达的人一样的姿势，并表示谢意。

藏族人在见面打招呼时，点头表示亲切问候，受礼者应微笑点头为礼。有客人来拜访，藏族人等候在帐外目迎贵客光临。藏族人见到长者或尊敬的客人，要脱帽躬身45度，帽子拿在手上接近地面；见到平辈，头稍低就行，帽子拿在胸前，以示礼貌。男女分坐，并习惯男坐左、女坐右。

藏族人对客人有敬献奶茶、酥油茶和青稞酒的礼俗。客人到藏族人家里做客，主人要敬3杯青稞酒，不管客人会不会喝酒，都要用无名指蘸酒弹一下。如果客人不喝、不弹，主人会立即端起酒边唱边跳，前来劝酒。如果客人酒量小，可以喝一口，就让添酒。连喝两口酒后，由主人添满杯，客人一饮而尽。这样，客人喝得不多，主人也很满意。按照藏族习俗，主人敬献酥油茶，客人不能拒绝，至少要喝3碗，喝得越多越受欢迎。

藏族人最忌讳别人用手抚摸佛像、经书、佛珠和护身符等圣物，认为是触犯禁规，对人畜不利。

二、维吾尔族

维吾尔族主要居住在新疆维吾尔自治区，信奉伊斯兰教。维吾尔人非常重视礼貌，接待见面，习惯把手按在胸部中央，把身体前倾30度或握手，并连声说"您好"。院落的大门禁忌朝西开，忌讳睡觉时头朝东脚朝西，所以在给他们分配房间、安放卧具和枕头时，特别要注意。忌随便走近灶台、水缸等。

维吾尔族人极其讲究卫生，经常在自来水龙头下直接冲洗手、脸。到维尔吾族家里做客，进门前和用餐前女主人要用水壶给客人冲洗双手，一般洗3次。习惯一人专用茶杯，住宿期间也不换。当第一次给茶杯的时候，要当着本人的面，把茶杯消毒后再用。

在屋里就座的时候，要跪坐，忌双腿直伸，脚朝人。吃完饭长者领着做"都瓦"的时候，忌东张西望或站起。

在饮食方面，维吾尔族人喜欢喝奶茶，吃馕，喜欢吃拉面和包子以及涮羊肉，烤羊肉串，羊、牛肉的锅贴。烤羊肉串是这个民族最出名的风味小吃。每餐必喝葡萄酒，而且酒量很大；忌讳吃猪肉、狗肉、骡肉和鸽子肉。

在衣着上，维吾尔族人忌衣短小，上衣一般过膝，裤脚到脚面，最忌户外穿着短裤，不管男女老幼都喜欢戴着四楞小花帽。

三、蒙古族

蒙古族主要居住在内蒙古自治区。他们信仰喇嘛教，爱穿绲边长袍，头上戴帽或缠布，腰带上挂着鼻烟壶，脚穿皮靴，多住蒙古包。

蒙古族传统礼节，主要有献哈达、递鼻烟壶、装烟和请安等，当然现在还有鞠躬礼和握手礼。献哈达的礼节和藏族一样。蒙古族牧民十分热情好客，讲究礼仪。请客人进入蒙古包时，总是立在门外西侧，右手放在胸部微微躬身，左手指门，请客人先走。客人跪坐后，主人按浅茶满酒的礼俗热情敬献上奶茶和美酒，并把哈达托着献给客人。

路过蒙古包的时候，要轻骑慢行，以免惊动畜群。进蒙古包前，要把马鞭子放在门外，否则会被视为对主人的不敬。进门要从左边进，入蒙古包后在主人陪同下坐在右边；离开蒙古包的时候要走原来的路线。出蒙古包后，不要立即上马、上车，要走一段路，等主人回去后再上马、上车。如果蒙古包前左侧缚着一条绳子，绳子的一头埋在地下，说明蒙古包里有病人，主人不能待客。

那达慕大会是蒙古族传统节日，一般在农历七、八月份举办，是蒙古族人民一年一度群众性的盛大集会。大年（春节）和小年（腊月二十三）也是蒙古族比较重要的节日。

四、回族

回族约有三分之一的人口聚居在宁夏回族自治区，其余散居在全国各地，信奉伊斯兰教。

回族人非常注意并尊重别人的自尊感，顾全别人面子，不喊外号。

在回族人生活的地区凡供人饮用的水井、泉眼，一律不许牲畜饮水，也不许任何人在附近洗脸，或洗衣服。取水前一定要洗手，盛水容器中的剩水不能倒回井里。回族人的日常饮食很注意卫生，凡有条件的地方，饭前、饭后都要用流动的水洗手。

在饮食方面，禁食猪、狗、驴、骡、马、猫及一切凶猛禽兽，也禁食自死的牲畜以及非伊斯兰教徒宰的牲畜，禁止抽烟、喝酒，禁止用食物开玩笑，不能用禁忌的东西作比喻（比如不能说某某东西像血一样红）等，甚至在谈话中也忌带"猪"字或同音字；在信仰方面，禁止崇拜偶像等；在社会行为等方面，禁止在背后诽谤别人和议论他人短处，禁止放高利贷、玩赌等。

五、壮族

壮族是中国少数民族中人口最多的民族，主要分布在广西壮族自治区以及云南、广东、贵州。壮族信仰多神教，崇拜巨石、老树、高山、土地，祖先崇拜占有重要地位，很多人家正屋都供奉着"天地亲师"的神位。有的还信奉佛教。

壮歌久负盛名，定期举办对歌赛歌的"歌圩"盛会。壮族刺绣、竹芒编以及"干栏"建筑艺术等名扬远近。

尊老爱幼是壮族的传统美德。路遇老人要主动打招呼、让路，在老人面前不能跷二郎腿，不说污言秽语，不从老人面前跨来跨去。杀鸡时，鸡头、鸡翅必须敬给老人。如果有客人来访，他们都会热情招待，由主人出面让座递烟，双手奉上茶。有客人在家，不可以大声讲话，进出要从客人身后绕行。和客人共餐，要两腿落地，和肩同宽，不能跷二郎腿。

饮食以大米、玉米、薯类等为主食。用餐时须等最年长的老人入席后才能开饭；长辈未动的菜，晚辈不得先吃；给长辈和客人端茶、盛饭，必须双手捧给，而且不能从客人面前递，也不能从背后递给长辈；先吃完的要逐个对长辈、客人说"慢吃"再离席；晚辈不能落在全桌人之后吃饭。

壮族人普遍喜欢喝酒，招待客人的餐桌上有酒才显得隆重。敬酒的习俗为"喝交杯"，其实并不用杯，而是用白瓷汤匙。龙州等地的妇女还有嚼槟榔的习俗，在有些地方槟榔是待客的必需品。

壮族人忌讳农历正月初一这天杀牲；有的地区的青年妇女忌食牛肉和狗肉；妇女生产的前三天（有的是前七天）忌讳外人入内；忌讳生孩子尚未满月的妇女到家里串门。登上壮族人家的竹楼，一般都要脱鞋。壮族忌讳戴着斗笠和扛着锄头或其他农具的人进入自己家。火塘、灶塘是壮族家庭最神圣的地方，禁止用脚踩踏火塘上的三脚架以及灶台。壮族青年结婚，忌讳怀孕妇女参加，怀孕妇女尤其不能看新娘。怀孕妇女不能进入产妇家，家有产妇，要在门上悬挂柚子树枝条或插一把刀，以示禁忌。不慎闯入产妇家者，必须给婴儿取一个名字，送婴儿一套衣服、一只鸡或相应的礼物，做孩子的干爹、干妈。

壮族是稻作民族，十分爱护青蛙，有些地方的壮族有专门的"敬蛙仪"，所以到壮族地区，严禁捕杀青蛙，也不要吃蛙肉。

六、满族

满族人大部分聚居在东北三省，以辽宁省最多。满族人非常重礼节，平时见面都要行请安礼。如果遇到长辈，要请安后才能说话，以示尊敬。

最隆重的礼节是抱见礼，也就是抱腰接面礼。一般亲友相见，不分男女都行这个礼，表示亲昵。家里一般都有"万字炕"（即一房西、南、北三面都是土炕），西炕最尊贵，用来供奉祖宗，不能随意去坐。挂旗也是满族盛行的一种风俗，旗也叫"门笺"、"窗笺"。春节时每家都要在门楣上、窗户上贴上挂旗，有的还贴上对联，增加节日气氛。

满族以米面为主食。冬季寒冷，没有新鲜蔬菜，常以腌渍的大白菜（即酸菜）为主要蔬菜。用酸菜熬白肉、粉条是满族人入冬以后常吃的菜。过节的时候吃"艾吉格饽"（饺子），农历除夕时，要吃手扒肉等。他们还保留了饽饽、汤子、萨其马等有民族特殊风味的食品。

满族人接待客人，不避内眷，家庭女性成员都可参加对客人的敬酒等活动。给客人上菜必须成双成对，客人一旦接受妇女的敬酒，就必须喝干，否则被认为是不礼貌的。

满族最突出的禁忌是不准杀狗，禁吃狗肉，禁穿戴带有狗皮的衣帽。

七、朝鲜族

朝鲜族主要分布在东北三省，多聚居于吉林延边朝鲜族自治州。他们在服饰装扮、生活起居、文体活动等方面都独具特色。

朝鲜族是一个能歌善舞的民族。每逢节假日和喜庆日，朝鲜族群众就会载歌载舞、欢腾雀跃。不论男女老少，不仅都能唱会跳，而且还都十分酷爱传统体育活动。

老人在家庭和社会上处处受到尊敬，儿孙、晚辈都以照顾体贴祖辈为荣。晚辈不能在长辈面前喝酒、吸烟；吸烟时，年轻人不得向老人借火，更不能接火；与长者同路时，年轻者必须走在长者后面，若有急事非超前不可，须向长者恭敬地说明理由；途中遇有长者迎面走来，年轻人应恭敬地站立路旁问安并让路；晚辈对长辈说话必须用敬语，平辈之间初次相见也用敬语。

饮食方面喜食米饭，擅长做米饭，用水、用火都十分讲究。咸菜是日常不可缺少的菜肴，泡菜做工精细，享有盛誉。餐桌上，匙箸、饭汤的摆法都有固定的位置，如匙箸应摆在用餐者的右侧，饭摆在桌面的左侧，汤碗摆在右侧，带汤的菜肴摆在近处，不带汤的菜肴摆在其次的位置上，调味品摆在中心等。

思考与讨论题：

1. 如何理解《礼记》中的"礼之初，始诸饮食"？

2. 婚姻文化的发展经历了一个怎样的历程？

3. 当前社会仍有媒人牵线搭桥，如何看待这一现象？

4. 古代的婚俗对现代人最深刻的影响是什么？哪些可以吸纳，哪些应当摒弃？

5. 如何理解古代宗法社会中的殉葬制度？

第六章　中国神秘文化

在中国这块土地上，先民们历经数不清的战争流血、频繁的王朝更迭、严酷无情的天灾以及人世间的旦夕祸福，不断上下求索，沉思冥想，发出一声声天问，动荡变化的外界环境与先民祈求平安吉祥的内心渴望猛烈地碰撞，孕育出一朵朵神秘文化的奇葩。神秘文化从一个侧面反映出中国文化的博大精深。

第一节　神秘文化概说

一、神秘文化的含义

所谓神秘，内含神奇、隐秘之意。举凡相术算命、阴阳五行、谶纬预言、禁忌咒语、风水堪舆、测字占梦、炼丹养生、星象占卜、神仙鬼怪、巫师蛊术、宗族血脉、门派帮会等一切有神秘色彩的文化，都可以称之为神秘文化。

神秘文化深入到中国民众日常生活的各个方面，有力地影响着全民的文化心理，至今仍然在各个文化层次的国人深层意识中发生作用。这类中国特有的文化现象和文化实践，带有东方神秘主义色彩，沉积着极其丰富的文化内容。中国的宗教，民俗，艺术，古代科技（天文、地理、历法、医学、算学、乐律、军事学等），衣食住行，娱乐，婚配，生育，生产活动等，无不与中国神秘文化发生关系。这类文化现象和文化实践，科学与迷信相纠合，大部分还是未被认识的领域，很难依凭人们的一般认识和科学知识进行解释。

二、神秘文化产生的社会历史原因

自古以来，命运观始终是各民族文化心态中的核心问题之一。就中国各种神秘文化现象来说，无不是从不同角度和立场出发，围绕着"人的命运"这个中心而展开的，其宗旨便是关注命运，指导人生。在古代那种生产力水平低下、科学欠发达的情况下，人们对许多与自己的生产、生活密切相关的自然现象、社会现象难以理解和把握，从而对其产生一种敬畏心理和神秘感，进而顶礼膜拜，希望避凶趋吉，求得平安。这是人类具有的一种普遍心理，很多神秘文化就是在这种环境中产生、发展起来的。

从辩证的观点看，神秘文化也可以说是生产力发展和社会进步的产物，它是人类在长期征服自然的过程中身心发展、思维进步的体现，当达到"两手教导头脑，随后聪明一些的头脑教导双手以及聪明的两手再度更有力地促进头脑的发展"的时候，人类便不再仅仅被动地应付自然的考验，而开始试图对长期困惑他们的各种自然和社会现象，提出解释，找出因果。这说明人类已经开始主动地思考自然、关注命运，努力去探求适应自然、适应社会的新的生存和生活方式。

在人们关注自身命运的根本动力和愿望驱使下，我们的祖先经过长期实践，发展了完整系统的神秘文化体系。在中国，最具代表性的莫过于"易经八卦"和"阴阳五行学说"。这两种学说，可谓中国神秘文化的总源头，中国古代的诸种神秘术数无不与此相关。

现代科学研究表明，易经八卦与五行学说的产生，是中国先民在当时的条件下，探索宇宙、自然，并试图对社会、人生做出符合规律的科学解释的一种努力，其中不乏科学的成分与因素。它是古人主动认识世界、探索人生的一种尝试。这种尝试正是对先前人们被动地听命于"神权"、"天命"思想的大胆否定，所以它是人类思想认识上的一大进步。这些虽然包含着许多非科学成分，在今天看来无疑是落后愚昧的文化现象，但在当时，它不仅是古人对人生命运积极而严肃的思考，而且也是一种实实在在的"科学"探索。其产生与出现，无疑对原始蒙昧时代权威的"神权"学说形成冲击，从某种程度上说是历史进步的产物。

三、神秘文化的思维方式与理论基础

神秘文化之所以"神秘"，是相对于现代科学的逻辑思维而言的。如果用现代思维方式去理解古老的中国神秘文化，必然是茫然不知所措。

现代思维方式的基本特征，是把某一认知对象从整个"自然之网"中分离开来，人们往往通过科学实验和思维中的抽象来做到这一点。然后对其进行细致分析、研究、剖析，寻找出它与其他事物的不同本质，它与同类事物的共同之处等，把异于他物的属性看做事物的"内在本质"。至此，人们的认知也就告一段落。而中国神秘文化的认识论则完全不同，它不是把存在于万事万物中的对象剥离出来，而是直接从其与周围事物的联系当中来加以认识；它不认为某一对象可以完全独立出来供人们去思考、研究，而是坚持认为任何一件事物都与其他事物有着千丝万缕的有机联系，故而相互影响、相互渗透、相互制约。在这种思维方式指导下的中国神秘文化的理论基础则具体立足于以下四个方面：

（一）"天人合一"的致思方向

"天人合一"的观念是中国古人关于人与自然关系的一种解释模式。那时的人认为，"天"有三层含义：一是"神化之天"，即"天"被视为一种超自然的、可主宰宇宙万物的神秘力量。世间万物的生灭、人类社会的变迁，乃至每个人的寿夭祸福等，无不受这冥冥之中"天"的安排。二是"义理之天"，即认为"天"是一种伦理的实体、价值的源头。《论语·述而》说："天生德于予"，认为人之德乃天所赋。董仲舒更直接视"天"具有最高的伦理准则"仁"，《春秋繁露·王道通三》说："仁之美在于天。天，仁也。"如此，"天"又成为社会一切价值的来源。三为"自然之天"，即认为"天"是自然存在的总称和客观的总规律。"天人合一"的思想就是在这种观念支配下自然地派生出的。

"天人合一"观念的基本看法是"天人感应"，"天人相类"，"天（天道）"与"人（人道）"相类、相通、相渗透。"天"之性即"人"之性，天道、人道一以贯之。这样，在古人的观念中，"天"不仅是万物（包括人类）的创生者、主宰者，还是人间一切社会准则和道德原则的渊源。所以，在中国历史上，思想家们总是力图寻找"天"、"人"相通之处，消除"天"对"人"的外在性，从而实现"天"、"人"完全和谐的境界。例如，中国传统的养生术认为，外在自然界是一个整体，名为"大宇宙"；而人的身体各部分也是一个有机整体，名为"小宇宙"，人若希望延年益寿，就必须寻找人体"小宇宙"与外在"大宇宙"相互协调的途径和方法。《黄帝内经》中就特别提出了一种"四季养生法"，强调人们的养生活动必须适应一年四季的变化，这便是"天人合一"思维方式的具体体现。

（二）"五行"相生相克的观念

五行思想学说是中国古人为了探求物质世界本原而实践的产物。为了探求自然的奥秘和人类社会的规律，人类很早就开始了漫长的"精神"探险活动，在早期先民的探求过程中，有两个引人入胜的问题：一是世界究竟由何构成，主要成分是什么？二是这个复杂世界和社会的运动变化有何规律，能否用一些最简单的原理加以说明和把握？中国古代的五行学说就是先民们考察这两个问题的结果，而中国神秘文化的许多内容就是由此引申而出的。

最早的五行观出现于西周时期，春秋战国时得到发展和完善，逮至秦汉演化成解释宇宙万物和人类社会起源、结构、变化的一个庞大的理论体系。远古时期，面对林林总总、变化万千的世界，人们直觉地发现，对人的生活而言，有五种东西最重要，即金、木、水、火、土。《尚书·大传》云："水火者，百姓之所饮食也；金木者，百姓之所兴生也；土者，万物之所资生，是为人用。"即是说，这五种东西对人的生存而言，缺一不可。后来，随着人们思维水平的提高，开始将五种物质联系起来加以考察，并总结出它们的性质，五行学说从此萌芽。西周末年，思想家史伯进一步认为，五行相杂，可形成百物，使五行学说由具体的物质论发展到元素论，并上升为一种宇宙论思想。秦汉时期，从生克关系上进一步说明五行性质的"五行相生相克"说出现，使之又形成了一个首尾相接的生克序列，成为古人解释物质世界运动变化以及把握社会变化发展的基本原理。五行生克之间循环往复的关系被战国末期的学者邹衍和汉代大儒董仲舒推广为解释历史发展和王朝更迭及人伦道德关系的准则，成为中国神秘文化的主要理论基石。

秦汉以后，五行学说便被推广去解释一切现象，不仅对中国思想史、社会发展产生了重大影响，而且成为中国古代天文、历法、科学、医药等领域中的基础理论。进而，五行相生相克的观念又广泛地渗透于中国神秘文化的各个方面。

(三)"阴阳"对立而又统一的思想

"阴阳"的对立与统一是古人解释宇宙、社会万事万物运动变化的法则。在自然界，有高山与深谷的对立，有阳光与阴晦的相对，有冬天和夏日的不同，有水火、雌雄的分别等；在社会关系、人际关系中，有战争与和平之分，有君臣上下之别，有贫富贵贱的等级之不同等。于是人们便逐渐从中抽象出既相对立又相统一的两个方面——"阴"与"阳"，来概括说明一切现象，从而形成了"阴阳"观念。古人认为，"阴阳"是万事万物内部同时存在的相反相成的两种属性，"阴阳"的对立与统一，存在于一切事物发生与发展过程的始终。在对立与统一的运动中，"阴阳"彼此消长，此进彼退，并且在一定条件下相互转化。"阴阳"转化学说中包含了古人朴素辩证法思想。

这种理论，被古人广泛地运用于解释自然、社会、人事的各种问题，并出现了"阴阳为万物之本"的看法,《周易·系辞上》中更将之上升到根本大法的地位:"一阴一阳之谓道,继之者善也,成之者性也。"认为人们只有领会和掌握阴阳变化规律,才能达到道德上的最高境界。可见,"阴阳"观念是贯穿在宇宙自然、人间社会内最本质的规律。自然会成为中国神秘文化的又一重要基石。

(四)"精气"为世界本原的学说

从根本上讲,虽然中国神秘文化形态各异,内容庞杂纷乱,所要解决的问题也不一样,但都是以"天人合一"、"五行"、"阴阳"、"精气"四种观念为基础的,也以此为思考问题、解决问题的主要思维方式。

"精气"学说原是道家的理论,是用来解释世界的起源和统一性的学说。老子在《道德经》一书中提出"道"是世界的核心,为万物之源,为"气"或"精气"的先声。《老子·二十四章》说:"道生一,一生二,二生三,三生万物。万物负阴而抱阳,充气以为和。"

《庄子》也认为世界万物是起源于"气",把"道"解释为"气"。《庄子·则阳》说:"天地者形之大也,阴阳者气之大者。"他认为阴阳是天地之间形成万物的本气。这种"气",即"道",是世界的核心,它在物质世界形成之前就已经存在,世界万物都是起源于它。春秋时,《公羊传》又进一步提出了"元气"为天地之始。

到了战国末期,宋钘、尹文又提出"精气"的概念,认为"精气"是"气"之精粹部分,是万物的本原。并明确地把"道"解释为"气",认为"气"是客观世界的本身,是无处不在的,世界上一切有形的物体都是由"气"构成的。"精气"又是所有生命物质都不可缺少的,人体同样是由"精气"结合而成的。"精气"流行变化,产生生命现象、精神意识和思维活动。

其后的荀子又提出了"形具而神生"的命题,进一步肯定了精神是形体的产物,精神是不能离开形体而单独存在的。《管子·内业》:"凡物之精,此则为生,下生五谷,上为列星。流于天地之间,谓之鬼神,藏于胸中,谓之圣人;是故此气,杲乎如登于天,杳乎如入于渊,淖乎如在于海,卒乎如在于己。"认为天地之中皆有精气,万物赖以此精而获得生命,而人得此精则谓之圣人。精是一种生命能量的状态。

战国时期精气学说已经形成了一套比较完整的理论体系,肯定了"气"和"精气"的物质性,是构成世界万物的本原,也是生命体的本原。生命现象、精神意识都是形体的产物,是"气"或者"精气"的运动的表现。

精气说对中国的术数影响深远。王充说:"人禀元气于天,各受寿夭之命。""命，谓初所禀得而生也，人生受性，理受命矣，性命俱禀，同时并得。"中医经络是人体内气的通道，针灸的目的就是刺激这些气路的畅通。太极拳的基础也是气的运行。

四、科学地把握与对待神秘文化

中国神秘文化是中国先民们在漫长的历史岁月里创造出来的生存智慧，它是一个包罗万象、寓意深刻的系统，其中虽有非科学的成分，但亦有与现代科学暗合的方面；虽然它充满着"神秘"、"迷信"色彩，但也有许多值得今人吸取和运用的因素。所以，应以一分为二的科学态度来识别和对待各种神秘文化现象。

我们还要反对两种倾向：一是对神秘文化彻底否定、不屑一顾的倾向。一些人在并不深刻了解的情况下，便认为神秘文化不符合科学精神，是一种反科学的大杂烩，将之指为"迷信"、斥为"糟粕"，必欲坚决彻底清除而后快。二是对各种神秘现象不加分辨、不加区别地完全相信、盲目迷信的倾向。有些人对各种神秘术深信不疑，崇拜得五体投地，于是乎，出门必问"吉凶"，遇事必要卜卦，陷入了不能自已的境地。可以说，前一类人犯了自我闭视的错误；后一类人则是完全盲从。

中国神秘文化是中国博大精深的传统文化中不可分割的有机组成部分，不了解神秘文化，就难以全面准确地透视中国古代社会、中国民间风俗和社会变迁。因此，出于研究和掌握传统文化，弘扬中华民族优良传统的目的，也应该去了解神秘文化。退一步讲，即便从批判的角度出发，也应该重视神秘文化的研究。道理很简单，批判某物的前提，是必须对它有全面深刻的了解。摒弃"糟粕"，首先要知道"糟粕"在哪里。更何况，神秘文化中也有许多值得吸取和借鉴的有价值的东西。实际上，现在被人们广为接受的中医中药的许多理论和观点就来自中国神秘文化。

第二节 《周易》占筮

一、《周易》占筮概说

如果从殷代算起，卜筮到现在已经有 3000 多年的历史了。它作为一种民族文化的遗传基因，渗透在中国文化的深层，不同程度地影响着全民的文化心理，直到现在及今后很长的时期内，都作用于各个文化层次的国民的深层文化意识。无视这种实际存在的根深蒂固的文化现象，绝不是实事求是的、历史唯物主义的态度，正确的态度应当是积极地认识它、研究它。

占筮的根源无疑是巫术，但占筮却已挣脱了巫术，或者说它是巫术文化的理性化发展。它和巫术的相同之处主要是要求解决依凭正常实践不能把握的机遇、命运、吉凶祸福诸问题，而随着历史的发展，主要是由于"易"的构建，占筮越来越表现出和一般巫术的根本差异。这种差异即巫术是一种带有神话性和戏剧性的感情发泄的行为，巫术的施行者都程度不等地处于某种迷狂状态，依靠其行为动作，诉诸人们的心理反应，以达到它们的社会功能和文化功能。占筮在它的初期可能尚有着与巫术较多的共同点，而越到后来则越成为冷静的数理推衍，成为根据严密的逻辑和复杂的联系性对宇宙间万事万物的一种特殊的认识和把握。它所尊崇的不是某种人格化的神奇力量，而是自然的数理规律。但是卜筮中的这种数理规律同社会人事中各种关系及性质间的沟通和关联，并不都具有客观的必然性，并不都是科学的。即使科学合理的成分，直至目前也还不能凭人们的一般认识和科学常识进行透彻而服人的解释。

中国在殷商时代已经有了较为完整的卜筮制度。20世纪初以来，在河南安阳的殷都故址发现了数以万计的卜骨和卜甲，就是殷商时代占卜的遗物。这些卜骨和卜甲上有钻灼后出现的兆纹，有的还刻有卜辞。所谓卜筮包括两种类型："卜"和"筮"。"卜"指钻灼龟甲兽骨观察兆纹以定吉凶；"筮"指用蓍草衍卦以占吉凶。从《尚书·洪范》记载商代旧臣箕子的话知道，殷商时代国家立有专门进行卜筮的"卜筮人"。《周礼》也载有朝廷设立大卜两人，卜师四人，卜人、占人、筮人各八员的制度。国王要决定国家大事，首先自己做慎重考虑，后与卿士商量，再和庶民商量，并通过卜筮以决疑难。

周代的卜筮有一系列规定，如《礼记·曲礼》谈卜筮的时间时说的"外事以刚日，内事以柔日"、"卜筮不过三"、"卜筮不相袭"等规矩。《周礼》等书还有"大事卜，小事筮"、"大事先筮而后卜"的说法。这一系列讲究之间有着明显的矛盾，说明有些规定在后来被逐渐推翻或做了新的修正。当政者对卜筮往往并不拘泥陈规，特别是一些英明有识的君相，有了重大的政治或军事抉择后，主意坚定，根本不管什么卜筮的吉凶。

春秋时的占筮，主要是用《周易》六十四卦的卦辞、爻辞和卦象推占吉凶。战国时产生了阐释《周易》经文的各篇传，这种阐发涉及自然科学和人文科学的各个学科，可以说是开放性的。在两汉，易学成为显学。刘汉初兴，易学本由田何一人传承。按《汉书·儒林传》，他是孔子易学的第六代传人。

田何体系为今文《周易》，另有费直一系，不知传自何人，为古文《周易》。在西汉的易学派别中，焦延寿一派虽然出自孟喜，但多言灾异，走了另外一条路子。这一派传到京房，对占筮灾异则踵事增华，所以《汉书·儒林传》记载刘向称易学"诸家大谊略同，唯京氏为异党"。京房的易学著作有10余种，他创制纳甲之法，把五行引入筮法之中，使占筮发生了一个极大的转变，卦中分八宫，定"世""应"，言"飞""伏"，对后来的易卦占筮影响极为深远。其后魏晋时代的管辂、郭璞，唐代的李淳风，宋代的邵雍，走的都是这一条路子。明清时代胡宏所著《黄金策》、程良玉所著《易冒》、野鹤老人所著《增删卜易》，除以纳甲占卦，世应飞伏而外，对元辰、忌爻、旬空、月破等多有发明，卦术至此，更加周密详备，其影响及于市井和乡村。近人研究易学的，只有尚秉和、高亨两家重视占筮，但两人的主张和研究侧重又有很大不同。高氏摒弃象数，只重筮辞；尚氏则极重易象，他研读《焦氏易林》几十年，从中发现了许多为汉魏人所不知的《周易》古象。尚氏又对邵雍的先天八卦说很表赞同，因此他在研究《周易》时兼及纳甲，又很重视河图洛书及先天八卦所包含的"数"。

二、易卦占筮的哲理分析

易卦占筮包括殷周时期的《周易》经文、战国时期产生的易传和西汉以来的易学，它是贯彻中国整个古代历史的一门神秘复杂的学问，这门学问大体是在两汉时代构建完成的，两汉以后虽然没有什么根本性的变化，但却仍然有深广的发展。

虽然我们至今还不能对占筮的科学成分做出定性的判断，但占筮作为附丽于易学这门大学科的一个奇特的门类，从古人制八卦演为六十四卦到占断凶吉的整个过程，其思路颇具哲理意味和逻辑意味，能够给人以启发。

古人制卦，是对宇宙的一种总体把握和简化概括。天文、地理、社会、人事林林总总的大千世界被抽象为由阴、阳两种爻画组成的八卦符号。这种抽象概括，也并非始终目中无细物，而是宏观的细致观察，"仰则观象于天，俯则观法于地，观鸟兽之文与地之宜。近取诸身，远取诸物"，但又并不死死地沾滞于物，而是很快地进入直观全体，把世界概括归纳为抽象的卦画符号。这种归纳过程同时渗入了万物的形态、属性（阴阳五行）、时空（事物的存在形式四时和方位）和运动变化因素，"法象莫大乎天地，变通莫大乎四时，悬象著明莫大乎日月"，"天地变化，圣人效之。天垂象，见吉凶，圣人象之"。

这种抽象概括同时还融进了数的关系，"参伍以变，错综其数。通其变，遂成天地之文，极其度，遂定天下之象"。这种数的融入，就给占筮中的易数推演埋下了伏笔。正因为这个原因，所以，《周易·系辞上》对"易"做了高度的礼赞："易，无思也，无为也，寂然不动，感而遂通天下之故，非天下之至神，其孰能与于此！"也正因为概括归纳过程渗入了这诸种因素，所以这种概括归纳的结果虽然极为简要，但却具有无所不包的品格。宇宙的万事万物都被囊括进这个坐标系中。陈梦雷说："大抵易之未画，卦爻之变化在天地中；易之既画，天地万物之变化又在卦爻中。在天地者，未画之易；在易者，已画之天地。"认为易是宇宙最全面最准确的概括。

这个图式中不但全体包含着部分，而且部分又包含着全体，世界由万事万物组成，而每一具体事物又反映着世界的大结构，即陈梦雷说的"天地间凡物皆有乾坤，而人心尤自具一乾坤"。所以在这个宇宙图式中，每一具体事物的坐标点不但可以寻绎，而且对每一事物的认识和把握，又可据易的全局以进行。

如果说古人制卦成易是将宇宙概括归纳为一个坐标图式的话，占筮则是在这个图式中寻绎万事万物的坐标点，从而推断具体事物的位置、性量、前景及事物之间的相互关系。

易学认为，既然这个宇宙图式是囊括万有的，那么从这个图式中寻绎具体事物，考索它以往的运动轨迹和预测它的发展动向就是可能的。用占筮的方式，把占算对象纳入卦中，然后再"引而伸之，触类而长之，天下之能事毕矣"，任何事物都可以通过这个图式过渡到完全把握它的彼岸去。

这种演绎过程大致说来，主要是根据占算对象的八卦归属，取对象所属卦的卦象和卦辞进行占断，根据占算对象的爻位归属，分析其与他爻的乘、承、比、应关系，得位与否，并依据相应的爻辞进行判断；根据占算对象的五行归属，分析对象所属五行与日月、动爻五行的生克冲合比害等关系进行判断；根据主象爻所属六亲分析与有关爻六亲的关系以判断吉凶；根据对象所属易数推断有关数据……这样，事无大小，物无远近，都可"探赜索隐，钩深致远"，在"易"的魔图上弄清它的底细。

《周易·系辞上》说："易与天地准，故能弥纶天地之道。"陈梦雷《周易浅述》注解说："弥者弥缝，合万为一，使浑然而无欠；纶者丝纶，一中有万，使粲然而有条。弥而不纶则空疏无物；纶而不弥则判然不属。""弥"、"纶"二字正好概括了古人制卦成易和后人用易占卦这两个过程。这是两个相逆的过程：制卦成易是古人观察宇宙万物，进行归纳、简化、抽象、"合万为一"的"弥"的过程；后人用易占筮，则是在易的宇宙图式上寻绎具体事物的条分缕析的演绎即"纶"的过程。易不是心造的幻影，它是以宇宙本体为基准的，所以无论"弥"还是"纶"，似乎都是不脱离宇宙万物的现实行为。

三、易占价值评估

周易占筮，能不能应验？可信不可信？这是很多人所关心的问题。

正史记载着许多应验的筮例，尤其是《三国志·管辂传》、《晋书·郭璞传》记叙管、郭生平行事和占筮应验的大小事例。正史中的记载当然不能全信，但对《管辂传》、《郭璞传》这样的史传文章也不能完全不信，修撰史书的陈寿、房玄龄等，当然严肃地考虑过材料的真伪价值，不会完全采录些虚妄无实的材料。对于《管辂传》、《郭璞传》，谁也不能拿出有力的理由确证其虚妄无实。既然是这样，那么对于占筮应验的问题当然只能采取阙疑的态度，即虽不能完全肯定占筮的可信，却也不能绝对断定占筮的不可信。

占筮不同于那些简单原始的巫术，也不借助行术者通神的情绪波动来作用于求占者的心理，并不利用人格神的威力来威慑或迷惑求占者，而是依据占筮者所熟悉的卦象、爻辞、易数、五行、六亲等信息材料，进行分析推演，从而做出判断。既是这样，我们只能研究探讨这些信息材料的伪真和推断逻辑能否成立，而这却是一个"黑洞"性的很难接近的问题。

当然占筮肯定有非科学性的成分，虽然占筮是在古人构创的坐标系上寻绎坐标点，随着历史的发展和人们头脑中概念的增多，从古典六爻到纳甲占筮，寻绎具体事物坐标点的方法和途径越来越趋于细密化，但这种细密化仍然没有摆脱某种原始色彩的思维套路，不是一步步受着科学实证的支持和推动，而是脱离实证的冥想，或者说是一种明证。虽然是一种冷静的数理推演，但系连占断的结果和被占事物的一系列中间环节并不一定真正具备实在的、合理的联系意义，推论的两端被系连到一起，是靠一种近似原始思维的冥证，即人们内心主观世界的东西和客观外物在许多地方被混同起来，许多本来应该扎扎实实度过的实证关隘却被轻而易举地拿冥想替代了。

从实践看，不少占筮达到令人吃惊的奇验，但再高明的占筮者也无法保证占筮的完全应验。即使占筮有着符合自然规律的一面，但由于人们对这个方面并未完全认识和掌握，所以不能有效运用这方面的规律。因为易学自古以来就是学术殿堂中一门地位甚高的高雅深奥的学问，而占筮是直接从"易"中引出来的。"易"本身所具备的哲学品格和它所含的诸多科学成分及客观数理，掩盖了占筮的非科学性的一面，抬高了占筮的地位。不管占筮有无科学性，即使它并不能应验，它对于人们心理所起的平衡作用仍是不宜低估的。一个并不相信占筮的人，往往在心理失去平衡的时候去占筮，心理得到平静。无希望者从占断预示的前景中得到了生活的希望，产生了生活的信心与活力。钻牛角尖儿的人，占筮的几句留有想象领域的比兴性考语，使他的思维由单一变得开阔起来。也有些精神过于亢奋的人，行事采取偏激态度的人，听了对前途的模棱两可的指点，会突然从另外的思路考虑问题，占筮给了他一帖清凉剂。这样速效的作用，往往不是长辈的勉励、亲人的规劝、朋友的开导所能达到的。

相似的道理，占筮同样可以造成人心理的不平衡，使平静的心田掀起波澜，产生无谓的烦恼和忧虑，它的这种负作用绝不比上述的正面作用小。

因为占筮对人们所起的这种心理作用，所以对社会来说很难肯定是好还是坏。人的心理需要平衡，它能平衡人的心理，从这一点来说，它有时能应时代之需，起有利的作用。然而它并不一定能给人以正确的生活指导，不能使人们树立正确的世界观，甚至会惑乱人心，弱化意志，从这一点来说，它的作用是负的、坏的。占筮对社会的负作用还不止此，因为假占筮行骗者总是用宿命论来神化其术，抹杀了人在命运面前的能动作用，这不但歪曲了占筮本身，而且在扩大唯心论方面有着超出占筮本身的连锁反应的坏作用。

思考与讨论题：

1. 神秘文化是在什么样的社会历史条件下产生的？
2. 神秘文化的理论依据是什么？
3. 我们应该以什么样的态度来对待神秘文化？

第七章　中国古代宗教

中国传统文化是一个包容型的文化，千百年来中国出现了儒道释三家相结合的宗教体系。这一宗教体系又是一个中国哲学体系，负载着中国传统文化的精髓，反映了中国传统思维方式，影响了中华民族社会生活的方方面面。

第一节　中国宗教发展简况

原始社会初期，中国远古祖先的信仰是对自然的崇拜，随着万物有灵观念的产生，鬼神崇拜渐渐产生，从而中国进入了神信仰的时代。随后，有了动物崇拜、图腾崇拜，再到祖先的崇拜，这是中国最古老的宗教信仰形式。由于人们对自然界的不理解，人们按照人格化的方式来解释自然界的一切事物，把自然界的事物赋予神的概念，从而加以崇拜。中国跨入文明社会，最初的社会结构是氏族制度，氏族社会以族群的首脑为核心来维系，祖先、族群的血缘观念浓厚。随着父系氏族时代的到来，父亲在氏族成员中的地位便显得突出，一些才智超群、贡献巨大的男性祖先成为氏族成员的崇拜对象。有了祖先崇拜后，氏族成员慢慢结束了"只知其母，不知其父"的社会状况。因此，氏族成员慢慢以血缘来维系他们之间的关系，从而家庭随之出现。祖先神信仰和崇拜成了氏族社会的重要对象，也是中国早期宗教的一个特殊现象。到了夏商时代，中国从原始时代进入文明时代，这时已经形成中国古代宗教的神学时代，中国社会活动以"神"为中心。上至王，下至民，一切社会重大活动都要征得神的同意，这可以从河南安阳出土的甲骨中得到印证，其中记载的大多是商王占卜之事。从周代开始，中国渐渐进入了人本时代，"民为贵，君为轻"观念的出现，开启了中国文化和个体自觉的先河，出现了思想文化反思和讨论的黄金时代，即春秋战国时期，这就是中国本土宗教产生的源流时代，也就是儒道两家宗教思想观念的浪头时代。到两汉时期，佛教传入中国，经过魏晋南朝的中国化，成为中国第一大宗教，经过唐宋元明的混融和整合，形成了儒道释三家互补和交融的中国传统宗教哲学体系和形式格局。

第二节　儒　教

一、儒教概述

儒教也被称为孔教、礼教、名教等，它是以孔子为先师，倡导王道德治、尊王攘夷和上下秩序中国传统的国家宗教。儒教以"十三经"为宗教经典，以古代官僚机构为宗教组织，以天坛、宗庙、孔庙、泰山为宗教场所，以郊祀、祀祖、祭社稷、雩祀、释奠礼、五祀为宗教仪式。儒教与道教、佛教并称为中国三教。

二、儒教的历史概况

"儒"在殷代时是一种专门负责办理丧葬事务的神职人员，春秋时从巫、史、祝、卜中分化出来，成为专门为贵族服务的幕僚。儒熟悉诗书礼乐，是中国最早的知识分子。孔子是他们当中的典型代表。春秋时期，礼崩乐坏，孔子为了恢复周代的礼制，整理古代文献。这些文献后来成为儒经或者儒经的基础。汉代时，为了适应国家统治的需要，汉武帝实行"独尊儒术"的政策，儒家学者董仲舒根据孔子的思想，适应汉代的历史要求，把儒家和道家的思想结合起来，并吸收了阴阳五行学说，建立了"天人合一"的新体系。独尊儒术和儒家思想的提升，把儒家推上国家宗教平台，这也是儒教的发端。

在董仲舒等汉代儒家学者的努力下，儒家经典和教义得到了确认，传统的礼仪制度得到重建，中国传统的祭天和祭祖礼仪制度得到恢复。隋唐时代，礼仪制度得到进一步确认，祭天、祭祖和祭孔等仪式过程都有明确的规定。到了宋代，《论语》、《孟子》、《大学》、《中庸》等儒家典籍受到特别重视，朱熹把《大学》、《中庸》、《论语》、《孟子》合为"四书"，并进行注释，南宋以后的科举考试主要以朱熹所注释的"四书"为重点。此后，儒教的经典大体上固定下来，明清时期也大体如此。

三、儒教的礼仪

儒教的礼仪是借助神祇进行宣传、教化，即"神道设教"。神道设教其实就是宗教礼仪。儒教的礼仪沿用了周礼，它分为吉、凶、宾、军、嘉五礼，对服制、道具、仪式、过程都有详细严格的规定，《周礼·春官·大宗伯》："以吉礼事邦国之鬼神示……以凶礼哀邦国之忧……以宾礼亲邦国……以军礼同邦国……以嘉礼亲万民。"

四、儒教经典

（一）六经

儒教经典是儒家孔子所治的六经，即《诗经》、《尚书》、《仪礼》、《乐经》、《周易》、《春秋》。较孔子之前，就有其中《诗》、《书》、《礼》、《乐》四种，又称古之四教，是周朝贵族的教科书。自孔子开始，加入《周易》和《春秋》，《诗经》教以言语文学，《尚书》教以政事，《仪礼》教以宗法纲纪、君子修养，《周易》、《春秋》教以道义、是非、智慧。

（二）"十三经"

据传秦始皇"焚书坑儒"，《乐经》被焚毁，从此失传；东汉在五经基础上加上《论语》、《孝经》，共七经；唐时加上《周礼》、《礼记》、《春秋公羊传》、《春秋穀梁传》、《尔雅》，共十二经；宋时加《孟子》，后有宋刻《十三经注疏》传世。孔子所定谓之"经"，弟子所释谓之"传"，或谓之"记"。《易》、《诗》、《书》、《礼》、《春秋》谓之"经"，《左传》、《公羊传》、《穀梁传》属于《春秋》经之"传"，《礼记》、《孝经》、《论语》、《孟子》均为"记"，《尔雅》则是汉代经师的训诂之作。后来的"四书"是指《大学》（《礼记》中一篇）、《中庸》（《礼记》中一篇）、《论语》、《孟子》，"五经"则指《周易》、《尚书》、《诗经》、《礼记》、《春秋》。

五、儒教的民间化形式

"天地君亲师"是中国民间祭祀的对象，旧时民间多设一"天地君亲师"牌位或条幅供奉于中堂，为古代祭天地、祭祖、祭圣贤等民间祭祀的综合。"天"指天命、天意、天道、天然、苍天、老天、天神、天子等，中国人对天极为敬畏，把超人力、无法改变的一切都归结于天来解决，所以天是一切的主宰。"地"赋予人类生存所需，"地"即"地母"。"君"指帝王。"亲"指孝悌仁义的礼仪。"师"指尊师，乡村中大量的文庙和文昌庙，敬奉的神明就是孔子。

第三节　道　教

一、道教概述

道教是以追求长生不死、登仙享乐和祈福免灾为主要内容的一种本土性宗教。

道教的观念最早来源于对神仙的追求，得道升仙是道教的理想。"神仙"的基本含义与"不死"和"升天"相关，是人关于生与死的形而上的思考。道教的另一个思想渊源是中国谶纬学。道教的理论基础是黄老思想，并对之神学化，将老子神化，其《道德经》也逐步被解释成道教经典，由哲学变为神学。道教的出现与中国原始鬼神观念和祖先崇拜有紧密的关系，道教的人鬼思想直接承袭了中国古代的鬼魂观念。所以，道教夹杂着浓厚的古代巫术成分，如画符念咒、扶乩降神、祭鬼驱鬼、占卜算命、符水治病等。斋醮科仪有着明显的古代礼仪成分。

二、道教的历史概况

（一）道教的早期

东汉末年，朝廷统治黑暗，横征暴敛，豪强兼并土地，水旱频繁，疫病流行，百姓沦为流民，张角在这样的背景下创立了太平道。

太平道是最早的两个道教之一，张角既是组织者也是教主，所依据的经典是《太平经》。东汉光和年间，张角手持"九节杖"，施展巫术，用符水为人治病，借此传播太平道，信徒多达数十万，遍及青、徐、幽、冀、荆、扬、兖、豫八州，形成了一个强大的民间宗教社团。中平元年(184)，张角统率信徒揭竿起义，不到一年时间，起义被镇压，太平道销声匿迹，一部分信徒后来归入五斗米教。

东汉末年，太平道失落以后，出现了五斗米教。五斗米教为张陵所创，尊崇黄帝和老子，奉老子的《五千文》为教派经典，因入教者必须交纳五斗米而得名。五斗米教又叫天师道，因为教徒们尊张陵为天师，后来天师这个称号一直被张陵的子孙世袭。五斗米教的教义教规是诵习《五千字》、不妄为、有罪过、符水治病、用章表与鬼神为誓约、修路、行黄赤字之道、立二十四治、收信米五斗，统称为"三天正法"。五斗米教是比太平道组织更严密的道教集团，形成独特的组织体系，建立二十四治，后增加为二十八治，共二十八宿。所谓"治"就是教区中心。每个治里组织设立"祭酒"和"治头大祭酒"，管理各治一切活动。后来，天师道由张陵之孙张鲁所继承，并割汉中30多年，后来降服曹操，到了晋朝，张鲁的第四子张盛徙江西龙虎山。

（二）道教的发展

魏晋南北朝是道教第二次勃兴的时期，道教获得了全面的改革和发展。曹操降服张鲁后，对方士们进行了制约，但曹操内心却向往神仙之道，谋求养生方术。曹操平汉中后，五斗米教的教徒被迫北迁魏地，组织体系被打破，祭酒徒众分散各地，向北方民间传播开来。到了西晋末、东晋初年，五斗米教在江南开始盛行开来。

葛洪是东晋著名的道教理论家、医学家和炼丹家。他的著作《抱朴子》在道家理论体系中具有重要的地位，在思想理论上塑造了"元始天王"至尊之神，提出"我命在我不在天"的哲学命题，积极自我修炼，以求寿命延长，从而把玄学和道教融为一体，将方术与神学纳为一体，形成了道教神仙理论体系。

东晋时期，道教除理论上有建树以外，天师道向着义理化的道路演进，出现了上清、灵宝、三皇经系。上清经系是道教经箓派的主流，为杨羲、许谧等所创制，用扶乩的手法假托"众真降授"，写出了大量经书，其代表性的经典有《上清大洞真经》。道教经箓派的另一支系是灵宝经系，其核心是《元始无量度人经》，主要内容是宣扬"仙道贵生，无量度人"，尊崇元始天尊为至高无上之神，强调人可修斋念经，得道升仙。道教经箓派还有一个支系是三皇经系，主要内容是"劾召鬼神"的符图及存思神仙"真形"之术。这三个经系到了南朝刘宋时，均由陆修静汇聚在一个流派之中。到了梁朝，又经陶弘景的发挥，最终形成了经箓派，到唐代时成为丹鼎派和符箓派之外的一个大宗派。

道教经北魏寇谦之的改革，最终成为国教。南朝陶弘景是一清派另一代表人物和道教著名的理论家，开创了道教茅山宗。其代表作有《真诰》、《真灵位业图》，为道教神仙谱系的系统化奠定了基础。陶弘景是道教发展史上不可替代的人物，此外，他还为中国早期化学和医学的发展作出了贡献，其著作《本草集注》、《药总诀》、《效验方》是中国医学史上的重要著作，对中国医学的发展产生了重大影响。

道教在唐代建立起了相当系统化的道教哲学体系，出现了成玄英、司马承祯和吴均三位著名的道教学者。成玄英提出"重玄之道"，即"故常无，欲以观其妙；常有，欲以观其微。此两者同出而异名，同谓之玄，玄之又玄，众妙之门"，以体悟"玄之又玄"之道为核心，以"静养"为本的成仙要诀。司马承祯也提出了不同凡响的修炼成仙的理论，即五道"渐门"："斋戒"、"安处"、"存想"、"坐忘"和"神解"，这一理论记述于《天隐子》一书中。吴均也强调成仙之道在于修炼，修道在于精、气、神三个方面，只有"守静去躁"、"养神修身"，才能"与道为一"、"长生不死"。总体而言，三家思想的成仙之道在于"守静去欲"。

自南北朝以来，魏武帝崇道抑佛，梁武帝尊佛崇道，周武帝毁佛抑道，隋文帝先佛后道，唐初是崇道抑佛。武则天是先佛后道，唐玄宗崇道抑佛。唐玄宗和唐武宗是中国历史上有名的崇奉道教的两位皇帝，在他们近半个多世纪的统治中，自始至终崇奉道教，从而把道教推向全面发展的繁荣时期。

继唐以后，宋代是中国道教的又一个繁荣时期。宋真宗和宋徽宗是道教狂热的追求者，之前五代时期著名道士陈抟，是一位道家大思想家，他创造了《太极图》、《先天图》、《无极图》、《易龙图》，拓开了宋代易学的先河，为后世理学的建立起到了重要的作用。他的先天易学和内丹修炼为宋元道教内丹派的形成奠定了理论基础。

宋金分据时期，金大定七年（1167），王重阳创立儒、释、道兼容的全真道，后丘处机把全真道发扬光大，风靡北方。全真道不讲方术、符咒丹铅和斋醮祈禳，而是重清静自然，淡泊无欲。全真道吸取了佛教禅宗的思想，明心见性，顿悟成佛，吸收了禅宗的"打坐"、"参究"、"机锋"、"圆相"等修炼方法。除全真道以外，还有萧抱珍创立的太一道和刘德仁创立的真大道教。真大道教在第五祖郦希诚的领导下，得到了空前的发展，风靡长江以北的广大地区。

元代初年，天师道龙虎山天师世系受封为"正一教主"，并改称天师道为正一道，由张宗演统领三山（阁皂山、龙虎山、茅山）符箓。元统治者为控制和利用正一道来安定江南，故而正一道得以兴盛；同时也正因为张宗演、张留孙、吴全节等龙虎山教系人物受到元统治者的宠信和扶植，龙虎山正一道得以统领江南三山道教，而成为道教正统，在民间流传更加兴盛。在道教的著作方面，宋朝、金朝、元朝除了多次编纂《道藏》之外，也有一些著名的道士及学者编著道书，如宋真宗天禧年间张君房编辑有道教类书《云笈七签》。这是一部对后世道教很有影响的道书，人们称之为"小道藏"，此外，还有几十部的道教著述。

(三)道教的衰落

道教经历了 1000 多年的发展，明代统治者与唐宋以来的历代统治者一样，在他们夺取政权和巩固政权的过程中，都曾利用道教为他们服务。因而在明中叶以前，道教仍继续处于兴盛时期，到嘉靖年间达到高潮。明成祖朱棣册封张宇清为"正一嗣教清虚冲素光祖演道大真人"，领道教事，缮钱修葺龙虎山上清宫，敕建真懿观。朱棣特别尊奉玄武神，在武当山营建宫观供奉，修造了玄天玉虚宫、太玄紫霄宫、兴圣五龙宫、大圣南岩宫。此后，明朝的历代统治者一直奉行三教并优宠道教。在道书的修纂方面，明朝于正统九年至正统十年（1444－1445），共整理《正统道藏》5305 卷。明世宗朱厚熜曾命所司印《道藏》480 函，又敕张国祥编印《续道藏》180 卷，称为《万历续道藏》。入清以后，由于清代统治者素无道教信仰，便逐步采取种种限制措施，从而加速了道教衰落的进程。清初顺治、康熙、雍正三朝，从笼络汉人的需要出发，对道教仍沿明例加以保护，到乾隆时期，即一再加以贬抑。清中叶以后，道教在上层的地位日趋衰落，但民间通俗形式的道教仍很活跃。

三、道教的礼仪

道教的礼仪很多，不同教派在内容和形式上存在一定的差别，总体而言，在以下几个方面是一致的：

(一)斋醮礼仪

斋，指古代祭祀祈祷前，祭祀者沐浴更衣，不食荤酒，不居内寝，以示祭者庄重诚心。其程序有三：一设供斋；二节食斋；三心斋。其目的是为了达到与神灵沟通。不同道派的斋法名目繁多，特别是两晋南北朝以后，经上清、灵宝派道士的推演，更是方式繁多。道教修斋，必须虔诚整肃，启圣祈真，焚香燃灯，修斋是道教一场法事中首先要做的礼仪。

醮，来源于中国古代社会的坛祭，为古代礼仪。《说文》曰："醮，冠娶礼祭也。"道教继承并发展了醮的祭祀礼仪，借此法与神灵相交感。道教坛醮是教徒宗教活动的主要内容。"醮"有"醮法"，指斋醮法事的程式、礼仪等规矩。

斋醮科仪一般有阳事与阴事之分，也就是有清醮与幽醮之分。清醮有祈福谢恩、去病延寿、祝国迎祥、祈晴祷雨、解厄禳灾、祝寿庆贺等，属于太平醮之类的法事；幽醮有沐浴渡桥、破狱破湖、炼度施食等，属于济幽度亡斋醮之类的法事。

(二)戒律

戒律是道教的道德规范和行为准则。道教通过戒律，对教徒的宗教活动和道德行为进行规范，以使务道者和奉道者清净心身，精进修行。道教正式的戒条，是两晋南北朝上清、灵宝及新天师道等道派创制出来的，以维护封建社会的伦理道德，如三戒，即"皈依戒"：一为皈身戒，皈身于"太上无极大道"；二为皈神戒，信奉"三十六部尊经"；三为皈命戒，听从"玄中大法师"。又如五戒：不得杀生、不得荤酒、不得口是心非、不得偷盗、不得邪淫。还有八戒、十戒、二十七戒、三十八戒等。

(三)符箓术

符箓是符和箓的合称。符指书写于黄色纸、帛上的笔画屈曲、似字非字、似图非图的符号、图形；箓指记录于诸符间的天神名讳秘文，一般也书写于黄色纸、帛上。道教认为符箓是天神的文字，是传达天神意旨的符信，用它可以召神劾鬼、降妖镇魔、治病除灾。

四、道教的经典

道教在长期的发展过程中，积累了卷帙浩繁的经籍。道教经书的内容包罗万象，不仅记录了道教的教理教义、教规教戒、修炼方术、斋醮科仪，还保留了中国古代哲学、文学、医药学、养生学、化学、音乐、地理等多种学科的珍贵资料，堪称中国传统文化的一个宝库。

现存的主要经典有《道德真经》、《文始真经》、《冲虚真经》、《通玄真经》、《南华真经》、《龙门心法》。

道书之正式结集成"藏"，始于唐开元年间。唐玄宗诏令天下搜访道书，进行整理，按三洞四辅十二类进行编纂，最终成就了中国第一部"道藏"，名《开元道藏》，共3744卷，或曰5700卷。至宋代，从宋太宗至宋徽宗，几经修"藏"，有宋真宗大中祥符初的《宝文统录》，真宗天禧三年的《大宋天宫宝藏》，徽宗政和年间的木版刻印《政和万寿道藏》。金元时期，在《政和万寿道藏》残版基础上，金明昌元年(1190)修成《大金玄都宝藏》，元乃马真后三年(1244)修成《玄都宝藏》。中国最后一部道藏是明正统九年(1444)修成的《正统道藏》及其续书《万历续道藏》[刊成于万历三十五年，(1607)]，所以，道藏是道教文献的大集成，收集了道教的大部分著作。

五、道教的养生与成仙之术

道教养生和成仙之术主要有两种：一是外丹黄白术；一是内丹学。

外丹是以人体之外的药物为原料，在炉鼎进行烧炼，希望最后能得到服之长生不死的仙丹。黄白术是金银冶炼术，最终点化成丹，服之就能使人"不死成仙"。内丹学是论述、研究内丹修炼学术研究的道教专题学科，内丹是人体内精、气、神三者转化后的结合物，内丹术希望通过自我修炼，能寿蔽天地，与天地合一，成为金刚不坏之体，达到与服用金丹一样的效果。

内丹学又称丹道性命学，简称丹道。内丹学是中国道学的支柱，在道书中亦称"大丹"、"金丹"、"内金丹"、"还丹"等，并将外丹黄白术也纳入天、地、人三元丹法的系统。内丹学开宗于伏羲、黄帝、王乔、赤松，祖述于老子，阐发于汉末魏伯阳，弘扬于唐末五代之钟离权、吕洞宾、陈抟，盛行于宋元之张伯端、王重阳、丘处机、刘永年等人。内丹家以"重铸阴阳，再造乾坤"的丹道法诀，为人体生命科学和认知心理科学留下了宝贵遗产。

内丹学是中华民族传统文化的瑰宝，是数千年来神仙家汲取道、释、儒、医等传统文化的精华，形成的一种融道学的宇宙观、人生哲学、人体观、修持经验为一体的理论体系和行为模式，是一项为开发生命潜能和探究心灵奥秘而修炼的人体系统工程。内丹学以道学的宇宙论、人体生成论、天人合一的生命哲学、天人感应原理和阴阳五行学说作支柱；以中国传统医学的气血、经络、穴位和腑脏学说为基础；以人体的精、炁、神为修炼对象；以太极、阴阳、三才、四象、五行、六位、七政、八卦、九宫、十干、十二支、二十四气等符号来描述修炼过程；以意守三丹田，通任督二脉、追求人体的和谐有序为入手功夫，以达到人和宇宙自然本性的契合和一体化。

第四节　佛　教

一、佛教概述

佛教是世界三大宗教之一，创始人是乔答摩·悉达多，是古印度释迦族人，所以被尊称为"释迦牟尼"，意思是"贤者"，生于公元前565年，卒于公元前486年，据传他是古印度迦毗罗卫国净饭王的儿子。

公元前5世纪前，古印度各国通行种姓制度，"雅利安人"分出"婆罗门"、"刹帝利"和"吠舍"，加上"首陀罗"，构成了社会四个不同等级。"婆罗门"是祭祀者，即僧侣，是精神的统治者；"刹帝利"是武士，是世俗的统治者，这两种等级是奴隶主阶级；"吠舍"是农民、牧人、手工业者和商人，多数是被剥削者；第四等级的首陀罗，是奴隶、杂工和仆役，没有任何权利，社会地位极低。四个等级，界限分明，壁垒森严，世代相承。由于社会变迁，刹帝利等级开始不满婆罗门的特权，开始反对占统治地位的婆罗门教，社会上开始滋生了各种非婆罗门教的思想。

在这样的社会背景下，29岁时的释迦牟尼抛弃王位，离别妻儿出家，经过了6年苦苦修行，终于在一棵菩提树下悟得宇宙、人生的真实本质。释迦牟尼被人称为佛陀，或称为佛，他的信徒们也称之为"世尊"。

释迦牟尼悟道成佛以后，发誓在黑暗的世间捶响不朽之鼓，济度众生。通过45年四处奔波，释迦牟尼足迹踏遍恒河两岸，80岁时，在拘尸那城外的婆罗双树下涅槃。

到了公元前3世纪阿育王统治南亚次大陆时，佛教成为孔雀王国的国教。公元前180年左右，孔雀王朝被巽伽王朝所取代，阿育王朝四分五裂，佛教传入了不同的地区、国家、民族的生活、宗教和思想传统中。由于种种原因，佛教开始分化，形成了部派佛教。

二、中国佛教概况

佛教传入中国大约是在西汉末年与东汉初。东汉初年，汉明帝派人前往西域写佛经四十二章，于洛阳建佛寺。起初，佛教仅供来华西域僧侣和商人使用，但受本土正统儒道的排斥，后来作为道术的一种在各地传播。

曹魏时期，外来的僧人逐渐增多，如昙柯迦罗来到魏国。因中原战乱频仍，佛教僧侣纷纷流向吴地，吴都建业曾是佛教的中心。这一时期出现了两位有代表性的传译者，支谦和康僧会。

西晋时期，佛教在中国有了空前的发展，洛阳和长安为佛教的两大中心，有两宗和经、律、论三藏等。东晋十六国时，长安仍然是佛教的中心，南方以庐山和建康为中心，出现了道安、慧远和鸠摩罗什等佛学传译和理论家。南北朝时期，佛教得到了门阀士族统治者的支持和扶持。一些帝王自觉宣扬佛教，有的亲自主持佛事，如梁武帝曾亲自登坛讲经，北魏文成帝和孝文帝花大量的人力和物力，在大同和洛阳开掘云冈和龙门两大石窟。南朝宋、齐、梁、陈各代皇帝，大都崇信和提倡佛教。

隋唐时期是中国化佛教兴盛和成熟的时期，出现了各自成体系的僧团，如天台宗、三论宗、净土宗、唯识宗、律宗、华严宗、密宗、禅宗等，还有流行于西藏、青海等地区的藏传佛教。

唐武宗会昌年间的毁佛活动，使佛教经历了一场浩劫。唐末的黄巢起义和五代周世宗的灭佛，沉重地打击了佛教在中国的发展。当然一些少数民族地区佛教的发展依然昌盛，两宋时期，辽、金、蒙古地区佛教依然不断向前发展；西藏地区佛教始终在社会中充当重要的角色，特别是公元1751年，清乾隆皇帝正式授权七世达赖掌握西藏地方政权，确立了格鲁派掌握西藏僧俗大权的政教合一制度。

三、佛教的教义

佛教的基本教义主要由三个部分组成："四圣谛"、"十二因缘"和"八正道"。

佛教所说的基本教法可以用四个字加以概括，即"苦、集、灭、道"，合称为"四圣谛"或"四谛"。"谛"者，真实不虚之义，"四谛"即佛教的四个最基本的道理或真理。

释迦牟尼学说的基本出发点，是断定人生是"苦"，即"人生皆苦"、"一切皆苦"，除了生、老、病、死诸苦外，还有"求不得苦"，即欲望得不到满足之痛苦；"爱别离苦"，即生死离别之苦；"怨憎会苦"，即由于种种原因不得不与自己意气不相投者相处之苦。为什么会有"苦"呢？因为有"生"。生是苦的开端，生命是受苦的实体。为什么会有"生"呢？这是由"业"所决定的。佛教认为人有身、口、意三业，这些行为、言论和思想决定了未来的果报。众生为什么会"造业"呢？因为"无明"，即无知，对佛教学说的无知。众生为什么会"无明"呢？因为有贪心和追求享乐的欲望。因此，要消灭"苦"，就在"不生"（无生）；而要"不生"，就要不"造业"；而要不"造业"，就要断除"无明"，相信佛的教说，根除"贪"与"爱"，最终消灭"苦"，获得解脱。

"十二因缘"指的是苦、集二谛的延伸，主要内容是阐述苦的原因和三世轮回，认为世界万物有生起和坏灭，有种种因缘，因缘和合而生，因缘分散则灭。对人而言，其十二因缘是无明、行、识、各色、六处、触、受、爱、取、有、生、老死。这十二因缘由此缘彼，因缘而生，无明缘行，行缘识直到生缘老死，流转不息，构成了三世二重因果业报轮回。这十二因缘之中，无明和行是前世因，识、各色、六处、触、受是现世界，爱、取、有是现世因，生、老死是来世界。前世、现世与来世相互轮回，各有因缘，人生之苦各有行业受果，只有皈依佛法，才能达到无苦的"涅槃"境界。

"八正道"是道谛的发挥，指达到"涅槃"境界的途径和修炼方法。八种方法分别为正见、正思、正语、正业、正命、正精进、正念、正定。由此八法，可令苦集永尽，达到"涅槃"境界。

以上三个方面的基本教义，可以概括为三条根本义理，称之为"三法印"，即"诸行无常"、"诸法无我"、"涅槃寂静"。

四、佛教的礼仪

佛教的礼仪并不烦琐，包括传戒、度牒、戒牒与生活中的一些规范。

(一)传戒

传戒是僧人传授戒法的佛教仪式，设立法坛、戒坛，为七众传授戒法，称为传戒，亦称为开戒或放戒。对有求者来说，是受戒、纳戒和进戒。

传戒分为三级三次，称三坛：初坛是传授十戒，要剃头发，叫"剃和尚头"；二坛是传授具足戒，在戒坛举行，对受戒者进行多层的考问，学习戒条，这是进入空门的重要仪式；三坛是传授菩萨戒，由法师讲授"三聚净戒"，拜各个菩萨，忏悔三世罪业，并以十四菩萨行在大愿。受戒之后，传戒寺院颁发给"戒牒"，受戒后，必须严守戒律。

(二)度牒

僧道出家，封建政府要对之进行统一管理，由官府发给证明"行度入道"僧道者的凭证，称为"度牒"。从南北朝开始设僧官，出售度牒可收取一定的金钱，以增加政府的收入。

(三)戒牒

戒牒是传戒寺院发给受戒僧尼以证明其所取得的资格的凭证。

(四)饮食生活

佛教的饮食生活提倡节俭，衣着单一，几乎都为素食，甚至于"一日一食"；普通僧人居住的地方叫"寮"，也就是空间狭小的房间。

五、佛教的修行

修行指的是为达到一定的意向目的，进行自我的修炼并对自身施加一系列约束。其主要内容有坐禅、课诵、布萨、安居和自恣等。

（一）坐禅

坐禅是僧人修行的方法之一，意思是坐而修禅。坐是佛教的一种坐的姿势，即"结跏趺坐"；禅是静思。坐禅就是静坐排除杂念，以求心神的恬静自在，获得无上澄澈透明的智慧。坐禅有四种境界，分别有初禅、二禅、三禅、四禅。初禅者，第一次发现自己已经进入初禅，出了欲界，全无欲界的烦恼；二禅者无觉无观，坐禅者内心再也不去思维和判断所接触的纯化境界；三禅者进入非苦非乐的境界；四禅者感受全部消失，心如明镜不动，进入清净明朗的佛境。寺院中的坐禅，是集体的修行仪式。

（二）课诵

通过念诵经文获得功德，是寺院僧人的一种修行方法和日常活动，一般一天两次，称"二课"、"早晚课"。印度佛教的念诵有四种形式：音声念诵、金刚念诵、三摩提念、真实意念。寺院中早晚课是每日五更时分开始早课，晚课于傍晚进行。早晚课诵，从古到今，是寺院的一种习俗。

（三）布萨

布萨是梵文的音译，意为"善宿"、"长养"、"断增长"，是僧人每月两次的必修课。布萨有三重意思：一是"说戒"；二是在家修行的居士每月的六斋日实行"八戒"；三是佛教徒向别人忏悔所犯的罪过，也是寺院一月两次的习俗。

（四）安居

安居是指修养身心，专心修炼，每年两次，农历四月十六日至七月十五日，是"坐夏"，即"夏安居"；每年十月十五日至次年正月十五日是"结冬"，即"冬安居"。

（五）自恣

自恣源自梵文，是寺院僧人在夏安居期满时举行的检举忏悔活动。这一天寺院僧人要请人尽情揭发自己的过失，以便真诚地忏悔，这其实是自我检讨日，也称为"僧受岁日"。

佛教从南亚次大陆传入中国后，与儒、道两家相互融合，相互激荡，慢慢变成了中国化佛教，成为中国传统文化的一个重要组成部分。

第五节　民间信仰

一、民间信仰概述

民间信仰是一种古老的信仰方式，源于原始社会时期。作为一种信仰方式一直保存到今天，并且流行于民间，民间里有广大的信众。中国民间信仰是流行于民间的最为主要的信仰方式，信众广泛复杂，内容丰富多彩，仪式形态多样，是中国民间文化最为核心的构成部分。民间信仰有三个特点：一是功利性，中国人崇拜神，多以自我为中心，不加探索，崇尚实用；二是信仰多元化；三是将神人性化，很多神都与凡人一样，有思想感情。

二、民间信仰崇拜的对象

（一）自然崇拜

自然崇拜是把自然物和自然力视为具有生命、意志和超人能力的对象而加以崇拜。

1. 动物崇拜

中国民间的动物崇拜有蛇、青蛙、龟、狮子等众多的实体动物，还有像龙、凤、麒麟等想象中的动物。

2. 植物崇拜

民间认为植物也有精灵，能支配和影响人的生活，有时会显灵。

3. 生殖崇拜

生殖崇拜又称性崇拜，是指对人的生殖器官的崇拜。在原始社会，人们不了解人类生育繁衍的奥秘，最初以为是母体吃了某种仙物或受到某种天地神灵现象的感应而生儿育女，继而产生了女性生殖器的崇拜。到了父系社会时期，人们进一步认为男根就是人根，从而产生对男性生殖器的崇拜。考古发掘中发现的大量陶祖、石祖就是男性生殖器的造像，象征生殖繁衍之神。

4. 其他

日月星辰是光明的象征，与人们的生产、生活关系极为密切，所以早在上古社会，中国就有了对日月星辰崇拜的记载。

古人认为，天气是由许多神灵掌管的，风有风神、雨有雨师、雷有雷公、电有电母，各司其职，能降祸福于人间。所以，人们为了祈福避祸，产生了对各种主管天气的神灵的崇拜。

山、川、水、火也是民众信仰的重要对象，认为山有山神、水有水神、火有火神。

天地是民间普遍信仰崇拜的至高无上的神，虽然既无庙宇，又无塑像、画像，但在茫茫的天地之间，无处不在。民间以正月初九(有的地方是五月十六)为"天公诞"。民间称土地神为土地公，六朝时已被人格化，其神像多是峨冠博带，白胡须，手持金元宝，完全是福寿之相。

(二)祖灵信仰

祖灵信仰，主要是对家族祖先的信仰。中国传统文化注重血缘关系，重视血亲传承，重视宗族家族根源。祖先是一个宗族的精神象征，对祖先的祭祀和崇拜，无形中加强了宗族内部的向心力和凝聚力。祖灵信仰一般在宗祠，或者是家庙中设立牌位予以祭祀。祭祀时间为春秋两祭，有的地方是春祭，通常在清明前后，有的地方秋后祭，时间在立秋后，冬至前；有时也可以是一些特殊的祭日，其实时间还是比较模糊的。

(三)贤圣信仰

贤圣崇拜的对象多为受尊崇的历代精英豪杰，可以是文化英雄，也可以是战争英雄，亦可以是行业开山祖师。他们的英雄事迹和伟大业绩被夸大化和神秘化，其形象也被神性化，如武侯。

关于武侯诸葛亮的传说早在唐宋时期已经在民间广泛流传，其形象是智德的化身，其行为为人们所称道。据考察，诸葛亮承受香火，主要在其"德政劳绩"。民众对武侯的崇拜，一方面体现了对武侯智慧的崇拜；另一方面是对武侯忠君爱国的敬仰。英雄崇拜的目的是希冀英雄来保护民众万世太平。

(四)俗神信仰

1. 社官

社官，俗称"社公"。其实社官是一种土地神，有的地方也称"土地公"、

"伯公"、"后土"、"土翁"等。《风俗通义·祀典》引《孝经》曰："社者，土地之主。土地广博，不可遍敬，故封土以为社而祀之，报功也。"甚至，有的社官就是当地的先贤，如李世熊《宁化县志》记载宁化县土地神巫祖定生，也就是开辟黄连镇的巫罗俊。社官的祭坛设施简陋，一般只有一个小小的土神龛或一个砖砌小屋，高约三尺，长、宽约四尺，里头没有神像，只有牌位或石头，或什么都没有。但作为保佑村民生活平安的祭祀非常受重视，反映了民众对生活中最密切的地方神具有极强的依附感。

2. 隍神

城隍本是城市的保护神。城隍神的作用主要是护佑一方水土，御灾捍患，惩恶扬善，赐子降福。但后来，与佛、道结合，把城隍神解释成掌管阴间亡魂神灵，也就是人死后必须到城隍神处报到，之后，城隍神才发予文牒，这样才能到达阴曹地府。例如，在福建省宁化县，古代凡有地方官员到宁化任职，必定先祭拜城隍神后上任。凡遇灾害，也必备好文牒，烧化于城隍庙前，以祈城隍神的护佑。

3. 灶神

灶神，又称灶君、灶王、灶王爷、灶王菩萨、东厨司命、定福神君等，而且各地的称呼不大相同。民众把灶神称为"灶君老母"、"灶君太太"。民间把灶神当做掌管一户福运的家神。

4. 财神

在民间信仰中，财神是最普遍的一种俗神。不管是古代还是现代，不论是城区还是乡村，随处可见门户上悬挂着财神的神像，企盼财神的降临，以求得大吉大利，财运两通。民众对财神信仰只能说是处于一般性崇拜，并没有大型的祭典，只有一些民间习惯性的禁忌，如扫地时应由外向内扫，而不向外扫；不能坐门槛；春节时，不能把洗脸水倒在门口或院中。这是对财神的尊重，是对财神到来的一种祈盼心理。

思考与讨论题：

1. 中国宗教早期形式是什么？中国本土宗教与西方宗教有什么区别？

2. 儒教与道教都是中国的本土宗教，它们之间有什么异同？

3. 道教的礼仪有哪些？它在民间呈现的形式是什么？

4. 佛教有哪些教义？它试图解决人类什么样的问题？

5. 中国民间信仰有什么特征？对中国民众生活发生了什么样的影响？

第八章　中国古代休闲文化

古代人的生活态度、生活方式和生活情趣无不表现出独具特色的休闲思想，表现了古人对生命的关切和对生活的理解。儒家、道家和释家的休闲思想，充满着人生的智慧，至今值得我们借鉴。

第一节　中国古代休闲文化概说

一、休闲的含义

休闲作为人类的一种生活方式和文化现象，在中国传统文化中占有重要位置，有着丰富遗产。

"休闲"，《辞海》解释道："农田在一定时间内不种作物，借以休养地力的措施。"可见，"休闲"的本义是指田地的闲置不用，是土地暂时的歇息。单看"休"字，人依木为"休"，强调的也是人暂时中断劳动的休息行为。"闲"字则从另一个角度强调了人内心的娴静、平和，侧重的是人内心感受和思想的纯洁、安宁。这两个字组合在一起，则表明了"休闲"所特有的文化内涵，也就是指人通过身体的休息放松获得精神的宁静和平和，身体的放松是手段，精神的愉悦才是目的。可以说，"休闲"不仅仅表现为玩乐休息，更多的是体现人类一种主动自觉的精神追求，是一种高度自主的精神活动。德国著名哲学家约瑟夫·皮伯认为："休闲乃是一种心智上和精神上的态度——它并不只是外在因素的结果，它也不是休闲时刻、假日、周末或假期的必然结果。它首先是一种心态，是心灵的一种状态。"

二、中国古代休闲娱乐状况

中国古代的休闲娱乐方式很多，比如弹琴、下棋、写作、绘画、品茗、饮酒、旅游、聚会、观花、赏鸟、隐居，还有游戏、竞技、逛庙会和各种体育活动。

中国古代文献中不乏对城市休闲民俗的记载，如《西京杂记》、《荆楚岁时记》、《世说新语》、《洛阳伽蓝记》、《酉阳杂俎》、《东京梦华录》、《清明上河图》、《梦粱录》、《武林旧事》、《都城纪胜》、《西湖老人繁盛录》、《南村辍耕录》、《帝京景物略》、《宛署杂记》、《水浒传》、《金瓶梅》、《都门杂记》、《天府广记》、《燕京岁时记》、《京都风俗志》、《广东新语》、《宸垣识略》等都有不少关于城市居民休闲活动的记载。

古代都城多为休闲文化发达之地。唐都长安休闲娱乐文化就十分发达，东市和西市商业繁荣，西市及长安城东至曲江一带，甚至有胡姬服务的酒肆。长安著名游览地城内有曲江池等众多园林池沼，城外有樊川自然风景区。

北京城是辽、金、元以后中国城市休闲的典型代表。以明清为例，当时北京户外性休闲娱乐活动的类型主要有郊游、帝王狩猎、行宫、园林与别墅休闲生活、动物园观赏动物、游庙会、士大夫聚会唱咏、文艺欣赏、节日休闲、茶馆与酒楼宴饮、古玩收藏与交易（琉璃厂等处）、民间游艺竞技等。明清时期北京城市居民共有各类型休闲地近千处，其中明代有风景游赏地46处，清代有63处；明代有游览型寺庙65所，清代有93所；明代有私家园林79处，清代有200处；明代有庙会场所30处，清代有91处；明代有休闲型市场3处，清代有11处；清代有戏楼的会馆25处，明代很少；清代北京商业性剧场有47处，明代少有；清代北京有茶馆87个，明代数字不详；清代北京有地址可考的酒楼83处，而到清末时外城就有300余家酒楼，明代数字不详；明清北京的妓院数量也十分可观；此外，北京还有一定数量的滑冰、杂耍演出、放风筝、斗蟋蟀等公共休闲地；有些休闲活动得到了继承，甚至成为了北京人生活习俗的重要组成部分。

地方的休闲活动也十分活跃。如清代成都旅游休闲活动也呈现十分活跃的态势。其地自隋以来就有"游乐"之风。纪昀曾言："成都自唐代号为繁庶，甲于西南……富贵悠闲，岁时燕集，浸沿相习。"清代成都休闲活动大多是结合节日庆典、庙会集市进行，逢节出游成了成都地区特有的民俗。清代成都人在春节期间多喜游庙、山和名胜古迹。正月初一游丁公祠、武侯祠、望江楼；正月初七"人日"游杜甫草堂；正月初九"上九日"赴玉皇观、武侯祠烧香，城乡观灯会，至元宵节达到高潮；正月十六游城墙；二月十五日游青羊宫花会，每日观者达十余万人，休闲活动达到高峰；清明节上"清明坟"，踏青宴饮；四月初八放生；端午节、中秋节、重阳节也有各种娱乐活动。成都所属州县的居民则喜欢参与庙会、朝山进香活动、郊游活动。成都休闲活动的兴盛促进了饮食服务业的繁荣，川菜和传统名优小吃的形成，茶馆、酒坊的增加即是明显的例子。俗语云："天下茶馆数成都。"清末，成都有街巷516条，在警署立案的茶馆有454家，同时，也刺激了旅游交通运输业，旅馆客栈业，文化行业（戏曲、说书、古董书画文物销售等）的发展。尤其值得注意的是，清代成都盛行的"人日"游草堂、灯会、青羊宫花会、端午节龙舟赛、望丛祠赛歌会和各类庙会至今仍盛行不衰并成为特色文化旅游资源。

中国士人的隐逸文化有悠久的传统，商周时期便有伯夷、叔齐。春秋战国时期隐逸成为社会风气，隐逸文化真正确立。游山玩水、渔猎躬耕、品茗饮酒、谈玄务虚、吟诗赋文、营园作画、书墨抚琴、品藏文玩、坐禅求道、肆性放情等便成了这些隐士最外在的行为表现。陶渊明被称为千古隐逸诗人之宗。可见，隐逸文化与休闲活动有着密不可分的关系。

庙会是一种集祭祀、娱乐、商贸于一体的历史悠久的活动。庙会最早的形式是隆重的祭祀活动，是人们敬祀神灵、愉悦身心的产物。随着社会的发展，特别是经济的发展，庙会和集市交易融为一体，成为人们敬祀神灵、交流感情和贸易往来的综合性社会活动。庙会是各类人群聚集之地，是一个信息中心和社交中心，也是一个可恣意宣泄情感求得娱乐放松的重要场所。在中国古代，全国很多地区都有不同类型的庙会活动。帝王的休闲活动更是古已有之，如游猎，宫廷，园囿与行宫娱乐、游览名山大川、名胜古迹等，如据介永强考证，唐代关中行宫有19座，关外行宫有27座。

不仅如此，古代大都市较早就形成了为居民服务的休闲服务行业。这一特点从元大都就有所反映，至明清时期北京城实际上已经存在着繁荣的休闲娱乐服务行业。该行业由休闲主体、休闲客体（对象）和休闲媒介三部分组成。休闲主体指休闲者；休闲客体包括各类休闲对象，以明清北京为例，休闲客体包括风景游赏地、游览型寺庙、园林、庙会、市场等各类休闲活动场所呈现的自然景观和建筑等文化景观以及如戏剧等艺术表演形式；休闲媒介指各类为休闲者的休闲活动提供购物、饮食、娱乐、交通等服务的商业娱乐经济单位，它们沟通休闲者与休闲活动场所。休闲媒介包括茶馆、酒楼、戏园等不同类型的经济单位，而茶馆、酒楼、戏园等同时充当了休闲活动场所与休闲媒介的角色。这些服务性休闲单位在长期的商业活动中形成了丰富的经营与管理经验，逐步涌现出像全聚德烤鸭店、东来顺饭庄等一批百年老字号企业。而明清北京的休闲服务业范围集中在城区和城关、近郊部分区域，而西山等风景游赏地虽然游人时常光顾，但游览型寺庙往往多为官员阶层提供免费食宿与导游服务。

第二节　中国古代的休闲观念

在中国传统思想宝库中，有着十分丰富的休闲思想文化记载，形成了独具特色的休闲观。

一、儒家安贫乐道的休闲观

儒家的休闲观是一种让心灵宁静愉悦的生活态度和生活方式。他们注重的并非外在的物质感官享受，而是内在精神德性愉悦的休闲方式。休闲对于儒家个体而言，不管富贵贫穷，都是一种自适自得、自娱自乐的人生境界，个体通过休闲完善自我。孔子曰："君子固穷"，但却"饭疏食饮水，曲肱而枕之，乐亦在其中矣"；"发愤忘食，乐而忘忧，不知老之将至"。在《论语·雍也》中，孔子盛赞其弟子颜回"一箪食，一瓢饮，在陋巷，人不堪其忧，回也不改其乐"的人生态度。最足以说明孔子休闲思想的是《先进》篇中的"与点"章，孔子与弟子各言其志，曾点说自己的理想："莫春者，春服既成，冠者五六人，童子六七人，浴乎沂，风乎舞雩，咏而归。"孔子叹道："吾与点也！"极大地赞赏了曾点的休闲意识。这种淡泊名利、与人共享天伦之乐的生活，便是中国古代儒家文人所向往的享受快乐人生的独有方式。到了孟子那里，这种快乐哲学在精神上又得到了进一步提升。孟子说："万物皆备于我，反身而诚，乐莫大焉。"孟子认为，通过一定的精神修养，超越自我的限制，达到天人合一、万物一体的精神境界，这样人便获得了绝对的精神自由与幸福。

安贫乐道的休闲精神，在儒家是一以贯之的。朱熹十分仰慕"曾点气象"，他说："曾点之学，盖有以见夫人欲尽处，天理流行，随处充满无少欠阙，故其动静之际，从容如此，其胸次悠然，直与天地万物上下同流。"有了这种坦荡的胸襟，就能上下与天地同流，人生的意义就能在宇宙的大化流行中得到终极的安顿。程颢的一首《春日偶成》把宋儒们"寻欢"心境刻画得惟妙惟肖："云淡风轻近午天，傍花随柳过前川。时人不识余心乐，将谓偷闲学少年。"正如林语堂所说："在中国人看来，这不仅代表片刻的诗意般的快乐心境，并且是追求人生幸福的目标。中国人就是陶醉在这样一种人生理想之中，它既不暧昧，又不玄虚，而是十分实在。"正因为有了儒家的这种安贫乐道、乐而忘忧的休闲思想，才使得人们能在儒家控制下的严肃生活中变得轻松和容易忍受。

二、道家回归自然的休闲观

道家休闲观是以自然为宗，以回归自然本真为最高境界。道家注重人与自然的和谐相处、融为一体的生命情趣，在大自然中得到彻底放松和休闲。道家的逍遥游，不仅是自然之游，更是通过自然的游历实现人的精神解脱与自由境界。因此，道家推崇的是出世脱俗的游乐行为。

道家创始人老子说："人法地，地法天，天法道，道法自然。"又说："道之尊，德之贵，莫之命而常自然。"在老子那里，"自然"既可以理解为自然世界，万事万物，也可以理解为自然而然，即事物顺着本然、原本的状态，既没有外在力量的控制，也没有自我意识的主宰。日月轮照，四季变化，江河长流，草木生长，万物各得其所，自在自得，不受意识的干扰，即是天地自然。老子还认为应该回归自然，主张把一切虚伪的、浮夸的、铺张浪费的东西统统排斥掉。他说："五色令人目盲，五音令人耳聋，五味令人口爽，驰骋田猎令人心发狂，难得之货令人之行妨。"因此要"去甚、去奢、去泰"，消除贪欲，消除对外物的执著，保持"无为"——无拘无束、自由自在的心态。

道家的休闲观为庄子这位中国先哲中最善于观察世界、反省自身的伟大哲人发挥得淋漓尽致。在庄子看来，人要获得精神自由，就必须超越形骸、功名的束缚，达到"至人无己，神人无功，圣人无名"的逍遥境界。无己、无功、无名，这是一种悠闲的人生状态，是从是非、虚实、善恶、内外、物我、生死的区别中超越出来，达到"天地与我并生，万物与我为一"的"齐物"境。这样的境界是人生的最高境界。道家的休闲观为历代文人雅士所推崇，尤其是在魏晋名士那里发挥到极致。魏晋名士把庄子的"哲学境界"变成实有的"生活境界"；把庄子的"道的境界"变成"诗的境界"。这样庄子的齐物、逍遥，在魏晋名士那里则成为自在旷达、放任逍遥。他们漠视礼法，常聚于山林，纵酒放歌。阮籍行动上佯狂放诞，终日"嗜酒荒放，露头散发，裸袒箕踞"。刘伶酒不离身、嗜酒如命。嵇康主张"越名教而自然"，从自然中感受到了人生之美，追求一种心境的安宁，他说："游山泽，观鱼鸟，心甚乐之。""淡淡流水，伦胥而逝；泛泛柏舟，载浮载滞。微啸清风，鼓楫容衣；放棹投竿，优游卒岁。"魏晋人借自然山水、鱼跃鸟啼来排解心中的压抑与苦闷，使他们过于物质化的生活平添了一点雅兴。因此，他们怡情山水、流连自然，为的是借山水之美启迪灵性，从中发掘生活之美，以获得精神上的极大享受。陶渊明不为五斗米折腰，辞官归乡，为"久在樊笼里，复得返自然"而感到由衷的喜悦，他寓休闲于浊世，寄情于山水，在他笔下的田园生活充满了和谐与宁静："结庐在人境，而无车马喧。问君何能尔，心远地自偏。采菊东南下，悠然见南山。山气日夕佳，飞鸟相与还。此中有真意，欲辨已忘言。"心灵和自然的结合，不分彼此，达到了完美的境界。这是对生活的一种热切的追求，一种自觉的选择。陶渊明的这种淡泊、朴素、恬静的生活意境，备受后人的推崇。

三、禅宗于世出世的休闲观

禅宗以在世的人生态度，摆脱人生的一切烦恼，进入快乐无忧的境界。它也以追求精神自由为其目标，只不过是将道家的空灵、遁世变得更加世俗化、生活化，让人们在平淡随意的生活中获得自由洒脱。

印度佛教传入中国便逐渐中国化，而禅宗就是典型中国化了的佛教。中国的禅宗，最大限度地发挥了印度佛教中的"即世而求出世间"的精神，即以出世的态度做入世的文章。慧能说："法原在人间，于世出世间，勿离世间上，外求出世间。"佛性原来就在世间，就在现世的生活中去求出世的境界，不必离开现世生活，另外去寻求一个彼岸世界。禅宗反复向人们说明，佛法本来平常，"平常心是道"，如同蒲花柳絮、竹针麻线，没有什么神秘的，佛法就在日常生活中，东家儿郎、西家织女、斜街柳巷中的艺人都可以成佛。禅门中流行着"行住坐卧皆是坐禅，挑水担柴无非妙道"。禅宗强调从事俗务的同时，却时时告诫人们不要沉迷于其中，不要执迷于俗物，要"无著"，也就是不执著。慧能说："于诸境上心不染"，"染"即执著，既要接触俗物，又不执著。就是"无心于事，无事于心"。心无挂碍，不追不求，保持一颗平常心，一切顺其自然，"要眠即眠，要坐即坐，热即取凉，寒即向火"；"困则眠，健则起，夏天打赤膊，寒冬须得被"。过着一种"夜听水流庵后竹，昼看云起面前山"；"独步千峰顶，优游九曲泉"；"相逢秋色里，共话明月中"的闲逸生活。这就是无心、无求、无事的禅境。一切声色事物，过而不流，通而不滞，随缘自在，到处成理，这是真正的闲适之境。

禅宗在将印度佛教本土化的过程中，还汲取了道家回归自然、返璞归真的老庄思想，从而形成了一种观照自然、随顺自然的境界。禅宗提倡投入到大自然中去，体悉大自然。通过对自然的观照，激发对美的感受，复归自然从而获得感官和心灵的愉悦。禅宗不仅要使自身融入自然，甚至还要"向异类中行"，化为动物，像大雁一样不留痕迹，像牦牛一样悠闲自在，"雁过长空，影沉寒水。雁无遗踪之意，也无留影之心。若能如是，方解向异类中行"。这反映了人们希望在自然界中、在合乎自然的生活中，排除一切压抑与烦恼。

禅宗不仅向往自然，而且更向往自由。在禅宗中，"自由"二字出现频率比较高，不少禅语都与要求自由有关，这是一种特别的文化现象。自由按佛教教义的解释就是"解脱"。所谓"解脱，纵任无碍，尘累不能拘"。"尘累"，就是世俗生活的牵累，摆脱了世俗生活的牵累的境界，就是自由境界。僧璨说："无人缚汝即是解脱。"一旦摆脱了世俗的牵累，就能过得自由自在、潇洒快活。百丈怀海有诗曰："放出沩山水牯牛，无人坚执鼻绳头。绿杨芳草春风岸，高卧横眠得自由。"

中国佛教禅宗要人消除执著，保持一颗"平常心"，入俗而不为俗所累，做无心人、无求人、无事人，这种豁达、闲适的生活态度和生活方式是中国人的一种生存智慧，它能使人摆脱生存困境，消除各种不良情绪，让人生活得自由自在、无拘无束。

四、民间依节而息的休闲观

民间休闲是农闲时的憩息与节日休闲。如果说以文士阶层为代表的儒、道两家休闲观代表了中国传统文化意识形态的精义，那么中国民间大众传统的休闲文化则更多体现出中国休闲文化的独特形式，更具有中国特色。中国古代是农耕文明高度发达的国家，农耕文化是中国文化的根文化。农业社会发展的一个最大特点是必须高度依赖自然条件，受农作物生长规律的影响，作息十分有规律性，因此民间大众的休闲文化具有明显的自然特性和节律。在民间，休闲并不能自由选择，要休闲只能是在农闲时期，而农闲往往是固定而有规律的，这就形成了中国特色的民间节日休闲文化。迄今在农村，人们一直看重的春节，则成为休闲之最佳时节，因此也就成为饱含中华民族文化特色之休闲文化的凝聚。

中国民间传统节日休闲文化形制固定，内容具体、丰富而实际，尤其经过了几千年的延续、传承，已成为中华民族生存的形式和情感的依托。

第三节　中国古代休闲文化的特点

中国古代休闲文化体现了华夏民族对生命特有的认知和体验方式，具有鲜明的特点。

一、中国古代休闲追求致用

中国古代休闲讲求实用主义，有闲阶级往往把休闲作为修身、齐家、治国、平天下的工具。古人把音乐看做治国安邦教化的工具。《礼记·乐记》言："治世之音安以乐，其政和；乱世之音怨以怒，其政乖；亡国之音哀以思，其民困。声音之道，与政通矣。"春秋时吴国的公子季札精通音乐，他不但能欣赏各国音乐的美，而且能够从音乐中听出"兴衰"来。例如，他听了郑声，虽也言美，却认为它是亡国之音；听了齐声，不仅言美，还指出这是一个很有前途的大国。他最推崇的无疑是《颂》，认为它已是极点，充分体现了中和的风范，是为国的大道，盛世的代表。

古人还十分强调音乐对人格完善、个人修养的作用。汉代班固《白虎通》说："琴，禁也。以御止淫邪，正人心也。君子守以自禁也。"蔡邕《琴操》曰："昔伏羲氏作琴，所以御邪僻，防心淫，以修身理性，反其天真也。"都认为琴是仁义道德的象征，用以修身养性。

不仅音乐，古人常用来休闲的围棋也被看做有喻世作用。宋代的宋白认为，下围棋本身并没有什么大的好处，既不能发展学术，也无补于探求未知，只是因为棋理可以喻世。他说：所谓"散木一枰，小则小矣，于以见兴亡之基；枯棋三百，微则微矣，于以知成败之数"。他认为棋理有品、势、行、局四条。品，就是优劣；势，就是强弱；行，指奇正；局，指胜负。轻松简易而胜者，就像尧舜的禅让是高手；经过战争靠智勇获胜，就像成汤、周武经过征战获取王位是中等水平；凶狠蛮霸激烈杀伐打劫而胜，就像秦始皇和项羽，是技劣者。所以围棋喻世，"抑从时有如设教，布子有如任人，量敌有如驭众，得地有如守国。其设教也在宽猛分，其任人也在善恶明，其驭众也在赏罚中，其守国也在德政均。至于怠志而骄心，泄机而忘败，非止围棋，将国规焉。"小小围棋，俨然一部治国安邦的百科全书。所以元叶颙说："坐阅几输赢，历观迭兴衰。古今豪杰辈，谋略正类棋。"

古人把书法也作为提高自己品格修养的手段。明代文徵明认为"人品不高，用墨无法"。仅仅在笔墨技巧上玩弄花招，至多只能达到艺匠的工巧，没有个性，没有灵气，称不上真正的艺术创作。清代书法家何绍基也说："书虽一艺，与性道通，固自有大根巨在。"因此，他对颜真卿、岳飞等富有气节之士特别敬重，甚至通过学他们的书法以学习他们的为人。他在诗中说："从来书画贵士气，经史内蕴外乃滋。若非挂腹有万卷，求脱匠气焉能辞?"假如无知无识，书法将难脱俗气。要写出好字，首先要有高尚的人格，而人格的修炼，主要又在心灵的净化，胸襟旷达，超然物外，视功名、权势、富贵为身外之物，以虚静之心返璞归真。而对人格的注重反过来又影响到对作品的鉴赏。人品为人所推崇者，即使技巧不高，只因其神韵生动，仍被视为珍品。相反，人品低劣者，即使技巧纯熟，仍被士人所不齿。最著名的例子要数宋代书法四大家苏、黄、米、蔡的"蔡"了。宋代四大家中原有蔡京，蔡京"笔法姿媚"，确有一定的造诣，但后人因其人品不佳，将他排斥于四大家之外，而以蔡君谟代之。所以，中国大多数文人书法家在热爱书法的同时，也非常注意自身的修养。

二、中国古代休闲追求高雅

千百年来，文人们都认为，休闲无须讲究奢华，但不能不讲究高雅。唐代诗人刘禹锡，曾作《陋室铭》，不言其室之陋，而字字夸耀其高雅："山不在高，有仙则名。水不在深，有龙则灵。斯是陋室，惟吾德馨。苔痕上阶绿，草色入帘青。谈笑有鸿儒，往来无白丁。可以调素琴，阅金经。无丝竹之乱耳，无案牍之劳形。南阳诸葛庐，西蜀子云亭。孔子云：何陋之有？"

在刘禹锡文中，可以看到他对居室之"雅"的理解：雅之一，在环境。青苔漫上了石阶，草色映得室内一片青翠，人与大自然相亲，而显得朴素归真。雅之二，在于人。结交往来的都是有识之士，谈吐高雅脱俗，主人则飘逸如在南阳盖茅房隐居治学的卧龙先生诸葛亮，文采如在成都草堂闭门著《太玄》的文学大家扬雄，清心寡欲，淡泊自如。雅之三，在心境。不受市井喧嚣之扰，不为官场事务所累，闲暇时抚抚古琴，诵诵佛经，一副达观知命，视富贵为浮云的清高脱俗之骨。这篇《陋室铭》其实未写室之陋，而重在写崇尚高雅的精神。

在古代文人的眼里，品茶也是一件很高雅的事情。一是雅在淡静。茶有清通自然的属性，品性淡朴高洁，饮之啜之有使人恬静清寂、明心见性之功。于是古人便借助于品茶，为自己构筑一个幽雅的氛围，以摆脱凡俗与困顿。明代文徵明的煎茶诗曰："山人纱帽笼头处，禅榻风花绕鬓飞。酒客不通尘梦醒，卧看春日下松扉。"茶使人荡心涤肺，洗脱凡尘，体现出一种素朴、恬淡、清廉的精神和人格追求。二是雅在过程。起火升炉，细细袅袅。松竹之枝，燃之毕剥，或一人独处，缓烹慢煎，细品悠啜；或邀二三知友，围坐炉前，就着沸水、茶沫、汤色、茶具，品评清谈，吟诗酬唱，确不失一种高雅的生活艺术。陆龟蒙云："闲来松间坐，看煮松上雪。时于浪花里，并下蓝英末。倾余精爽健，忽似氛埃灭。不合别观书，但宜窥玉札。"在幽静的松林中，以雪煮茶，心静气爽，悠闲自在，雅致宜人。三是雅在诗情。茶的清淡、醒脑、提神功效，也直接催发了文人的雅趣。疏瀹五脏，澡雪精神，使他们气爽神明，洒脱轻松，文思如泉。因此，茶与诗、画、文、舞，都有密切关系，尤与诗人结下不解情缘。清朝女词人吴蘋香把诗与茶融为一体："临水卷书帷，隔竹支茶灶。幽绿一壶寒，添入诗人料。"诗有了茶更清新，茶有了诗更高雅。

三、中国古代休闲追求意趣

古代文人休闲，重在讲究意趣，追求一种审美情调。古代文人常游玩的园林，便是这种思想的集中体现。明朝文震亨《长物志》中云："一拳则太华千寻，一勺则江湖万里。"以一拳代山，一勺代水，让有限的空间、有限的景物，寓无限的情思，造无限的意境。一切景物皆情物，主观的情注入客观的万物中，万物便有了灵性，一石一水一草一木都具有了人格象征意义：山令人静，水令人远，石令人古。筑园不仅搬自然之景，更是抒自我之情志。一叶芭蕉，几枝修竹，无不渗透着人的情怀。植松以取其坚贞，种梅以取其清高，栽菊以取其傲风凌霜，树兰以取其幽雅淡泊，人之高洁雅致不入流俗之意，皆寓于自然物之中。明清时期江南士人营造的名园，如扬州的个园，苏州的留园、网师园、拙政园以及无锡的畅春园等，皆借景写意，有其独到之境界，如个园之名，便有深意。"个"，竹的半边也。竹有节，象征清高。半个竹字，意"世人皆浊我独清"的孤芳自赏、傲然于世。网师园，一个"网"字，便道出渔父之志、隐逸之意。

清代沈三白在《浮生六记·闲情记趣》云："若夫园亭楼阁，套室回廊，叠石成山，栽花取势，又在大中见小，小中见大，虚中有实，实中有虚，或藏或露，或浅或深。不仅在周回曲折四字，又不在地广石多，徒烦工费。或掘地堆土成山，间以块石，杂以花草，篱用梅编，墙以藤引，则无山而成山矣。大中见小者，散漫处植易长之竹，编易茂之梅以屏之。小中见大者，窄院之墙宜凹凸其形，饰以绿色，引以藤蔓，嵌大石，凿字作碑记形。推窗如临石壁，便觉峻峭无穷。虚中有实者，或山穷水尽处，一折而豁然开朗；或轩阁设厨处，一开而通别院。实中有虚者，开门于不通之院，映以竹石，如有实无也；设矮栏干墙头，如上有月台而实虚也。"这因地制宜的大大小小、虚虚实实、藏藏露露之中，天然、古雅，凝聚着对自然与人生的理解与追求，表现出士人淡泊、超逸的山水意识和隐逸生活如闲云野鹤般的意趣。

即使饮酒，古人们也讲究意趣，这主要体现在环境的营造上。建安文人常在清风朗月之中高台畅饮，慷慨击筑高歌；而正始文人则喜聚竹林，浴日餐风，在鸟鸣溪声中开怀痛饮。陶渊明饮酒，醉于菊花丛中。李白饮酒，既有和朋友们在酒店谈笑共饮，更有举杯邀月的独酌，越到后世，对饮酒的环境便越是讲究。

美酒、美景、良辰、淳情，缺一不可。这是古人为自己营造的一个艺术境界，置身其间，陶然忘机，酒不醉人人已自醉。饮酒赏花是文人最经常的雅举，看到好花便想到饮酒。郑板桥有诗云："看月不妨人去尽，对花只恨酒来迟。"面对佳景美物，若不把樽畅饮，便是辜负了大自然的造化。唐代李敬方曰："不向花前醉，花应解笑人。""相逢不饮空归去，洞口桃花也笑人。"唐"大历十才子"之一的钱起，曾写有《崔逸人山亭》诗，对这种酒、花、人情景融合的美妙意境做了描绘："药径深红藓，山窗满翠微。羡君花下醉，蝴蝶梦中飞。"这醉人的酒外之趣，便包括了对自然的审美体验，对人与自然相亲相融的审美感受。

为了增添饮酒的乐趣，古代文人少不了行酒令。酒令的形式千变万化，从猜枚、划拳、击鼓传花到作诗为文无所不有。而文人则对显露才学、幽默机敏的诗文类酒令格外有兴趣，以此表现"风雅"。

四、中国古代休闲追求畅神

所谓畅神，是指休闲主体进入一种自由超脱、自在澄明的审美境界。一方面，休闲需要一颗"自由"之心。对此，中国古代文论多有论述，如老子提出"涤除玄览"，庄子崇尚"心斋"、"坐忘"和"逍遥游"，荀子主张"虚壹而静"，宗炳强调"澄怀味象"、"澄怀观道"，程颢倡导"万物静观皆自得"。另一方面，进入畅神状态的休闲主体往往能够超越世俗功利和一己之利害，进入一种"超我"、游戏和审美状态。在古代，古人们不但是这样说的，也是这么做的。许多文人雅士崇尚垂钓，尽管他们垂钓的方式、情境不尽相同，但旨趣却大抵相同，都是追求一种自在逍遥的审美乐趣。庄子"钓于淮水"，贵在"得乎至美而游乎至乐"；李白"闲来垂钓碧溪上，忽复乘舟梦日边"，显得轻松、自在而随意，毫无拘束之感；柳宗元笔下的"蓑笠翁"并不因"千山鸟飞绝，万径人踪灭"而感到环境凄清寒冷，依旧独自享受"独钓寒江雪"的情趣诗意；自称"烟波钓徒"的张志和是"青箬笠，绿蓑衣，斜风细雨不须归"，充满了惬意和空灵；而从苏东坡的"一蓑烟雨任平生"中，也可以清晰地感受到其淡泊、超脱和放达。王微在《叙画》中强调指出，高明的画家就是要凭借其画作，使欣赏者进入一种"望秋云，神飞扬；临春风，思浩荡。虽有金石之乐，珪璋之深，岂能仿佛之哉"。

中国古代文人在休闲中追求畅神有"闹"中畅神与"静"中畅神两种方式，饮酒和品茶就是这两种方式的典型表现。茶如隐逸，酒如豪士，酒当热闹，茶需静品。

中国古代文人爱酒，是因为借酒之力可以摆脱现实的束缚，返璞归真，求得身心的解放和精神的自由。对此，李白说得很明白："欢言所得憩，美酒聊共挥。长歌吟松风，曲尽河星稀。我醉君复乐，陶然共忘机。"酒中最大的乐趣，就是使人无拘无束，陶然忘机。

品茶虽需安静，但在达到畅神的目的上却有异曲同工之妙，它可以令人忘记世俗，进入一种本真的状态。元代马臻《竹窗》诗就描绘了闲中煮茶而恬淡静远的情景："竹窗西日晚来明，桂子香中鹤梦清。侍立小童闲不动，萧萧石鼎煮茶声。"在这清静幽雅的环境中煮茶，何等的惬意，何等的畅快啊，它使人进入一种淡泊宁静、超然纯真的境界。

寄情山水，以心畅游，也是中国古代文人追求"静"中畅神的主要方式之一。在古代文化中，山水历来有着特定的含义，从老庄开始，感于世道的黑暗，莫不将山水作为精神寄托。南朝刘宋时期的宗炳在《画山水序》中说："闲居理气，拂觞鸣琴。披图幽对，坐究四荒，不违天励之藂，独应无人之野。峰岫晓嶷，云林森眇。圣贤映于绝代，万趣融其神思。余复何为哉，畅神而已。"

韩愈《送李愿归盘谷序》描绘了一幅令人神往的野居自适的情景："穷居而野处，升高而望远。坐茂树以终日，濯清泉以自洁。采于山，美可茹；钓于水，鲜可食。起居无时，惟适之安。与其有誉于前，孰若无毁于其后；与其有乐于身，孰若无忧于其心。车服不维，刀锯不加，理乱不知，黜陟不闻……"人与自然融为一体，不分彼此，优哉游哉，安然自适，充满闲情野趣，精神在淡静中得到了放松，生命在自然中得到了愉悦。

思考与讨论题：

1. 如何理解休闲？休闲的本质是什么？

2. 儒家、道家、释家的休闲思想精华是什么？对当今有什么借鉴意义？

第九章　中国语言文字

语言文字既是文化的载体，又是文化的组成部分。汉语凝结着中华民族的智慧，汉字镌刻着民族文化的印记。要想了解中国的传统文化，就不能不了解汉语和汉字。

第一节　汉语与中国传统文化

一、汉语的历史

自古以来，中国就是一个多民族、多语种的国家。汉语是跨民族、跨地区的国家通用语。汉语产生很早，在 5000 年前就有了雏形的文字，其口头语言的形成必然更早。汉语的发展过程中没有出现过断层，是世界上历史最为悠久的语言之一。

汉语有文言与白话之分。文言是古代的书面语，它最初建立在口语基础上，但随着时代的推移，文言与口语的距离越来越远，成为一种纯粹的书面语。古代还有一种书面语，称作白话，是唐宋时期出现的，接近于当时的口语。唐宋以后，文言与白话并存于世，而正规的文章都要用文言书写。新文化运动，提倡写白话文，反对文言文，文言便渐渐退出了历史舞台。今天，文言虽然已不再通行，可是，由于中国的古代典籍基本上是用文言写的，学习研究中国文化需要懂得文言，因此，文言仍然具有很强的生命力。

现代中国的代表性语言是普通话，它是现代汉语的共同语。

二、汉语的文化特性

语言作为文化的载体不仅起着记录文化的工具作用，而且它也是一种文化形态，具有文化的品性。汉语的文化品性主要表现在以下几个方面：

（一）汉语表达遵循自然法则

汉语的表达不像西方语言的表达，要受到统一而严密的语法形式规则的限制。它遵循的是自然之道，也就是说汉语的表达并不是遵循一套抽象存在的形式法则，而是遵循表达内容中所包含的具体事理，把许多事物一件一件单独地排列出来，不用抽象的观念，一如自然界中的事物构成一样，是一种自然组合的关系。让人在对事物（字、词）"原子"式的排列中看出其中所生的关系，从而领悟其中的含义。《春秋·僖公十六年》载："春，王正月，戊申，朔，陨石于宋五。是月，六鹢退飞过宋都。"这里对两件事的记载："陨石于宋五"和"六鹢退飞过宋都"被后世视为汉语叙事的典范。其特点就在于能够根据不同的角度认识和把握事物之间的关系，据此安排语序，让读者在如此简洁的文字的"原子"式排列中，"看出其中所生的关系"，从而领悟到汉语表达所特有的神韵。

关于"陨石于宋五"，《公羊传》的解释是："曷为先言陨而后言石？陨石记闻，闻其磌然，视之则石，察之则五。"意思是说，之所以用这种顺序来安排这五个字，这是由它"记闻"的性质决定的。先听到的是响声，当然先言"陨"，接着看到掉在（宋国的）地上的东西，原来是"石"，于是上去数一数，"五"。《穀梁传》把这种由"记闻"入手安排语序的方式称为"耳治"："先陨而后石，何也？陨而后石也。于宋，四境之内曰宋。后数，散辞也。耳治也。"唐代杨士勋《穀梁传疏》解释说："耳治也者，谓陨石先以耳闻。""耳治"就是以听觉入手来把握这件事中相关内容的关系，并以此安排语序。整个汉语的精神，是从人（更确切一点说，是人的身体全部）出发的。一切物质的存在，是从人的眼所见、耳所闻、手所触、鼻所嗅、舌所尝出的……总之，它是从人看事物，从人的官能看事物。这种特性，对崇尚"天人合一"的中国人来说，是必然的。当然，世界是一个由各种事物的相互关系构成的整体，人认识和把握世界的感官性质不同，切入的角度也就不同，由此形成的各种事物之间的相互关系就会有变化，这就决定了汉语在表达这种认识时的语序安排也是富于变化的。这可从"六鹢退飞过宋都"与"陨石于宋五"的比较中见出。《公羊传》说："曷为先言六而后言鹢？六鹢退飞，记见也。视之则六，察之则鹢，徐而察之则退飞。"也就是说，这段叙事在语序安排上依循的是"记见"。《穀梁传》称之为"目治"，而依循"目治"是先看。一眼看去，见到天上有几只飞鸟，自然会数一数，以得到一个整体印象，所以《穀梁传》说"先数，聚辞也"。这个"聚"还带有聚拢视野的意思，即从泛泛地"视"到定睛去"察"，于是"察"出是"鹢"，后又"察"出是在"退飞"。

这便是为什么"言退鹢，则先其六"的原因。上一句记"陨石"依循"耳治"，所以是先闻再见后数，"故名陨石，则后其五"。这样的语序安排，完全符合"目治"和"耳治"所把握到的事物之间相互联系的"自然之道"。

总之，汉语并没有严密的语法形式规则，而是从人的角度出发去认识和把握世界，根据表达内容的事理来安排语序，让人在不脱离感性的体认、直觉中看出其中所生的关系，以实现对内容的把握。

(二)汉语是一种诗性的语言

1. 意象并置使汉语具有了诗性特质

古代中国人认识世界的方式是"于现象即见本根，于本根即含现象"，而民族"智能的形式和语言的形式必须相互适合"，因而使汉语的表达自然也就带有意象性质。一方面，汉字始终保持了"象形"的根性，这即是说每一个汉字本身即是一种意象式的存在，其所包含的意蕴之丰富是世界上其他语言无可比拟的；另一方面，汉语的语序安排遵从自然法则，尽量减少语言形式因素的干扰，只让承载表达内容的文字在"原子的安排"中直接串联起来，这使得汉语的表达具有意象(文字)并置的性质。

在汉语(特别是文言)诗歌中，意象并置是构成其独特诗性的一种最基本的、最突出的，也是最重要的语言表达方式。"雨中黄叶树，灯下白头人"；"鸡声茅店月，人迹板桥霜"。在这样的诗句中，诗人只是把许多事物一件一件单独地排列出来，不用抽象的观念，而用原子的安排。但读者却可以看出其中所生的关系，当然不是用逻辑推理的方式"看"出，而是在体认、直觉中自然地将这些诗句融汇成生动的画面来体现对其中所生的关系的理解，同时也实现了对包含于这种关系之中的意蕴的把握。然而，当这些诗句被译成英文，那些自然并置的意象被套进一个逻辑关系严密的语法框架之后，原来生动的诗性便荡然无存了。

从更为广义的层面来看，意象并置不只是汉语中诗句或其他语句表达的一种常规方式，更可以视其为汉语表达的一种整体特性。比如说，庄子所讲述的每一个寓言故事，都是由一系列的意象并置构成的，把握了这些意象之间的关系，我们也就能从中悟出这个寓言的意蕴。庄子的每一个寓言又可以看做一个意象，庄子那令后人探求不尽的哲学智慧就隐含在他的寓言体系之中，这种寓言体系，也是一种意象并置。

2. 情景交融使汉语具有了诗性特质

中国人认识和把握世界，是从人的身体全部出发的。这就很自然地将人的情感投射到对象之中，万事万物成为了激发和寄寓人情感的对应物，人与世界正是在情感的融通作用下成为息息相通的生命共同体。这一特点同样为汉语本身所具有，这是汉语"天然"具有诗性气质的一种体现。

汉字是承载汉语的情景交融性质的基本结构单位。每个汉字都是通过人的生命体验所创造出来的。在汉字的"象形"空间中隐含着造字者对事物的情感体验，当然也成为使用者融入自己的情感体验的一种空间。汉字之所以能在世界文字之林中发展出独树一帜的书法艺术，从根本上说，是与它的这种对情感体验的包容性联系在一起的。同时，当汉字所建构的"象形"空间成为召唤使用者融入自己的情感体验的一种精神空间时，必然使得对这种语言表达的理解带有鲜明的个性化特征，或者说创造性特征。这样也就使得汉语的表达具有了这样一种特性：它不是"内涵"的，而是"外延"的。所谓不是"内涵"的，是指汉语所表达的内容往往不是采用抽象普遍的"词典意义"所能"精确表述"的，它是"活的"。所谓是"外延"的，是指汉语所表达的是"境"的感受，不是器物死的呆相，接受者感受的东西只能在感受中去体验了，因此汉语表达的内容总是要由接受者在它所能唤起的那种"直接经验的，审美当下的，情感生动的"对"境"的体认、直觉中实现。这也就是说，汉语表达内容的每一次实现，都是接受者在自身所处的当下语境中重新体验的结果，正是在这种情景交融的体验中，汉语表达的内容清晰、具体起来。当然，这种清晰和具体是由接受者所创造的，并且也是随着接受者的变化而变化，始终处于一种创造性的发展过程中。

3. 虚实相生使汉语具有了诗性特质

虚实相生是汉语诗歌形成独特诗性韵味的重要结构方式。"实"是诗中写出的东西，"虚"是诗中没有写的东西。诗人通过实写的东西而让人体认、直觉到没写的东西，又由于体认、直觉到了这种没写出的东西的存在，而使得已写出的东西更显得生动感人，这便是虚实相生。虚实相生是汉语诗歌意境生成的奥妙所在。

中国诗歌的这一特性，是由作为载体的语言所决定的。要是没有汉字的单音节性和孤立性，恐怕也就不会有汉语诗歌的几乎所有的形式特征。正因为如此，汉语诗歌之所以具有意境创造的特性，归根结底是与汉语具有虚实相生的表达特性和功能相联系的。

虚实相生的诗性特点表现在话语中，多以委婉和隐喻的方式出现，如把"死亡"说成"老了"、"走了"、"去了"、"光荣了"、"百年之后"、"永远地睡着了"；把"犯罪"说成"失足"；把"反面"说成"负面"；把自己称为"在下"；称自己的儿子为"犬子"；称自己的夫人为"拙荆"等。汉语中的很多敬语和谦语无不体现出虚实相生的特性。

言语中的比兴是虚实相生的典型形式，如松、竹、菊、兰、荷等词语，深得中国文人的钟爱，每每拿来自喻。古人咏物，只在咏怀。《论语》云："岁寒，然后知松柏之后凋也"，体现出对不畏严寒霜雪的松树的赞美。文人喜竹直而中空，尤其偏爱菊花的傲霜怒放、兰花的幽香悄吐、荷之出淤泥而不染，这些都成了极具精神风韵的意象物，成为理想人格的象征物，成为一种气节精神的载体。

特别是汉语词汇中最具特色的成语、惯用语，虚实相生的特征十分明显，其表层意义之后的深层语义才真正表现出汉民族的文化特色。例如，"邯郸学步"，《庄子·秋水》说战国时有个燕国人到赵国都城邯郸去，看到那里的人走路的姿势很美，就跟着人家学，结果不但没学会，连自己原来的走法也忘掉了，只好爬着回去。后比喻模仿别人不成，反丧失了原有的技能。"穿小鞋"：表层义为穿着不合脚的小鞋子，极不舒服，实则比喻被有职权者暗中刁难、约束和限制。

虚实相生使许多词语有了浅显易懂而又意味深长的品质。如"风烛残年"，让人感到人的生命的艰难支撑，犹如一支风中蜡烛，随时都可能熄灭。"开门见山"，那种直截了当、干脆利落就好像推开房门，大山便扑到面前。"囊中羞涩"，口袋本无情感，但由于主体袋中无钱使口袋也带上羞愧之情。"揭不开锅"，说明已无下锅可吃之物，不用揭开盖子，暗喻极度贫穷。

汉语之所以具有虚实相生的韵味，其根源在汉字。汉字造字始终坚持"象形"的原则，但"象形"其实只是汉字虚实相生结构中的"实"体部分，目的在于让人由"实"悟"虚"，达到对字义的把握。汉字"象形"的这种虚实相生的表达特性和功能，从最初的"画成其物"的纯粹"象形"文就已经具有了。这种所谓"画成其物"的"象形"文，并非依样画葫芦地描出事物全体，而是"从人看事物，从人的官能看事物"的角度出发，抓取事物中最为人易知的特征部分"实"写，让人在由此激发的联想中去感知事物本身（虚），以此实现对字义的把握，如"牛"、"羊"、"虎"中画其头，而略去全身，省略部分由人去想象。可以说，从最初的"象形"文开始，汉字就具有了以形写意、虚实相生的性质。对这种文字的理解，自然要依靠心灵的想象、体验和感悟。"象形"之后的"指事"也好，"会意"也罢，都是在逐层深化的心灵体验层面，进行"实"写之形与"虚"写之意的结构安排，目的无非是让字义的表达由虚实相生中悟出。最后的"形声"字同样秉持这种立场，只是进一步将"声"也作为"实"写的对象，让人在声形并举中去感悟情意兼容的那一份"诗意和韵味"。

汉字"天然"具有的这种诗性气质，孕育出独具特色的中国文学、绘画和书法艺术。虚实相生成为中国文学艺术一条重要的审美原则。

4. 丰富的声调使汉语具有了诗性特质

汉语是一种有声调的语言，每个音节都具有一定的音高变化，有的上扬，有的下抑，有的曲折，有的平直。这些声调在人们使用词语时往往和人的情绪、心境交融一体，谱成抑扬顿挫、平仄缓急的韵律，帮助人进行情感的外化表达，成为一种情绪宣泄的方式，并造成不同的情绪效果，具有一种独特的审美功用。例如，古人表达忧伤凄凉的感觉时，往往选用"流"摄韵母："闲云潭影日悠悠，物换星移几度秋。阁中帝子今何在，槛外长江空自流。""日暮乡关何处是，烟波江上使人愁。""问君能有几多愁，恰似一江春水向东流。"无论诗人或是词人，在表达忧伤凄凉感觉时，不约而同地选用了"iou"韵，读罢让人觉得郁闷压抑，愁情满怀。而要表现慷慨激昂、豪迈奔放的情绪时，阳声韵又成为一种载体："生当作人杰，死亦为鬼雄。至今思项羽，不肯过江东。""鬓微霜，又何妨！持节云中，何日遣冯唐？会挽雕弓如满月，西北望，射天狼。"阳声韵的使用，读起来使人精神振奋，催人奋进。

汉语音节的声调含注了一种下意识的感情体验，成为其文化层面。所以刘勰《文心雕龙·声律》中也说："是以声画妍蚩，寄在吟咏；吟咏滋味，流于字句，气力穷于和韵。"白居易也说："大凡人之感于事则必动于情，然后兴于嗟叹，发于吟咏，而形于歌诗矣。"这说明，一切表达都要求去适应内在精神的需求，反映人的生命嗟叹与呐喊，这就使词语的声音具有了特殊的审美意味。

节奏与平仄亦莫不如此。舒缓的节奏犹如一支小夜曲，听之让人心旷神怡，安然淡泊；而急迫的节奏则会使人紧张急促，动而奋起。若快慢交错，则更能取得最佳艺术效果。如李易安之《声声慢》，如此处理，便更催人泪下，肝肠寸断："寻寻觅觅/冷冷/清清/凄凄惨惨——/戚——戚/乍暖还寒时候/最难/将息/三杯/两盏/淡酒/怎敌它/晚来——风急/雁——过也/正伤心/却是/旧时相识。"

谐音在汉语中运用极广，通过谐音的联想，许多词语具有了审美意味。如过年时将"福"字倒贴，意味"福到(倒)了"。新婚时一定要吃枣子、花生、桂圆、莲子，取"早生贵子"的吉利。送人物什忌送"钟"、送"伞"，因其二物谐"终"(完了)、"散"之音，被认为很不吉利。

谐音所产生的词语意味的附加，也是与文化相关的。

（三）汉语具有强大的文化包容性

汉语强大的文化包容性，最突出地表现在对外来语的吸收。汉语对外来语的吸收，习惯于意译，如激光、黑匣子、易拉罐、意识流、信用卡、电脑、光碟、鼠标、网络等。逐步地也有了音意兼译，如可口可乐、迷你裙、保龄球等。随着与外来文化接触与交往的日益迅速，交往面的日渐扩大，外来语越来越倾向于音译：酷——（cool），（作）秀——（show），吧——（bar），伊妹儿——（E-mail）等不断出现。而现今在汉语词汇中已出现了卡拉 OK、VCD、DVD、e 时代、WTO、DNA、OPEC、CPU 等由拉丁字母表形的词，并且这些词汇在媒体上大量使用，形成外来词家族中的新成员。新词的不断出现显现出中国汉语包容吸纳的精神品格。

第二节　汉字与中国传统文化

汉字在中华民族语言文化发展史上有着重要的意义，汉语的历史面貌依靠汉字得以了解，传统的文化依靠汉字得以保存。汉字是中华民族的一项独特的文化遗产。

一、汉字的发展历程

汉字的历史非常悠久，中国古史传说，汉字的发明者是黄帝时代的史官仓颉，他从天上的星星、地上的鸟兽等自然之物的形状得到启发，创造了文字。仓颉作为史官，有接触文字的条件，他可能参与过文字的整理，对汉字的形成起过一定的作用。但是，把文字的发明归之于一时一人是不可信的。事实上，汉字从萌芽到形成经历了漫长的岁月。中国新石器时代的文化遗址中，曾发现一些陶器上有简单而有规则的刻划符号，如西安半坡的仰韶文化遗址、山东陵阳河的大汶口文化遗址都有此等符号发现。文字学家认为，它们极可能是汉字的雏形，其年代距今约有五六千年。距今3000 多年前的殷商时代出现了成熟的汉字——甲骨文。而后，汉字的形体经过诸多变化，至东汉末年出现楷书，汉字才得到定型。

汉字的形体从甲骨文到楷书，主要经历了以下变化：

（一）甲骨文

甲骨文是刻在龟甲和兽骨上的文字。殷商时期，人们迷信鬼神，事事都要卜问吉凶，巫史把占卜的事件和结果刻在龟甲、兽骨上，便是后来所说的甲骨文。甲骨集中于商朝的首都殷墟（今河南安阳），埋于地下 3000 多年无人知晓。清朝末年，安阳农民耕地时发现甲骨，把它作为中药龙骨卖给药铺。1899 年，学者王懿荣发现中药龙骨上有字，甲骨文才被发现。其后，考古学者组织殷墟发掘，陆续出土甲骨 15 万余片，发现甲骨文单字 4500 个左右，其中已被识读的约有 1700 字。甲骨文是迄今所知的中国最早的文字之一，它用刀刻写，笔画较细，直线多，曲线少，尚有较多的图画痕迹，字形不固定，同一字往往有多种写法。但是，它的单字数量多，并已具备象形、指事、会意、形声等汉字的基本造字法。这表明，甲骨文已是一种成熟的文字。

(二)金文

金文是铸刻在青铜器的文字。商周时盛行青铜器，帝王及贵族常在青铜器上铸刻铭文，用以记功记事，这些器物连同上面的文字留传后世。上古时代金铜不分，铜也可以称金，因此，铜器上的文字被称作金文。商周青铜器虽经历史沧桑毁损不少，但保留下来的也很多，宋代以来出土的就有 10000 件以上，上面有 4000 多个单字，现在已被识读的有 1000 多个，其中商代青铜器上的文字较少，西周的文字较多。金文的笔画丰满粗肥，其字形早期跟甲骨文相似，后期图画痕迹降低，符号化程度有了提高。由于早期金文的年代跟甲骨文差不多，因此，金文也是中国最早的文字之一。

(三)大篆

大篆又称籀文，是西周末至春秋战国间的文字。相传周宣王时的太史籀编了一部儿童识字书，后人称作《史籀篇》，称其字体为籀文，或大篆。《史籀篇》早已失传，今天能见到的只是东汉许慎《说文解字》书中收入的 200 多字。隋朝年间，陕西凤翔出土 10 块镌有文字的石头，上面刻有 10 首四言诗，其文字与大篆相近，被称为石鼓文。石鼓文至今尚能辨认 300 多字，学者们认为是春秋时代秦国的石刻文字。

(四)古文

古文是战国时期齐、楚、燕、韩、赵、魏六国的文字，它们和秦国的文字有些差别。秦始皇统一中国后，六国文字被禁止使用，其书籍亦在秦始皇"焚书坑儒"中破坏殆尽，少数书籍被人密藏下来，于西汉时重见天日。因其文字与西汉时的字体已不相同，故被称作古文。《说文解字》中收录了部分古文的字体。

(五)小篆

小篆是秦统一之后国家规定的文字，由大篆发展而来。小篆的形体固定，一个字一般只有一种写法，字体的偏旁及字的各个部分不能随意更改，是汉字历史上第一次规范的字体。李斯、赵高、胡毋敬等人编写《仓颉篇》、《爰历篇》、《博学篇》，用标准的小篆抄写，成为文字的范本。《说文解字》中收有9300多个小篆字。小篆虽然有很大进步，但转折的地方都要写成弧形，书写不太方便，至汉代已不通行，只有用小篆刻印章的习惯一直沿用至今，成为一门艺术。

(六)隶书

小篆是秦朝的标准字体，当时社会上还流行一种简易快写的字体，因多为"徒隶"所用，故称之为隶书。隶书简化了篆书的笔画，把弧形的笔画改为平直，已接近汉字的现代写法。下层官吏写公文，有时为了写得更快，便减省笔画和连笔书写，这种隶书草率的写法，便是草书的发端。东汉时，草书成为一种书体，楷书出现后，又有楷体的草书。但草书不易辨认，后世朝艺术化的方向发展。唐朝书法家张旭、怀素写的草书，笔意奔放，龙飞凤舞，成为完全脱离实用的艺术创作，被称作狂草。

(七)楷书

楷书在隶书的基础上发展而来，东汉末年成熟。楷书出现后，汉字的字形正式定型，一直使用至今。汉字的形体发展至楷书已经定型，但楷书之后又有行书、魏碑体两种字体出现。行书是介于楷书和草书之间的字体，它吸取了楷书和草书的优点，既能较快书写，又易于辨认，与楷书一起流行至今。魏碑体是一种风格独特的楷书，因其形成于北魏，且多见于碑刻，所以称作魏碑体。现代经改进后的魏碑体和隶书常作美术字使用。

二、汉字的基本构造

中国古代很早就有对文字的研究。东汉时，班固在《汉书·艺文志》中指出，汉字有象形、象事、象意、象声、转注、假借六种"造字之本"。稍后一些的许慎在《说文解字》中归纳汉字的结构为指事、象形、会意、形声、假借、转注。后人一般取许慎的名称、班固的次序，用以表示汉字的结构，称之为"六书"。它们是象形、指事、会意、形声、转注、假借。

象形字描摹事物的形状，一见其形就知指的是什么，如甲骨文中的象形字：日、月、山、水。

指事字一般是在象形字基础上增加表明字义的符号或用某种提示性的符号表明抽象的概念，如"木"的下部加一笔表示"本"，上部加一笔表示"末"；弧线上方加一笔表示"上"，下方加一笔表示"下"。

会意字是把两个或两个以上的字合在一起，以其字义组合形成一个新字，如两个"木"合在一起是"林"；三个"木"合在一起是"森"；"林"和"森"都表示树木很多。"人"和"木"两字组成"休"，表示一个人靠着树休息。"目"和"人"两字组成"见"，突出人的眼睛，表示看的意思。

形声字由义符和声符两部分组成，义符表示事物的类别，声符表示读音，如"渔"、"江"左边的"氵"是义符，表示水，右边是声符。"江"的声符与现代读音不符，是古音与今音的变化。形声字是汉字发展的主流，现代汉字中80％以上都是形声字。

转注字的意思是说同一类的字有统一的部首，如果字义相同的可以互相注释，如"考"和"老"以"耂"为部首，都有年老的意思。

假借字是遇到新事物时，不造新字，找一个音同或音近的字替代，如以"凤"字假借为"风"，以"父"字假借为"斧"，以道路的"道"假借为道德的"道"，以作为兵器的"我"假借为第一人称代词的"我"。

"六书"是古人对汉字结构的总结，后人尽管对此有些不同看法，如认为"六书"的前四种是造字法，后两种是用字法。但是，至今为止，研究汉字的结构仍然未能超出"六书"的范围。

三、汉字的特点

(一)汉字是以象形为根性的文字

汉字造字起始于"画成其物，随体诘诎"的"象形"，它是对有形事物的一种最初带有图画性质的符号表达，属于"独体为文"范畴，如"日"、"月"等。对那些无形可象的事物，汉字则采取在有象形意味的独体之文上添加某种符号的方式来"指事"，如在"刀"上加"丶"来指"刃"。所以说，"指事者，视而可识，察而可见"，依循的仍是象形达意原则。对于一些更复杂、更抽象的含义，汉字则是选择两个或多个相关的独体之文予以合并，让人从这些各有含义的独体之文的比类会合中领悟其意，如将"止"、"戈"会合而为"武"，将"人"、"言"会合而为"信"。所谓"会意者，比类合谊，以见指㧑"，说明会意字的基本精神仍是象形达意。会意字已开始进入汉字"孳乳而浸多"的"合体为字"阶段。这以后，汉字造字就进入它的成熟和大量发展的阶段，其标志便是形声字的创造。"形声者，以事为名，取譬相成"。这里说的"以事为名"，指的是形声字中的形符，它是根据该形声字所要表达的意思而选择的一个独体之文，人们由它即可领悟出该形声字表意的大体范围。这里说的"取譬相成"，则指的是形声字中的声符，它是根据该形声字的读音特点而选择的一个读音相同或相近的独体之文，由于这种声符并不是用来直接"记音"的，而是通过其字形让人领悟该形声字可能的读音，所以许慎称其为"取譬"。形声字的声符除了具有让人依形知音的功能外，很多声符与形符一样也具有达意的功能，从而使得这一类的形声字具有了在象形基础上的会意性质。总而言之，从象形、指事、会意到形声，贯穿其中的一种基本精神就是象形达意。例如，"心"是一个象形字，可以通过其象形而达意；"刃"是一个指事字，仍然是通过其象形而达意的。把这两个字合起来构成的"忍"，如不考虑读音，可以视其为一个会意字；如果考虑读音，则可以视其为形声字。不管属于哪种字，理解它仍然是依靠象形达意。汉字就是这样，始终不脱离"象形"这个根性。正因为如此，清代的王筠在其所著《文字蒙求》中才特别推崇班固将这四种造字方法均冠之以"象"而称之为"象形"、"象事"、"象意"、"象声"，并认为班固确立的这种造字顺序，"其次第最允"，即最能体现汉字造字的发展过程和基本精神。

(二)汉字是充满感性的文字

汉字富有感性色彩。汉字的结构是平面立体空间，而非印欧语的平面线性展布。比起拼音文字，汉字给人更多的想象空间。例如，"鸟"字，拼音文字的"bird"与"鸟"的实际存在的状态形象毫无关系，只是通过规定，它才代表了"鸟"的概念。而汉语的"鸟"字虽经多次变革，仍保持了与真实"鸟"在形状、神态上的相似，表达出了这种实物的感性信息，而非只是一个概念。汉字无论读音有多大差别，都不影响见到字时对概念的理解与认识。汉字的组成部分，不论其本身是成字的，或是标识成分偏旁、部首，都将其自身的感性因素带入组成的词，因而汉字字形表现出的信息分辨性和保存性比其他文字更强，如"慎"字，《说文》："慎，谨也。""慎"，从字的构造形状可以看出，心里认真一点，就谨慎了。同样由此理解，"懈"，心里一解放，就不认真了，松懈了。"心"、"真"、"解"都将自己的形象特点融入组成的"字"，给人以分析理解的直观画面。比起拼音文字，汉字留给人更多想象的空间。又如"男"字，《说文》："丈夫也，从田力，言男子力于田也。"由字的结构形体我们可以理解为在农耕之初，力田为男性之职，力也反映了男性的生理特点。由"男"字字形可以透视先民的农本思想和男性的劳动观念和劳动方式。再如"孝"字，《说文》说："善事父母者，从老省，从子。"由"孝"字我们可以分析理解为其造字义是儿子扶持老人和"子"的职责，也可以明白"不孝有三，无后为大"与中国对生儿子的重视。透过这个字我们既可看见父子关系，又能感受到先民的扶老尽孝的人伦美德，这是拼音文字无法比拟的优点。

(三)汉字是超越语音的文字

汉字本身具有形、音、义三要素，是一个自足的系统。它同语言的声音分离开来，不与语音纠缠。书面交际上，依靠汉字视觉能指可以使人们跨越历史上所形成的各种方言在语音上的障碍进行思想感情的交流。汉字以形统义、统音，避免了拼音文字由于口语音变而导致语言文化的中断和分化现象。汉字不依赖声音的刺激产生对事物的联想，而是在一定程度上脱离语音存在，纵然读音读不准，这个字表达的意义还是清楚明确的。对于汉字来说，看得懂看不懂是关键，而听得懂听不懂则无关大体。由于它能超方言、超时间地反映语义，"六籍虽遥，文犹可读"。中国历史上很长一段时间里，书面语和口语是严重分离的，然而我们仍然能读懂 3000 年前的书籍，而现代欧洲人已很少能读懂中世纪的拉丁文了。这种现象无疑得益于汉字的运用。进一步说，作为一个经济发展不平衡的大国和多方言国家，中国历史上几经战乱分裂、异族入侵影响，还能够始终保持国家与语言的统一，汉字功不可没。

(四)汉字容易学容易记

由于有象形、会意等形象特点，汉字容易学，容易记忆。汉字将线性的符号浓缩在一个方块字里，把笔画在双维上纵横交错地书写成方块形的平面文字，结构紧凑，占空间小。小的方面说汉字书写节约空间，节约纸张；大的方面说，汉字使汉语交流者更有利于提高交流速度。有人用科学测量方法已证明，世界各国文字在单位面积中所包含的信息量和单位时间中所传递的信息量，以方块汉字为最多最快，而消耗的能量却相对较少。汉字在接受、表达和传递文化信息上有着独特的优势。有限的文字符号承载着日趋增多的意义，只以变调、变读为手段形成一字多音、一字多义。同一汉字有的可以表示几个不同的音节，如"和"有 hé、hè、huó、huò、hú

5个读音；又如重量的"重"和重复的"重"，美好的"好"与喜好的"好"，形同义不同、音不同。一字多音充分利用了经济原则，否则一义一字必须增加很多字形，增加学习者的负担。

四、汉字的文化意蕴

汉字是中国文化的根，也是中国文化的旗帜。它除了作为语言记录的符号外，自身还含有丰富的文化意蕴，主要体现在以下三个方面：

（一）汉字保留着历史文化的痕迹

汉字是历史悠久的自源字。汉族的祖先在长期的社会实践中创造的汉字，是先民们发挥其聪明才智的结果，汉字是他们劳动智慧的结晶。汉字创造要受先民们当时的社会物质条件、生活场景、文化思想的规范、限制和制约，从而客观地反映当时的社会物质条件、生活场景、文化思想、各种观念。而汉字在此后的发展中，又不断地把社会文化凝聚在方块字的系统之中。因此汉字不仅记录了汉语的词汇、语言，而且在静态的形体中泪泪流淌着汉民族文化的心理，映照着历史演进的浩浩雄姿，在深层的文化积淀中折射出中华民族几千年来创造的政治、军事、科技、历史、文学、艺术、礼仪、风俗等方面的灿烂文化，并通过汉字记录的汉语词汇折射出我们汉民族的历史文化进程。例如，从"女"部字，我们可以看到母系社会的存在，"姓"本身带有"女"字旁，说明姓氏本源于女性，所以神农姓姜，黄帝姓姬。另有一些古老的姓氏如嬴、姚、妫等，也都带有"女"旁，这是母系氏族社会的遗迹。又如"祭"，是祀神、供祖或追悼死者的通称。据考证，甲骨文的"祭"字，左边像肉，右边像手，表示手拿一块肉，下边是"示"，祈神之义。这表明在远古，先民们就有了对神的崇拜。

（二）汉字体现了中国人的传统思维

语言文字与民族的思维方式有密切的联系，汉字在其形成发展过程中亦受到民族思维方式的影响。中国的传统思维有直观的特色，汉字的直观性表现为强烈的写实主义精神。日、月、山、水、人等象形字都是从实物描摹而来，即使指事、会意、形声等造字法也不脱离具体的物象。"家"是一个会意字，以"宀"表示屋子，"豕"表示猪，屋子里有猪，象征私有财产。猪是原始社会最重要的私有财产，而家是在私有财产出现后才有的概念，"家"字的形象充分说明了这一点。汉字中数量最多的形声字以形旁表示具体的物象，如"氵"与水有关；"钅"与金属有关，一看就明白，也充满了写实的精神。

中国古人造字的直观性，以许慎的话说，是"近取诸身，远取诸物"。"近取诸身"即以人体为中心，从人的感觉出发去把握外部世界。汉字的这种"以我观物、万物皆备于我"的人本精神，早在2000多年前就有论述。《周易·系辞下》："昔者包牺氏之王天下也，仰则观象于天，俯则观法于地，观鸟兽之文与地之宜，近取诸身，远取诸物，于是始作八卦，以通神明之德，以类万物之情。"汉字正体现了直观体验与理性思辨、形象思维与抽象思维的对立统一。以人为立足点的人本精神使汉字作为汉文化的载体，传承着中华民族悠久的文化，并深深地沉淀在民族灵魂深处，成为一种集体无意识，时刻影响着中国人的思维方式，构成中国人所独有的感悟世界和人生的独特方式。

五、汉字富有艺术气息

汉字以形态的丰富和复杂而著称于世，它源于图画，天生富有艺术的气息。汉字的线条不是僵硬的无生命力的，而是具有激越情感的功能。汉字是书法艺术之源，在中国，由汉字产生的书法艺术和传统的绘画艺术向来具有同等的地位，两者互相联系，你中有我，我中有你，所谓"书画同源"。汉字与音乐、诗歌、建筑等艺术门类也有内在的精神联系。汉字的音节以元音为主，元音和辅音相隔，并有声调，产生节奏性的乐感，其和谐的音乐美与中国的古典音乐相通。汉字的字形构造和语词组合具有对称的特点，这与汉诗的对仗、押韵，汉式建筑的中轴对称是相一致的。汉字与中国传统艺术间的沟通表明，它们有着符合汉民族审美心理的共同的美学价值观。

思考与讨论题：

1. 汉语具有什么样的文化特质？
2. 现存的汉字有哪几种？
3. 汉字有哪几种构造方法？
4. 为什么说汉字是以象形为根性的文字？
5. 汉字对中国文化来说具有什么重要的意义？

第十章　中国古代教育

教育对于人类文化的创造和传播有着不可替代的作用，远在四五千年以前，我们的祖先就已经认识到教育的重要性，开始了有组织的教育活动，在历史悠久的教育实践中积累了许多宝贵的教育经验，至今仍值得借鉴。

第一节　中国古代教育发展的基本概况

"教育"一词最早见于《孟子·尽心上》："得天下英才而教育之。"又据《说文解字》释"教"曰："上所施，下所效也。"释"育"曰："养子使作善也。"我们的先民很早就精准地认识到教育即是教诲培育之意。在历朝历代不遗余力推行教育和承前启后的诸多教育家不断实践、概括、提炼的过程中，形成了中国古代比较系统的相沿不断而渐趋完备的教育机制，所生发出的诸多教育思想也构成了中国传统文化不可或缺的重要组成部分。

一、先秦以前教育的概况

（一）三代以前教育的概况

距今四五千年前，我们的祖先已开始使用图画和象形文字。在社会生产力十分低下的原始社会，劳动即是学习，父母或长者即是教师，猎场或牧场即是学校，亦即教育活动与生活本身是一致的。教育的主要内容和方式大多是由长者通过实践活动身教与口耳相传。直到文字出现并发展到可以记载历史知识、生产经验的时候，也就自然产生出专门通过学习文字传授知识的机构。较早初具学校形制的机构被称为"成均"。

（二）三代时期教育的概况

在夏、商、周三代，教育日趋制度化和规范化。诸如夏代的"校"、商代的"庠"、周代的"序"等，便是国家专属的教育机构和场所。到东周时"序"又分"东序"和"西序"。"东序"为大学，在国都王宫之东，是贵族及其子弟学习文化的场所；"西序"为小学，在国都西郊，是平民学习文化的场所。

西周时国家设立的学校组织更为完备。按照当时的行政级别，分为国学与乡学两种教学机构。两者均属官办教育，教育内容以"六艺"为主，教师由现职官员或退休官员担任，形成了学生入学年龄及学习年限、考查、奖惩等教育制度。

国学为中央直属学校，设在王都和诸侯国都，是大贵族子弟的学校。在国学的基础上再按受教育者入学年龄与教育程度分为大学、小学两类。小学主要是识字教育，同时还有礼(礼节与仪式)、乐(音乐与舞蹈)、射(箭术)、御(驾车)、书(写字)、数(算法)六艺知识训练。大学是更高层次的深造，教导修身、治国、平天下的本领。机构设在王都的大学称"辟雍"，设在诸侯国都的称"泮宫"。通常而言，一名贵族男子从 8 岁入小学，15 岁入大学，接近 30 岁时，完成规定学业取得自立，具备了参与治理国家的资格。

乡学是地方机构所属学校，通常设在都城之外，是一般贵族子弟的学校，也是地方权贵议事的处所。乡学按照当时地方行政区域的大小有塾、庠、序、校之别。一般情况下塾中优秀者，入乡学而学于庠、序、校；庠、序、校中的佼佼者，有可能升入国学的大学，获得进一步深造的机会。

春秋战国时期，社会动荡，教育制度随之发生了重大变化。"官学"逐渐被"私学"替代，政府庋藏的典籍流散民间。新兴的"士"阶层迅速活跃起来，形成了"诸子百家"不同学派，呈现出"百家争鸣，百花齐放"的文化繁荣景象。这既丰富了教育本身的内容，也扩大了受教育者的对象。特别是"诸子百家"影响下创办私学教育的兴起，无疑是中国古代教育的一种时代性进步。

"百家"在学术思想方面，对中国古代学校教育发展影响最为深远者，当属孔子创立的儒家学说，在政治上虽有一定的时代局限性，但在整理文化遗产和创办私学方面却是功垂千秋的。

二、秦汉至隋以前教育的概况

(一)秦汉时期教育的概况

秦统一全国文字为体式结构基本一样的小篆或隶书，有利于进行更为广泛的识字教育。由于秦始皇"焚书坑儒",百家学术争鸣的局面消失了。但秦朝也有重视教育的一面,明令天下黔首以朝廷官吏为师,以大秦法令为学,形成了师与吏合为一体、法与学即为一本的"师吏制度"。直到汉初,官方主要实施的还是这种教育体制。

西汉初年,民间私学开始恢复,并随社会经济的发展而逐渐发展起来。汉武帝时,天下郡国乡聚(村)都普遍设立这类学校。汉武帝又采纳董仲舒"罢黜百家,独尊儒术"的主张,在长安兴建最高学府太学,置《诗》、《书》、《礼》、《易》、《春秋》五经博士(本是秦朝的一个官职名,取其博学多能之意)为教官,招收博士弟子。所招博士弟子的年龄一般在 18 岁以上,每人研习一经,成绩优秀者即可补为郎中、文学诸官职。这种把读书与仕途联系在一起的措施,既广泛吸引了社会上更多的人士乐于接受文化教育,又有利于提高诸级行政人员的文化素养,对后世影响较为深远。汉平帝时,除中央常设的太学和特设的官邸学、鸿门都学之外,又明确规定郡、国设学,县、道、邑设校,乡、聚(村)设庠、序。学、校置经师一人,庠、序置《孝经》师一人。而且受教育阶段也有了较为明确的区分,诸如蒙童教育只授小学诸书,注重识字教育;进入乡、聚(村)所设庠、序之类的公立小学,再授以《孝经》和《论语》;升入郡、国所设学和县、道、邑所设校之类的中等学校,则可专攻一经;有幸选拔到中央的太学,则"六经"全授,优异者方可跻身仕途。此即为定制,在以后的具体运行过程中便逐渐形成了从中央到地方的较为完备的封建学校教育系统。东汉年间太学规模逐渐扩大,顺帝时洛阳太学生达 3 万余人,有校舍 240 房,1850 室,是当时世界上规模最大的学校之一。太学生积极参与政治,成为当时相当重要的一股政治力量。汉时北至今甘肃省武威市,南至今贵州省贵阳市,都有政府设置的地方学校,影响波及周边少数民族区域。另外,在汉代国家教育全面发展的同时,私人讲学之风复炽,平民儿童和青年的教育主要付托在私塾。

(二)魏晋南北朝时期教育的概况

魏晋南北朝时期,是一个民族间文化相互促进的大融合时期,其间沿用以往较为成熟的学校教育,同时盛行佛、老思想,崇尚清谈之风,但北方士人文化还是深刻影响到了南方文化教育的长足发展,且有一定的创新。晋武帝时,在太学之外另设国子学,专门招收贵族子弟入学,形成了国子学与太学并存的格局,授业对象扩大了,但也有了更为明显的士庶贵贱之分。

整体而言,魏晋南北朝时期的近 400 余年,官学教育的规模远不如汉代兴盛。这一时期对后世教育影响较大的是私学，几度呈现繁荣的局面。诸多硕学名儒，因躲避战乱，或归隐山林，或退于私厅，坐而论道，讲学授徒，相互驳难，听者翔集。追随的学生人数竟达成百上千者屡见不鲜。这个时期的私学教学内容，超出了传统儒学的苑囿，广泛兼及玄学、佛学、道教、科技等范畴。这一时期还出现了一些传世久远、影响深广的家庭教育代表作，诸如周兴嗣的蒙学读物《千字文》、颜之推的《颜氏家训》等。特别是《千字文》，连同"五经"和《论语》之类的儒家教育子弟的基础教材，一度远播朝鲜、日本等国。

三、隋唐以来教育的概况

隋唐是中国古代教育制度取得重要发展的时期，但由于科举制度的兴起，学校教育逐渐成为科举的附庸，发挥的作用受到很大限制。

（一）隋唐时期教育的概况

隋朝历时虽短，但也有值得称道的作为。隋文帝一统天下之初，自中央至地方，处处皆设学校；天下好学之士，云集长安求学；学堂讲诵之声，时闻于四方道路；400年间几欲衰竭的学校，至此陡然兴起。特别是隋文帝设国子寺为中央管理教育的专门机构，隋炀帝时又改名为国子监（后世虽有所变化，但国子监一直沿用到清代），与汉代以来的太学并重，在办学育人、传承学术、发展科举取士等方面起过重大作用。

唐承隋制，多所创获。高祖时期，自中央至州县大小各级学校已是设置如林。太宗时既扩充校舍，又增加学额，不仅在学校内讲授儒经，而且在屯营、飞骑等军营派遣博士进行讲述。此风一倡，声教远播于境外，新罗、百济、高丽等国莫不派送遣唐学子。唐代学校教育之盛是空前的，仅从其学校制度设置方面就可以得到充分的体现。

1. 由中央直接设立学校教育的概况

中央直接设立的学校可分为两系：一为直系，即中央六学；二为旁系，包括二馆和医学。

（1）直系之六学

即国子学、太学、四门学、律学、书学、算学。此六学统一隶属于国子监管辖，国子监又归于尚书省之下。国子监长官称国子监祭酒，直接掌管学校教育。六学中的国子学、太学、四门学，属于教育等级较高的大学性质。此三学本无地位高下之分，但朝廷按照贵贱划分等级，且不同等级的入学者所享有的资格不同,因此三者之间也就产生了难以逾越的等级,其中首先以国子学的地位最高;其次为太学;最后为四门学。六学中的律学、书学、算学,属于教育等级较高的专科学校性质,入学者资格限制比较宽,没有明显的地位差别。

(2)旁系之二馆

一为弘文馆,隶属门下省;一为崇文馆,归于东宫直辖。唐代开设文馆,肇始于太宗为秦王时,延揽时代文学贤俊储于馆阁,聚而讲学论道,评议古今得失,探讨治国方略,曾有房玄龄、杜如晦诸人谓之"十八学士",直令世人倾慕不已。正是由于历史的延续和发展,二馆中受教育的对象主要是皇家子弟、皇亲国戚和王公贵胄,因承担教育职能的特殊性决定了其在朝廷的地位应高于六学,但教育的等级不一定高于六学。

(3)旁系之医学

医学是属于专科性质的学校,直辖于太医署,太医署又隶属于中书省。

除以上两系外,唐代还有一些中央直接设立的,相对较为次要的、具有教育性质的学校:隶属于祠部的玄学,教育等级为大学;隶属于中书省的集贤殿书院是一个既有珍藏典籍职能又有为朝廷储备和培养人才职能的高等级学府。

2. 由地方政府办理学校教育的概况

唐代的各府设有府学,各州设有州学,府州以下各县均设有县学,在县内又设有市学和镇学。按照系统划分,所有府、州、县、市、镇各学,统属直系,由隶属于国子监的长史掌管。各级地方政府另设医学,统属旁系。凡地方政府办理的学校,其教育等级介于中小学之间,毕业的学生可以直接应试乡贡,也可以直接升格于中央四门学继续深造。

3. 唐代学制的基本特点

第一,除了传统儒家学校以外,还设立了等级较高的专门研究老、庄的玄学。

第二,除了经学属于文科外,还设置了法科的律学、理科的算学以及艺术科的书学。

第三,尤为重视医科学校,从中央到地方各级均有设立。

第四,教育行政运行系统有章可循,这也是较之于前代有着更为进步的地方。当然,细究到中小学等级的划分上,仍旧还不清晰。

第五,从中央到地方的直系和旁系各学校学生及教员均有定额(以中央的四门学为例,规定学生额数1300名,教员额数博士、助教各3人;以地方的中上州学为例,规定学生额数12名,教员额数博士、助教各1人),规定了明确的入学资格、师生礼仪、学习科目(以教授经学的学校四门学为例,正经有九:《礼记》、《春秋左氏传》为大经,《诗》、《周礼》、《仪礼》为中经,《易》、《尚书》、《春秋公羊传》、《春秋穀梁传》为小经。旁经有三:《孝经》、《论语》、《老子》)、修业期限(以教授书学的学校四门学为例,凡选修《孝经》、《论语》二经者,各以1年为限;凡选修《尚书》、《春秋公羊传》或《春秋穀梁传》者,各以1年半为限;凡选修《易》、《诗》、《周礼》或《仪礼》者,各以2年为限;凡选修《礼记》、《春秋左氏传》者,各以3年为限等)、节假周期(如每10日休息1日为"旬假",在五月休息1月为"田假",在九月休息1月为"受衣假")、考试种类、退学规则、升格标准。

第六,在唐代中央官学中,等级制较为明显。按照规定,高级贵族子弟可入国子学,普通贵族子弟可入太学,而一般地主阶级子弟只能入四门学。

(二)辽、宋、西夏、金、元时期教育的概况

辽、宋、西夏、金、元的教育制度虽不尽相同,但都存在着强调崇经的一面。其中影响最大,且卓有成效的是宋代的文化教育。宋代的学校教育有官办和民办两大类,具体情况更为丰富多样。宋、辽、金时期,除辽、金设有地方学校之外,宋代地方官学在学校经管方面设置主管地方教育的行政官员,实行三舍制度(上舍、内舍、外舍),划拨学田保障经费,教学内容沿袭汉唐以来的地方儒学等明显特点。元代地方官学制度比较完备,在各路、府、州、县内,均有相应学校,但是事实上有名无实,并未普遍设立。

1. 两宋时期教育的概况

(1)两宋时期官办学校教育的概况

宋代官办教育沿袭唐制,主要由中央和地方两级构成。

中央设立国子监直接管辖的学校有三类:一是国子学、太学、四门学、广文馆,均属高等级教育的大学。其中国子学为国家最高学府,专教七品以上官员的子弟;太学在两宋300余年间一贯重之,从太学生的入学资格、进学手续、日常礼仪、招收名额、所学课程、考课办法、升舍规定(即由外舍升入内舍,再由内舍升入上舍的三舍积分评定法)到学校的师资配备、教学管理等都比较完备,太学生有关心时局、积极参议国事的传统;四门学特为庶民子弟设立,但设立时间不长,影响不大;广文馆是一种讲习性质的学馆,凡四方学子来京应试科举或落第举人,均可入馆听讲,参与人数有时有2000余人,但废置无常规。二是律学、武学,属于高等级的专门教

育。三是特设立初等级教育的小学。另外，两宋时期中央还设立过一些不属于国子监管辖的学校，诸如隶属于太医局的算学、书艺局的书学、图书局的画学、教育贵族子弟的诸王宫学等。

地方设立的学校，与宋代的地方行政区划一致，也分为三级。第一级为路，直接管辖第二级的若干州或府、军、监。第二级之下又设置第三级的若干县。在路之下各级地方行政区域内，均设立介于初、中等级之间的教育学校，即第二级州有州学、府有府学、军有军学、监有监学，第三级县有县学。各级地方政府设立的学校均归各级地方行政长官管辖，其上则统属于本路提举学事司，出现了职责较为专一的主管地方教育的行政官员。地方学校礼堂上均设有孔子及十哲像位，学生定期随从教授致祭，朝夕就近瞻仰。各学皆有政府划拨的学田作为经费来源，学生入学皆在校内寄宿，膳食书籍均由学校供给。教学的思想内容与汉唐以来的地方儒学基本一致，遵循儒家学术的根本。

(2)两宋时期民办学校教育的概况

宋代的民办学校以书院教育为主，并极具时代特色。

书院之设出现于唐开元年间，唐五代是中国书院的萌芽时期。宋代以来，书院得以发展，并逐渐与官学、私学呈三足鼎立之势。宋代推行右文政策，特别重视文士与典籍。两宋时期中国古代书院教育蓬勃发展，先后共有书院近400所，教育规模几乎与官学相当，办学水准往往超越官学。宋代民办学校最为显著的特色就是出现了一批私人书院。其中，全国著名的书院有衡州(今湖南衡阳)的石鼓书院、潭州(今湖南长沙)的岳麓书院、南康军的白鹿洞书院(在今江西庐山五老峰南麓)、南京(今河南商丘)的应天府书院、江宁府的茅山书院(在今江苏句容三茅山后侧)及地处今河南省登封县嵩山的嵩山书院等。南宋时期知名的书院也很多，其中理宗亲自颁书赐额的书院有20多所。书院教育受到了官方的赞许和资助，起到了代替和补充官学的重要作用。宋代的书院教育很少受到政府支配，明确提出书院教育遵循的基本宗旨，有意识地把书院与官学区别开来，反对书院教育成为科举制度的附庸，尽力使书院成为能够培养传道济民之有用人才的场所。书院教育师生讲习比较自主，学习风气相当醇厚。加之主持者常常是学识渊博、高风亮节、享有盛誉的当世知名文士，师生日夕砥砺其间，造就了诸多品学兼优、堪当重任的有用之才。宋代书院教育作为一种制度化的私学，在不断发展中又与理学的兴起渊源很深，形成了以自由讲学、学术研究、问难论辩为主导的书院教育精神。

2. 辽、西夏、金、元时期教育的概况

辽和金的教育制度效仿宋朝,各类学校的教学内容包括经、史、诸子及本民族语言文字等。西夏除建立蕃学外还建立汉学,设置教授,官给廪食,选皇室贵族子弟 300 人专门学习儒学。

元代在教育形式上承宋代分为学校和书院两类,但具体的设置又有许多变革。

(1)元代中央官办学校教育的概况

元代作为少数民族建立的封建大一统王朝,在中国传统教育中有着较为特殊的一面。蒙古语是规定的国语,在全国范围内的教育教学中有举足轻重的行政地位,故中央在沿袭传统国子监(汉学国子监)的同时设立了蒙古学国子监等,由大司农掌管。整体而言,还是以传统儒家经典作为学校教学的主要内容,并鼓励各族学子以研习儒家经典为科举考试科目。

(2)元代地方官办学校教育的概况

元代地方官办学校有四种:一为郡县学,设有路学、府学、州学、县学四级,向上与中央国子监(汉学国子监)相承继为一体系;二为蒙古字学,仅在路、府、州三级设学,县不设立,向上与蒙古学国子监相承继为同一体系;三为医学,属于专科性质的学校教育旁系;四为阴阳学,属于专科性质的学校教育旁系。

(3)元代书院教育发展的繁荣

元代教育的发展承接宋代之后,出现了中国书院教育史上的繁荣时期,先后共建有书院 200 多所,历来就有"书院之设,莫盛于元"之说。其主要原因有二:一是元朝政府对书院采取积极的奖励政策,为书院的迅速发展起到了促进作用;二是书院作为一种私人创办学校教育的组织形式,更利于广泛借助民间力量推动自身发展。

在少数民族建立的封建政权里,文化教育多效仿中原,这是民族文化相互融和的体现。但在具体的教育中,不可避免地存在着明显的民族区别。元代统治者就将全国人分为蒙古人、色目人、汉人、南人四等,设立不同的官学,在科举考试上也实行民族区别政策。

(三)明至清前期教育的概况

明至清前期(近代以前)的教育制度相沿而相近,学校教育也大致承袭唐、宋以来的旧制,也有一些较前代更为完备的地方。

1. 明至清前期中央官办学校教育概况

国子监,又称之为国子学。仅仅是中央设立的学校名称,不再具有教育行政管理的职责。其长官仍为祭酒，副长官为司业，其下有监丞、博士、助教、学正、学录等。国子监的学生统称为监生，以其来源有别，又各有不同的称呼：举人做监生者称举监，从秀才中选拔为监生者称贡监（或贡生，或优监），凭父辈官荫为监生者称荫监，靠纳钱得为监生者称例监。监生分率性、修道、广业、诚心、正义、崇志六堂，每堂由一名学正管理。教学内容主要是"四书"、"五经"、《性理大全》、《通鉴》及律令、书、数、御制大诰、八股文等。教学形式主要有博士至学录等教官"会讲"，学生"复讲"、"背书"等。明代国子监监生修业期为 4 年，升堂考试用积分法，年积 8 分为及格。其中正义、崇志、广业三堂为初级班，由通"四书"而未通经者居之，修业期为 1 年半；初级班学期结束后，通过考试合格者升入修道、诚心二堂，此二堂中级班，修业期也是 1 年半；中级班学期结束后，通过考试选拔经史兼通、文理俱优者升入率性堂，率性堂为高级班，修业期为 1 年；高级班期满结业后，派到吏部"历事"3 个月，然后按成绩任以官职，诸如州判、教谕、主簿等。清代学制 3 年，课程加"治事"一类，包括河渠、兵刑、乐律等，每生各习一项，考试有月试、季试等。清代国子监以外另设宗学、八旗官学，教育的对象是皇族和八旗子弟。

2. 明至清前期地方官办学校教育概况

这一时期地方设立府学、州学和县学，其学生为生员（秀才），属于国家正式生。府学学官为教授，州学学官为学正，县学学官为教谕。三级地方学官的副职，均称之为训导。生员除必须专治一经外，还要分习礼、射、书、数四科。名义上规定官学每月一讲，生员每季一考，无故不到者受罚，实际上有的学生经年不进校门，管理相当松散。

3. 明至清前期书院教育的延续与兴衰

这一时期的书院教育继续秉承硕学名儒聚徒讲学之风尚，也曾为社会培养了不少经世致用之才。但是随着政府对其控制的不断加强，书院在数量较前代猛增的同时，官学化程度也日益加深，具体表现在以下两个方面：

（1）明代书院教育的延续发展

明代是书院教育延续发展的时期，主要体现在书院数量的迅速增长和空间的变化。明代重视文化教育，重点放在发展完善各级官学上，明初书院一度处于沉寂状态。明代官学教育完全成了科举制的附庸。针对这一时弊，一些士大夫创办、复兴书院，利用书院教育来培养人才。明成化年间以后，传统的著名书院（如石鼓书院、岳麓书院、白鹿洞书院、茅山书院、武夷书院等）相继复兴，还创办了许多新的书院。明代书院的真正振兴是在正德年间之后，不仅建立了大批书院，更重要的是恢复了书院自由讲学的精神，使书院成为最重要的学术基地。自由讲学的风气日益盛行，必然会同明代中央集权制的专制主义制度产生对立，进而发展为矛盾冲突，出现了历史上著名的"禁毁书院"事件。明代书院在数量发展上远远超过宋、元两朝，共有书院1200多所；在空间分布上遍及各地，但主要集中在江南地区，尤以江西、福建、浙江、湖南为最。

(2)清代书院教育的兴衰

清朝统治者对书院持严厉抑制态度，阻碍了书院的发展。直到雍正年间以来，清朝政府一改之前的限制与防范举措，开始用积极的态度和主动的行为来支持书院教育。清政府在充分肯定书院教育社会作用的同时，还在经济上提供了一定的保障。于是清代书院在政府行为的促进下，又逐步恢复发展起来，其中既包括民间私人创建的许多书院，也包括不少地方政府在崇教之举下创办的书院。乾隆时期，朝廷不仅经济上大力资助书院建设，而且更重视书院师长的任命、奖励、提升和书院学生的督学、考核、录取。这些政策给清代书院带来了两大特征：第一，书院建设规模发展到历史上的高峰，书院教育得到全面普及；第二，书院官学化问题愈加严重，其结果导致书院教育沦为科举制度的附庸。

第二节　中国古代教育思想的主要内容及其特色

中国古代教育思想是中国传统文化中不可分割的一个重要部分。纵观中国教育史发展的各个时期都产生过一些著名的教育家，如孔子、孟子、荀子、董仲舒、韩愈、朱熹、黄宗羲、颜元等，无数著名的教育家有如群星灿烂。他们的思想充分展示了中国教育实践与教育思想从古至今持续发展的辉煌历程。他们的诸多教育理念，虽因时因人而异，但均无一例外地顺应着他们所处时代的需求，不仅推动了当时社会文化的发展，而且也为传播灿烂辉煌的中国文化作出了历史性的贡献。本节即以归纳中国古代著名教育家的重要教育思想及其特征为主，发掘其丰富多彩、富于哲理的内涵，也彰显其在传统文化传承与发展中的作用与影响。

一、中国古代教育思想的主要内容

中国古代教育家们积累和总结了丰富的教学经验，得出了诸多教育的原则与方法、学习的方法与过程、教学原则与途径以及对为人师表的基本准则，提出了不少很有价值的思想见解。他们的许多教育思想不但产生于千百年前的古代是难能可贵的，而且在今天仍然闪烁着智慧的光芒。这无疑是中国传统教育思想中的精华，也是对世界教育思想宝库的重大贡献。

（一）教育：因材施教与长善救失

1. 因材施教的教育原则

因材施教的教学思想，最早是由孔子提出并付诸实践，后世一贯沿用至今而不可偏废。孔子注意观察了解学生，如在《论语·为政》中认为："视其所以，观其所由，察其所安。"即看学生的所作所为，了解学生的经历以及学生的兴趣爱好。对于学生不仅要"听其言而观其行"，而且还"退而省其私"，即考察学生课后私下的言行举止，全面掌握学生的特点和实际情况。他对学生的性格特点了如指掌，有时从其优点方面分析；有时从其缺点方面分析，有时对不同学生做比较分析。他针对学生不同的性格特点，有的放矢，循循善诱，而不是千篇一律地说教。有时学生问同一个问题，他却作出不同的回答。据《论语·先进》载：子路问："闻斯行诸？"子曰："有父兄在，如之何其闻斯行之？"冉有问："闻斯行诸？"子曰："闻斯行之。"公西华曰："由也问闻斯行诸，子曰有父兄在，求也问闻斯行诸，子曰闻斯行之。赤也惑，敢问。"子曰："求也退，故进之；由也兼人，故退之。"这就是因材施教。孔子还主张针对学生智能的高低进行不同的教学，如在《论语·雍也》中提出："中人以上，可以语上也；中人以下，不可以语上也。"孟子继承发扬了孔子因材施教的思想，更强调教学方式的变化。如据《孟子·尽心上》称："有如时雨化之者，有成德者，有达材者，有答问者，有私淑之者。"又据《孟子·告子下》称："教亦多术矣，予不屑之教诲也者，是亦教诲之而已矣。"宋代张载主张教学应顾及学生的内心要求，使学生的智力才能得到充分发展，《语录钞》中云："教人至难，必尽人权之材，乃不误人。"若教人"不尽材，不顾安，不由诚，皆是施之妄也"。朱熹在《四书集注》中对孔孟的因材施教思想赞不绝口："圣贤施教，各因其材。"王守仁认为教学中要注意学生的年龄特点，如在《训蒙大意示教读刘伯颂等》中说："大抵童子之情，乐嬉游而惮拘检，如草木之始萌芽，舒畅之则条达，摧挠之则衰痿。今教童子，必使其趋向鼓舞，中心喜悦，则其进自不能已。譬之时雨春风，沾被卉木，莫不萌动发越，自然日长月化。若冰霜剥落，则生意萧索，日就枯槁矣。"鉴于人的资质是不同的，又在《答黄以方问》中认为：施教须"随人分限所及"，即施教一定要因人而异，不可躐等。具体即如《与刘源道书》中所谓："中人以下的人，便与他说性说命他也不省得，也须慢慢琢磨它起来。"

2. 长善救失的教育方法

在教育学生的过程中，坚持长善救失的教育方法，就是要求施教者长于发扬学生的优点，又要善于补救学生的缺点。这一教学思想是在《礼记·学记》中提出来的。《礼记·学记》认为在学习过程中有的故步自封、畏难而退以及"多、寡、易、止"，乃是学生对待学习的不同心态，教师只有了解这些心理状态，才能有针对性地帮助学生克服这些毛病。清代王夫之从博、专、行与序的相互关系明确阐述到："多、寡、易、止"虽各有失，而多者便于博，寡者易于专，易者勇于行，止者安其序；亦各有善焉，救其失则善长矣。以及从辩证的角度讲，"多、寡、易、止"各有弱点，但其中也有一定的积极因素。在教育教学的实践过程中，要求教师要掌握具体情况，因势利导，尽量做到发扬优点，克服弱点。

(二)治学：温故知新与学思结合

1. 温故知新的治学方法

孔子在《论语·学而》中开宗明义地称："学而时习之，不亦说乎！"接着又在《论语·为政》中强调："温故而知新，可以为师矣。"朱熹在《四书集注》中解释道："故者，旧所闻；新者，今所得。言学能时习旧闻，而每有新得。"并在《朱子全书》中对孔子这一治学思想阐述为："人而不学，则无以知其所当知之理，无以能其所当为之事。学而不习，则虽知其理，能其事，然亦生涩危殆，而不能以自安。习而不时，虽曰习之而其功夫间断，一曝十寒，终不足以成其习之功矣。""温故又要知新。唯温故而不知新，故不足以为人师。"此外还在《朱子语类》中说："时时温习，觉滋味深长，自有新得。""须是温故方能知新，若不温故便要求知新，则新不可得而知，亦不可得而求矣。"可见，朱熹认为"故"是"新"的基础，"新"是"故"的发展；而"时习"方可将两者之间相互联系、融会贯通，并转化为应用无穷的技能。温故知新反映了这样一条治学的规律：学习本身是不断实践的过程，只有反复地学习实践，才能牢固地掌握所学的知识；只有对所学的知识熟练了，融会贯通了，才可举一反三，问诸往而知来者，由已知探求未知。这种既重视时习温故，又不忽视探索新知的思想，在今天仍有启发意义。

2. 学思结合的治学过程

在处理学习和思考的关系问题上，中国古代教育家多主张学思结合。孔子主张学思结合，如在《论语·为政》中认为："学而不思则罔，思而不学则殆。"但是，这二者之间不是没有侧重，而是倾向于学为基础。《论语·卫灵公》曰："吾尝终日不食，终夜不寝，以思无益，不如学也。"要在学习的基础上积极思考："不曰'如之何、如之何'者,吾未如之何也已矣。"荀子继承了孔子的这一思想,如《荀子·劝学》强调:"吾尝终日而思矣,不如须臾之所学也。"并要求在学习的基础上"思索以通之",即通过思维活动把所学的知识融会贯通。荀子又继承了孔子的这一思想:一方面强调学习过程中学的基础性,认为"吾尝终日而思矣,不如须臾之所学也";而另一方面又不得不要求在学的过程中必须"思索以通之"。可见,只有把学与思结合起来,才能在学习的过程中把所学的知识融会贯通,且多有创获。朱熹又把孔子学思结合的思想发展为"博学之、审问之、慎思之、明辨之、笃行之"五个紧密相连的方面,先肯定要博学,然后强调在学的过程中贯穿审问、慎思、明辨的思维活动以至于做到学思结合,最后还要以笃行的实践来检验学思的有效性。另外,朱熹还在《学规类编》中说:"学便是读,读了又思,思了又读,自然有意。若读而不思,必不知其意味;思而不读,纵使晓得,终是飘飘不安。一似倩[请]得人来守屋相似,不是自家人,终不属自家使唤。若读得熟而又思得精,自然心与理一,永远不忘。"可见,一个人的聪明与坚强是在不断地学思结合的过程中培养出来的,决定因素是个人的顽强努力而不是他的天资。王守仁在《四书训义》中对学与思的辩证关系总结得更为精辟:"学非有碍于思,而学愈博则思愈远;思正有功于学,而思之困则学必勤。"

(三)教学:循序渐进、循循善诱与由博返约

1. 循序渐进的教学原理

中国古代的教育家,很早就较为普遍地重视循序渐进的教学原则。在《论语·子罕》中,孔子的学生赞扬孔子"循循然善诱人"。《孟子·尽心上》中孟子认为:"君子之志于道也,不成章不达。""不盈科不行。""其进锐者,其退速。"《礼记·学记》中还提出:"善问者如攻坚木,先其易者后其节目,及其久也,相说[脱]以解。不善问者反此。善待问者如撞钟,叩之以小者则小鸣,叩之以大者则大鸣,待其从容,然后尽其声。不善答问者反此。此皆进学之道也。"张载在《经学理窟·学大原下》中对教学过程的认识是:"虽不可缓,又不欲急迫,在人固须求之有渐。"这是因为教材的难易先后和学生身心的发展都是"有渐"的,这就要求教学也须坚持"有渐"的原则,不可躐等而教。在《朱子语类》中,朱熹更是明确地提出"循序而渐进,熟读而精思"的教学原理,且认为:"君子教人有序,先传以小者近者,而后教以远者大者。""譬如登山,人多要至高处,不知自低处不理会,终无至高处之理。"即强调教学要坚持由近及远,由易到难,由浅至深,由具体到抽象,

由已知到未知。

2. 循循善诱的教学途径

循循善诱是教师施教的有效途径之一。作为一种教学方法，它重在强调启发，即教师在教学过程中不仅要充分把握有利时机去调动学生的兴趣，令其积极主动地探求新知，而且还要善于启迪学生，促使尽力发挥出学习的智力潜能。《论语·子罕》中孔子认为："不愤不启，不悱不发，举一隅不以三隅反，则不复也。"特别是对能够在教学中"闻一知二"、"闻一知十"、"告诸往而知来"的学生大加赞扬，而孔子的学生也赞扬孔子"循循然善诱人"。据《论语·八佾》载，在具体教育实践中，孔子有一个最为经典的运用启发式的教学方法案例：有一次他的学生子夏读到一首诗："巧笑倩兮，美目盼兮，素以为绚兮。"问孔子这首诗的含义，孔子回答说："绘事后素。"子夏领悟到老师的意思是说，作画须先有素洁的底子，以此比喻"礼乐"必须建立在"仁义"的思想基础之上。但子夏对这一想法还不能十分肯定，于是进一步问："礼后乎？"孔子听后高兴地说："起予者商也！始可与言《诗》已矣。"从教学法的角度看，孔子在这里避免用简单的道德说教，而是利用形象思维的作用，由生动具体的画面，引向抽象的道德观念，以便使学生留下深刻的印象，主动地去认识"仁义"的意义，从而自觉地接受"礼乐"的教育和约束。这可以说是一次启发式教学的范例。又如孟子认为教学是一个自然发展的过程，一方面应自强不息，不可松懈或间断；另一方面也不应流于急躁或躐等。他说："君子之志于道也，不成章不达。"他把进学的次第比作流水，"不盈科不行"，"其进锐者，其退速"。孟子还以禾苗的自然生长来譬喻人受教育的过程，一方面主张尽力耕耘，反对放任自流；另一方面又反对拔苗助长，急于求成。故而特重启发式教育，并形象地喻之为："引而不发，跃如也。"后来的教育家如朱熹、王守仁等，都承继了这一优秀的教学方法。

3. 由博返约的教学理念

《孟子·离娄下》认为："博学而详说之，将以反说约也。"朱熹在《续近思录》中更是深入到循序渐进的教学过程中论述博与约的重要性："圣贤教人，下学上达，循循有序，故从事其间者，博而有要，约而不孤，无安意凌躐之弊。今之言学者多反此，故其高者沦于空幻，卑者溺于闻见，怅怅然未知其将安所归宿也。"王夫之也认为，广与专、博与约不可偏废，由博返约，以约驭博，教学效果才可以提高。

（四）从教：教学相长、为人师表与尊师爱生

1. 教学相长的从教理念

中国古代教育家还一贯强调教学相长。这是受教育的学生与从事教育的教师在教与学的过程中，为了达成共同的教育目标，必然要建构成一个教与学的共同体，并在具体的教学实践中相互影响、彼此促进、相与为一、共同发展的一种教育理念。《礼记·学记》中首先提出了教学相长的思想，并阐述了教因学而成为可能，学因教而得以实现。于是在教与学的结合中二者共同得益而日进，即教能助长学的不断进步，学也影响教的更进一步发展。《礼记·学记》还明确提出教学相长的思想，说："虽有嘉肴，弗食不知其旨也。虽有至道，弗学不知其善也。是故学然后知不足，教然后知困。知不足，然后能自反也；知困，然后能自强也。故曰：教学相长也。"这里深刻地阐述了"教"与"学"之间的矛盾对立和相互依存、相互促进的关系。教因学而得益，学因教而日进；教能助长学，反过来，学也能助长教，这就叫做"教学相长"。这不仅意味着教与学之间的对立统一关系，而且还意味着教师与学生之间平等的相互促进、相得益彰的关系。从教师方面说，教的过程也是学的过程，教也要学，教即是学，教与学互相促进，才能提高教的水平；从学生方面说，学生从教师的教学中获得知识，但仍需要自己努力学习，才能有所提高，不限于师云亦云。一个循循善诱的教师，只有通过教学实践才能体会到教学的效果和困难，教学经验越丰富越能掌握教学的规律，并发现自己的弱点与困惑之处，"教然后知困"，"知困"可促使教者"自强"。一个积极好学的学生，只有通过学习的实践才能体会到学习的好处和困难，越学习越感到自己的学识浅薄与不足，"学然后知不足"。"不足"可促使学者"自反"，即进一步严格要求自己，努力学习以补充自己的不足。韩愈继承与发展了《礼记·学记》"教学相长"的思想，进而提出"相互为师"的观点。他一方面肯定教师的主导作用；另一方面又提出了"弟子不必不如师，师不必贤于弟子"的新思想。他教人要向学有专长的人学习，谁在某一方面比自己强就拜他为师，树立"能者为师"的观念。他还肯定了闻"道"在先，以"先觉觉后觉"；攻有专"业"，以"知"教"不知"这一教学过程的客观规律。这些深刻的教学辩证法思想，就是在现代世界教育学专著中亦属罕见，是中国古代教育家对世界教育思想宝库的卓越贡献。

总之，中国古代教育思想中富有朴素的辩证观点，善于运用矛盾转化规律，特别强调要看到学生身上的优点和积极因素，即使是次要的、隐蔽着的也要看到，以便巩固、发扬积极因素以克服消极因素，依靠优点克服缺点。应该说，这是中国人文主义教育思想的精华。

2. 为人师表的表率作用

中国古代教育家根据自己教育实践的经验，虽然对教师提出了多方面要求，但自古以来特别强调为师者必须德才兼备，并要以身作则、身体力行，做到言传身教、表里如一，成为人们学习仿效的楷模、为人处世的表率。

孔子就是这样，要求为师者事事处处以身作则，身教重于言教，以自己的模范行为作为学生的表率，如《论语·子路》云："其身正，不令而行；其身不正，虽令不从。""不能正其身，如正人何？"他坚持这种正己则能正人的"无言之教"，对学生的影响和教育威力不仅巨大，而且意义深远。甚至更进一步关涉到教学实践的操作层面上，孔子还在《论语·卫灵公》中更为具体说："可与言，而不与之言，失人；不可与言，而与之言，失言。知者不失人亦不失言。"可见，"有言之教"与"无言之教"，乃是需要教师根据实际情况灵活运用的两种教学方式：可以用"有言之教"的，则用"有言之教"引导学生发展；如不可以用"有言之教"的，则通过暗示或自己的日常行为去感召学生朝着正向进步。这也是符合一定的教育学心理学的做法。

荀子在《荀子·致士》中提出："师术有四，而博习不与焉。尊严而惮，可以为师；耆艾而信，可以为师；诵说而不陵不犯，可以为师；知微而论，可以为师。"他认为教师必须具备四个条件（而且真有广博知识这一条还不包括在内）：一是教师要有尊严，能使人敬服；二是教师要有崇高的威信和丰富的教学经验；三是教师需具备有条理、有系统地传授知识的能力而且不违反师说；四是了解精微的理论而且能解说清楚。《礼记·学记》也对教师提出了严格的要求，把教师品德高尚和学业精通看做教书育人的必要条件，而且要掌握正确的教学方法和原则。

古人说："经师易得，人师难求。"可见"人师"的标准不仅只是传授知识，更要求为人师表，这是中国古代优秀的传统教育思想。

3. 尊师爱生的优良传统

尊师爱生是中国教育史上的一种优良传统，并作为一种普遍的社会风气被历代人们所崇尚。尤其在中国古代人的观念中，天、地、君、亲、师同等重要，而古代教育家在提倡学生尊敬老师的同时，还强调教师热爱学生，建立起和谐的师生关系，如孔子热爱学生，关心学生品德和学业的增进，也关心学生的生活与健康状况。他看到学生的进步，感到由衷的高兴；学生家贫，他常接济；学生有病，他去看望；学生死了，他十分伤感。他与学生建立了深厚的师生情谊。孔子在《论语·宪问》中说："爱之，能勿劳乎？忠焉，能勿诲乎？"《论语·述而》中孔子说："二三子以我为隐乎？吾无隐乎尔。吾无行而不与二三子者，是丘也。"孔子对学生做到了"无私无隐"，并寄予无限期望："后生可畏，焉知来者之不如今也？"他还认为当一种正义事业需要人去承担时，年青一代要敢于勇往直前，责无旁贷，即使在自己的老师面前也不必谦让，"当仁不让于师"。孔子的学生敬佩孔子道德高尚，学识渊博，教人得法。颜渊说："仰之弥高，钻之弥坚。瞻之在前，忽焉在后。夫子循循然善诱人，博我以文，约我以礼，欲罢不能。既竭吾才，如有所立卓尔。虽欲从之，末由也已。"孔子死后，学生们在孔子墓旁搭起草房，守丧三年，分别时痛哭难舍。子贡不忍离开，独自又住了三年。子贡说："夫子之不可及也，犹天之不可阶而登也。"表达了学生对孔子无限的怀念和敬仰。

墨子在教育实践中也强调尊师爱生。墨家师生之间能生死相依，患难与共。墨子和他的学生们"以裘褐为衣，以跂蹻为服，日夜不休，以自苦为极"。学生追随墨子"赴火蹈刃，死不旋踵"，这说明师生关系是在同生死共患难中逐步建立起来的。

荀子把是否"贵师重傅"提到国家兴衰的高度来认识，并提倡学生超过老师。他说："国将兴，必贵师而重傅……国将衰，必贱师而轻傅。"他认为学生对于老师不仅有一个智力的承袭关系，而且还担负着超越前人已有智力水平的责任。他以形象的语言说："学不可以已。青，取之于蓝而青于蓝；冰，水为之而寒于水。"这是说学问是没有止境的，"青出于蓝而胜于蓝"是学术发展的规律。

宋代一些教育家也是尊师爱生的典范。胡瑗一方面提倡"严师弟子之礼"；另一方面也倡导师生之间感情深厚、关系融洽。他平日视诸生如子弟，诸生也敬他如父兄。程颢和善可亲，学生们和他相处，常感到"如坐春风和气中"。程颐则威严刚毅，学生杨时见他闭目静坐而不敢惊动，立于门内等候至雪深尺余，留下了"程门立雪"的典故。朱熹曾批评过官学师生关系淡漠的缺点，"师生相见，漠然如行路之人"。他发扬孔子"诲人不倦"的精神循循善诱，孜孜不倦，对学生有深厚的感情。他的学生黄干在其编撰的《朱子行状》中说："朱子讲论经典，通贯古今，率至夜半，虽疾病支离，至诸生问辨，则脱然沉疴之去体，一日不讲学，则惕然常以为忧。"朱熹对学生的要求是严格的，但不是消极的防范，而是积极的引导，不重形式的条文规定，而重在启发学生自觉遵守；热心教人，方法得当，才能加深师生情谊，密切师生关系。朱熹的这些经验，包含了普遍的规律，体现了中国古代教育史上尊师爱生的优良传统，常为后人所称道和借鉴。

二、中国教育思想的特征

考察中国古代的教育理论与实践，不难发现中国古代教育有以下几个鲜明特征：

（一）明确宏观认识上的整体教育观

整体教育观即大教育观，或综合观，认为社会教育与经济、政治的发展之间有着十分密切的联系性，必须充分重视社会教育的重要地位。中国古代教育家很早就普遍认为教育是整个社会大系统中的一个子系统，诸多文献都不同程度地阐述了许多教育问题实质上是社会问题，必须把它置于整个社会系统中加以考察和解决；而教育问题的解决，又必然会促进整个社会的发展和进步。相反，如果发展社会教育的问题得不到解决，自然就会出现世风日下，人才匮乏，最终经济的强盛、政治的稳定乃至整个社会的进步都会成为泡影。早在春秋时期，孔子不仅明确把人口、财富、教育当做立国的三大要素，而且特别强调教育对于治理国家、安定社会秩序所产生的重要作用。即从家庭伦理（"国之本在家"）和社会道德（"孝悌忠信"）教育重要性出发，认为发展生产使人民富裕之后，唯一的大事就是发展教育事业。这种把教育放在治国治民的首要地位，把个人的道德修养和提高社会道德水平看成是治国安邦的基础的思想，是十分深刻的。《礼记·学记》把教育的作用概括为十六个字："建国君民，教学为先"、"化民成俗，其必由学"。教育的作用包含相互联系的两个方面：一是培养国家所需要的各种人才；二是形成良好的社会道德风尚。中国历代统治者，尤其是处于上升时期或政治清明时期的统治者，如汉武帝、唐太宗等都很重视教育，促进了教育的发展。这是中国先哲关于教育功能的概括、总结及至实践，至今仍有借鉴意义。

（二）追求德与智最佳有机结合的理想教育观

即对立统一观，或辩证教育观，在强调教育的必要性的基础上，力争实现德与智的最佳有机结合——圣贤之道。这也是中国文化人一直追求的理想境界。在春秋战国时期，人性与教育的关系已经成为许多教育家注目的焦点。孔子首先提出"性相近也，习相远也"，肯定人生来性情非常接近，人的差别是后天教育和学习的结果。孔子还说："君子务本，本立而道生"，"行有余力，则以学文"；同时他又说："好仁不好学，其蔽也愚。""未知，焉得仁。"及至孟子则进一步提出,只要用心学习,依赖后天的教育,即"人皆可以为尧舜"。孔子在《论语·卫灵公》中说:"知及之,仁不能守之,虽得之,必失之。"这即是说,道德观念如果只停留在认识阶段,而不能转化为道德信念和道德行为,那么道德就失去了规范的作用。知识与才能之间也存在既矛盾又统一的关系。董仲舒则说:"仁而不智,则爱而不别也;智而不仁,则知而不为也。"此即中国古代的德智统一观:首先是道德教育及其实践,其次才是知识教育;德育要通过智育来进行,智育主要是为德育服务;德育与智育之间、"行己有耻"与"博学于文"之间存在着相互依存、相互渗透的关系。道德教育也是这样,道德观念的认识与道德信念的建立以及道德行为的实践之间也存在着对立统一的关系。唐人刘知幾说,一个人如果有学问而无才能,就好比拥有巨大的财富却不会经营它;如果有才能而无学问,则像本领高超的工匠,没有刀斧和木材,也无法建造宫室。明人徐光启说:"昔人云:'鸳鸯绣出从君看,不把金针度与人。'吾辈言几何之学,正与此异,因反其语曰:'金针度去从君用,未把鸳鸯绣与人。'"徐光启强调培养才能的重要,认为教学不只是教一些现成的知识,而且还要培养学生的思辨能力,让学生掌握治学方法。教与学、师与生之间也存在着既对立又统一的关系。

总之,从《学记》到韩愈的《师说》,都深刻地揭示了这些教育辩证的观念:既强调要把道德教育放在首位,同时又不忽视专业知识教育的作用。也正是在这种对立统一的教育观念中,既强调德育的重要性,又重视人文教育的不容忽视,实现德与智的最佳有机结合。

(三)强调微观认识上的个体内在观

即道德自觉观,或内在观。中国古代教育强调启发个体的内在道德功能和自觉性辩证观,强调启发每一个人的内心自觉,提出了一套"做人"的道理、"做人"的要求和"做人"的方法,让人从中得到"做人"的乐趣,表现出人崇高的精神追求。与基督教和佛教不同,中国古代教育不是"罪感教育",而是"乐感教育";不需要依靠宗教信仰和祈祷,不主张离开社会和家庭,而是强调在学校、家庭及日常生活中积累道德善行,加强自我修养,即此岸即彼岸,"极高明而道中庸";强调在自己心中寻找美丑、善恶的标准,追求道德的"自律"。中国古代教育思想强调人心中具有一种价值自觉的能力,自省、自反、慎独,自我修养、自我完善、自我求取在人伦秩序与宇宙秩序中的和谐。其追求价值之源的努力是向内而不是向外的。重视启发内心的觉悟,相信主体内在的力量,这是中国古代教育思想中一个非常重要的特色。

中国古代，从乡村到朝廷，都十分重视教育，教育具有非常显赫的地位。在一定意义上说，教育为中国的立国之本，亦不为过。与此相适应，中国古代教师的社会地位很高，无论是中央官学、地方官学的教师，还是私学、书院的教师，包括乡塾里的塾师，都受到全社会的普遍尊重。中国历来有尊师重道、尊师重教的优良传统。

除了以上三个特点之外，中国古代教育还有以下一些特点：一是学校教育、家庭教育、社会教育三者并重和有机结合；二是注重教育方式的灵活性，采用灵活的因人因事而异的教育方式；三是德智结合，突出德育、美育重要性；四是强调教育与实践相结合；五是重视人文教育，文史哲不分家。

第三节　中国古代科举制度

科举制度是中国封建社会选拔官吏的一种考试制度。科举制度以隋文帝开皇七年(587)设立进士考试为开端，以清光绪三十一年(1905)废除科举为终结，实行了 1300 多年，一直紧紧地伴随着中华文明史。科举制度把读书、应考和做官三件大事紧密结合起来，深刻地影响着中国封建社会的教育制度和教学内容。

一、科举制度的兴起与流变

科举制度产生于隋朝，隋文帝废除为世族垄断的九品中正制，改行科举制。科举制在唐朝得到了长足的发展，逐步形成了一套完备的选拔人才的制度。唐代科举分制科和常科两种。制科是当年遇国家庆典，由皇帝临时定科目而组织的考试。常科每年举行，考试科目有明经、明法、明算、进士等 50 多种。考生报考最多的是进士和明经两科，读书人尤其重视进士科。

明经科主要考对儒家经典的记诵。考试方法主要有两种：一是由主考官任意选择经书中的一页，将左右两边遮盖，中间只露出一行，用纸贴去几字，令考生当场将所贴的字填出，考生必须熟背儒家经典才能答出；一是要求考生回答出自儒家经典的 10 个理解题，考其对经典含义的理解。

明法、明算等科分别考律令、文字学、数学等专科知识。

进士科也要考对儒家经典的记诵，但只要求考生熟背一部规定的儒家经典。此外须考时务策，试题内容与现实问题有密切联系，涉及国家面临的政治、国防、经济、社会生活等实际问题，要求考生对此提出自己的建议。

唐代参加科举考试的考生大体有两种：一是生徒，他们都是中央和地方官学的在校学生；二是乡贡，由于他们不是官学的在校生，所以必须先在地方上参加初试，初试及格后才能参加正式的科举考试。

宋代在唐代科举制度的基础上做了一些调整和改革，把开考科目合并为进士一科，又变唐代的每年开考改为3年考一次，录取名额也相应扩大到300名左右。

科举制度发展到明清，更加严密和完备。明清科举考试的程序为院试、乡试、会试、殿试四级，分别录取秀才、举人、进士并评定等级。考试内容以八股文、试帖诗等为主。

明清两代，凡经过本省各级考试入府、州、县学的，通称"生员"，俗称"秀才"。没有取得生员资格的，无论年龄大小，均称"童生"。童生考秀才，再经县试、府试、院试3次考试，统称"童生试"。县试由知县主持，考期多在每年二月。县试共考5场，分别考八股文、试帖诗等。府试由知府主持，考期多在每年四月，录取后即取得参加院试的资格。

院试是录取秀才的考试，由中央派往各省负责学校教育的官员提督学政（俗称学政、学院、学台）主持。院试考两场，第一场为正试；第二场为复试。院试也考八股文和试贴诗。录取名额因各县钱粮人口多少而不等。院试录取者即取得秀才资格，被送入府学或州县学学习，统称生员。

生员参加乡试之前，必须通过提督学政主持的"科考"。与科举考试相对应，科考也是3年一次。科考合格后才可参加乡试。

乡试是录取举人的考试，每3年在各省省城举行。参加乡试者有生员（秀才）和合格的国子监监生等。乡试考场设在各省省会的贡院，贡院内依次分列号舍，每一号舍仅容1人。乡试共考3场，每场考3天。考生自带笔墨灯烛、饮食衣被。入号舍前须经严格的搜查，以防夹带。入号舍后不得出入。乡试也考八股文、试帖诗等。乡试取中者称"举人"，第一名称"解元"。

中举人后，其身份地位与秀才已有明显不同。明清时秀才还不能做官，通常只能在乡村教私塾，所以过去有"穷秀才"之称。举人则不同，或可参加会试考进士，或可在县学、府学做学官，担任教职。举人即使会试未能通过，也可凭其"乡绅"的身份，享有特权。

会试是录取进士的考试。取得举人资格后，就可参加会试。会试3年考一次，在北京贡院举行。考期在乡试次年的三月。会试主考官由皇帝任命，叫做"总裁"，正职 1 名，副职 3 名，一般都由进士出身的一、二品官员担任。另有同考官 18 人，分别负责 18 房考生试卷的批阅和推荐。会试也考 3 场，每场考 3 天。考试内容仍以八股文为主。会试取中者叫"贡士"，第一名叫"会元"。

会试考罢，接着举行殿试。殿试决定新进士的名次排列，按制度由皇帝亲自主持，但皇帝并不一定亲临，有时只虚设御座，考生行礼后由大臣宣读考题。殿试只出一题，不考八股而考策论，要求回答时事政务方面的有关问题，结尾还要写一段歌颂皇帝和圣朝的文字，格式固定，一般只重书法不重内容，所以名次居前者并非就有真才实学。试卷由阅卷大臣 8 人轮流批阅，拟出前 10 名人选，呈送皇帝以排列次序。第一名称"状元"；第二名称"榜眼"；第三名称"探花"。新进士名单用黄绫榜公布，张挂于长安街，人称"金榜题名"，如果有人乡试获解元、会试获会元、殿试获状元，即所谓"连中三元"。

二、科举制度的社会意义

科举制度在中国实行了 1300 多年，从隋唐到宋元到明清，一直紧紧地伴随着中华文明史。科举制实施时间之长，在世界上是绝无仅有的。在世界范围内采用考试方法来选拔官吏，中国科举制是首创，西方于 18 世纪末开始推行文官考核制度，即是受了它的影响。科举制作为中国封建社会的一种人才选拔制度，对中国封建社会的发展产生了重大的影响，有着它独特的价值。

（一）有利于加强中央集权

科举制的基本方法是由国家设立"科目"，通过逐级的统一考试，按照成绩选录人才，分别授予相应的官职。它的实行，使全国在形式一致、要求统一的标准下进行教育，人才的选拔与任用之权完全控制在中央政府手中，使中央集权制得到强化。经过科举考试的层层选拔，许多优秀分子获得参政机会，进入统治阶层，扩大了统治的社会基础，同时也相对提高了官吏的文化素养，有利于政权的巩固和社会的稳定。

（二）打破了豪门世族对政治权力的垄断

科举制度从根本上打破了豪门世族对政治权力的垄断，使国家行政机构的组成向着社会尽可能大地开放。科举制度表现出这样一种热忱：凡是这片国土上的人才，都有可能被选拔上来，而且一定能选拔上来，即便再老再迟，只要能赶上考试，就始终为你保留着机会。这种热忱在具体实施中当然大打折扣，但它毕竟在中国大地上点燃了一种快速蔓延的希望之火，使无数真正的人才陡然振奋，接受竞争和挑选。国家行政机构与广大民众产生了一种空前的亲和关系，它对社会智能的吸纳力也大大提高了。在历代的科举考试中，来自各地的贫寒之士占据了很大的数量，也包括不少当时社会地位很低的市井之子。这说明科举制度确实是具有包容性和开放性，重视士人的学识和才干，而不是出身和门第，使选拔人才较为客观公正。

(三)选才与育才紧密结合

科举制通过一定的考试内容、方法来取士，要求参加科举考试的人具有一定的文化修养，从而促使人们学习各种文化知识，也从客观上推动了学校教育的发展，提高了国民的文化素质。科举考试中所设的明算、明法、童子、道举、武举也有意识地扩大了人们的知识范围，使封建教育的领域得到进一步的拓展。

隋唐科举制度的实行，选才与育才标准的统一，大大促进了当时学校教育的发展。由于科举考试规定主要以儒家经典为内容，这不仅使儒家思想的传播得到了制度化保证，而且对学校教育教学内容的统一和标准的一致，也具有积极意义；科举科目中还设有明法、明算、童子、武举等，从而促进了当时专科教育、儿童教育及文武兼备教育的发展。当然，科举制有它的历史局限性。至晚清时期，其消极作用日趋显现，最终失去了存在的价值而被社会淘汰，具体表现在以下几个方面：

第一，统治者重科举、轻学校，使学校成为科举制的附庸。科举制度的长期实行，使各类学校最终都不同程度变成了科举考试的预备机构，所安排的一切教学活动都围绕科举考试来进行，致使学校成为科举制的附庸。

第二，科举制束缚思想影响学风。科举考试侧重在儒家经典和诗赋，重文辞少实学，重记诵轻义理，形成了空疏无用的学风。尤其是八股文体使知识分子只能依照题义揣摩古人语气去宣扬封建的伦理道德，而不联系社会实际发挥自己的思想。封建统治者留给读书人的出路是钻研八股、死啃经书，热衷于获取功名利禄。人们的读书观、学习观具有强烈的功利色彩。

第三，科举制存在着欺骗的流弊。对广大想出人头地的知识分子来说，科举考试是他们获取功名的唯一出路，有的士子不择手段地通关节、走后门、串通考官，科举制的评分有一定的主观随意性，并非完全以学识取人。

应该说，科举制实施了那么多年，有它的合理性与先进性，但也有它不可避免的局限性。如果从整个发展历程来看，科举制在隋唐至宋时期，倾向于积极；到了明清时期，则消极作用日趋明显，最终失去了它的合理价值。清政府在光绪三十一年举行最后一届进士考试后，随即终止了科举考试，这样，在中国延续了1300多年的科举教育终于寿终正寝。

思考与讨论题：

1. 概述先秦以前教育的概况。

2. 概述秦汉至隋时期教育的概况。

3. 概述两宋至明、清前期教育的概况。

4. 中国古代教育思想的主要内容有哪些？

5. 中国教育思想的特征主要有哪些？

第十一章　中国古代学术

在中国传统文化中，以哲学为代表的传统学术思想，集中反映了中华民族的理性智慧，留下了丰厚的人文成果，是中华民族赖以生存与发展的精魂与动力。复兴中华民族，建设社会主义现代文化，有必要冷静分析传统学术文化资源，继往开来，不断创新。

第一节　先秦诸子

先秦指的是公元前 221 年秦始皇统一六国之前的历史时期。中国主要的学术流派如儒、墨、道、法等大都起源于这个时期。

周王室东迁以后，学术重心由王宫逐渐移向民间，自老子、孔子以后，一时大思想家辈出，如墨子、庄子、荀子、韩非子等，皆能著书立说而成一家之言，后世称这些思想家为"先秦诸子"。先秦诸子的学说在中国思想史上占有崇高地位，后世各思想学派莫不渊源于此。诸子著作是了解中国古代社会政治、经济、文化的宝贵资料。

春秋战国之交，神州大地掀起了一场社会大变革的风暴。在这场摧枯拉朽、势不可当的大变革中，旧的奴隶主阶级没落了，新的地主阶级兴起了；旧的奴隶制度和道德伦理观念，被新的封建制度和意识形态取代了；一部分农民获得较多的自由，社会的生产关系也发生了深刻的变化；阶级矛盾尖锐激烈，兼并战争连年不断，整个社会呈现出纷繁复杂的大动荡大改组局面。

这个时期一个新的社会阶层应运而生，这就是士。他们来自社会的各个方面，地位虽然较低，但多是有学问有才能的人。他们有的是通晓天文、历算、地理等方面知识的学者，有的是政治、军事的杰出人才。其代表人物如孟子、墨子、庄子、荀子、韩非子以及商鞅、申不害、许行、陈相、苏秦、张仪等，都是著名思想家、政治家、军事家或科学家。至于一般的出谋划策、谈天雕龙之流以及击剑扛鼎、鸡鸣狗盗之徒，更是人数众多。

由于士的出身不同，立场不同，因而在解决或回答现实问题时，提出的政治主张和要求也不同。他们著书立说，争辩不休，出现了百家争鸣的局面，形成了儒家、道家、墨家、法家、阴阳家、名家、纵横家、杂家、农家、小说家等许多学派。其中比较重要的是儒、墨、道、法四家，而《论语》、《孟子》、《墨子》、《老子》、《庄子》、《荀子》、《韩非子》则是这四家的代表著作。其中《论语》、《孟子》、《老子》和《庄子》具有较高的文学价值。

一、儒家

儒家思想是奉孔子为宗师的学说，所以又可称为孔子学说，是对中国以及远东文明发生过重大影响并持续至今的意识形态。儒家经典形成于孔子时代，但是不同时代对儒家经典的解读有很大的不同，因此很难对儒家思想下一个面面俱到的定义。从 14 世纪下半叶起，明清两代朝廷将宋代形成的程朱理学定为官学，形成流传至今的儒家主流。

儒家思想不仅对中国而且对东亚、东南亚乃至全世界都产生过深远的影响。奉儒学为官学的最后一个王朝大清帝国被民国取代以后，儒家思想受到了外来新文化最大限度的冲击，不过在历经多种冲击、浩劫乃至官方政权试图彻底铲除儒家思想之后，儒家思想依然是中国社会一般民众的核心价值观。同时，儒家思想是东亚地区的基本文化信仰。儒家最主要代表人物是孔子。

孔子(前 551—前 479)，名丘，字仲尼，春秋时期鲁国人。孔子是中国古代伟大的思想家和教育家，儒家学派创始人，编撰了中国第一部编年体史书《春秋》。孔子的言行思想主要载于语录体散文集《论语》及《史记·孔子世家》中。

二、法家

法家是先秦诸子中对法律最为重视的一派。他们以主张"依法治国"的"法治"而闻名，并提出了一整套的理论和方法。这为后来建立的中央集权的秦朝制定各项政策提供了有效的理论依据，后来的汉朝继承了秦朝的集权体制以及法律体制，这就是中国古代封建社会的政治与法制的主体。

法家在法理学方面做出了贡献，对于法律的起源、本质、作用以及法律同社会经济、时代要求、国家政权、伦理道德、风俗习惯、自然环境以及人口、人性的关系等基本的问题都做了探讨，且卓有成效。

法家主要代表人物有商鞅、申不害、韩非子、李斯等。

　　韩非子(约公元前 280—前 233)，战国末期韩国(今河南新郑)人。韩非子是中国古代的哲学家、思想家、政论家和散文家，法家思想的集大成者，后世称"韩子"或"韩非子"，中国古代著名法家思想的代表人物。韩非子口吃，不善言谈，而善于著述。韩非子与李斯同是荀子的学生，他博学多能，才学超人，思维敏捷，李斯自以为不如。他写起文章来气势逼人，堪称当时的大手笔。凡是读过他文章的人，几乎没有不佩服他的才学的。

　　商鞅(约公元前 390—前 338)，卫国(今河南安阳)人，战国时期政治家、思想家，先秦法家代表人物。姬姓，卫氏，又称卫鞅、公孙鞅(卫鞅之"卫"即氏於国，商鞅之"商"即氏於居或氏於官，又"诸侯之子曰公子，诸侯之孙曰公孙，公孙之子以王父字为氏"。卫鞅之祖为卫国君，故又称公孙鞅)。商鞅应秦孝公求贤令入秦，说服秦孝公变法图强，孝公死后，受到秦贵族诬害以及秦惠文王的猜忌，车裂而死。其在秦执政 20 余年，秦国大治，史称"商鞅变法"，并使秦国长期凌驾于六国之上。

三、墨家

　　墨家是中国古代主要哲学派别之一，约产生于战国时期，创始人为墨翟。墨家是一个纪律严密的学术团体，其首领称"巨子"，其成员到各国为官必须推行墨家主张，所得俸禄亦须向团体奉献。墨家学派有前后期之分，前期思想主要涉及社会政治、伦理及认识论问题；后期墨家在逻辑学方面有重要贡献。墨家主要代表人物有墨子等。

　　墨子(约前 468—前 376)，名翟，鲁人。墨子是中国战国时期著名的思想家、教育家、社会活动家等，墨家学派的创始人，创立墨家学说，并有《墨子》一书传世。

四、道家

　　道家是先秦时期的一个思想派别，以老子、庄子为主要代表。道家的思想崇尚自然，有辩证法的因素和无神论的倾向，同时主张清静无为，反对斗争。道家思想的核心是"道"，认为"道"是宇宙的本原，也是统治宇宙中一切运动的法则。老子曾在他的著作中说："有物混成，先天地生。寂兮寥兮，独立而不改，周行而不殆，可以为天地母。吾不知其名，强字之曰道，强为之名曰大。"道家学派以老子、庄子为主要代表。

　　老子，姓李名耳，字伯阳，楚国苦县(今河南鹿邑东)人，中国古代伟大的哲学家和思想家、道家学派创始人。老子被唐皇武后封为太上老君，世界文化名人，世界百位历史名人之一，存世有《道德经》（又称《老子》），其作品的精华是朴素的辩证法，主张无为而治，其学说对中国哲学发展具有深刻影响。在道教中老子被尊为道祖。

庄子（约前369—前286），名周，战国时期宋国蒙（今河南商丘市东北）人，中国先秦时期伟大的思想家、哲学家和文学家，道家学说的主要创始人之一。与道家始祖老子并称为"老庄"，他们的哲学思想体系被思想学术界尊为"老庄哲学"。代表作为《庄子》，被唐明皇封为《南华经》，他庄子也被封为"南华真人"。庄子名篇有《逍遥游》、《齐物论》等。庄子主张"天人合一"和"清静无为"。

五、兵家

兵家是中国先秦、汉初研究军事理论，从事军事活动的学派。据《汉书·艺文志》记载，兵家又分为兵权谋家、兵形势家、兵阴阳家和兵技巧家四类。兵家的代表人物有春秋时孙武、司马穰苴，战国时孙膑、吴起、尉缭、公孙鞅、赵奢、白起，汉初张良、韩信等。今有兵家著作《孙子兵法》、《孙膑兵法》、《吴子》、《六韬》、《尉缭子》等。兵家著作中含有丰富的朴素唯物论和辩证法思想。兵家主要代表人物有孙子等。

孙子，齐国乐安（今山东广饶）人，原名孙武，古代著名军事家，曾率领吴国军队大破楚国军队，占领了楚的国都郢城，几灭亡楚国。其著有巨作《孙子兵法》13篇，为后世兵法家所推崇，被誉为"兵学圣典"，置于"武经七书"之首，被译为英文、法文、德文、日文，成为国际间最著名的兵学典范之书。

六、纵横家

纵横家是战国时以从事政治外交活动为主的一个学派，创始人端木赐，其杰出代表人物有苏代、姚贾、苏秦、张仪、公孙衍，《汉书·艺文志》列为"九流"之一。《韩非子》说："纵者，合众弱以攻一强也；横者，事一强以攻众弱也。"他们朝秦暮楚，事无定主，反复无常，设策划谋多从主观的政治要求出发。合纵派的主要代表是苏秦，连横派的主要代表是张仪。苏秦为赵国相位，"合纵抗秦"，并兼六国相印，威风八面。但好景不长，其"合纵"即刻瓦解。张仪受苏秦"提携"，做了秦国大夫，而当苏秦死后，立刻推行他的"连横"术，使苏秦的合纵坦荡无存。这也为秦国最后统一国家奠定了理论基础。

第二节　两汉经学

儒家思想是西周以来封建主义的正统思想。经孔子删定"六经"，聚徒讲学，不仅形成了整套的思想体系，而且培养了大批儒学传播者。孔子死后，儒家地位继续上升。战国时儒墨并称显学，但儒家比墨家更占优势。秦始皇焚民间藏书，坑杀儒生，只许士人学秦朝的法律制度，以吏为师。皇帝宫中却藏有大量图书，朝廷上仍有博士官和儒生（如张苍、叔孙通、伏胜等）或传经或议论政事。秦始皇以为这样就可以整齐学术，统一思想，结果恰相反，儒生参加农民起义，成为推倒秦统治的一支力量。西汉前期，朝廷与诸王国并立，各学派士人游诸王国求禄，助国王反抗朝廷。汉景帝灭七国后，统一全国政治，汉武帝在这个基础上实行学术统一。

前140年，汉武帝即位。他即位后首先实行的一件大事，就是召集全国文士，亲自出题考试，并且亲自阅卷，选取《公羊》学大师董仲舒、公孙弘为首列，非儒学的诸子百家一概被罢黜，儒学从此取得了独尊的地位。

公孙弘是个狱吏出身的儒生，长于奉迎，汉武帝为了提倡儒学，于前124年，擢升他做丞相，封平津侯。公孙弘以前，做丞相的人常是列侯贵族，公孙弘出身贫士，竟得封侯拜相，《公羊》学因此成为最流行的学术。凡是士人和官吏，必须学习儒经，才能得到任用或升迁，儒学独尊的地位更加巩固了。

汉武帝特别提倡《公羊》学，这是因为《春秋》是孔子正名分（诛乱臣贼子）的著作，是封建专制主义具体应用在政治上的典型，是孔子政治思想的完整表现，其他经书都不像《春秋》那样适用。还有一个特点是《春秋》文字极其简单隐晦，便于学者在最大限度内加以穿凿和引申。汉武帝选中《春秋公羊》，在政治需要上是完全切合的。

董仲舒对西汉统一事业的贡献，就在于他把战国以来各家学说以及儒家各派在孔子的名义下、在《春秋公羊》学名义下统一起来。经董仲舒的加工，向来被看做"不达时宜，好是古非今"的儒学，一变而成为"霸王道杂之"，合于汉家制度的儒学了。

董仲舒的哲学基本上是《易经》阴阳学说的引申。《易经》的阴阳学与战国以来盛行的阴阳五行学，融合成为董仲舒的《春秋公羊》学。这样，就把儒家与阴阳五行家统一起来了。《易经》阴阳学说明阴阳的基本观点是仁与义，董仲舒说阳是天之德，阴是天之刑，刑主杀，德主生，天亲阳而疏阴，重德而不重刑。这样，便把儒家的仁义与黄老刑名之学统一起来了。董仲舒说天不是为王生民，而是为民立王，能利民的王，天要让他做下去，害民的王，天要夺去他的王位。有道伐无道，是天理也是人理。这样，便把儒家汤武革命、天命靡常的学说与阴阳五行家的五德终始说统一起来了。

董仲舒根据他的哲学观点，提出许多影响甚大的建议。这些建议，极大部分被汉武帝采纳并得到施行。

孔子以后董仲舒以前的儒学是汉人称为朴学的原始儒学，它的特点一是思想上还拘泥于残余的领主制度，不能完全符合新的地主统治的需要；二是儒家还是各种学派中的一派，不能吸收各种学派，使其统一到儒学里面来。董仲舒生在汉景帝、汉武帝时候，西汉政治上统一的条件已经成熟了，学术上统一的条件也成熟了。儒学经董仲舒的加工，摆脱了原始阶段，成为阴阳五行化的、完全适合地主统治的西汉今文经学。某些汉儒把董仲舒当做孔子的继承者，因为他创造了今文经学。

凡是博士教弟子的经书，都是用汉朝通行的隶书书写的，因此叫做今文经。阴阳五行化的今文经学是一种迷信的、烦琐的、穿凿附会的很少有学术价值的学问。朝廷指定它作为士人求仕的道路，以便有效地控制士人，使他们顶着空虚昏暗的头脑，在利禄的道路上一辈又一辈地追求下去。

今文经学反映着统治阶级当权派的政治利益。和它相对立的古文经学，反映着不当权派的政治要求，古文经学者也要求把古文经学作为入仕的一条道路。用篆文写的经书叫做古文经，传授古文经的学说叫做古文经学。它的特点一是保持朴学的传统，按字义讲解经文，训诂简明，不凭空臆说，与烦琐的今文经学趋向不同；二是迷信成分极少或排斥迷信，与阴阳五行化的今文经学不同；三是少数儒生私家自相传授，在政治上主张复古，与迎合世务的博士学——今文经学趋向不同。还有一个特点是两种经学相同的，那就是都缺乏进步性的思想。当然古文经学在反对迷信这一点上，比起今文经学来还是进步一些的，东汉王充、南朝范缜的学说就是以古文经学为基础而发展起来的。

王莽要夺取西汉政权，政治上收揽统治阶级各部分势力，经学上也对古文经学让步，在太学里立《左氏春秋》、《毛诗》、《周礼》、《古文尚书》四个古文经学博士。今文博士坚决反对古文经学从私学上升为官学，与古文经学的提倡者刘歆进行了激烈的宗派斗争。刘歆凭借政治力量，暂时压倒今文博士。东汉光武帝取消古文博士，古文又成为私学。东汉时期，私学在士人间盛行，产生不少著名的大师，经学上成绩远超过官学，但总是得不到官学的地位。官私两学的不断冲突，正反映出东汉统治阶级内部的不断冲突。

忠实于儒家学说的一些儒者，有不少议论是同情人民的。贾谊《新书·大政篇》说：人君"知恶而弗改，必受天殃。天有常福，必与有德，天有常灾，必与夺民时。故夫民者至贱而不可简也，至愚而不可欺也。故自古至于今，与民为仇者，有迟有速，而民必胜之"。

董仲舒创阴阳五行化的儒学，借天道说人事。他在对策里说："谨案《春秋》之中，视前世已行之事，以观天人相与之际，甚可畏也。国家将有失道之败，而天乃先出灾害以谴告之；不知自省，又出怪异以警惧之；尚不知变，而伤败乃至。以此见天心之仁爱人君而欲止其乱也。自非大无道之世者，天尽欲扶持而安全之，事在强勉而已矣。"董仲舒所讲天人之际，本意在利用天变灾异来进行谏诤，剥去迷信部分，实质上仍是孔孟的仁义学说。

汉昭帝时，泰山等地发生怪异事。眭弘上书说："先师董仲舒有言：虽有继体守文之君，不害圣人之受命。"眭弘以为汉运已经终了，要求朝廷访求天下贤人，"禅以帝位"，"以承顺天命"。朝廷加眭弘"妖言惑众，大逆不道"的罪名，杀眭弘。董仲舒遵守有德代失德的训条，眭弘为这个训条遭杀身之祸，足见他们是忠实于自己的学说的。

汉宣帝重用治狱之吏，盖宽饶上书，引韩氏《易传》言："五帝官天下，三王家天下。家以传子，官以传贤。若四时之运，功成者去，不得其人，则不居其位。"他暗示汉宣帝应让位给贤者。朝廷说他自己想做皇帝，大逆不道。盖宽饶自杀。

汉元帝用儒生为政，朝纲不振。贡禹上书说："方今天下饥馑，可无大自损减以救之，称天意乎！天生圣人，盖为万民，非独使自娱乐而已也。"

谷永在汉成帝时上书说："天生蒸民，不能相治，为立王者以统理之。方制海内，非为天子，列土封疆，非为诸侯，皆以为民也。……去无道，天有德，不私一姓，明天下乃天下之天下，非一人之天下也。……夫去恶夺弱，迁命贤圣，天地之常经，百王之所同也。"

鲍宣在汉哀帝时上书说："民有七亡而无一得，欲望国安诚难；民有七死而无一生，欲望刑措诚难。此非公卿守相贪残成化之所致耶！群臣幸得居尊官，食重禄，岂有肯加恻隐于细民，助陛下流教化者耶！……天下乃皇天之天下也。陛下上为天子，下为黎庶父母，为天牧养元元，视之当如一……今贫民菜食不厌，衣又穿空，父子夫妇不能相保，诚可为酸鼻。陛下不救，将安所归命乎！……夫官爵非陛下之官爵，乃天下之官爵也。陛下取非其官，官非其人，而望天悦民服，岂不难哉！……天人同心，人心悦则天意解矣。"

上列诸儒言论，自董仲舒以下，无不附会天变灾异来反对暴政，要求德治。他们拥护封建统治，但希望有德代失德，并不拥护一姓常存。他们同情人民疾苦，但着重在劝告朝廷，并不同情农民起义。所以儒学始终是适合封建统治阶级的政治学说，同情人民是有限度的，拥护封建统治则是绝对的。

第三节　魏晋玄学

魏晋玄学是中国魏晋时期出现的一种崇尚老庄的思潮。"玄"这一概念，最早出现于《老子》："玄之又玄，众妙之门。"扬雄也讲玄，他在《太玄·玄摛》中说："玄者，幽摛万类，不见形者也。"王弼《老子指略》说："玄，谓之深者也。"玄学即是研究幽深玄远问题的学说。魏晋时人注重《老子》、《庄子》和《周易》，称之为"三玄"，而《老子》、《庄子》则被视为"玄宗"。魏晋玄学的主要代表人物有何晏、王弼、阮籍、嵇康、向秀、郭象等。

玄学的形成有着很深的历史背景。两汉时期，经学独尊，为朝廷入仕干禄之门，今文经学谶纬之说流行，天人、阴阳、符应等观念大盛，依附政治，而日渐荒诞，深受王充、仲长统、荀悦等人批判；而古文经学则偏重章句训诂，流于烦琐支离。东汉所标举的士人气节，多已陷于虚矫。至汉末魏晋时，儒家经学虽仍为官方学术主流，然玄学风气则随名士清谈逐渐流行，以《老子》、《庄子》、《易经》为讨论张本，喜好讨论有无、本末等玄理，论辩深具理致。

汉末由于天下大乱，刘表于荆州招致士人，当地局势大体安定，文士、学者多前往归附，日渐形成特殊学风，后人研究有称为"荆州学派"者。荆州学风，逐渐舍弃象数、吉凶等说法，而改以义理内容为主。而汉代对人性的讨论，逐步发展成为魏晋时"才性"与"人物鉴赏"等论题，其中以刘劭《人物志》为其代表。当时政治势力更迭，局势混乱，原有价值体系面临挑战，"名教与自然"、"圣人论"亦随之而起。

随着儒家经学的衰微，党锢诸名士遭到政治暴力的摧残与压迫，一变其具体评议朝廷人物任用的当否，即所谓清议，而为抽象玄理的讨论；另一个原因就是魏初正始年间的改制运动，倡自何晏、夏侯玄。作为一种新思潮的魏晋玄学，它吸收道家精神形态，所讨论的问题是从《周易》、《老子》、《庄子》三本经典而来，以老庄思想为骨架，究极宇宙人生的哲理，即"本末有无"的问题，以讲究修辞和技巧的谈说论辩方式而进行的一种学术社交活动。其发展并非要取代儒家，而是要调和儒道，使儒道兼容。

魏晋玄学可概括地分为正始、竹林和元康三时期，在理论上有老或庄之偏重，但主要的仍是对于儒家名教的态度，即政治倾向的不同。正始时期玄学家中，以何晏、王弼为代表，从研究名理而发展到无名；而竹林时期玄学家以阮籍、嵇康为代表，皆标榜老庄之学，以自然为宗，不愿与司马氏政权合作；元康时期玄学家以向秀、郭象为代表。东晋一朝为清谈后期，清谈只为口中或纸上的玄言，已失去政治上的实际性质，仅作为名士身份的装饰品，并且与佛教结合，发展为儒、道、佛三位一体的趋势。

一、正始时期

正始时期玄学的代表人物有何晏和王弼。何晏的主要著作有《道德论》、《论语集解》，著作里面贯穿了一些深奥的哲学思想，如"贵无论"、"名教本于自然"、"圣人无情而有性"等。

王弼的主要著作有《老子注》、《老子指略》、《周易注》、《周易略例》，其中《老子指略》最突出。它认为若把某种一定的事物当做世界的始基，就不能说明世界的多样性，所以"有"不能成为世界统一性的基础，故要以"无"为本。

王弼从"以无为本"对本末、体用、一多、名教与自然等概念进行了新的解释。他开创的玄学，不仅为儒道融合开辟了道路，而且为中国传统文化与外来的佛教文化的融合开辟了道路。宋明理学汲取了玄学本体论，建立了以儒家思想为主体的三教合一的思想体系。从周敦颐的"无极而太极"、张载的"太虚即气"，到程朱的"体用一源，显微无间"、陆王的"宇宙是吾心"的心体物用论，都汲取了王弼玄学体用论的思想方法。

二、竹林时期

竹林时期的玄学代表人物有阮籍和嵇康。阮籍的重要著作有《通易论》、《通老论》、《达庄论》等，其核心思想是"折衷名教与自然"。阮籍反对虚伪的名教而崇尚自然，对司马氏的篡夺表现消极不合作。阮籍的鄙弃名教和嵇康一样，但他并不主张真正废弃名教，在他内心是要维护真正的名教。他崇尚自然，却不愿完全放弃名教，说明他的名教与自然调和的折中思想。

嵇康的重要著作有《声无哀乐论》、《养生论》、《释私论》等，核心思想是"越名教而任自然"。嵇康针对司马氏集团用以篡权的名教工具，尖锐地指出儒家经典所宣扬的礼法名教，司马氏所提倡的"以孝治天下"，本身就是束缚人性、违反自然，甚至是社会上一切伪善、欺诈等种种恶浊现象的根源。故不应为名教所拘，而求得精神上的自由，这就是越名教而任自然。他还认为，音乐和人的感情是两种不同的事物，音乐所发出的只是客观的音调，它不含有哀乐的感情，哀乐则出于人的内心，完全是主观的。

三、元康时期

元康时期代表人物有郭象、裴頠和欧阳建等。郭象以反对"无中生有说"为起点，提出"自生无待说"，进而由"自生无待说"推至"独化相因说"，并由"独化说"导出"足性逍遥说"，并以之为中间环节，最后由"足性逍遥说"得出"宏内游外"，即"名教与自然合一说"，这是其哲学的最后归宿。他的重要著作有《庄子注》等。

郭象以"有"作为万物存在的根据，又主张物各自生、自为，而自为就是自然无为。这就调和了"崇有"与"无为"的矛盾。

裴頠的重要著作是《崇有论》。裴頠总括万有的道不是虚无的，根据万物不同的形象可以分为不同类别，一切有生的存在都是有形象的；万物变化与相互作用是错综复杂的，是客观规律的根源。裴頠不同于贵无学派，是在于他承认世界的根本是"有"，而不是虚无。他排斥无作为万物本体的永恒和绝对性，肯定了万有的真实存在。他肯定"有自生"，而非"生于无"。认为"无"不能生"有"，是因为万物开始产生时，都是自己生出来的，如果一定要给它再找一个造物者作为它的依据，那是不可能的。

欧阳建的重要著作是《言尽意论》，其核心思想是"言意之辩"。

《言尽意论》说："有雷同君子问于违众先生曰：'世之论者，以为言不尽意，由来尚矣。至乎通才达识，咸以为然。若夫蒋公之论眸子，钟傅之言才性，莫不引此为谈证。而先生以为不然，何哉？'先生曰：'夫天不言，而四时行焉；圣人不言，而鉴识存焉。'无为者也。而古今务于正名，圣贤不能去言，其故何也？诚以理得于心，非言不畅；物定于彼，非名不辩。言不畅志，则无以相接；名不辩物，则鉴识不显。鉴识显而名品殊，言称接而情志畅。原其所以，本其所由，非物有自然之名，理有必定之称也。欲辩其实，则殊其名；欲宣其志，则立其称。名逐物而迁，言因理而变。此犹声发响应，形存影附，不得相与为二矣。苟其不二，则言无不尽矣。吾故以为尽矣。"

欧阳建的《言尽意论》，虽然很短，但是明确地说明了唯物主义的认识论的基本原则反映论。在当时玄学贵无论的影响下，很多人都主张言不尽意。在这篇论文中，欧阳建首先明确地肯定了客观事物及其规律的客观性。

在中国哲学史中，"名"与"实"的关系是一个传统的问题，在这个问题上，欧阳建坚持了唯物主义的路线。欧阳建在这里对于"名"和"言"做了区别。"名"所指的是一种一种的事物，"言"所讲的是关于一个一个理的判断。"名"的对象是事物，其内容是概念。"言"的对象是事物的规律，其内容是关于规律的判断。在这篇文章的结尾，欧阳建再一次说明，在主观和客观这两个对立面中，客观是主要的，因为欧阳建认为客观世界是离开人的概念和语言而独立存在的，但语言概念又是人们用以说明客观世界的工具。这驳斥了当时玄学家认为语言概念无法表达事物真相的看法。

四、东晋时期

东晋时期玄学的代表人物有僧肇等。僧肇出生时玄学的鼎盛期已经过去了。他通过对佛学界一些不合佛学原义思想的澄清，把般若学从依附玄学的局面中摆脱出来，使佛学走上了独立发展的道路。他的重要著作是《肇论》。他比较正确地运用了中观学的思辨理论，旁取儒学、玄学思想，形成一个完整的哲学体系。他把中、印两地的思想文化巧妙地结合起来，初步实现了佛教哲学的中国化。

僧肇的佛教哲学思想直接或间接地影响以后中国化佛教宗派的产生。他所提出的不少命题，成为以后佛教哲学经常讨论的问题，也就是说，僧肇开拓了佛教中国化的途径和方向。

第四节　宋明理学

宋明时期是中国文化和哲学发展的又一个高峰。由于宋明时期中国哲学的主要代表形态是理学，人们习惯上多以"宋明理学"的概念来称呼这一时期的哲学。

宋明理学是儒学的一种历史发展，是继魏晋把儒学玄学改造之后，对儒学的佛老化改造；宋明理学是对隋唐以来逐渐走向没落的儒学的一种强有力地复兴。这次复兴儒学的运动，由隋唐之际的王通发其先声，由唐代中期以后的韩愈、李翱、柳宗元诸人继其后续，而至两宋时期蔚为大观，形成一场声势浩大、波澜壮阔而又影响久远的儒学运动。在时间上，这场儒学运动持续到明清之际，影响直至当代；在空间上，这场儒学运动不限于儒学的故乡，还牵涉到受儒学影响的东亚诸国，以至于在这些国家，所谓的儒学主要就是指理学（或称性理学）；宋明理学是当时中国有抱负有思想的学术群体对现实社会问题以及外来佛教和本土道教文化挑战的一种积极回应，他们在消化吸收佛道二教思想的基础上，对佛道二教展开了一种与孟子"辟杨墨"相类似的所谓"辟佛老"的文化攻势，力求解决汉末以来中国社会极为严重的信仰危机和道德危机。

宋明理学反映了中国古代社会后期有思想有见识的中国人在思考和解决现实社会问题与文化问题中所生发出来的哲学智慧，它深深影响了中国古代社会后半期的社会发展和文明走势，现代的中国人仍然不得不面对由它所造成的社会及文化后果。然而也正是这个智慧成果，成功地回应佛老而使儒学重新走上了正统的地位。

北宋嘉祐、治平年间，儒学发展形成了王安石荆公学派、司马光温公学派、苏轼的蜀学等派。后来谈兼性理而著名者，有周濂溪的濂学，张载的关学，二程（程颢、程颐）的洛学。洛学由朱熹发扬光大，在福建创出闽学，使其成为居正统之位的程朱理学。濂、洛、关、闽四学派，后人称之为理学四派。

程朱理学是宋明理学的一个支流，被简称为理学，以便与陆象山、王阳明的心学相对，但其实心学亦属于宋明理学的一支。

陆王心学形成于程朱理学日趋僵化之际，而盛于明代中后期。张横渠、罗钦顺与王夫之的气学则于心学日趋式微之际，与事功学派合流而盛于清代。

理学实际创始人为周敦颐，邵雍，张载，二程（程颢、程颐），至南宋朱熹而集大成，建立了一个比较完整的客观唯心主义体系。提出"理"先于天地而存在，其为学主张"即物而穷理"。与朱熹对立的是陆九渊的主观唯心主义，提出"宇宙便是吾心"的命题。明代，王守仁进一步发展陆九渊的学说，认为"心外无物"、"心外无理"，断言心之"灵明"为宇宙万物的根源。为学主"明体心"、"致良知"。此外，北宋张载提出的气一元论，与二程截然不同。明代王廷相以及清初的王夫之、颜元等，对程朱、陆王皆持反对态度。至戴震著《孟子字义疏证》，得出"理存于欲"，指出"后儒以理杀人"，则更给予了理学以有力地批判。

理学一名始称于南宋，朱子曾说"理学最难"，陆九渊也说"惟本朝理学，远过汉唐"。明代以来，理学成为专指宋以来形成的学术体系的概念。

理学有广义、狭义之分。广义理学就是指宋明以来形成的占主导地位的儒家哲学思想体系，它包括两个方面：一是在宋代占统治地位的以洛学为主的道学，至南宋朱熹达到顶峰的以"理"为最高范畴的思想体系，后来习惯用"理学"指称其思想体系；二是在宋代产生而在明代中后期占主导地位的以"心"为最高范畴的思想体系，即以陆九渊、王守仁为代表的"心学"。狭义理学则专指程朱学派。

宋明理学体系中最重要的是理学和心学。

理学，一个以"理"或者"天理"为核心的观念系统，它回答了佛、道关于宇宙、自然的深层思考，把这些思考与传统儒家对现实人生的关怀联系起来。代表人物为思想家朱熹。南宋的朱熹全面总结了北宋以来理学成就，建立了庞大而严密的理学体系。在理气关系方面，他认为，理比气更根本，逻辑上理先于气；同时气有变化的能动性，理不能离开气。他认为万物各有其理，而万物之理终归为一，这就是"太极"。在理学修养论方面，以本体论为基础，强调个人学习的日积月累，循序渐进，以达到"仁"的最高境界。在政治理论方面，是以道统论为依据的社会实践的理论。他认为，道的价值内涵是"三纲五常"，还认为，儒家干预政治的关键就是要设法"正君心"，因为只有君心得正，才能正纲常、正百官，而后国治、天下平。在理学经典方面，朱熹将《大学》、《中庸》、《论语》和《孟子》集为《四书》，并为之作注，使之成为理学的主要经典。

朱熹成为仅次于孔孟的一代儒学宗师，其思想作为官方正统儒学，影响后世六七百年，对维护专制主义政治制度起了重要作用。

心学的代表人物是陆九渊和王守仁。他们认为"理"不需要到身心以外的事物上去找，提出"心即理也"，"宇宙便是吾心，吾心便是宇宙"。指出心就是天地万物的渊源。求理的方法是发明本心，就是要进行内心的反省。陆九渊以发明本心为为学宗旨，辨析格物与静坐、尊德性与道问学等为学之方，提出收拾精神、自作主宰的发明本心的功夫。所谓格物与静坐，是指格物穷理不需要烦琐的经典传注，而只需诉诸易简功夫；静坐体验是一种重要的格物，即是一种重要的发明本心的功夫。在尊德性与道问学方面，他们认为读书穷理是末不是本，发明本心要先立其心。尊德性对于求道问学具有优先性，只要收拾精神、自做主宰，就能达到道德上的自我实现与自我完善。

明中期，程朱理学逐渐失去以之寻求圣贤学问的精神。王守仁等认为学术流弊导致道德沦丧，从而引起社会动荡，主张以心学来更新理学，它的思想结晶被称为"阳明心学"。王守仁的思想核心是"致良知"，认为良知就是本心，就是理。认为天理就在自己心中，只要克服私欲、回复良知就能成为圣贤。从心学发展的角度看，王阳明成熟时期的思想体系是围绕着以良知为核心，以致良知为宗旨而展开的良知含义的多重规定。

王阳明从本体、是非、志意、自慊四方面对良知作出辨析。良知作为心之本体，这是源于孟子的良知良能。心外无理，理外无心。良知即是是非之心。良知作为个体之心与普遍之理的统一，是主体价值评价的内在标准。他肯定主体良知判断是非善恶的能动性。良知有判断是非的能力，良知不仅主宰意念之发，而且评判已发的意识活动。意志定向作用，赋予主体行为的专一性。意志与良知的关系基于良知的二重性。良知体现为主体的一定的心理情感体验；自慊是指主体由于行为合乎内在意愿而产生的一种愉悦感和满足感。王阳明把普遍之理融入内在良知，将天理的外在强制化为良知的内在制约，这就要求主体有对自身良知的自觉意识。致良知即是将本然之良知化为明觉之良知。

致良知即实行其良知。致良知要依良知而行，致知攻夫要落实于切切实实的具体的道德行为之中。王阳明把致良知称之为圣人之学，心之良知即为圣。良知既是致知活动的出发点和归宿，又是主体达到理想人格的本原与归宿。

程朱理学与陆王心学都是儒学的表现形式，都继承了孔孟"仁"和"礼"的思想，都认为世界本原是"理"。他们都有助于统治者维护专制统治，都压制、扼杀人们的自然欲求；都对塑造中华民族的性格产生了巨大的影响。

第五节　古代兵法

兵法，一般指用兵作战的方法、策略。

中国春秋战国时代，诸侯之间不断爆发战争，从事军事的智谋之士，总结军事方面的经验教训，研究制胜的规律，这一类学者古称之为兵家。凡论述军事的兵家著作，称为兵书。《汉书·艺文志·兵书略》著录汉以前兵家著作 53 家，790 篇，图 43 卷，分为权谋、形势、阴阳、技巧四家。吕思勉《先秦学术概论·兵家》谓："阴阳、技巧之书，今已尽亡。权谋、形势之书，亦所存无几。大约兵阴阳家言，当有关天时，亦必涉迷信。兵技巧家言，最切实用。然今古异宜，故不传于后。兵形势之言，亦今古不同。惟其理多相通，故其存在，仍多后人所能解。至兵权谋，则专论用兵之理，凡无今古之异。兵家言之可考见古代学术思想者，断推此家矣。"

兵家的代表人物有春秋时孙武、司马穰苴；战国时孙膑、吴起、尉缭、公孙鞅、赵奢、白起，汉初张良、韩信等。今有兵家著作《孙子兵法》、《孙膑兵法》、《吴子》、《六韬》、《尉缭子》等。兵家著作中含有丰富的朴素唯物论和辩证法思想。兵家的实践活动与理论，影响当时及后世甚大，为中国古代宝贵的军事思想遗产。

在这浩繁的兵书典籍之中，若论其内容的博大精深及其对中外古今的影响之深远，应首推《孙子兵法》。唐太宗李世民曾说："朕观诸兵书，无出孙武。"所以可以这样说，《孙子兵法》是中国兵法中的佼佼者。

《孙子兵法》成书于春秋末期，作者孙武的生卒年已无法详考，大概与孔子同时。他生于武学世家，从小就受兵学文化的熏陶，长大后潜心研究兵法。后因避祸，从齐国逃至吴国，在楚亡臣伍子胥的引荐下，携兵法13篇拜见吴王阖闾，深得吴王赏识，拜为将军。在孙武的辅佐下，吴国经过9年的兴利除弊，励精图治，五战入郢，击破强楚。此后，史册上便不再有关于孙武的记述。据传他因看不惯吴王入郢后的言行，知道大志难图，归隐山林，以得善终。

《孙子兵法》对战争的本质和对战略、战术原则的阐释都是深邃而精当的。孙子认为"兵者，国之大事"、"兵者，诡道也"。也就是说，国防是综合国力的重要组成部分，是国家生存和发展的根本保证。战争是实现和平的重要手段，即使在和平发展的年代，国防建设也是不可等闲视之的大事。战争是人类活动中的一种，其特征就是真真假假、虚虚实实，充满了诡诈和机变。所以，战争的运动规律是"以诈立，以利动，以分合为变"。孙子还从战略角度探讨了政治、经济、外交、谋略、心理与战争的密切关系，具体提出了一系列战术原则。如速胜原则、"知己知彼"原则、"立于不败之地"的先胜原则、"制人而不制于人"的主动原则、"以正合、以奇胜"的出奇制胜原则、"避实而击虚"的击虚原则、"择人而任势"的任势原则等。这些战略、战术的思想和原则直到今天，对于军事战争、政治角逐、商业竞争以及其他人生的诸种活动都有极高的指导价值。这正是《孙子兵法》得以流传至今并得到重视的根本理由。

第一，《孙子兵法》认为军事活动不仅是实力的角逐，而且也是智力的较量。"智慧"是兵家文化理想人格的核心内容。何谓智慧？智慧是人们对问题能迅速地、灵活地、正确地理解和解决的能力，这种能力是人们所学知识、所拥有的人生经历和感悟能力相结合而形成的一种综合素质和能力。知识不能等同于智慧，知识只有与人生阅历相结合，通过人们的思考才能内化为智慧。中国兵学文化就是以"智慧"为理想人格的虚拟条件而建构起来的，所以《孙子兵法》中把"智"置于首位。孙子认为："将者，智、信、仁、勇、严也。"作为对将帅的五点要求，"智"被置于首位，其喻义是十分深刻的。在军事活动中，临阵指挥的将帅首要的条件就是具备聪明才智，否则是难以胜任的。

第二，《孙子兵法》推崇"谋攻"。孙子认为："上兵伐谋，其次伐交，其次伐兵，其下攻城。"在运用智谋、外交、野战、攻城这几种攻击方式中，孙子极力推崇谋攻。这里智是谋的前提，谋是智的运用和结果，无"智"则无以为谋。只有运用谋攻，才能达到孙子所倡导的"不战而屈人之兵"的目的。

第三，《孙子兵法》主张"先知"。孙子认为战争之前，应对双方的条件进行比较，从"道、天、地、将、法"几方面分析双方的实力，做到"知己知彼"、"知天知地"、"无所不知"。做到"先知"实属不易，更何况"兵无常势"、"兵者，诡道"。也就是说战场情况千变万化，而真假、虚实相杂难辨。所以，若非智者，就无法从纷繁复杂的境况中理出头绪，做出合乎实际的判断和决策。

第四，《孙子兵法》反对死搬教条。孙子认为："此兵家之胜，不可先传也。"兵法只能提供一般性的指导原则，而无法把战场上的一切变化都预料得到。所以学习兵法力戒教条主义。纸上谈兵是不可靠的，真正可靠的是人的智慧。只有智慧的将帅才能超越理论的局限性，把战争引向胜利。

第五，《孙子兵法》主张判断利害。孙子认为："不尽知用兵之害者，则不能尽知用兵之利"，"智者之虑，必杂于利害"，"军争为利，军争为危"。在军事活动中利与害、安与危、成与败相伴而生，而其间的决策就是一种选择。人们常常要在利害难明的情况下进行抉择，没有一定胆识的人怕只能是举棋不定。

第六，《孙子兵法》认为巧能成事。孙子认为："为兵之事，在于顺详敌之意，并敌一向，千里杀将，此谓巧能成事。"其大意是用兵作战，在于假装顺从敌人的意图，一有机会，就集中兵力指向敌人一处，长驱千里，擒杀敌将，这就是所谓巧妙用兵能成大事。如何才能做到巧妙用兵呢？其实还是离不开一个"智"字。没有"智"就无法识破敌人的诡计，将计就计；没有智就谈不到把握战机，集中优势兵力攻击敌人；没有智也就没有巧，何谈成就大事呢？

可见，由于军事活动的特殊性要求，使智慧成为兵法文化理想人格的核心内容。作为能参与军事活动的决策者、执行者，首先必须是智者。智者是不是可以永葆其智呢？其实不然。孙子认为智者也必须注意两点：一是在利面前要有审慎的态度。孙子多次提到"利而诱之"、"以利动之"，如果从相反的角度考虑，参与军事活动的人总是会面对形形色色的利，如金钱、财货、美色、功名等，若有不慎，就会利令智昏，轻则身败名裂，重则祸国殃民。二是要有自我克制的能力，切忌感情用事。孙子认为："主不可以怒而兴师，将不可愠而致战。怒可以复喜，愠可以复悦，亡国不可以复存，死者不可以复生。"人在盛怒之下，最易丧失理智而感情用事，犯平时不会犯的错误。所以参与军事活动，必须有自我克制的能力，始终保持清醒的头脑，不能因自己的错误而致败。可见，保持"智"比拥有"智"更重要。

《孙子兵法》注重道德人生，对参与军事活动的君主、将帅、士兵的行为所作进行了道德要求。道德是调整人们之间以及个人与社会之间关系的行为规范的总和。从规范的范围来看，有普适性道德和群体性道德。兵家所讲的规范是对参与军事活动的君主、将帅、士兵的行为所作的规范。作为战争的当事人只有遵循这些规范，才能建设出一支强而有力的队伍，无往而不胜。

君主是国家大政方针的决策者，所负责任十分重大。所以他应始终以百姓苍生为怀，以国家安危为念，应该具有极强的社会责任感和使命感。因此君主应该注重以下几点：其一，重战。孙子认为："兵者，国之大事，死生之地，存亡之道，不可以不察。"用现在的话说就是君主不能忽视国防建设。在历史上，有多少君王都因废弃兵事，而导致了国家衰败和灭亡。历史以无可争辩的事实告诉人们，只有重战，搞好国防，才是国家长治久安、百姓乐享太平的根本保证。其二，慎战。孙子认为："其用战也慎，久则钝兵挫锐，攻城则力屈，久暴师则国用不足。夫钝兵挫锐，屈力殚货，则诸侯乘其弊而起，固有智者，不能善其后矣。"用兵打仗耗费甚大，君主必须慎重用战，切不可穷兵黩武。否则，国家也会招致灭顶之灾。其三，以民为本。孙子认为："道者，令民与上同意也，故可以与之死，可以与之生，而不畏危。"君主应有好生之德，在制定国策方针时，不能以自己的好恶为出发点，而要心系国家安危、百姓祸福。只有这样，才能得到百姓的爱戴和拥护。其四，切忌患军。孙子认为："君之所以患于军者三：不知军之不可以进而谓之进，不知军之不可以退而谓之退，是谓縻军；不知三军之事，而同三军之政，则军士惑矣；不知三军之权，而同三军之任，则军士疑矣。三军即惑且疑，则诸侯之难至矣，是谓乱军引胜。"君主应择人善任，不能事必躬亲、越俎代庖，在不知实际形势的情况下瞎指挥，否则是自乱军心、自取灭亡。

将帅是军队的直接指挥者，他们所负有的社会责任也是十分重大的。正如孙子所言："知兵之将，生民之司命，国家安危之主。""夫将者，国之辅也。辅周则国必强，辅隙则国必弱。"所以将帅应有胆有识，有忠心，有极强的社会责任感和使命感。因此将帅应该注重以下几点：其一，具备优良的综合素质。孙子认为："将者，智、信、仁、勇、严也"。智即智慧。

兵法中所谈的智慧，主要是针对将帅而言的。此外将帅还应有仁爱之心，有勇往直前的魄力，做到严于律己和严于治军，取信于民和士卒。只有这样，才能有效地指挥士卒进行殊死的搏斗，获得胜利。其二，君命有所不受。孙子认为将帅应做到"故战道必胜，主曰无战，必战可也；战道不胜，主曰必战，无战可也。进不求名，退不避罪，唯人是保，而利合于主，国之宝也。"这里对将帅提出了更高的要求，即将帅要有公心，要超越自我的私心，才能与国、与民有利。其三，爱而能用。孙子认为："卒未亲附而罚之，则不服，不服则不可用也。卒已亲附而罚不行，则不可用也。""视卒如婴儿，故可以与之赴深溪。视卒如爱子，故可与之俱死，厚而不能使，爱而不能令，乱而不能治，譬如骄子，不可用也。"将帅要做到亲而罚，爱而能用，才能有效地指挥，无往不胜。其四，切勿偏执。孙子认为："将有五危：必死，可杀也；必生，可虏也；忿速，可侮也；廉洁，可辱也；爱民，可烦也。凡此五者，将之过也，用兵之灾也。"将帅的性格、志趣、品性等都不可太偏执，过分地走极端，会被敌方利用，使军队招致失败。

士卒是战场上军事计划的执行者，必须具备"勇"、"练"和服从命令的素质，正如孙子所说的"登高而去梯"、"焚舟破釜"，可使士卒的"勇"发挥到极致。"士卒孰练"，就是常说的平时多练功，战时少流血。士卒不仅要勇，还应有熟练的作战本领。"人即专一，则勇者不得独进，怯者不得独退。"士卒应服从命令，步调一致，才能赢得战争的胜利。

《孙子兵法》所追求的目标，初看似乎就是一个"利"字，但细细品味，就会发现这个"利"字，其实就是"安国全军"，就是天下太平，就是黎民百姓安享盛世。难怪孔子读过《孙子兵法》也惊叹不已，认为与自己的主张有异曲同工之妙。

《孙子兵法》成书于春秋末期，是中国古代流传下来的最早、最完整、最著名的军事著作，在中国军事史上占有举足轻重的地位，其军事思想对中国历代军事家、政治家、思想家产生了非常深远的影响，已被译成日、英、法、德、俄等十几种文字，在世界各地广为流传，享有"兵学圣典"的美誉。作为华夏文明乃至世界文明中璀璨的瑰宝，《孙子兵法》不仅仅是一部兵书，不仅是中国文化中的重要遗产，它更是华夏智慧与朴素思想的象征。

思考与讨论题：

1. 中国古代学术思想的精华和糟粕表现在哪些方面？

2. 当今有人把中国古代兵法原理用于社会和经济管理，这样做合适吗？

第十二章　中国古代文学

中国文学源远流长，代有高峰，名家辈出，佳作纷呈，充分展现了中华民族的心灵史和精神特质。中国文学的成就是中华民族的骄傲，是我们永远取之不尽、用之不竭的审美源泉。

第一节　先秦文学

一、先秦文学的成就

先秦文学是中国古代文学发生、发展的最早阶段，包括秦代以前各个历史时期的文学。这一阶段产生了很多优秀作品，有成为中国古代文学先导的古代神话和古代歌谣，有标志着中国文学光辉起点的《诗经》，有作为后代史传体文学和小说、戏剧滥觞的历史散文，有体现战国时代百家争鸣局面的诸子散文，有中国寓言文学鼻祖的先秦寓言，有光耀千古的浪漫主义杰作《楚辞》等。丰富多彩的先秦文学奠定了中国两千多年文学发展的坚实基础。

（一）上古歌谣和神话

远古时期的歌谣和神话，在古籍中时有记载。《蜡辞》云："土，反其宅！水，归其壑！昆虫，毋作！草木，归其泽！"这大概是一首农事祭歌。另有《吴越春秋》卷九所载的《弹歌》："断竹，续竹，飞土，逐宍。"该诗反映的是原始人制造弹弓和狩猎的过程。显然，这些都是十分古老的歌谣，其语言古朴，但已经具有韵律了。

神话是远古时代的人民对其所接触的自然现象、社会现象，幻想出来的具有艺术意味的解释和描述的集体口头创作。中国神话大多保存在《山海经》、《楚辞》、《庄子》、《列子》、《淮南子》等文献中，在所有的古代文献中，《山海经》最有神话学价值，是中国古代保存神话资料最多的著作。这些神话按题材大致可分为创世神话、洪水神话、战争神话、英雄神话等，其中著名的有盘古开天地、女娲补天、黄帝擒蚩尤、大禹治水、后羿射日、夸父追日、精卫填海等。

随着文字的产生，中国文学脱离了传说时期。甲骨文字和部分青铜器上的铭文，是现在所知最古老的文字。甲骨文和金文的产生为口耳相传的文学发展成为书面文学提供了条件，标志着中国书面文学的萌芽。

(二)《诗经》

《诗经》产生于西周初年到春秋中叶，是中国最早的一部诗歌总集，也是先秦时期最重要的文学作品。《诗经》以外的古逸诗散见于后世的著述，真伪难辨，因而《诗经》也是西周至春秋时代唯一的诗歌总集。西周以前的歌谣都非常简短，只是具备诗歌的雏形。到了周代，诗歌在原有的基础上繁荣起来，这些诗歌许多被收入《诗经》。《诗经》属于集体创作，有庙堂乐歌、民族史诗和政治讽刺诗，也有大量的民歌。《诗经》民歌的内容和形式丰富多彩，开创了中国诗歌现实主义的源头，在中国文学史上产生了极其深远的影响。

(三)先秦散文

先秦散文分为历史散文与诸子散文两个部分。历史散文是在史官文化传统的基础上渐进产生并成熟起来的。历史散文的发展大体上可分为三个阶段。

第一阶段以《尚书》和《春秋》为代表。《尚书》是中国最早的一部历史文献汇编，在中国古代散文史上具有奠基的意义。孔子编著的《春秋》是中国第一部编年体断代史，是编年体史书之祖，其体例和"笔法"对后世散文都产生了经典式的影响。

第二阶段以《左传》和《国语》为代表。《左传》是中国第一部记事详备的编年体史书，也是先秦历史散文中思想性和艺术性最为突出的著作。《国语》是中国最早的一部国别体史书，是由各国的史料汇集而成。

第三阶段以《战国策》为代表。《战国策》也是一部国别体史书，主要记叙的是战国时期谋臣策士们的言行。

诸子散文是在先秦理性精神觉醒的背景下和百家争鸣的学术氛围中形成并繁荣起来的。诸子散文的发展大体上也经历了三个阶段。

第一阶段——春秋战国之交，以《论语》、《墨子》、《老子》为代表。《论语》以语录体的形式记述了孔子及其弟子的言行，比较集中地反映了早期儒家的思想和活动。《墨子》是一部墨子及其后学的著作的汇编，反映的是墨家学派所代表的小生产者的思想。其艺术特点是文质意显，富于逻辑性。《老子》基本上是道家创始人老子的著作，它以玄深的哲理思辨和精妙的诗一般的语言相结合，显示着独特的艺术风格。

第二阶段——战国中期，以《孟子》、《庄子》为代表。《孟子》是孟子及其弟子的著作，反映了战国中期儒家思想的面貌。《孟子》的散文体现着语录体向专题性论文的过渡，其突出的文学成就在于高超的论辩艺术。《庄子》是庄周及其后学的著作，亦是道家的又一部经典。其文章以独特的艺术造诣绝响于先秦诸子之中，奇妙的构思、汪洋恣肆的语言、浪漫的风格，都体现了在诸子散文中的独特地位和辉煌的文学成就。

第三阶段——战国末期，以《荀子》、《韩非子》、《吕氏春秋》为代表。《荀子》一书多为荀子自作，其思想体系博大精深，是儒学的进一步发展。其文章多为结构严谨、论说周详的专题性论文，标志着先秦说理散文进入了完全成熟的阶段。《韩非子》是法家思想的集大成之作，文章峭拔锋锐、质朴无华，体现着法家文章的基本特色。《吕氏春秋》是吕不韦集门客的集体创作，体制宏大、内容博杂、兼收并蓄，是先秦学术思想的一次大规模的总结，也具有较强的文学性。

（四）楚辞

战国时期出现的楚辞，在中国文学史上有着特殊的意义。"楚辞"是指以具有楚国地方特色的乐调、语言、名物而创作的诗赋。西汉末年刘向辑录屈原、宋玉等人的作品，编成《楚辞》一书。它和《诗经》共同构成中国诗歌史的源头。南方楚国文化特殊的美学特质以及屈原不同寻常的政治经历和卓异的个性品质，造就了光辉灿烂的楚辞文学，并使屈原成为中国文学史上第一位伟大的诗人。

二、先秦文学的特点

先秦文学是中国文学的光辉起点，跨越原始社会、奴隶社会和早期封建社会三种社会形态，经历了从胚胎萌芽到生长成熟的漫长过程，直到周代蔚为大观。《诗经》和《楚辞》耸立起现实主义和浪漫主义两座巍峨的高峰，史传和诸子奠定了中国古代散文的优良传统。中国文学史上的历次诗文革新运动，无不以先秦诗文作为师法的楷模和品评的标准，这些都源于先秦文学自身的创始性、综合性、实用性和随意性等特点。

(一)先秦文学的创始性

先秦文学是中国文学史上光辉灿烂的第一页。从经学角度来说，先秦时代是出产"元典"的时代，儒、道及其他各种思想流派的原始经典都出自这一时代；从文学艺术的起源、文学体裁的产生、思想体系的形成、艺术手法的探索、文学流派的开创等各个方面来看，先秦文学都具有创始性的意义。这种创始性充分体现了先秦时代的作家所特有的开拓精神和丰富的想象力。

(二)先秦文学的综合性

先秦时代文、史、哲不分离，诗、乐、舞相融合。文学是泛指包括政治、哲学、历史、文学等在内的一切学术。先秦文献中，史传散文记史解经，却不乏哲理思辨，故事情节曲折，人物形象生动；诸子散文传经布道，客观上反映了当时的历史，议论说理多具象化，采用寓言、比喻、白描、夸张、铺排等多种文学手法；《诗经》和《楚辞》本是文学创作，却具有一定程度的史料价值和思辨色彩。这些文献对于研究先秦时代的政治、军事、经济、文化和文学等都具有同样重要的价值。先秦时代的诗歌、音乐和舞蹈密不可分，从原始歌谣到《诗经》、《楚辞》都是如此。《吕氏春秋·古乐》中记载的"葛天氏之乐"，有舞蹈道具和动作的描述，乐章的章名概括了诗歌的内容，显然是诗、乐、舞的综合表演。《诗经》作品大多重章叠句，原本是适应音乐和舞蹈反复表演的需要。《墨子·公孟》中也说："儒者歌《诗三百》，舞《诗三百》，弦《诗三百》，诵《诗三百》。"可以歌唱、舞蹈、弦奏、吟诵，正说明《诗经》具有综合艺术的特征。《楚辞·离骚》的末节、《九章》中《涉江》、《哀郢》、《抽思》、《怀沙》等篇以及《招魂》的末节都有"乱曰"，"乱"既是内容的总结，也是标识音乐的末章。《九歌》是屈原在民间祭神巫歌基础上的创作，祭神巫歌是表演巫舞所唱的歌，其中每篇并无"乱曰"，但末篇《礼魂》就是《九歌》前十篇通用的乱辞。由此可见，楚辞也具有诗、乐、舞相融合的特点。

(三)先秦文学的实用性

春秋战国时期社会出现大动荡、大变革、大改组的形势，文学普遍具有实用性，或为具体社会问题而发，如《诗经》民歌"饥者歌其食，劳者歌其事"。或总结历史的经验教训，判断历史人物的是非曲直，为现实社会提供借鉴，如史传散文的定是非、决嫌疑；或旨在揭示和解决实际社会问题，如诸子百家为拯救社会而各陈己见；或自怨而生，抨击现实政治，如屈原之作《离骚》。

(四)先秦文学的随意性

随意性指作家不受局限，放言无忌，想说什么就说什么，想怎么说就怎么说。文字产生以前的原始歌谣和神话传说自然是尽人脑所能想，尽人口所能言。产生文字的殷商时代也无所束缚，尽管对天神无限崇拜，还是有武乙之辈敢于射天。周代崇尚礼制，思想有所束缚，然而《诗经》中的民歌用朴实的语言抒发真实的情感，饥者歌食，劳者歌事，对大人君子作无情的嘲讽，对男女爱情作坦率的表白。经过筛选润色的《诗经》尚有真实感，可以想见未能入选的诗歌更是实话实说。楚辞以全新的面貌登上诗坛，后人每以《诗经》为比照评论《离骚》，或认为《离骚》兼具《国风》、《小雅》之长；或认为屈原露才扬己、怨刺其上、强非其人，不同于《诗经》；或认为屈原独依诗人之义，依托"五经"以立义。

东周时代，天子的权威日益下降，逐渐名存实亡，诸侯异政，百家异说，分裂的政治局面为思想的活跃和言论的自由创造了客观条件。儒家有传播仁义道德的自由，道家就有蔑弃仁义道德的自由，纵横家也有以利害关系取代仁义道德的自由。面对旧制度的日益式微、旧秩序的日益破坏、兼并战争的日益频繁，诸子百家的治世良方形成各种独立的思想体系。为了更有效地传播自己的思想观念，人们竞相探寻最为合适的表达方式和最为美妙的语言技巧，从而形成各自特有的审美情趣。创始性、综合性、实用性和随意性彼此联系，相辅相成，共同构成了先秦文学的基本特点。

第二节　两汉魏晋南北朝文学

两汉散文以历史散文和政论散文最为突出。司马迁的《史记》以人物为中心来反映历史，创立了纪传体史书的新样式，也开辟了传记文学的新纪元，是汉代最辉煌的成就。东汉班固的《汉书》与之齐名。政论文中名篇佳作迭现，其中包括贾谊的《过秦论》、《论治安策》，晁错的《论贵粟疏》，桓宽的《盐铁论》，王充的《论衡》，王符的《潜夫论》，仲长统的《昌言》等。

两汉诗歌以乐府诗和五言诗成就最为显著。两汉乐府诗是继《诗经》、楚辞之后的又一种新诗体。著名的《孔雀东南飞》是乐府诗中的叙事长篇，后人把它与北朝的《木兰诗》、唐代韦庄的《秦妇吟》并称为"乐府三绝"。《古诗十九首》则代表了汉代五言诗的最高成就。

汉赋乃两汉一代之文学，是一种新兴的文体。它介于诗歌和散文之间，韵散兼行，是诗的散文化，散文的诗化。它兼收并蓄《诗经》、楚辞、先秦散文等诸种文体，形成了一种容量宏大且颇具表现力的综合型文学样式。贾谊的《吊屈原赋》是骚体赋，枚乘的《七发》是汉大赋正式形成的标志，司马相如的大赋是汉赋的顶峰，班固的《两都赋》、张衡的《两京赋》都为汉大赋力作。张衡的《归田赋》还开启了抒情小赋的先河。

一、司马迁和他的《史记》

司马迁(前145—约前87)，字子长，左冯翊夏阳(今陕西韩城)人，伟大的文学家、史学家。生于史学世家，其父司马谈是一位博学者，汉武帝时任太史令。司马迁近10岁时随父迁居长安，后拜董仲舒为师学习《春秋》，拜孔安国为师学习《古文尚书》。20岁那年(前108)，他开始广泛地漫游，游历的地方包括今天的湖南、江西、浙江、江苏、山东、河南等地。此次漫游中，他寻访了传说中大禹的遗迹和孔子、屈原、韩信等历史人物活动的旧址。漫游结束后，任郎中一职，又奉使到过四川、云南一带。此后，他曾侍从汉武帝巡狩、封禅而到过更多的地方，足迹遍及全国各地。漫游生活使司马迁大开眼界，他接触了各阶层各种人物的生活，尤其收集到了历史人物的许多资料和传说，为后来《史记》的写作奠定了基础。汉武帝元封元年(前110)，其父司马谈去世，父亲未竟之业便落在了他的肩上。元封三年，司马迁继任太史令。自此，他读遍国家藏书，研究各种史料，着手著史。未曾料到，一场巨大的灾难从天而降。天汉二年(前99)，李陵兵败，投降匈奴。消息传到京城，汉武帝为之震怒，朝臣顺水推舟，斥骂李陵。司马迁以为这对李陵不公平，挺身而出，陈说李陵投降实出无奈。他的辩护触怒了汉武帝，加之他写就的《景帝本纪》直言景帝、武帝过失，武帝借此对他两罪并罚，处以"宫刑"。面对如此奇耻大辱，司马迁想到过死，但著史之业未竟，只得隐忍苟活，继续写作。对此，他在《报任少卿书》中有详细申述，提出了"人固有一死，或重于泰山，或轻于鸿毛"的生死观。在太始四年(前93)左右，司马迁终于完成了《史记》这部辉煌巨著。此后，他的事迹不详，约在武帝末年去世。

《史记》是中国第一部纪传体通史，共130篇。在体例上，《史记》分为5大部分，即本纪，记帝王之事；世家，述诸侯之事；列传，叙人臣之事；

表，即表格形式的大事记；书，即典章制度。《史记》通过这 5 个部分相互配合、相互补充，构成了完整的历史体系，成为中国历代史书的基本形式。所谓的"二十四史"，即以《史记》为首。

鲁迅称《史记》为"史家之绝唱，无韵之离骚"，当是无愧的。就《史记》的文学性而言，第一，表现在它的叙事方式上，它采用的是第三人称的客观叙述，实际是"寓褒贬于叙事之中"。它叙述了 3000 年的历史，再现了历史上波澜壮阔的场景和人物活动。《史记》中的很多传记，用一系列故事展开。例如，《廉颇蔺相如列传》就是由完璧归赵、渑池相会、负荆请罪等故事构成的。同时《史记》中的故事，还有不少是富于戏剧性的，如《项羽本纪》中著名的"鸿门宴"故事，就犹如一场精彩的戏剧演出，剧中人物的出场、退场、神情、动作、对话，乃至座位的朝向，都写得如闻其声、如见其人。剧情又高潮迭起、扣人心弦，极富戏剧性。第二，塑造了众多具有鲜明个性的人物形象，无论是帝王将相、贵戚富商，还是文人隐士、游侠刺客、平民百姓等，都能够给人留下深刻的印象。第三，《史记》的语言艺术十分精湛。司马迁将史料中艰涩难懂的语句，改写成汉代通行的语言，使古文变得浅显流畅，如叙事语言精练简洁、人物语言个性化等。

司马迁的人格和实录精神，深刻影响了后世作家的创作态度和创作方法。它开创了中国传记文学的先河；它的笔法直接影响到唐宋古文家，成为他们行文遣词的规范；它对唐传奇乃至明清小说和戏剧创作也有深远的影响。

二、乐府诗和五言诗

(一)乐府诗

乐府，本是政府的音乐机构。这种名称大约从秦代开始就有了，在出土的秦代编钟上就铸有"乐府"二字。西汉立国以后，沿袭秦朝体制，也设有专门的乐府机构。武帝时，乐府机构的规模和职能被大大扩大，其中"采诗"是乐府最引人注目的一项职能。据《汉书·艺文志》记载："自孝武立乐府而采歌谣，于是有赵、代之讴，秦、楚之风，皆感于哀乐，缘事而发，亦可以观风俗，知厚薄云。"这类诗歌源自民间，为了区别于文人创作的乐府歌辞，习惯上称为"乐府民歌"。从"感于哀乐，缘事而发"中，可以知道当时所采之诗具有现实主义精神。所谓的汉乐府诗歌，主要指这一类诗歌。

现存汉乐府民歌数量虽然不多，但内容广泛，尤其多反映下层民众生活和情绪之作。诸如民众的悲惨生活、战争和兵役带来的灾难、封建官僚的无耻、家长制的罪恶、爱情的坚贞、弃妇的痛苦等。《十五从军行》写一老兵十五从军，八十才归，性命苟全了，但家园破败，亲人凋零，不胜悲苦。《上邪》的爱情誓词是：海枯石烂，真爱不变。《陌上桑》中，罗敷美貌动人，有勇有谋。反之，"使君"则好色、贪婪、霸气十足。

汉乐府民歌的主要艺术特色是以叙事为主，"感于哀乐，缘事而发"，扩大了中国诗歌的叙事领域。《陌上桑》和《孔雀东南飞》是叙事诗的代表作，尤其像《孔雀东南飞》这样的长篇叙事诗，各种艺术手段在此都做了完美的发挥。无论人物对话、动作，还是心理刻画，都十分成功，形象地塑造了一批人物形象。诗中故事情节的展开和矛盾冲突的起伏以及浪漫色彩的结尾，在铺排上也都恰到好处。另外，汉乐府民歌的形式多种多样，有三言、四言、五言、六言及杂言种种，其中最常用的是新兴的杂言和五言诗。杂言诗句式、字数不一，有整有散，灵活多变。五言诗则形式十分整齐，如《十五从军行》等。这种诗体较《诗经》、楚辞的四言诗和骚体诗都有明显的进步，代表了当时的诗歌形式发展的新趋势，此后几百年间，成为文人创作的主要形式。

（二）五言诗

五言诗萌芽于民间歌谣，其形成受到北方少数民族音乐和军乐的影响，乐府民歌中的五言诗的发展更影响了当时文人的写作，于是产生了文人五言诗。班固的《咏史》被许多文学史家认为是现存最早的一首文人五言诗，当然此诗尚不成熟，但它是中国诗歌史上的里程碑。自此以后，东汉许多作家都有五言诗传世，如张衡的《同声歌》、秦嘉的《赠妇诗》、辛延年的《羽林郎》等。《羽林郎》一诗描写了一个酒家女胡姬不畏强暴，勇拒贵族豪奴调戏的故事。诗中的少女胡姬，貌美若仙，又坚贞纯洁；豪奴冯子都横行霸道，仗势欺人。此诗与乐府民歌《陌上桑》有异曲同工之妙，反映了乐府民歌影响下的文人创作的成就。

《古诗十九首》是文人五言诗中最杰出的代表。东汉末年涌现出一大批文人五言诗，其作者不明，后人泛称为"古诗"。这类作品中的 19 首，至南朝梁被萧统选编入《文选》，后人遂以"古诗十九首"称呼它们。现在大多数学者认为这组诗歌并非一人所作，产生的时代大致在东汉后期。其表述的内容给人印象最深刻的是抒写相思之情、诉说离别之苦的诗作。例如，《行行重行行》一诗，写一女子思念远行异乡的情人。首先追叙初别；次说路远难会；再述相思之苦；最后以宽慰之词作结。又如《迢迢牵牛星》一诗，描写了织女隔着银河思念牵牛的愁苦之情，抒发了爱情受折磨时的痛苦。此外，也有表现生命短促，慨叹人生无常的作品，如《生年不满百》等。其他如对功名不就、宦海失意，身居贫贱、世态炎凉、人情淡薄、知音难遇的描写也见诸诗端。

《古诗十九首》在艺术上取得了极大的成功，标志着中国文人五言诗的成熟。它的艺术成就首先表现在诗人把自己真切的感情坦然抒发出来，毫不矫饰，并用特定的景物衬托人物的感情，达到情景相生、情趣天成的境界。其次，它的语言朴素明快、精练生动、耐人咀嚼，有高度的概括力。它对后代五言诗的写作影响深刻，其后五言诗开始获得空前的发展。

(三)汉赋

司马相如是汉赋全盛时期成就最大的赋家，他的《子虚赋》、《上林赋》最为著名。《子虚赋》假设楚国的子虚和齐国的乌有先生展开对话，子虚夸耀楚国的云梦泽之大和楚王游猎盛况；乌有先生则赞美齐国山河壮丽、物产丰富。作者在两个人物的对答之中，运用华丽辞藻作了铺陈夸张的描写，伟貌奇观，光华璀璨，使人如临其境。《上林赋》则用虚构的亡是公的话来夸赞皇家苑囿，以压倒齐楚两国，赋中对皇权的歌颂寓于景观的描绘之中。司马相如的赋想象力丰富，描写细腻，辞藻华丽，结构谨严，建立了汉赋固定的模式，并卓绝汉代。

三、魏晋南北朝文学

魏晋开始，历经南北朝，包括唐代前期，是中国文学中古期的第一段。综观这段文学，是以五、七言古近体诗的兴盛为标志的。五古在魏晋南北朝进入高潮，七古和五、七言近体在唐代前期臻于鼎盛。魏晋南北朝期间，文学发生了巨大的变化，文学的自觉和文学创作的个性化，使中国的文学进入了一个新的发展阶段。

(一)魏晋南北朝的文学创作

魏晋南北朝文学对两汉文学的继承与演化，在五言古诗和辞赋方面痕迹最明显。文人在学习汉乐府的过程中将五言古诗推向高峰，抒情小赋的发展及其所采取的骈俪形式，使汉赋在新的条件下得到发展。

这个时期文学创作的一个显著特点是服务于政治教化的要求减弱了，文学变成个人的行为，抒发个人的生活体验和情感。赋从汉代的大赋演化为魏晋南北朝的抒情小赋，便是很有代表性的一个转变。五言古诗在汉末蓬勃兴起，文人的个人抒情之作《古诗十九首》被后人奉为圭臬。此后曹植、王粲、刘桢、阮籍、陆机、左思、陶渊明、谢灵运、鲍照、谢朓、庾信，虽然选取的题材不同、风格不同，但走的都是个人抒情的道路，他们的创作也都是个人行为。其中有些政治抒情诗，抒写政治生活中的愤懑不平，也并不带有政治教化的目的。至于梁陈宫体诗，虽然出自宫廷文人之手，也只是供宫廷娱乐之用而已。诗人们努力的方向在于诗歌的形式美，即声律、对偶、用事等语言的技巧以及格律的完善。正是在这种趋势下，中国的古诗得以完善，新体诗得以形成，并为近体诗的出现做好了各方面的准备。唐诗就是在此基础上达到了高峰。

（二）魏晋南北朝的文学理论和文学批评

相对于文学创作，魏晋南北朝的文学理论和文学批评异常地繁荣，曹丕《典论·论文》、陆机《文赋》、刘勰《文心雕龙》、钟嵘《诗品》等论著以及萧统《文选》、徐陵《玉台新咏》等文学总集的出现，形成了文学理论和文学批评的高峰。

《文心雕龙》的出现标志着中国文学理论和文学批评建立了完整的体系。《文心雕龙》共50篇，包括总论5篇，文体论20篇，创作论19篇，批评论5篇，最后一篇《序志》是全书的自序。它的内容博大精深，主要的贡献在以下两个方面：一是论述了文学发展的外部原因和内部规律。关于外部原因，他认为："文变染乎世情，兴废系乎时序。"将文学的变化与社会的风俗、政治的兴衰联系起来。关于内部规律，他总结为"通"和"变"，也就是继承和创新两方面的交互作用。刘勰在《明诗》等篇中论述了一些文体在历代的演变过程，《才略》则评论了历代的作家，这些论述已成为后人研究文学史的重要参考，至今仍有不可替代的参考价值。二是总结了许多宝贵的文学创作经验，揭示了创作活动的奥秘，从而形成具有中国特色的创作论。关于创作论，陆机在《文赋》里就有深入地探讨了，特别是对驰骋想象，捕捉形象，发挥独创性，以达到"意称于物"这个过程，描述得相当精彩。在《文心雕龙》中创作论这一部分是全书精粹，书中有许多精辟的概括，如"神思"、"体性"、"风骨"、"定势"、"情采"、"隐秀"等，涉及形象思维、艺术想象、艺术风格、艺术构思等许多重要的问题，具有很高的理论价值。

总集的编辑是文体辨析的自然结果。萧统的《文选》是现存最早的文学总集，李善注《文选》60卷，选录了先秦到梁代共130人的作品，另有古乐府3首和《古诗十九首》，共700余篇。此书的编排方法是先将文体分为赋、诗、骚、表、诏、册、令、教、文等 37 大类，然后在一些大类之下再按题材分为若干小类，如赋又分为"京都"等许多小类。其中诗占了将近 13 卷的篇幅，共 334 首，是各类中数量最多的。从萧统所选诗歌可以看出，他带有较大的宽容性，他选诗最多的 3 位诗人是陆机 52 首、谢灵运 40 首、江淹 31 首，以今天的眼光看来他们不一定是最优秀的。在标举第一流的诗人这方面，萧统的眼光并不是第一流的；但在推崇被忽视的优秀诗人（如陶渊明、鲍照）这方面，他却有极高的眼光。陶渊明入选 8 首，鲍照入选 18 首，他们在《文选》中得到这样高的地位，说明萧统是一位很有文学眼光的选家。《文选》自唐代以来赢得了文人的广泛重视，并逐渐形成"文选学"，它在文学史和文献学上的地位是值得重视的。

魏晋南北朝时期的文学理论和文学批评的论著中，可以看到一种新的文学思潮，这就是努力将文学从学术中区分出来，进而探寻文学的特点、文学本身的分类、文学创作的规律以及文学的价值。在汉代，儒家诗歌占统治地位，强调诗歌与政治教化的关系，诗歌被视为"经夫妇、成孝敬、厚人伦、美教化、移风俗"的工具。至于诗歌本身的特点和规律并没有引起应有的重视。魏晋以后，诗学摆脱了经学的束缚，整个文学思潮的方向也是脱离儒家所强调的政治教化的需要，寻找文学自身独立存在的意义。这时提出了一些崭新的概念和理论，如风骨、风韵、形象，以及言意关系、形神关系等，并且形成了重意象、重风骨、重气韵的审美思想。诗歌求言外之意，音乐求弦外之音，绘画求象外之趣，各类文艺形式之间互相沟通的这种自觉的美学追求，标志着一个新的文学时代的到来。

第三节　隋唐五代文学

源远流长的中国古代文学，到隋唐五代时期，发展到了一个全面繁荣的新阶段，整个文坛出现了自战国以来所未有的百花齐放、万紫千红的局面。其中诗歌的发展，更达到了高度成熟的黄金时代。唐代不到 300 年的时间中，遗留下来的诗歌就将近 5 万首，比自西周到南北朝一千六七百年中遗留下的诗篇数目多出两三倍以上。独具风格的著名诗人约有五六十位，这也大大超过战国到南北朝著名诗人的总和。

隋文帝统一全国，结束了汉末以来 400 年的分裂混乱局面，社会一度出现繁荣的景象。到了隋炀帝继位，却穷奢极欲，又多次发动侵略战争，严重地破坏了社会生产力，不数年便弄得经济凋敝、民怨沸腾，隋王朝也就在四面八方的人民起义中灭亡了。

隋朝前后只统治 30 多年，作家大半是南北朝旧人，受南朝文风影响极深，加上隋炀帝大力提倡梁陈宫体，因此浮艳淫靡文风仍然泛滥文坛。但是，由于隋初国势增强，对外战争取得一定胜利，隋文帝又曾提倡改革文风，隋初的一些诗歌，尤其是边塞诗歌中也曾出现了一些比较清新刚健的作品。这又表明隋代文风开始向唐代过渡的特点。

唐开国以后，唐太宗吸取了隋末农民起义的教训，并采取了隋文帝行之有效的均田、租庸调、府兵、科举等一系列的减轻人民负担、缓和阶级矛盾、安定社会秩序、发展经济生产、加强国家力量的措施，同时整顿吏治，改革政府机构，使社会很快走向安定和繁荣。从贞观到开元 100 多年中，国家政治、经济达到了昌盛繁荣的顶点。伴随着经济的繁荣，国家实力也日益加强。从太宗、高宗到玄宗时代，取得了一系列对外战争的胜利，解除了东北边境的威胁，并使西域各国纷纷内附。在帝国四境先后设置了 6 个都护府，使边境长期保持巩固安定的局面，并以积极友善的种种政策措施，促进了和各民族经济、文化的交流，促进了中国文化的全面繁荣发展。

唐代文学的繁荣，也是文学本身不断发展的结果。从先秦到汉魏六朝，文学经历了长远的历史发展过程，诗歌、散文、小说等方面都积累了丰富的遗产。现实主义和浪漫主义的光辉传统的建立和发展，不同思想倾向的表现，不同题材领域的开拓，不同文体特征的探索，以及声律的运用，语言风格的创造，手法技巧的革新，都为唐代文学的发展提供了值得借鉴的财富，同时，也留下了不少深刻的教训。这些都是唐代文学繁荣的必要条件。但是，更值得重视的是唐代作家对文学遗产所采取的批判继承、推陈出新的态度。隋及初唐时期，齐梁形式主义诗风虽然还占统治地位，但"初唐四杰"已开始对它表示反对，到了陈子昂，更大力扫荡齐梁诗风，标榜"风雅寄兴"、"汉魏风骨"的传统，在复古之中实现革新。李白继承了陈子昂的革新精神，一面说"自从建安来，绮丽不足珍"；一面又学习楚辞和乐府，创造了独特的浪漫主义的诗风，完成诗歌革新的使命。到了杜甫，更是总结自己的创作经验，明确提出"别裁伪体亲风雅，转益多师是汝师"的主张，既有批判，又有继承；既注意内容精神，又注意声律形式。正因为如此，他的现实主义的诗歌才能够"尽得古今之体势，而兼人人之所独专"，担负起了继往开来的任务。白居易"文章合为时而著，歌诗合为事而作"的理论，更深刻地揭示了中国诗歌的现实主义的传统。在散文方面，韩愈一方面指责六朝文风："其声清以浮，其节数以急，其辞淫以哀，其志弛以肆，其为言也乱杂而无章。"另一方面他并不全废骈俪，而且他的"陈言务去"的主张，也受南朝文人"辞必穷力而追新"的启发。这些唐代杰出作家在对待遗产上，都体现了一种既批判又继承的共同精神。虽然他们批判的标准、继承的目的和我们显然不同，但是这种既不拜倒在古人脚下，又能虚心向古人学习的精神，使他们借鉴而不流于模仿，继承而又能有所创造，这是非常珍贵的。

唐代人民群众爱好诗歌成为普遍风气。《全唐诗》中收录了很多僧人、道士、宫人，以及无名氏的作品，可以看到诗歌在唐代的确不是少数文人的专利品。唐代小说不少引用诗歌，变文和其他通俗文学大量应用五言、七言诗歌作唱词，都说明群众对诗的喜爱。高适、王昌龄、王之涣在旗亭听歌妓唱诗的故事以及白居易的诗传诵于"王公、妾妇、牛童、马走之口"的事实，更可以想见著名诗人作品在人民群众中广泛流传的盛况。这种诗歌和群众之间的亲密关系，是过去的诗人所无法想象的。这固然是唐诗繁荣的结果，但反过来对诗歌创作也是一种促进的力量。

一、唐初诗歌

唐初诗歌，并没有随着政治经济的统一繁荣而迅速转变，相反地齐梁诗风凭借着帝王的势力还继续统治着诗坛。唐太宗时的虞世南、高宗时的上官仪，都是皇帝优宠的专写浮艳的宫廷诗的代表人物。武后时期的沈佺期、宋之问也写了大量宫廷诗，但是他们继承前人的成绩，完成了五、七言律诗形式的创造，对诗歌发展有一定的贡献。唐代诗风转变的关键，在于代表中下层地主阶级利益的新起诗人和宫廷诗人展开了斗争。高宗时，"初唐四杰"崛起于诗坛，他们虽然还没有脱尽齐梁诗风的影响，但是已经提出了轻"绮碎"，重"骨气"的主张，对以上官仪为代表的宫廷诗风深表不满。他们的诗或表现从军报国的壮志，或揭发贵族生活的荒淫空虚，或抒发自己怀才不遇的悲愤，题材内容扩大了，思想感情也开始变化了。武后时期，陈子昂高举诗歌革新的旗帜，有破有立，提出了在复古中实现革新的主张。而且在创作实践上完全摆脱了齐梁浮艳习气，反映了当时社会、政治上存在的种种矛盾，显示了刚健的风骨。终于改变了齐梁诗风统治的局面，端正了唐诗发展的方向。

二、盛唐诗歌

盛唐时期，唐诗的发展达到了繁荣的顶峰。充满蓬勃向上精神的浪漫主义的诗风是这时期诗坛的主流。以高适、岑参为主，并有王昌龄、李颀等人共同形成了边塞诗派，这是浪漫主义中一个重要流派。他们的诗表达了将士们从军报国的英雄气概，不畏边塞艰苦的乐观精神，描绘了雄奇壮丽的边塞风光，也反映了战士们怀土思家的情绪，揭露了将士之间苦乐悬殊的不合理现象，使唐诗增加了无限新鲜壮丽的光彩。以王维、孟浩然为代表的山水诗派，受佛老消极思想影响较深，在政治失意后过着退隐生活。他们的作品以描写悠闲宁静的山水田园生活为主，思想虽然不高，但艺术上很有成就。他们的诗使晋宋以来形成的田园、山水诗更加丰富，在文学史上也具有一定的地位。

伟大诗人李白，具有进步的理想、宏伟的抱负。但他生活在唐代统治阶级开始走向腐化，社会各种矛盾逐渐显露的时代，理想无法实现。他写出了许多热烈追求光明理想，猛烈抨击黑暗现实，极度蔑视腐朽无能的权贵人物、勇敢冲击封建礼教制度的光辉诗篇，表现出强烈的叛逆精神。他的诗风壮丽纵恣，摆脱拘束，丰富多彩，千变万化，不愧是屈原以后另一个伟大的浪漫主义诗人。

伟大的现实主义诗人杜甫生活在唐代社会由盛而衰的时代。天宝年间，他已经密切注意社会的种种矛盾，揭露统治阶级的专横骄奢、穷兵黩武以及贫富对立的黑暗现实。安史之乱发生后，盛唐许多诗人的浪漫豪情消失了，对动乱的现实也很少反映，杜甫却和人民一起经历了一段饥寒流浪的生活，写出了很多惊心动魄的诗篇，既有愤慨外敌的入侵，期待国家中兴的诗篇，又有描绘了人民深重灾难的诗篇等。他的诗像一面镜子，照见了"安史之乱"前后社会生活的各个方面，赢得了"诗史"的称号。宏深博大的思想内容，海涵地负的艺术才力，"转益多师"的学习态度，"毫无遗憾"的严肃创作精神，使他成为中国现实主义诗人的伟大代表。

三、中晚唐诗歌

"安史之乱"是唐代社会由盛而衰的转折点。这次动乱虽然最后被平定，国家元气已经大伤。原来存在的社会矛盾，一个也没有解决，而且还随着历史的发展而日趋尖锐。王朝统治的力量衰微了，无力改变藩镇割据的局面。王朝权力所及的地域大大缩小，百姓饱受屠杀掠夺。在王朝内，宦官也掌握了军政大权，任意废立皇帝，政治极度腐朽混乱。在官僚中，世族的代表和新科举出身的代表又分成两派，势同水火，这就是所谓"牛李党争"。这一斗争一直延续到晚唐，对许多文人的生活也有很大影响。宦官和官僚之间，有时互相勾结，有时又彼此对立，使中唐以后中央政权长期处在动荡不安的局面之下。帝国的边患也日益严重，使唐王朝疲于应付。

社会矛盾复杂尖锐，诗歌创作中的现实主义潮流形成了波澜壮阔的局面。"安史之乱"后，元结、顾况等揭发社会矛盾的诗歌，成为杜甫的同调。中唐时代，白居易、元稹、张籍、王建等更继承杜甫的传统，进一步主张"文章合为时而著，歌诗合为事而作"，掀起"新乐府运动"。他们的新乐府诗揭发了统治阶级的骄奢淫逸、残酷剥削，对人民的深重疾苦表示同情，对国势的削弱也深感不安。他们的诗在当时就产生了广泛而深刻的影响。除了以白居易为首的现实主义诗派而外，中唐时代诗歌的风格流派比盛唐更多了。大历年间，刘长卿、韦应物的山水诗，李益、卢纶的边塞诗，都是盛唐诗风的余响。贞元、元和之际，韩愈、孟郊以横放杰出的诗笔，开创了奇险生新的新风格。青年诗人李贺，更融合楚辞、乐府的富于浪漫幻想的传统，以浓丽的色彩，出人意表的想象，写出了精神上的种种苦闷和追求。刘禹锡的学习巴楚民歌，柳宗元的借山水以抒幽愤，在艺术上也有独到的成就。

晚唐诗歌，随着国势的衰微动乱，风格面貌也有很大的变化。杜牧、李商隐的诗歌，在艺术上有一些新的发展，但无论写忧国忧民，或写爱情生活，都有相当浓厚的感伤情调。皮日休、聂夷中、杜荀鹤在黄巢起义前后写的一些揭露社会黑暗的诗篇，继承了白居易新乐府的传统，但感情更愤激，批判的锋芒也更尖锐，从他们的诗里，可见唐朝国势摇摇欲坠的景象。

四、唐代其他文学

初盛唐文学主要是诗歌，中晚唐文学却有多方面的发展。除诗歌风格流派更加复杂多样而外，古文运动在这时期取得了胜利，传奇小说也发展到了全盛的时期。变文等通俗民间文学也有更大的发展，从民间诞生的词，也逐渐转入文人手中成为新的文学形式。

(一)散文

古文运动的胜利是中唐文学发展的重大成就。六朝骈文统治文坛的局面，虽然自隋代李谔、王通，到初唐陈子昂、盛唐李华、萧颖士等都曾经努力反对，却一直很少改变。到中唐时代，由于社会矛盾的发展，政治思想的斗争趋于尖锐，骈文已经无法适应这种要求。韩愈首先发起了复兴儒学的运动，幻想通过加强儒家思想的统治，遏制佛老思想的流行，加强中央集权，并改变藩镇割据的局面。在文章上他也反对六朝骈俪的文风，主张恢复先秦两汉的散文传统。他的政治主张虽然得到了一些人的拥护，但却并没有获得成功。但是在文体改革上，却得到和他政治见解颇不相同的柳宗元等人的支持，产生了更大的影响，形成了规模宏大的古文运动。韩、柳二人除写了许多政论外，还写了不少传记、杂文、寓言、游记等。他们以深厚的功力、独特的风格、锤炼精粹的语言，显示了散文在艺术表现上的优越性，终于使骈文在文坛上失去了统治的地位。

晚唐骈文虽然继续流行，但皮日休、陆龟蒙、罗隐等人继承韩、柳散文的传统写出了许多富有战斗锋芒的讽刺小品，也显示了散文的艺术力量。

(二)唐传奇

唐代传奇小说，其源出于六朝志怪。初盛唐时期的传奇，作品不多，并且还有六朝志怪的浓厚影响。到了中唐时期，作者增多，创作达到了极盛阶段。由于城市的繁荣，社会生活的复杂，作品也更多地表现社会现实生活，志怪的色彩渐渐淡薄。文人对功名富贵的梦想、文人的爱情，成为新的题材，有的作品还流露出浓厚的市民生活情调。情节的委曲细腻、人物的生动鲜明，也大大超过了初盛唐时期。这是中国短篇小说达到成熟的标志。

(三)变文

由于唐代帝王提倡佛教，当时寺庙中讲唱佛经故事之风相当盛行，于是产生了变文，后来更产生了讲唱历史故事和时事的变文。这种讲唱文学，初盛唐已经存在，中晚唐更为盛行。除讲唱结合的变文外，还有只唱不讲的词文以及只讲不唱的话本。这些通俗讲唱的文学，故事情节多想象夸张，语言多铺排渲染，艺术比较粗糙。但对后来的白话小说、讲唱文学有较大的影响。唐代民歌流传下来的虽然不多，但形式短小，现实性很强，值得我们重视。

(四)词

唐代城市繁荣，音乐发达，歌楼楚馆大量出现，自然而然地配合"胡夷里巷"歌曲的曲子词出现了。现存敦煌曲子词，多数是中晚唐时代歌妓们传唱的民间词。内容相当广泛，有歌楼妓女的辛酸，也有征夫思妇的痛苦。中唐时代开始有文人词出现。到晚唐时代，以温庭筠为代表的文人词，内容偏于艳情，成就不大，但艺术上有独创性，影响较深远。

五、五代文学

唐亡后，藩镇割据的局面延续下来，成为五代十国分裂混战的局面。当时北方战争频繁，文学毫无成就。南方十国之间，虽然也有战争，局势却相当稳定。南唐、后蜀两国国势较强，历史较久，经济、文化都有所发展。

五代十国时期，词的创作成就有了新的发展。后蜀在温庭筠的直接影响下，出现了花间派词人。他们的作品绝大多数是绮罗香泽之词，但有少数词人风格颇有变化。韦庄词有较多个人抒情意味，风格清丽疏雅，有一定意义。南唐词人有冯延巳和李璟、李煜。他们的词内容仍然很狭窄，感情也不够健康，但较少浓艳的脂粉气。李煜在亡国以后写的一些词，能直抒胸臆，写个人国破家亡的感受，扩大了词的表现范围，艺术上也有独特的成就，对词的发展有一定的贡献。

第四节　宋元文学

宋代文学在中国文学发展史上有着重要的特殊地位，它处在一个承前启后的阶段，即处在中国文学从"雅"到"俗"的转变时期。所谓"雅"，主要是流传于社会中上层的文人文学，指诗、文、词；所谓"俗"，主要是流传于社会下层的小说、戏曲。

宋代继唐代以后出现了又一个诗歌高潮。宋代诗人大都一生勤奋写作，作品众多，如现存苏轼诗 2700 多首，杨万里有 4000 多首，陆游近万首，远比唐代李、杜的作品还多，这充分说明宋诗繁荣的盛况。

一、宋代散文

宋代散文是中国散文史上一个重要的发展阶段。300 多年间出现了人数众多的散文作家。唐宋古文八大家中，宋人就占了 6 位。他们写作了不少文学散文和带有文学性质的散文，同时还有许多议论文的名作。

宋代散文的重要成就之一，在于建立了一种稳定而成熟的散文风格，这就是平易自然，流畅婉转。宋代古文家着重发展平易风格。试比较韩愈的《上兵部李侍郎书》和苏辙《上枢密韩太尉书》，就会发现两者都是"干谒"之文，对象都是掌管全国军事的高级长官。但韩文一开头便自称"究穷于经传史记百家之说，沉潜乎训义，反复乎句读，砻磨乎事业，而奋发乎文章"，俨然以经纶奇才自居；然后说到对方身为"朝廷大臣"，正当"天子新即位"之际，提拔人才义不容辞。要求延引之意，咄咄逼人。用语新颖，戛戛独创，符合他提出的"词必己出"的标准。苏文却从写文章要养"气"说起；再说到气应从增加阅历、扩大交游中去获得；然后讲他离蜀来京，访古都，游名山，会名流，但所会名人还不多，这才把希望对方引见的意思委婉曲折地表露出来。行文纡余徐缓而无急言竭论之态，语言明白浅易而绝少色泽尖新之词。宋代散文的平易风格比之唐文更宜于说理、叙事和抒情，成为后世散文家学习的主要楷模。

宋代散文的高度成就给其他文体也带来了很大的影响，在宋代文学中，我们可以看到存在着一种普遍的散文化倾向。宋诗从梅（尧臣）、欧开始，发展了杜、韩"以文为诗"的倾向，进一步用散文的笔法、章法、句法、字法入诗，逐渐显露出宋诗的自家面目。词也在苏、辛手中加重了散文成分。赋从楚辞、汉赋、魏晋时的抒情小赋到唐代应举用的"律赋"，创作已趋衰微，缺乏艺术创造性；宋代却从散文中得到启示而重获艺术生命，形成一种类似散文诗的赋体，欧阳修《秋声赋》、苏轼的前后《赤壁赋》等都是历久传诵的名篇。宋代的骈文也不太追求辞藻和用典，采用散文的气势和笔调，带来一些新面貌。欧阳修《采桑子·西湖念语》、苏轼《乞常州居住表》、南宋汪藻《隆佑太后告天下手书》、方岳《两易邵武军谢庙堂启》等都是相当出色的骈文。这种普遍的散文化倾向是宋代散文繁荣的结果，构成了宋代文学的一大特色。

二、宋词

词作为新兴的诗歌形式，从隋唐发轫，至宋代进入鼎盛时期。唐圭璋所编《全宋词》收词人千家以上，词作 2 万首。最近还陆续有所增补（如孔凡礼《全宋词补辑》等）。虽因词在开始时还未被承认为正统文学，亡佚很多，但目前搜集的成果就足以反映出宋词的繁荣兴盛和丰富多彩了。

前人论词，有"婉约"、"豪放"之说。在许多词学家的具体评论中，豪放、婉约两派不是严格意义上的文学流派，也不是对艺术风格的单纯分类，更不是对具体作家作品的逐一鉴定，而是指宋词在内容题材、手法风格特别是体制声律方面的两大基本倾向，对传统词风或维护或革新的两种不同趋势。大致说来，苏辛豪放词派即革新词派，与传统婉约词派的不同主要表现在内容题材上。婉约派坚守词为"艳科"、"诗庄词媚"的原则，抒情则男欢女爱，伤春伤别；状物则风花雪月，绮罗香泽。而豪放派则着意扩大词的题材，提高词的意境。苏轼手中凡记游、怀古、赠答、送别，皆能入词，几乎达到"无意不可入，无事不可言"的境地；南宋辛派词人，更把表现爱国精神作为词的主旨，从而也标志着宋词的最高思想成就。在手法风格上，前者长于比兴，以清切婉丽为当行本色；后者善于直抒胸臆，以豪健奔放为主要特色。在体制声律上，前者强调合乐，如李清照《词论》要求词"协音律"、"可歌"，并批评苏轼的词"往往不协音律"；后者却重文不重声，不肯迁就声律而妨碍思想感情的自由表达，所谓"横放杰出，自是曲子中缚不住者"。这是宋词中实际存在的两大倾向和趋势。

宋词是中国词史上的顶峰，其影响笼罩以后的整个词坛。宋词实际上是宋代成就最高的抒情诗，它取得了与"唐诗"、"元曲"等并称的荣耀。

三、小说戏曲

宋代的小说主要是"话本"，它原是说话人说书的底本，实际上是白话短篇小说。现存宋话本约三四十篇，散见于《京本通俗小说》、《清平山堂话本》、"三言"等书。宋话本具有两个鲜明的特色：一是市民文学的色彩。话本是当时"瓦舍技艺"的一种，是城市人民表现自己、教育和娱乐自己的文艺。下层市民人物，第一次作为正面人物成批地在话本中涌现，如《碾玉观音》中的碾玉匠崔宁、《志诚张主管》中的商店主管张胜、《错斩崔宁》中的卖丝村民崔宁，尤其是塑造了璩秀秀、周胜仙、小夫人、李翠莲等一群具有叛逆性格的下层妇女形象。小说的社会性、现实性都得到加强，为以后小说的发展开辟了道路。二是白话文学的特点。话本的语言是白话，比之文言小说描写更细致生动、曲折有致，更富生活气息。特别是人物对话的个性化，取得很大的进展。后世虽仍有文言小说，但比起白话小说来，不得不退居第二位。至于长篇的"讲史"话本也为以后长篇历史小说提供了故事的素材。

宋代的民间戏曲还处在戏曲的萌芽阶段，如傀儡戏、影戏、歌舞戏等。前两种不是由人来扮演的；后一种由人扮演，但还是叙事体而非代言体。然而这些都已具备戏曲的一些条件。北宋杂剧、南宋戏文，今天虽无剧本流传，但它们已是相当完整的戏曲，具备中国戏曲艺术的基本特征，是以后戏曲发展的基础和出发点。

由于社会政治经济的发展向文学提出新的要求，也由于文学本身发展的规律，中国古典诗、词和散文逐渐度过了它的黄金时代，失去支配文坛的地位，小说戏曲等文学样式正在酝酿着更大的文学高潮，进而成为文坛的重心。宋代文学正是处在这样一个过渡的转变阶段。

四、元代诗词

这里所说元人的诗，包括蒙古时期。蒙古王朝统一中国北方后的一个时期内，诗坛上活跃的依旧是金代诗人，元好问在这一时期写出了不少好诗，此外还有麻革、张宇、陈赓、陈庚、段克己、段成己、曹之谦等。房祺编的《河汾诸老诗集》所收的即是这些作家的作品。他们入元以后的诗作大都眷恋金室，并抒写自甘贫贱不做新朝的官的怀抱。和元好问几乎同时代的李俊民，入元以后也继续他的诗歌创作。

蒙古时期的后一阶段，忽必烈一面巩固北方政权；一面准备吞灭南宋，在北方汉族人士的思想中引起了复杂的反映。郝经、徐世隆不赞成侵吞南宋，他们被派往南方充当和平使节，被贾似道囚禁于真州16年。郝经有《宿州夜雨》："星摩何日平康了，两国长令似一王"，希望宋、元和平相处。刘因于忽必烈出兵攻宋时作《渡江赋》以寄慨，表现了他对宋王朝的留恋。王磬《哭文丞相》、王恽《禹庙》都吊古伤今，颇多慨叹。

元代末年，张士诚在南方建立政权，实际是封建割据。在张士诚的政权统治下，士人中出现一个新的情况。杨维桢和这个政权有一种不即不离的关系。他的朋友和学生陈基、张宪则是张士诚兄弟的幕僚。昆山人顾瑛尽散家财，削发在家为僧，江阴人许恕学韩康卖药自养，无锡倪瓒尽弃田庐，东奔西走。他们把田园财产看做一身之累，宁可流浪他乡，也不居家过财主生活。元末诗人和元初诗人一样在民族矛盾中讨生活，社会动乱使得一些诗人进退两难。这在他们的作品中都不同程度地有所反映。

元代的词，比较宋词颇为逊色。元词大约可以分为两个时期：第一时期的词人大体上包括由金入元、由南宋入元的词人和在蒙古王朝统治下的北方词人三个部分。这时候的词作中写得比较动人的是表现故国之思的作品。第二时期的词人大抵出生在忽必烈改元之后。这一时期的著名词人有张翥、虞集等。

五、元代戏曲

元代新产生了一种文学体裁——戏曲。戏曲一般分为杂剧和散曲。散曲今存小令3800多首，套数450多套。由于散曲是在北方金代的俗谣俚曲的基础上发展起来的，所以绝大多数是北曲。作家留下名姓的有200多人。许多杂剧作家在散曲创作上也有成就。散曲作家前期有关汉卿、马致远、白朴、卢挚、贯云石等，文风朴实，多本色语。后期有乔吉、张可久、睢景臣、张养浩及刘时中等人。因为散曲要用作宴会歌伎唱词，艳曲较多。但也有不少写景、抒情和怀古、叹世的小令以及少量讽世喻俗、指摘时弊、揶揄乱世英雄的套数，如马致远的《借马》、刘时中的《上高监司》、睢景臣的《高祖还乡》等，都有时代特色和较高艺术成就。

元人杂剧包括元、明之际无名氏作品。杂剧最初流行在山西、河北一带，今山西地区还保留着金元时代的杂剧壁画和戏台。元初时剧杂发展到其他地区，元灭南宋后又流入杭州等地。这个剧种是在宋杂剧、金院本及诸宫调等前代戏剧、曲艺基础上发展起来的。剧本的科白部分承袭院本体制，曲辞的组合则主要受到诸宫调的启示。

杂剧除艺术形式新颖外，内容方面也具有时代的特色。首先是它广泛地反映了元代各阶层人们的生活，而中下层人民的生活和感情更占据了重要地位。其中商人和妓女形象更引人注目。商人和妓女大都集聚在城市里，妓女是城市的畸形产物，城市是商人交易的场所。蒙古王朝曾经跨有欧、亚两洲，大陆上东西交通畅行无阻。西域商人东来，商业经营受到刺激，追逐商业利润，成了当时城市生活的重要特色。武汉臣《老生儿》中所写的刘从善就是靠经商起家的，关汉卿《救风尘》中的周舍也是商人，他骗娶妓女宋引章，而自己又被另一个妓女赵盼儿所骗。赵盼儿这个人物的性格与唐人传奇、宋人话本中的妓女形象相比较，表现出了其独特的风貌。除此之外，元杂剧描写的女性大都富有斗争精神，只要她们胸中燃烧起爱情的火焰，就毫不隐讳地吐露出来。《金钱记》中的柳眉儿；《望江亭》中的谭记儿反对强暴的性格也有特色。此外元剧中清官公案故事也值得注意。从《武林旧事》载宋代官本杂剧段数和《辍耕录》记录金代院本名目都不见包公戏，但元杂剧中出现了不少包公戏。元代官府黑暗，权豪势要之家杀人可以不偿命。冤案太多，很多冤案得不到昭雪。公案戏的出现同这种社会背景密切相关，而包公形象就成了人民愿望的清官化身。

元代杂剧中还有不少以历史故事作题材的剧本和一些水浒故事戏。这两种题材在宋代杂剧和金人院本中都极少见，而在宋元话本中却大量出现。红字李二所编李逵、武松等4部剧本没有流传下来。高文秀编写杂剧9种，现存1种。康进之编撰2种，传下1种。他们所编杂剧几乎都是李逵打抱不平的戏，而以《李逵负荆》为人所称道。历史题材的作品中著名的有白朴的《梧桐雨》、马致远的《汉宫秋》和纪君祥的《赵氏孤儿》等。写三国故事的作品也有不少。无论历史题材或水浒题材，都寓有现实含义，作者们通过历史故事，抒发心中的积愤和表现历史教训。

元代戏剧除杂剧外，在南方尚有南曲戏文，或称南戏。南戏原是浙江温州一带的剧种，也叫永嘉杂剧。宋度宗咸淳年间，《王焕》戏文在杭州流行一时。到元朝，南戏仍然不断演出。演员如龙楼景、丹墀秀等人专工南戏。据记载当时有 160 多种剧本，今存 16 种左右。《荆钗记》、《拜月亭》（《拜月亭记》）和《白兔记》、《杀狗记》合称南戏四大名剧。到元顺帝时高明写出《琵琶记》，标志着南戏发展到高峰，它也影响到了明代传奇戏曲的繁荣。

南戏唱词早期本是由宋词和俚巷谣曲杂凑起来的，结构松散，科诨较多，人物性格不突出，艺术粗糙。后来北杂剧传入杭州，互相交流之后，吸收北杂剧优点，唱词采用联套办法，科诨减少，便于集中刻画人物性格，后来出现多"出"组合的形式，这是中国戏曲史上的一大发展。

第五节　明清文学

一、明代文学

明代文学可以分为前后两个时期。明代前期文学的发展，有个曲折的过程。因阶级矛盾和民族矛盾爆发而形成的元末农民大起义，声势浩大，使大部分地区陷入战火之中。这种局面必然直接或间接地影响到知识分子和作家，他们当中有的参加了农民起义队伍，有的因"避兵"而浪迹天涯，这就使他们开阔了视野，充实了生活体验。在这些作家群中，刘基和宋濂是受朱元璋征召而参加起义军的著名文人。罗贯中和施耐庵在民间长期流传的三国、水浒故事的基础上，加工写成《三国志演义》和《水浒传》这两部巨著。《三国志演义》以宏大的结构、曲折的情节，展现出东汉末年和整个三国时期封建统治集团之间的军事的、政治的、外交的种种斗争。作者描写的斗争场面，千变万化，各具特点，显露出独到的艺术匠心。和《三国志演义》表现的对象不同，《水浒传》是一部反映农民战争的小说，它艺术地概括了农民起义发生、发展直至失败的全过程。全书着力歌颂了众多的起义英雄，不少英雄人物刻画得栩栩如生，性格鲜明。《三国志演义》和《水浒传》的创作成功，对后来的历史演义和英雄传奇小说的大量产生有着巨大的影响。

诗文领域也出现了一些揭露社会弊病、具有一定社会内容的作品，如刘基的一些诗歌和散文就有这一特点。刘基、宋濂、高启是这时期重要的诗文作家，他们的创作有的以传记取胜，有的以寓言见长，有的善于驾驭五古，有的善于采用歌行，都取得一定的成就。

戏曲创作领域里，封为周献王的朱有炖所作《诚斋乐府》共有杂剧 31 种。这里有点缀升平、歌功颂德的"庆贺剧"，有荒诞迷信、消极颓废的"度脱剧"，有教忠教孝的"节义剧"，即使是描写梁山好汉的剧作也歪曲了好汉们的性格和形象，并对农民起义进行了污蔑。其成就只是在杂剧的形式上稍有变化，剧作的曲词、音律较流畅、和谐。

诗文的创作领域里，形成了雍容典雅、词气萎弱的台阁体。代表人物是杨士奇、杨荣、杨溥，世称"三杨"，他们先后都官至大学士。其作品充满了大量的"圣谕"、"代言"、"应制"和"颂圣"之作，其内容多为粉饰现实、点缀升平，艺术上平庸呆板，了无生气。当时这种诗风的追随者不少。只有个别诗人不为台阁诗风所牢笼，如于谦，较能抒写自己的真情实感，且多忧国忧民之作，但由于他的诗作锤炼不足，在当时影响不大。

统治文坛几十年的台阁体，首先引起一些有识之士的不满，先有以李东阳为首的茶陵诗派，后有以李梦阳、何景明为首的"前七子"加以反对。

李东阳在诗歌创作方面，想通过宗法杜甫，以深厚雄浑之体来洗涤冗沓之习。但由于他着眼点主要在声律、法度，内容也较贫乏，真正消除台阁体影响的是始于弘治年间的"前七子"复古运动。这时的文坛领袖已不再是台阁重臣，而是身居中下层的积极有为的官吏。他们的一些诗文能抚事感时，具有一定的社会意义，而且笔力较为雄健。但是，他们为挽救当时疲软文风所循的途径，主要是倡导复古，认为"文自西京、诗自中唐而下，一切吐弃"，于是造成模拟剽窃之弊，且这种弊端又蔚为风气，成为"复古派"的根本缺陷。"前七子"中的康海、王九思还创作了《中山狼》、《杜甫游春》杂剧及一些散曲，较有力地反击了戏剧领域那种点缀升平、进行道德说教的创作逆流。与此同时，传奇戏曲创作也有所发展。从成化年间开始就陆续出现了《连环记》、《精忠记》、《双忠记》、《千金记》、《金印记》等作品。尽管这些剧作艺术上不够完整，仍处在传奇大繁荣的准备阶段，但其中有一些颇为动人的思想和较为成功的戏剧场面。此时期民歌颇繁荣，不少是描写闺情的作品，感情泼辣、真挚，在不同的程度上具有反对封建婚姻的现实意义，连"前七子"的首领李梦阳、何景明对民歌的成就也大加赞赏。

嘉靖以后，小说、戏曲等得到了迅速地发展，创作十分繁荣，不仅数量多，而且取材面也较广。这是明代后期文学的一个显著特点。与此同时，诗文也在缓慢地发生变化。这是因为嘉靖以后东南沿海一带的城市经济已相当发达，出现了资本主义萌芽的因素。在这种情况下，印刷术也随之繁荣。李诩曾指出，隆庆、万历时期"满目坊刻，亦世华之一验也"。这是更快传播小说、戏曲的物质条件，同时人们对小说、戏曲的爱好和需要也不断增长。由于城市经济的发展，不少市民的子弟也入学读书。王世懋《二酉委谈》里就描写过景德镇市民子弟入学读书的情况："民既殷富，子弟多入学校，然为窑利所夺，绝无登第者。"这种既有文化又不参加科举的市民知识层，极有利于原来植根于市民阶层的小说、戏曲的流行。

这一时期，越来越多的文人认识到小说、戏曲的长处，也是其繁荣的重要因素。他们看到小说、戏曲能更广阔地、更灵活地反映复杂的社会生活，如汪道昆十分赞叹《水浒传》所反映的现实面广阔，地域宽阔、人物众多、事件复杂、头绪纷繁，"如良史善绘，浓淡远近，点染尽工；又如百尺之锦，玄黄经纬，一丝不纰"。胡应麟欣赏《水浒传》竟能"排比一百八人，分量重轻，纤毫不爽，而中间抑扬映带、回护咏叹之工，真有超出语言之外者"。这时期长篇小说创作的数量很大，留传下来的就有五六十部之多。它们大致可分为以下四种类型。

第一，讲史小说。这种小说有两种倾向，成为通俗演义的形式，或向英雄传奇小说发展。吴门可观道人在《新列国志序》里曾描述过当时创作讲史小说的情况："自罗贯中氏《三国志》一书，以国史演为通俗，汪洋百余回，为世所尚，嗣是效颦日众，因而有《夏书》、《商书》、《列国》、《两汉》、《唐书》、《残唐》、《南北宋》诸刻，其浩瀚几于正史分签并架。"这类小说的数量之多，是中国小说史上的特殊现象。中国史籍丰富，除正史外有大量的野史笔记。它们为创作这类小说提供了素材。创作者利用历史题材，往往按照自己的意愿进行必要的改造和加工，表达自己的思想。这类小说里最为成功的是于描写中虚构成分较多的历史英雄人物小说，如《北宋志传》通过杨业一家世代忠勇的事迹，歌颂了他们抵抗契丹入侵的斗争精神。全书吸收了不少民间传说，处理事件带有民间色彩，因此表现出朴素、粗犷的民间风格。嘉靖时期，边患严重。嘉靖二十九年（1550）蒙古族的鞑靼部曾大举兴兵，围攻北京。东南地区，倭寇也经常骚扰。因此，这时出现这类小说是很有现实意义的。这一时期，绝大多数的讲史小说是比较粗糙的，艺术结构不够严谨，情节纷杂无绪，人物形象不够鲜明。这些缺点是因为创作者又兼出版商的缘故，他们急于求利难免粗制滥造。

第二，神魔小说。最先出现的是吴承恩根据民间流传的故事创作的《西游记》。《西游记》的成功刺激了不少作者从事这类题材的写作。《西游记》的续书，这时期就有无名氏的《续西游记》和董说的《西游补》。此外，有的作者借历史事件来写神魔故事，如罗懋登的《三宝太监西洋记通俗演义》、无名氏的《封神演义》等。有的对当时流传的神怪故事进行改造加工，如吴元泰的《东游记》，余象斗的《南游记》、《北游记》等。有的根据神话传说进行必要整理，如朱名世的《牛郎织女传》等。有的写道仙、禅师的离奇故事，如邓志谟的《许仙铁树记》、《吕仙飞剑记》、《萨真人咒枣记》等。这类小说的产生，同嘉靖以后道教、佛教相继盛行颇有关系。

在这类小说中，成就最大的是《西游记》；其次是《封神演义》，它们在中国小说发展史上都有一定地位。《西游记》的独到之处是不仅塑造了体现民间理想的孙悟空形象，而且赋予神怪故事以现实内容，使许多神佛形象带有人间色彩，不少描写实际上是对当时社会的嘲讽，在形象塑造上能使人性、神性、动物性有机地交融在一起，做到妙趣横生。《封神演义》的情况较为复杂。作品一方面比较成功地塑造了暴君纣王的形象，从而也写出了武王伐纣的正义性；另一方面，作品又描写了人数众多的文臣武将为他效力，以至阉竖也忠实于他，对这些人物作者不仅不采取嘲讽的态度，还歌颂他们这种"清风耿流千载"的壮烈行动。小说既描写了暴君形象，也强调了忠君思想。

第三，世情小说。虽然留传作品不多，但其中最著名的是《金瓶梅》。《金瓶梅》以西门庆这个典型形象为核心，辐射出封建社会末期统治阶级内部上上下下既互相勾结、互相包庇、互相利用又明争暗斗的复杂网状社会关系，反映出广阔的社会生活面。《金瓶梅》注意整体艺术结构的完整，注意从日常生活细节来刻画人物，注意人物性格之间的差异，在相当程度上具有开创性的意义。作为一部暴露小说，《金瓶梅》缺乏思想光辉，其中的淫秽描写更不可取。这时期小说戏曲常多淫秽描写，是当时堕落世风的一种反映。

第四，公案小说。这类小说没有产生成就很高的作品。李春芳的《海刚峰先生居官公案传》以审案人海瑞贯串全篇，每回演述一个故事，除少数情节较为曲折外，大部分枯燥乏味。余象斗的《皇明诸司公案传》搜罗古今一些贤吏折狱的异闻，近似笔记，缺少小说应具有的形象性和生动性。无名氏的《龙图公案》也都是各篇独立不相连属，只以包公串联全书，较之前代写包公的作品，书中宣传封建礼教的气息颇浓。

话本在这时期因群众爱好得以大量刊行，也引起了文人重视。文人模拟话本进行创作，后人称"拟话本"。天启年间，冯梦龙编集《喻世明言》、《警世通言》、《醒世恒言》。其中有不少是当时人创作的拟话本。继"三言"之后，有凌濛初所作《初刻拍案惊奇》、《二刻拍案惊奇》，周清源编写的《西湖二集》，于麟写的《清夜钟》，还有佚名的《石点头》、《醉醒石》、《幻影》等，形成白话短篇小说的繁荣局面。

拟话本表现出鲜明的时代特点。一是城市中的商人、手工业者大量作为正面主人公出现。这里面有买卖珠宝的、贩运布匹的和海外经商的各种商人，有小手工业者、机户、碾玉工匠和线铺主管，有裱褙铺主的女儿、贩香商人的姑娘，还有挑担卖油和提篮售姜的小贩。作品表现了对商人的公开赞扬以及商人对自己"本业"的自豪感。二是在某些写爱情的作品中，两性关系中封建意识褪色了。女子在追求爱情生活甚至在偷情行动中表现出了甚少拘束的大胆性格。而对那些偷情的姑娘和有外遇的妻子，有的作品往往对她们做正面的描写，流露和表示了某些欣赏、肯定的态度。在封建道德意识褪色的同时，一些作品强调了对人格的尊重，有些作品则表现了金钱在两性关系中的主宰作用。这正是复杂的市民阶层的生活思想的真实反映。

戏曲领域里，明代后期是继元杂剧之后中国戏曲史上又一个繁荣时期。传奇出现了创作高潮，产生了杰出的剧作家汤显祖。这时期的杂剧由于形式有了变化，并运用南曲或南北合套等形式，其中也出现了不少优秀的作品。这时期的戏曲创作，在内容上表现出如下几个显著特点：

第一，产生了大量的现实时事剧。戏剧作品及时地反映当时重大的政治事件。《鸣凤记》首开风气，作者主要描写的是嘉靖时震动朝野的严嵩集团和反严嵩集团的政治势力的斗争，鞭挞了严嵩结党营私、误国害民的丑恶行径，歌颂了爱国的正派官员杨继盛、夏言、邹应龙。自此以后，这方面剧作日益增多。尽管有的剧作写得较为粗糙，但在戏剧创作中表现出这种强烈的现实批判精神，仍值得称道。

第二，讽刺剧有了进一步的发展。孙钟龄《东郭记》运用借古喻今的手法，嘲讽了封建官场的黑暗和腐败，以漫画式手法对封建官僚的种种精神特征作了形象化的概括。对剧中各色人物在谐谑中深藏着讽刺性的愤慨。王衡的《郁轮袍》借骗子王推能得到岐王和九公主赏识的滑稽情节，嘲讽了明代官场特别是科场的肮脏、腐败。《真傀儡》写杜衍被召，假傀儡衣冠受命的故事，对统治者进行无情笑骂。这时期的讽刺剧不仅讽刺官场较为深刻，而且选材范围也较为广阔。徐渭的《玉禅师》对好色虚伪的玉通和尚进行了辛辣的揭露。徐复祚的《一文钱》则是对守财奴卢至的悭吝本性做了形象的勾勒。这些作品，丰富了中国讽刺文学的宝库。

第三，爱情剧更加丰富多彩。这时期爱情剧的突出之处是能较完整、较深入和较细腻地表现出妇女争取自由幸福的曲折过程，并且注意包含更多的社会内容。《牡丹亭》写妇女为了"情"可以由生到死、又由死再生；《玉簪记》写女性勇冲戒门的心理变化。《牡丹亭》中长年被关闭在闺房的杜丽娘，在父训、母教、师诲的社会压力下，本该成为循规蹈矩的女中典范，但一次游园，就促使她青春觉醒，并和情人在梦中幽会。这种大胆披露内心欲望的勇敢精神，是以前许多妇女形象未曾表现过的。而《玉簪记》在描写陈妙常欲爱不能、欲舍不忍的微妙心理方面，又有另一番功力。此外，朱鼎在《玉镜台记》里把人物的命运和国家社会的命运联系起来，孟称舜在《娇红记》里注意刻画男女主人公为了爱情，可以不顾功名富贵的思想基础。这些，都使爱情剧有了一些新的境界。

这时期的戏曲在形式方面也有许多创造，总的趋向是更多样化、灵活化。传奇戏曲的长篇巨制竟能敷衍至 100 出，如郑之珍的《目连救母劝善戏文》。有的传奇戏曲却又短至十余出，如高濂的《赋归记》和《陈情记》。杂剧也是如此，元代杂剧本为四折、五折，到明代杂剧有的多至七八折，有的少至一折。通过不断的创作实践，一些传奇戏曲作家已较为注意结构的谨严，注意关目的紧凑，注意安排好悬念。《红梨记》第二出中男女主角就以诗定情，直到第二十九出才真相大白，足见作者的匠心。注意戏曲的结构艺术，是戏剧文学进步的一个标志。

戏曲创作的繁荣，也促使一些人进行了理论上的探索，这时期的曲学著作也相当丰富。徐渭的《南词叙录》，王世贞的《曲藻》，魏良辅的《曲律》，何良俊的《四友斋丛说》中的论曲部分(后人辑为《曲论》)，臧懋循的《元曲选序》，吕天成的《曲品》，王骥德的《曲律》，祁彪佳的《远山堂曲品》、《远山堂剧品》，都是有一定见解的论著。

诗文方面虽然不像小说、戏曲那样变化明显，但也缓慢地有所改变。早在"前七子"的复古运动声势煊赫的时候，就有如沈周、文徵明、祝允明和唐寅等吴中诗文作家并不盲目追随，诗风较为平易清新。到了嘉靖初，"前七子"的影响已渐渐衰落，出现了像杨慎、薛蕙、华察、高叔嗣、皇甫冲、皇甫濂等诗人，他们不傍门户，自成一体。在散文领域逐渐形成了以王慎中、唐顺之、茅坤、归有光为代表的唐宋派，反对"前七子"的"文必秦汉"的主张。

李贽针对当时复古模拟的风气提出"童心说"，强调绝假纯真、抒发直感，认为"天下之至文，未有不出于童心焉者也。苟童心常存，则道理不行，闻见不立，无时不文，无人不文，无一样创制体格文字而非文者"。这实际上为廓清复古主义文学主张奠定了理论基础。接着公安派、竟陵派相继而起，在创作主张和实践上都与复古主义对立。公安派提倡诗歌"独抒性灵，不拘格套"，但有些创作较为浮浅。竟陵派看到了这一点，进行补救，在提倡"性灵"的同时，主张含蓄。同时在散文领域，出现了晚明小品文。

这种散文摆脱了古代散文的束缚，形成一种新的风格，即要求做到"幅短而神遥，墨希而旨永"。不过这些诗文创作虽然也有一些感时伤世的作品，但绝大多数仍是抒写身边琐事。

二、清代文学

清代文学集封建时代文学发展之大成，是古代文学的一个光辉总结。各种文体无不具备，诸多样式齐头并进，全面繁荣。诗、词、散文等传统文学样式，清代使之得到复兴；小说、戏曲、民间讲唱等新兴文学样式，清代使之达到登峰造极的高度。

清初的文人学者，不满统治者的民族压迫和专制统治，较普遍地存在反对清廷的民族思想，有些人还有进步的民主思想。这时期的诗文作家，即以抱有这种思想的明遗民为主体。黄宗羲、顾炎武、王夫之三人是这时期最杰出的思想家和学者。他们的散文，以深厚的功力，表现了强烈的民族思想和不同程度的民主思想，超越晚明散文的成就，显示了崭新的面貌。重要的遗民诗人还有归庄、吴嘉纪、阎尔梅、钱澄之、屈大均、陈恭尹等。遗民诗的重要主题是反映民族矛盾，表现爱国思想；阎尔梅、钱澄之、吴嘉纪又较多地反映了当时的社会和阶级矛盾。

以明臣而仕清的钱谦益和吴伟业也是清初的两个重要作家。他们的身份不同于遗民，而作品内容却有相似之处。钱谦益学问渊博，文章气势恢宏，在黄、顾、王三家之前已开始转变晚明散文的格局，扩大其规模。其诗兼学唐、宋诸大家，入清后的作品也好写兴亡之感，以自托"不忘故国"。吴伟业的诗多写明末清初的史事，其七言歌行辞藻绵丽，感情侧怆，音节谐美，有很强的感染力。著名的散文作家还有魏禧、侯方域、汪琬等人。魏禧是遗民，其文有较浓厚的民族感情和较强的形象性。侯方域之文奔放有气势，汪琬之文流畅简洁。在钱谦益、顾炎武等人的影响下，清初文人多博览群籍，典实丰富，所以也多善于写作骈文，以陈维崧所写的才气横溢的骈文最著名。

由于文学本身的演变和城市生活发展、市民阶层壮大等原因，元明以来新兴的戏曲、小说在文学史上的地位逐渐超过当时的诗歌、散文。清代文学也还继续着这种趋势，戏曲、小说的成就比较突出。

清初的戏曲，如吴伟业的《秣陵春》、李玉的《牛头山》等，抒写国家衰亡之痛。这是当时民族矛盾的曲折投影。李玉等人合作的《清忠谱》，揭露宦官当政的黑暗，把市民群众的斗争搬上舞台，情节人物比较集中，减少了明代传奇戏曲头绪纷繁的毛病，内容和形式都值得肯定。朱素臣的《十五贯》、叶稚斐的《琥珀匙》，内容也有可取之处。接着出现了洪昇的《长生殿》和孔尚任的《桃花扇》两部杰出的传奇。《长生殿》把唐玄宗李隆基与杨贵妃的爱情悲剧放在"安史之乱"前后的背景上描写，抨击了封建政治和李、杨生活的腐朽面，反映了广阔的社会矛盾，在歌颂真挚爱情方面灌注了作者的理想。虽在对主题思想和主人公性格的处理上有着自相矛盾的缺点，但此剧情节动人，具有浓厚的抒情气氛，成就还是较高的。《桃花扇》以侯方域、李香君的离合之情为主线，抒写南明福王弘光朝覆灭，以至明室 300 年隳败的兴亡之感，做到了历史真实与艺术真实的比较成功的结合。它直接写到清兵入关前后的史事，现实斗争的联系比《长生殿》密切。全剧结构紧密，表现了身居被侮辱、被压迫地位而有高贵品格的李香君，塑造了一个坚守民族气节的爱国妇女形象。它的主要局限性是对于明末农民起义军的敌视。

清初的长篇章回小说，如陈忱的《水浒后传》、钱彩的《说岳全传》，通过写前代故事，反映了阶级斗争、民族矛盾，表现爱国思想。但艺术成就较高的，还推蒲松龄的短篇文言小说集《聊斋志异》。它借花妖狐魅等故事，揭发封建吏治和八股取士制度的黑暗，歌颂青年男女对于幸福与爱情的追求。它用流畅的文言文来写，想象丰富，情节生动，引人入胜；善于把非现实世界的人物，赋予浓厚的现实生活的人情味。

散文方面产生了以方苞、刘大櫆、姚鼐为代表的桐城派散文。方苞讲求义法，姚鼐讲究文章的阴阳刚柔，思想上守程朱理学的正统观念，风格以清真雅正为宗。他们的简淡而有风神的作品，具有自己的特色，但缺乏宏伟的气魄和规模。

词坛则以浙派的影响为最大，代表作家有厉鹗等。

长篇小说在本时期放射出特有的巨大的光彩，这就是吴敬梓的《儒林外史》与曹雪芹的《红楼梦》这两部巨著的出现。《儒林外史》对八股取士的封建考试制度的摧残人才，进行了全面地揭露和辛辣地讽刺，它虽采用夸张的手法，却体现了深刻的现实性。它具有幽默感而又朴素的语言艺术，做到了"戚而能谐，婉而多讽"，富有含蓄性。它是中国古代成就最高的长篇讽刺小说。《红楼梦》通过贾宝玉、林黛玉的爱情悲剧和贾府由盛到衰的故事情节，反映了官僚地主生活的腐朽，表现了具有叛逆性格青年的民主思想与传统意识形态的冲突，揭示了封建统治阶级和封建社会走向没落的趋势。它通过对日常生活琐事和人物内心世界的提炼描写，塑造了一大群具有深刻典型意义而又个性鲜明的人物形象。刻画细腻，气氛浓郁，语言优美多姿。它以思想和艺术的伟大成就而成为中国古典小说的高峰。短篇文言的笔记小说，有纪昀的《阅微草堂笔记》、袁枚的《新齐谐》等。

第六节　近代文学

清代道光、咸丰年间，是中国长期的封建社会开始发生重大变化的时期。英国资本主义的大炮，打开了闭关自守的封建帝国的大门。外国资本主义侵略，洋货倾销，鸦片输入，白银外流，银贵谷贱，加速了中国农村自然经济的破产。加上贪官污吏横征暴敛，农民和其他各阶层人民更无法生存，阶级矛盾不断地尖锐化。从白莲教起义到太平天国革命，农民起义风起云涌。但外国资本主义的侵略也刺激了中国资本主义的生长和发展。封建统治阶级内部发生了分化。一部分地主阶级开明派，开始睁眼看世界，厌弃宋、元以来的程朱理学和盛极一时的乾嘉朴学，而研究"经济"之学，强调"通经致用"的学术，并发出了改革腐朽内政，学习外国有用知识，抵抗外国侵略的呼声。文学也突破了死气沉沉的局面，理论上提出了文学要为现实政治斗争服务的思想，反对模拟；创作实践上要求反映现实政治社会内容，歌颂广大人民和英雄人物对外国侵略者的英勇抵抗，揭露清王朝及其官僚贵族的昏庸腐朽和社会矛盾。这些都打破了陈腐的面貌，出现了进步的文学新潮流。

这个时期作家众多，流派竞起，文学呈现繁荣复杂的景象。首开文学新风气的是以龚自珍、魏源、林则徐等为代表的开明派以及张际亮、汤鹏、姚燮、贝青乔等。他们敏锐地看到清王朝内外严重的危机，积极建议改革内政，坚决主张抵抗外国资本主义的侵略，写出富于时代色彩和历史意义的许多诗文作品。张维屏、陆嵩、朱琦等，则从不同角度写出了具有现实意义的诗篇。早期的改良主义者冯桂芬、王韬都曾反对或抛弃桐城派古文，王韬更以一般古文或文言文用之于报章，使古文社会化或通俗化，具有划时代的意义。而太平天国领袖们的诗文作品，批判封建色彩浓厚的陈词滥调，提倡朴实明晓的文风，直接为革命斗争服务。这些就是这个时期进步文学的主流。

与此同时，传统诗文也出现了"宋诗运动"和桐城派中兴。"宋诗运动"继承乾隆、嘉庆间的"宋诗派"，以模拟宋诗为贵，由程恩泽、曾国藩等倡导，重要作家有何绍基、郑珍、莫友芝等。桐城派古文在这一时期产生了梅曾亮等著名作家，形成了"中兴"的局面。而经学家阮元提倡以《文选》为

207

范本，实际是提倡骈文，形成与桐城派古文对立的扬州派骈文。在骈、散之间作调和态度的则有常州的李兆洛，他实际也是倾向骈文。这些诗文流派的作家和作品，就其主导倾向看，是守旧或保守的。此外，词则有"常州派"的发展。周济提出"诗有史，词亦有史"的主张，有进步意义。但被誉为"倚声家老杜"的蒋春霖的词，内容则多为诬蔑太平天国革命，表现了地主阶级的没落情绪。小说主要是"狭邪小说"和"侠义公案小说"。

同治、光绪年间，是帝国主义列强和封建买办相勾结把中国变为殖民地半殖民地的时期。中国资本主义大致从这时开始得到初步的发展。甲午中日战争失败后，举国悲愤，中华民族与帝国主义的矛盾空前尖锐。人民群众强烈的反帝爱国精神爆发了义和团运动，同时出现了相当广泛的改良运动。一部分由官僚地主阶级转化的上层资产阶级呼吁救亡图存，要求发展资本主义，建立资产阶级政治制度。康有为、梁启超就是这一运动的代表人物和领袖。文学上的代表作家则是黄遵宪、康有为、梁启超、谭嗣同、严复等，他们自觉地使自己的文学为改良运动服务。

戊戌变法前后，梁启超提出了"诗界革命"、"文界革命"和"小说界革命"的明确主张。戊戌变法前，梁启超和谭嗣同、夏曾佑曾试作"新诗"，反映了改良派对新思想、新知识即"新学"的要求。戊戌变法失败后，梁启超便提出"以旧风格含新意境"的"诗界革命"主张，推尊黄遵宪从理论到诗作实践已为"诗界革命"做了榜样，是推陈出新的"新派诗"。梁启超虽不以诗人自命，他自己的诗实际也是"新派诗"。他的"文界革命"主张，是适应资产阶级"开通民智"、改革语文的维新思潮而提出来的。当时已有人认为文言是"祸亡中国"之一端，"白话为维新之本"，主张"崇白话而废文言"，"报章宜改用浅说"。同时长江下游各省白话小报纷纷出现。同样的出于改良的目的，他更提倡"小说界革命"，强调小说对改良社会的作用，而特别重视"政治小说"，宣传政治主张、政治理想，直接为改良运动服务。

翻译文学的兴起也是改良运动的一个重要内容。严复、林纾是这个时期著名的翻译家，他们分别以各自熟练的古文翻译西方社会科学和文学作品，对传播新思想、新文化，起了积极的作用并产生了广泛的影响。

此外，道光年间诞生的京剧，在这一时期得到发展繁荣。它进一步吸取地方戏的精华，出现了一些有时代精神的优秀剧目，不少名演员创造了许多生动优美的艺术形象，成为一个影响深广的重要剧种。京剧是这一时期文学成就比较突出的一个方面。

从 20 世纪初到五四运动前夕，是中国资本主义得到进一步发展的时期，是资产阶级民主革命取得伟大胜利又转为失败的时期。以孙中山为代表的资产阶级中下层，毅然走革命的道路，积极进行推翻清王朝的民族民主革命运动。帝国主义和腐朽的清王朝，成为广大人民愤恨和斗争的焦点。许多爱国青年，踩着先进人物的足迹纷纷东渡日本留学，寻求救国真理，一时形成了声势浩大的留学热潮。清政府迫于危亡形势，也不得不向资产阶级做些让步，实行"新政"，废八股，停科举，开办新式学堂等。随着革命运动的兴起和发展，国内外先后产生了许多革命小团体。1905 年，许多革命小团体联合成立了以孙中山为首的"中国同盟会"，创办了机关刊物《民报》，它标志着中国资产阶级民族民主革命已走向高潮。革命报刊和文学期刊纷纷出现，文学团体"南社"在 1909 年正式成立，参加者 17 人，其中 14 人是同盟会会员，文学为政治服务的目的更加明确，各种文学形式一时都成为革命斗争的工具，进步的文学得到进一步的发展。

这一时期诗歌的突出特点和成就，是以南社为中心，以南社诗人柳亚子、高旭、陈去病、马君武、周实等为代表，慷慨高歌民族民主革命。秋瑾则是这时期最杰出的女诗人。以宣传革命思想为主题的散文也大量出现，章炳麟取法魏晋古文，青年作家邹容则采取通俗化的古文。小说出现了揭露黑暗、同情革命的曾朴的《孽海花》和歌颂革命的陈天华未完成作品《狮子吼》。主张社会改良的著名谴责小说李伯元的《官场现形记》和吴趼人的《二十年目睹之怪现状》也出现在这一时期。而戏剧说唱等方面，则有汪笑侬改良京剧，黄吉安改良川剧，春柳社、众化团等文明戏即话剧团体的出现。秋瑾、陈天华等用说唱形式宣传革命。一批有革命倾向的杂剧、传奇、乱弹等作品均出现在这一时期。

这一时期保守的传统诗文作家，主要在北京活动。"同光体"诗人在北京创立诗社，俨然和"南社"对立。而王国维则在西方资产阶级哲学思想基础上，提倡文学脱离现实政治社会。同时，随着资产阶级民主革命的失败，革命进步作家有颓唐悲观的，如"南社"苏曼殊等人。而前一时期的改良派人物如梁启超、严复、林纾等也与前清遗老们合作起来。这些都表现着中国资产阶级的软弱性和革命的不彻底性。

第七节　中国古代文学的文化精神

中华民族有自己的文化传统，在体现世界各民族文化发展的共性中，又有自己鲜明的个性。中国古代的哲学、历史学、文学等人文科学各领域，也各自表现出中华民族的文化特色。正如王国维在《宋元戏曲考·序》中所说："凡一代有一代之文学，楚之骚，汉之赋，六代之骈语，唐之诗，宋之词，元之曲，皆所谓一代之文学，而后世莫能继焉者也。"中国古代文学内容丰富、众体兼备，而且在不同的历史时期呈现出不同的特色和形态。综观古代文学的发展全貌和诸文体的演进，鲜明地体现了中国文化的人文色彩和理性精神，即以"人"为核心，追求人的完善，重视人的理性，渴望人与自然的和谐。

一、中国古代文学体现出强烈的济世情怀

中国传统的知识分子提倡"修身、齐家、治国、平天下"。从屈原、孔子到曹雪芹，古代的知识分子形成了一种关于道德和人格的传统。他们大多以道自任，以天下为己任，往往具有强烈的济世情怀。在这样的人生观的影响下，中国文学始终以高度的使命感和责任感关注着个体的生命价值。从孔子开始，中国人已经明确个体生命的价值和意义存在于现实的社会人生之中，在现实生活的人际关系中，社会理想和个体人格才能实现与完成，人的心灵才能获得满足和安慰。这种精神使人们执著于此生此世的理想追求和人格塑造，不是到彼岸世界中去寻找无限和快乐，而是让社会和自然与人得到有机统一，从而形成以道自任的崇高追求和人格尊严合而为一的思想内核与精神理念。因此，强调个体融入社会的理性精神在中国可谓古已有之。

中国文化的这种"经世致用"的特点千百年来一直支配着人们价值观念的建构，同时也深刻地影响着自先秦以来的古代文学创作。曾子就认为"士不可以不弘毅，任重而道远"，墨子云："仁人之所以为事者，必兴天下之利，除天下之害。"可见对于要以"兴天下之利"为追求的仁人而言，他们不屈从于包括皇权在内的任何外在的权威秩序，只服从于崇高的道德追求及担负的历史使命。

个体的生命价值只有在现实中才能得以实现，建功立业自然就成为中国古代士人所追求的最高人生理想，也成为中国古代文学反复歌咏的一个主题。曹植一生追求的就是"戮力上国，流惠下民，建永世之业，流金石之功"。陈子昂中进士后上书议政，图谋大业，"感时思报国，拔剑起蒿莱"，"废书畅怀古，负剑许良图"。屈原以浪漫主义的手法讴歌理想，《离骚》中的美人香草、芰荷芙蓉、芳泽衣裳构成了缤纷、深沉的情感想象世界，但是其立足点仍然是楚国政治生活的黑暗。《离骚》把毫无羁绊和极富多义性的浪漫想象与最为深沉炽热的个体的人格情操和价值追求，最完满地结合

成为有机的整体，成为无可比拟的典范。阮籍的 82 首《咏怀》诗虽然隐晦，但从诗的意境情绪中反映出来的正是他对当时残酷政治斗争和政治迫害的哀伤与慨叹。陶渊明对"采菊东篱下，悠然见南山"的闲适的田园生活的描绘，绝不是安享超然世外的天堂仙境，而是在对自然和农居生活的质朴的爱恋中表达他内心对上层社会政治斗争的残酷和虚伪的鄙视。除了强调以道自任之外，中国文化积极入世的理性精神还表现在人们追求内在人格的圆满，其中蕴涵着一种深沉的人生理念，这就是孟子所说的"富贵不能淫，贫贱不能移，威武不能屈"；在困难挫折面前不屈服，"天将降大任于斯人也，必先苦其心志，劳其筋骨，饿其体肤，空乏其身，行拂乱其所为，所以动心忍性，曾益其所不能"；在威逼利诱面前，能够舍生取义，"无求生以害仁，有杀身以成仁"，道义高于生命，精神的超越高于物质的实体。这种人生理念构成了古代文人士大夫主流性的人生价值取向，并扩展为一种民族精神和民族性格。

二、中国古代文学体现出深沉的忧患意识

忧患意识是中国传统文化的一种普遍品格，成为古代知识分子重要的文化意识，可谓源远流长，并以文学的形式得到了鲜明的体现。古代知识分子大多生活在动荡不安的社会背景之中，他们饱经沧桑，满怀悲忧感愤的情怀，因而创作了许多震撼人心的不朽之作。忧患意识是他们创造和传播文化的内在动力之一，他们的著作充满浓郁的忧患情调，充分展现了中华民族的忧患史。孟子认为："生于忧患，死于安乐。"强调的是忧患意识应该成为人生存所必需的重要的思想意识。范仲淹的《岳阳楼记》登临览景，尽收眼底，毕呈笔端，景之喜、景之悲各极其态。它之所以能够成为流传千古的名篇，并非在于其写景之妙，而是因为所写之悲景、喜景目的是为了铺垫出更高的精神境界，即"不以物喜，不以己悲"。作者身处北宋积贫积弱的景况之下，满怀深沉的忧患意识，唱出了广大士大夫的心声："居庙堂之高，则忧其民；处江湖之远，则忧其君；是进亦忧，退亦忧。然则何时而乐耶？其必曰：先天下之忧而忧，后天下之乐而乐乎！"这种对社会人生的忧患意识一经道出，便感动激励了无数后人。陆游的《书愤》，悲愤激昂，表达了他要为国家报仇雪耻，收复疆土，解放沦陷人民的爱国热情和忧患意识。儒家文化培养和滋润的忧患意识体现了民族主义的爱国热情及其献身精神，体现了对社会现实和政治的批判精神，也体现了刚健有为、自强不息、乐观进取的奋斗精神。这种精神非常明显地体现在中国古代优

秀的文学作品中，成为文学作品的灵魂。

孔子的"知其不可而为之"，《周易》的"天行健，君子以自强不息"，顾炎武的"天下兴亡，匹夫有责"，蕴涵其中的是一脉相承的积极进取精神，表现出强烈的社会责任感和历史使命感，并扩展为民族品格和民族精神。即使是早期神话故事如"夸父逐日"、"精卫填海"等也反映了先民们征服时间、空间阻隔的愿望，体现了中华民族自强不息的进取精神。由这样的忧患意识和高度自觉的主体精神出发，对黑暗现实的揭露和对封建皇权的抗争也就是必然的结果。明清的小说多以社会现实生活为题材，即使是神话小说《西游记》也不例外。孙悟空蔑视天庭、敢对佛祖揶揄嘲弄，即使失败后仍保持傲骨，这样的故事内容体现着作者本人的忧患意识和主体精神。

三、中国古代文学体现出深刻的人生之思

中国古代文学体现出关注现实的理性精神，无论是以道自任的崇高追求和进取精神，还是愤世嫉俗的忧患意识，强调的是现世之谋略而非幽玄之沉思。但这并不是说中国传统文学不从本体意义上去思考人生和宇宙，从老庄开始，对个体存在的身和心就保持高度的珍爱与肯定。"物物而不物于物"，这种思想发展到魏晋时期，出现了盛极一时的玄学思潮。

魏晋是个"文的自觉"和"人的自觉"的时代，这种悠远深沉的人生之思在文学已经得到了展现，开一代先声的《古诗十九首》在对日常时世、人事、享乐等的咏叹中，突出的是一种关于人生的思考，这种人生之思构成了其主要声调。"生年不满百，常怀千岁忧"；"人生寄一世，奄忽若飘尘"；"人生非金石，岂能长寿考"；"人生忽如寄，寿无金石固"……被钟嵘赞为"文温以丽，意悲而远，惊心动魄，可谓几乎一字千金"的这些古诗，其中大部分的文字都是对生命短促、人生坎坷、欢乐少有、悲伤长多的感喟！这种对生死存亡的重视、哀伤，对人生短促的感慨、喟叹，从建安直到晋宋，从中下层直到皇家贵族，在相当一段时间中和空间内弥漫开来，成为整个时代的典型音调。曹操有"对酒当歌，人生几何，譬如朝露，去日苦多"；曹丕有"人亦有言，忧令人老，嗟我白发，生亦何早"；阮籍有"人生若尘露，天道邈悠悠"；陆机有"天道新崇替，人生安得长，慷慨惟平生，俯仰独悲伤"；陶潜有"悲晨曦之易夕，感人生之长勤。同一尽于百年，何欢寡而愁殷"。他们唱出的是同样的哀伤、思绪和音调，共同形成了"建安风骨"的人生之思。

但是值得注意的是，"建安风骨"的人生之思是与其建功立业的"慷慨多

气"紧密结合在一起的，其核心仍是对人生的执著。在"对酒当歌，人生几何"之下的是"烈士暮年，壮心不已"的老骥长嘶；"死生亦大矣，岂不痛哉"之后的是"群籁虽参差，适我无非新"。在表面上看来似乎是颓废、悲观、消极的感叹中，深藏着的恰恰是它的反面——是对人生、生命、命运、生活的强烈的欲求和留恋。正是有这种积极的内容蕴涵其中，才使所谓的人生之思没有流于颓废消沉；也正是这种人生之思的存在，执著的追求才具备了美学深度。而这种人生之思正是在对外在权威的怀疑和否定的基础上产生的，只有认识到伦理道德、谶纬宿命等规范、标准、交织的虚假，才有内在人格的觉醒和追求，才能对人的存在、价值、意义做本体论的思考。在某种意义上，这种貌似玄远的人生思考与上述的强调个体生命融入社会的理性精神在深层上具有一定的一致性。

唐宋时期，缕缕不绝的人生之思仍然是古代诗人笔下的一个重要主题，苏轼的《前赤壁赋》，虽然开篇把秋夜的美景刻画得淋漓尽致，但作者立意不在景之美，而在于通过主客的问答，表达对历史、社会、宇宙、人生的思考。客方通过乐声、言辞抒发了历史的虚无、功业的幻灭、人生的短促等感受。主方通过对答，表达了一种达观的宇宙观和得失观。作者在备受打击之后，面对斯景，体会到宇宙的本真、人生的真谛，因此才能如此旷达。所以我们可以说，如果只注意到作者对景、对情、对人物活动及其对环境的表达，而把作者从中透露出来的精神境界放在次要位置，那么我们对这一古代精品的认识是有一定缺陷的。例如，"前不见古人，后不见来者。念天地之悠悠，独怆然而涕下"；"人生得意须尽欢，莫使金樽空对月，天生我材必有用，千金散尽还复来"；"君不见黄河之水天上来，奔流到海不复还；君不见高堂明镜悲白发，朝如青丝暮成雪"；"月有阴晴圆缺，人有悲欢离合，此事古难全，但愿人长久，千里共婵娟"；"多情应笑我，早生华发。人生如梦，一尊还酹江月。"在这些诗篇中，有对人生苦短的悲叹，有对无限永恒境界的向往，有对繁华如烟的无可奈何……所有这些共同构成了古代文学文化精神的一个重要侧面，即对人之为人的本体思考，对宇宙存在的形而上追问。它们为笃实尚用的中国文化增添了别样的色彩，虽然其基调不免是沉重而哀伤的，但是毕竟表露了人对自身存在的思索，展现的是高蹈旷达的人生之姿。

四、中国古代文学体现出以人为本的仁爱精神

中国古代关于人民、国家、统治者三者之间的关系，早在先秦时期就

有明确的见诸文字的解说。孟子就认为："民为贵，社稷次之，君为轻"，"亲亲而仁民，仁民而爱物"，便是告诫统治者应重视人民的地位，体现了以民为本的仁爱精神。以仁爱之心处理伦理关系，因此就要求"老吾老以及人之老，幼吾幼以及人之幼"，而且孟子还将这种仁爱精神从人际道德关系推衍到人与宇宙万物的关系，提出了"爱物"的观念。《易传》把孟子"爱物"的思想概括成"君子以厚德载物"的命题，认为人类应该效法大地，把仁爱精神推广到大自然中，以宽厚仁德包容与爱护宇宙万物，使人类与自然之间建立起一种和谐的关系。宋儒张载进一步提出"天地万物一体"之说，指出："民吾同胞，物吾与也。"这种以民为本、民胞物与的仁爱精神，可以说广泛地反映在自《诗》、《骚》以来的中国古代文学作品中。

杜甫在《茅屋为秋风所破歌》中描绘全家不仅是在流亡之中，而且屋破又遭夜雨的狼狈处境，但他推己及人，且有人无己，唱道："安得广厦千万间，大庇天下寒士俱欢颜，风雨不动安如山。呜呼！何时眼前突兀见此屋？吾庐独破受冻死亦足！"其爱民之心何等高尚，何等深刻！这是杜甫思想道德境界的体现，是孔子仁爱思想的艺术化。诗人陆游有七律《露望》，写他夜间散步河边，见到商人为争早市、农民为车水灌田而彻夜不眠的景象，于是发出"齐民一饱勤如许，望食官仓每愧然"的感叹。值得注意的是，虽然中国古代文学体现了要求在现实中建功立业的积极进取精神，但个体融入社会生活的目的并不是封妻荫子，扬名立万，而是出于对国家、人民强烈的热爱之情，即"小来思报国，不是爱封侯"，"男儿出门志，不独为身谋"。这种以天下苍生为念的思想是中国古代文学中最为宝贵的文化精神之一。

这种仁爱精神同样体现在伦理关系中。所谓的"伦理"，即指人与人之间的合理关系，既包括家庭关系，也包括社会关系。儒家所谓的"五伦"即指父子、兄弟、夫妇、君臣、朋友五种人际关系。如果说西方文学在古希腊时期就形成了以《荷马史诗》为代表的叙事性特征，那么先秦时期的《诗经》就奠定了中国文学以抒情为主的基本美学特征，包括爱情、友情、亲情在内的各种形式的人类情感成为古代文学题材的重要组成部分。从《诗经》中的"窈窕淑女，君子好逑"，到李商隐《无题》的"春蚕到死丝方尽，蜡炬成灰泪始干"；从"四海之内皆兄弟"，到"劝君更尽一杯酒，西出阳关无故人"；从"弱子戏我侧，学语未成音"，到"慈母手中线，游子身上衣"，中国文化与中国文学走过了一条漫长的情感之路，它展示出中国文化特有的感性世界，透露出中国文化博大精深的情怀，无疑成为古代文学文化精神的重要部分。

　　中国古代文学中所体现的文化内涵，无论是人与现实统一的理性精神，还是审美人生境界和个体精神自由的标榜，都深深地渗透在民族的血脉中。积极的人生价值导向，无论穷通达辱都能使人保持乐观精神。这种伟大的文化精神是厚重的，同时又是含蓄的；它既活在历史之中，同样也需要在今天的生活中弘扬光大。

思考与讨论题：

1. 为什么说中国古代文学是中国传统文化的重要组成部分？

2. 中国古代文学在哪些方面表现得最为突出？哪些作家和作品最具代表性？

3. 中国古代文学在哪些方面体现了中国传统文化的基本精神？

第十三章　中国古代艺术

中国的艺术，从商周起，经过 3000 多年，一直都在推陈出新，具有充沛的生命力。在中国传统文化中，艺术具有最完整的发展历程。在漫漫历史长卷中，文学、绘画、书法、音乐、舞蹈、雕塑都逐渐走向成熟，并形成独特的民族风格、传统和精神，给人类以精神的美的享受，成为中国文化精神的结晶和世人共同享有的文化遗产，为中华民族增添了光彩，也为世界文化的发展做出了巨大贡献。

第一节　音乐与戏曲

一、音乐

（一）中国古代音乐的起源与发展

纵观中国音乐的发展，大致可以分为上古、中古与明清三个时期。

1. 上古音乐

中国音乐起源甚早，古文献对尧舜古乐有记载，出土的最早乐器骨笛距今已有 8000 余年历史。近年来，乐律学家根据已出土的新石器晚期的二音孔陶埙，推论当时在乐律上已经形成四声音阶，根据商代的五音孔陶埙，可以推断商代后期人们已经掌握了汉律的乐器知识。周景王时期已有汉律和"五声"、"七声"的名称。"五声"、"七声"也称"五音"、"七音"，即宫、商、角、徵、羽五音加上变徵、变宫二音，前者创立较早，与哲学五行思想相合，在传统音乐中占有主导地位，成为中国音乐的特色。周代还按制造乐器的质料将乐器分为八类，即金、石、丝、竹、匏、土、革、木，称为"八音"。中国最早的一部诗歌总集《诗经》原本就是配乐的歌词，它采集了由西周初期到春秋末期共 500 多年间的各类音乐作品，其中部分是民歌，具有可诵、可奏、可歌、可舞的音乐性质。公元前 4 世纪出现的歌曲套曲《楚辞》是屈原根据楚国南部民间的祭祀歌曲加工编写而成的，是继《诗经》之后的又一部优秀作品，作品表达了浓烈的情感，具有丰富的想象力和较强的艺术张力。

2. 中古音乐

秦汉至隋唐的中古时代，是中国音乐的发展期。

(1) 隋唐前的音乐

秦朝设立过音乐机构"乐府"。汉承秦制，汉朝廷也设有乐府机构。采集大量的民间歌曲，为宫廷的需要创作，配写歌词和曲调，进行演唱和演奏。乐府的乐歌大致可以分为"鼓吹曲"和"相和歌"两大类，而歌词大多采用世俗性歌词。"鼓吹曲"一般用于郊庙祭祀、狩猎等重大礼仪性的活动，是一种节奏十分明朗的乐曲，如著名的《十五从军征》诗即属于"鼓吹曲"。"相和歌"最初产生于民间，开始是没有伴奏的歌谣即"徒歌"，后发展为"一人唱，三人和"的"但歌"，最后发展成为"一人唱，众人和"的"相和歌"，且加入了节奏性乐器——"节"的伴奏，如东汉的著名民歌《江南可采莲》，即是"相和歌"一类的作品。

在乐器的发展中，汉代吹管乐器如笛、箎、角等随着鼓吹曲的发展而日趋兴盛，七弦琴从形成到演奏技法也趋于成熟，弹弦乐器箜篌、琵琶亦得到发展。而在乐律学领域则出现了计算精密的京房十六律，在相和歌的基础之上产生了"相和三调"的乐学理论。

汉代的相和歌，主要是"街陌谣讴"，所用乐律主要是平调、清调、瑟调，汉世称之为"三调"。到东晋南北朝时期，在相和歌基础上，承袭汉、魏相和诸曲，又有新音乐发展起来，称为"清商乐"。清商乐的形式结构略同相和诸曲，其宫调系统亦与相和诸曲相同，即"瑟调以宫为主，清调以商为主，平调以角为主"，所以又称"清三调"。

早在三国时期，魏三祖曹操、曹丕、曹叡作有大量清商曲辞，并设立了音乐机构"清商署"，专门管理清商乐。今存清商曲辞，多为南方在新兴经济发展的条件下，与东晋南迁所传入的中原文化相结合的吴歌和西曲。

吴歌在东晋、南朝时颇盛，产生的中心是建康（今南京），其中多为民歌，如著名的《子夜歌》、《上声歌》即是该类作品。西曲的产生较吴歌略晚，在南朝宋、齐、梁时期，流传地区以今湖北江陵为中心，如著名的《莫愁乐》、《那呵滩》，即属于西曲。

东汉末到东晋，古琴音乐也出现了一些重要现象，首先是东汉末年出现了古琴艺术重著《琴操》，涌现了蔡邕、蔡琰、嵇康等一批琴师，而此时的一些著名琴曲《广陵散》、《猗兰操》、《酒狂》则流传至今。而在乐律学领域则出现了南朝宋何承天的新律，新律十分接近十二平均律，是世界律学史上十分重要的成就。

(2)隋唐宋元时期的音乐

到了隋唐，音乐艺术进入全盛期。隋文帝杨坚统一南北，继承了南北朝的文化。朝廷设立的礼乐机构"太常寺"中，有掌管音乐的部门"太乐署"、"清商署"和"鼓吹署"，隋炀帝首创"教坊"机构，并建立起"九部乐"(即清乐、西凉乐、龟兹乐、天竺乐、安国乐、康国乐、疏勒乐、高丽乐、礼毕乐)宫廷音乐体制，将音乐文化的发展建立在多民族音乐并存的基础之上。

唐袭隋制。在唐朝前期的100多年间，国家强盛、民族和睦、经济繁荣、社会富裕，为文化艺术的高度繁荣创造了良好的发展条件。唐朝的音乐机构，有太乐署、鼓吹署和教坊，都归太常寺管辖。至唐玄宗时，教坊的规模扩大，将教坊分为内、外教坊，创立梨园，内教坊和梨园设置在宫廷内。教坊专习歌舞，梨园专习法曲、器乐，它们不属于太常寺，由皇帝亲自委派内监进行管辖。

唐朝初年宫廷音乐沿用隋九部乐，至唐太宗时增为十部。唐代的乐曲就曲式结构来说，一般分为杂曲子和大曲两大类。同时人们按照杂曲子的节拍，填写长短句体的歌词，导致"曲子词"即"词"的产生。用杂曲子和散文(韵文)交错的形式，讲唱故事，促进"变文"的发展；用杂曲子和舞蹈结合，演唱故事，促进"歌舞戏"的发展；到宋代，用大曲音乐演唱故事，导致"杂剧"的产生。

变文是唐代寺院用于宗教宣传的一种说唱形式，其名称来源于佛教词汇，"转换旧形名变"。佛教徒在演讲教义时为招引听众，募集布施，常常采用"徒讲"方式，所用讲唱的本子叫"变文"，即以散文叙述一遍故事内容，然后以韵文演唱一遍。后来人们又利用该形式，创造出世俗性变文，如《伍子胥变文》、《孟姜女变文》，佛教变文采用佛曲，其他变文则采用群众喜爱的民间曲调杂曲子，因此这种说唱形式在下层有广泛影响。

散乐是隋唐时期重要的艺术表现形式之一，它是包括杂技、武术、幻术、滑稽表演、歌舞戏、参军戏等形式在内的乐舞杂技表演的总称。唐代的歌舞小戏《大面》、《踏摇娘》就属于"散乐"的范畴，但因含有简单的故事情节，已逐步显示出向戏剧方向转化，形成单独分支的倾向。

宋代的音乐在唐代的基础上又有了进一步的发展，宋代音乐一个最显著的特征是市民音乐的蓬勃发展。音乐文化的性质由汉唐时代的宫廷音乐发展为适应市民阶层审美需求的世俗音乐。宋代市民音乐活动的中心是瓦子勾栏，"瓦子"也称"瓦舍"或"瓦肆"，是以娱乐为主要内容的商业集中点。勾栏是瓦子中用栏杆或巨幕隔成的民间艺人演出的固定场子。为了谋生和爱好，民间艺人常在勾栏演出，并以师徒或血脉关系传授技艺，以保持和提高创作表演能力。

元代的音乐仍然以中原和江南地区的民间音乐为主，当时由于一些民族的迁徙流动，北方和西部诸民族的音乐也不断传入中原地区，丰富了中原音乐的内容；而大批的外国人迁入中国，带来了他们的音乐文化，又使中国音乐增加了新的因素。

3. 明清时期的音乐

明朝设置音乐机构"神乐观"和"教坊司"，前者主管祭祠乐舞，以道士为乐舞生；后者主管宫廷宴会乐舞。清朝初年沿用明制，后改"神乐观"为"神乐署"、"教坊司"为"和声署"，清朝宫廷宴会中除主要乐舞外，还安排边疆和邻国的乐舞。

明代音乐史上最值得一提的是，朱载堉发明了十二平均律。这种律制对于旋宫极为便利，于是历代乐律上的种种争论和困难至此迎刃而解。朱氏的十二平均律与西洋的完全相同，而朱氏的发明比西洋早了100多年。

明清时期，音乐文化有了长足的发展，特别是说唱、民歌、戏曲、歌舞音乐、器乐五大类均已形成自身特有的体系，成为本时期音乐发展的最重要特征。

(二)音乐名作

在漫长的历史发展过程中，涌现出诸多的音乐作品，流传至今，其中的《高山》、《流水》、《广陵散》、《平沙落雁》、《梅花三弄》、《十面埋伏》、《夕阳箫鼓》、《渔樵问答》、《胡笳十八拍》、《汉宫秋月》、《阳春白雪》被称为中国古典音乐十大名曲，为国人喜爱。以下撷取其中部分来介绍。

1.《高山》、《流水》

《高山》、《流水》这两首著名的古琴曲，成曲时间大概在2000多年以前。《流水》充分运用古琴的"泛音、滚、拂、绰、注、上、下"各种指法描绘了流水的种种动态，抒发了志在流水，智者乐水之意。早在战国时期，就有了《高山》、《流水》的故事流传，《流水》作为友谊和"知音"的象征，至今仍为人们喜爱。

2.《广陵散》

《广陵散》又名《广陵止息》，是中国古代的一首大型器乐作品，为汉魏时期相和楚调曲之一。据《神奇秘谱》载录，此曲原是东汉末年流行于广陵地区(今安徽寿县境内)的民间乐曲，曾用琴、筝、笙、筑等乐器演奏，现仅存古琴曲。此曲之所以能跻身十大古曲之一，还得部分归功于嵇康。魏末著名琴家嵇康因反对司马氏的专政而惨遭杀害，在临行前嵇康从容弹奏此曲以为寄托，弹奏完毕他叹息道，《广陵散》今天成为绝响。之后《广陵散》名声大振，人们在理解这首乐曲时又多了一层意义，它蕴涵了一种蔑视权贵、愤恨不平的情绪。

3.《平沙落雁》

《平沙落雁》是一首展景抒怀的琴曲，又名《雁落平沙》、《平沙》，作者传有唐代陈子昂、宋代毛逊、明代朱权等，众说不一。全曲以水墨画般的笔触，淡远而苍劲地勾勒出大自然寥廓壮丽的秋江景色，表现清浅的沙流，云程万里，天际群雁飞鸣起落的声情。曲意爽朗，乐思开阔，给人以肃穆而又富于生机之感，借鸿雁之高飞远翔，抒发和寄托人们的胸臆，体现了古代人民对祖国美丽风光的歌颂与热爱。

4.《梅花三弄》

古琴曲《梅花三弄》又名《梅花引》、《梅花曲》、《玉妃引》，是中国古典乐曲中表现梅花的佳作，早在唐代就在民间广为流传。全曲表现了梅花洁白芳香、凌霜傲雪的高尚品性，是一首充满中国古代士大夫情趣的琴曲。《枯木禅琴谱》说："曲音清幽，音节舒畅，一种孤高现于指下；似有寒香沁入肺腑，须从容联络，方得其旨。"

5.《十面埋伏》

《十面埋伏》是一首著名的大型琵琶曲，堪称曲中经典。乐曲内容的壮丽辉煌，风格的雄伟奇特，在古典音乐中是罕见的。此曲最早见于1818年出版的华秋萍《琵琶谱》，乐曲是根据公元前202年楚、汉两军在垓下(今安徽灵璧东南)进行决战时，汉军设下十面埋伏的阵法，从而彻底击败楚军，迫使项羽自刎乌江这一历史事实加以集中概括谱写而成。垓下决战是中国历史上一次有名的战役。琵琶曲《十面埋伏》出色地运用音乐手段表现了这场古代战争的激烈战况，向世人展现了一幅生动感人的古战场画面。

二、戏曲

(一)中国戏曲的起源与发展

中国戏曲主要是由民间歌舞、滑稽戏、说唱艺术等多种不同的艺术形式综合形成的，所以说起它的起源，就不能简单地说它具体起源于何时，因为中国戏曲是经过很长时间的孕育才形成的。它是由原始社会的歌舞，经过先秦、汉唐时期的孕育、发展，直到宋金时期才形成较为完整的戏剧形态。

原始社会的民间歌舞，发展到奴隶制社会，主要是以祭神的巫舞为主，到西周末年则出现了专供帝王娱乐的倡优和俳优。倡优和俳优一般由能歌善舞、擅长模仿的男子充当。到春秋时期，出现了傩舞。傩舞是一种严肃的巫仪，其核心人物是"方相氏"，戴着面具、穿着兽皮，手持武器驱鬼除疫。

到了战国时期，因为巫风更盛，民间大量的祀神歌舞场面变得极其宏大，尤其以楚国最盛，屈原的《九歌》就对这种活动做过描述。这种颇有神秘意味的歌舞参与者众多，体现了诗、乐、舞三位一体的中国文化传统。

秦汉时期流行一种"角抵戏"。"角抵戏"是由民间发展起来的一种竞技表演，很受统治者的喜爱。汉代"角抵"，更是得到了充分的发展，场面宏大，集音乐、舞蹈、杂技、武术、魔术等于一体。汉代的角抵戏不同于一般的竞技角力，已经是有了故事的表演，如《东海黄公》，基本上接近于戏剧范畴了。

隋唐时代的宫廷歌舞吸收小说、诗歌、舞蹈、讲唱、咏语、表演、音乐、武艺、杂技、美术种种因素，开始以综合技艺来表现人物和故事情节，被称为"歌舞戏"，如《拨头》、《兰陵王》、《踏摇娘》等。唐参军戏更具有戏剧性，它是由先秦时期的优伶表演发展来的，但是主要专注于滑稽表演。同时民间又出现了"俗讲"和"变文"等通俗说唱形式，这些都为"戏"与"曲"的结合做好了准备，为戏曲的形成奠定了深厚的基础。

到了宋金时期，戏曲基本形成。随着城市商品经济的长足发展，不但出现了用于市民娱乐的场所——"瓦舍"和"勾栏"，民间歌舞、说唱、滑稽戏更趋于融合，出现了"宋杂剧"，金代在北方宋杂剧基础上形成了"金院本"。与此同时，南方的南戏也进一步发展成熟。宋杂剧、金院本和宋南戏可以说是中国古典戏曲的最初的完整形式。

到了元代，大约是13世纪前半叶，在宋杂剧、南戏和金院本的基础上发展形成了元杂剧。元杂剧是中国古代戏曲艺术的一个高峰，它标志着中国古代戏曲艺术已经发展成熟。

元杂剧的艺术综合性更广，能够较充分地运用多种艺术手段表现生活和塑造人物，舞台艺术水平大大提高，体现了独有的戏剧美学特点。尤其值得一提的是，元代还有了比较完整的剧本，形成了"四折一楔子"的元杂剧体制，使得元杂剧在戏剧性、文学性和艺术性的结合上有了很大提高。另外，由契丹、女真、蒙古等少数民族传来的歌曲与汉族北方民间流行的曲调相结合形成的新的音乐体系，也大大提高了戏剧形式言情状物的表现能力。当时涌现出空前众多的戏曲作家、演员及大量优秀作品，如王实甫的《西厢记》、关汉卿的《窦娥冤》、马致远的《汉宫秋》、白朴的《梧桐雨》、纪君祥的《赵氏孤儿》、郑光祖的《倩女离魂》等。元代末年，南戏中也出现了许多优秀的作品，著名的有《琵琶记》、《荆钗记》、《白兔记》、《拜月记》、《杀狗记》等。到 14 世纪中叶至 15 世纪初，剧本体制又有了许多新的创造，在宋元南戏和金元杂剧基础上出现了传奇和杂剧，并且表演艺术也有了新的提高。

明传奇因地域的不同，音乐声腔也不同，分为海盐腔、余姚腔、昆山腔、弋阳腔四种，其中昆山腔、弋阳腔流传最为广泛。与传奇并存的杂剧在流传中，在保持元杂剧的主要艺术特点的同时，还受传奇的影响，在演唱曲词和语言方面进行了若干改革。

明传奇是在明代中叶以后流传到全国的。当时的优秀作品有苏复之的《金印记》、王济的《连环记》、徐霖的《绣襦记》、李开先的《宝剑记》、梁辰鱼的《浣纱记》、汤显祖的《牡丹亭》、高濂的《玉簪记》、周朝俊的《红梅记》等。

明末清初时，传奇创作出现了又一高峰，主要作品有《乾坤啸》、《艳云亭》、《十五贯》、《翡翠园》、《渔家乐》、《精忠谱》、《一捧雪》、《占花魁》、《秣陵春》、《桃花扇》、《长生殿》等。

到清代前期，因为戏曲的民间化和通俗化，戏曲舞台不再被传奇戏独占，先后出现了昆曲、高腔折子戏以及地方戏，戏曲的表演场所也由厅堂变为了茶肆歌台。

为庆祝乾隆的八十寿辰，乾隆五十五年（1790），徽班给京城观众带来了徽调。与昆曲截然不同的徽调，以其通俗质朴之风气让京城观众耳目一新，受到京城观众的欢迎，并在京城扎根落户。随后，在道光年间，同徽调艺人一样唱皮黄腔的湖北汉调艺人进京，徽、汉皮黄在京城合流。经过数十年的发展，终于形成一种独具北方特色的皮黄腔——京剧。

在清同治、光绪年间，京剧迎来了它的第一个繁盛期。当时，一批优秀的京剧演员深得宫廷贵族及官僚的喜爱，不但能够进入皇宫贵族的门庭，还能得到丰厚的物质回报，这无形中促进了京剧的发展和在艺术上的成熟。到 20 世纪初期，在新的思潮的影响下，京剧更有了长足的发展，京剧流派纷呈，优秀演员层出不穷，并且每个流派都有各自数量可观的代表剧目，这个时期也可以说是京剧文学的繁荣期。

当时著名的京剧流派有旦行的梅（兰芳）派、尚（小云）派、程（砚秋）派、荀（慧生）派；生行的余（叔岩）派、马（连良）派、麒（麟童）派；净行的金（少山)派、郝(寿臣)派、侯(喜瑞)派；丑行的萧(长华)派等。

除了京剧，各种民间小戏、地方戏也有了不小的发展。这些地方戏进入城市后，不断吸收京剧、梆子等老剧种的艺术营养，表演上更加成熟。到 20 世纪初，越剧、评剧、黄梅戏等开始出现在戏曲舞台上。

(二)中国戏曲的艺术特色

中国戏曲是歌、舞、剧三者的综合。这一特点深刻地体现在戏曲的发展过程中：从古代祭祀、秦汉俳优、汉代百戏、唐代参军戏、宋代南戏到元代杂剧，中国戏曲不断地从文学、音乐、舞蹈等各种艺术中吸取精华，由简单到复杂、由低级到高级，逐渐发展成以演员扮演人物，以对话和动作来表现故事情节的戏剧样式。所以有专家概括说，音乐性、舞蹈性、假定性和程式化是中国戏曲艺术的最本质的特征。

1. 戏曲的音乐性与舞蹈性

中国戏曲是"唱、念、做、打"的综合体，其中的"唱"、"念"体现了戏曲的音乐性，"做"和"打"体现了戏曲的舞蹈性。音乐性与舞蹈性都从属于对人物形象的塑造和表演的需要。因为戏曲是通过说、唱、舞等多种手段共同刻画一个角色或演绎一个故事，所以，作为一名优秀的戏曲演员必须"唱、念、做、打"样样精通。

在戏曲舞台上，无论是体现音乐性的"唱"、"念"，还是体现舞蹈性的"做"、"打"，都是源于生活而又高于生活的。戏曲艺术家们通过对生活的观察、揣摩、总结和积累，把普通的语言、日常的动作、平淡的感情，幻化成舞台上的说白、歌咏、舞蹈、武打，并通过强化、美化和艺术化使之变成了一系列具有夸饰性、表现性、规范性和固定性的程序动作，再配以相应的服饰道具，不但有效地增强了演出的艺术魅力，达到了神形兼备的效果，还体现出了一种动人魂魄的韵律美。

2. 戏曲的程式化与假定性

戏曲毕竟是一门表演艺术，作品创作出来后，必须要拿到舞台上，接受观众的检验。所以，再好的创作都会受到表演环境的影响，尤其在中国古代，戏曲演出只能在广场、寺庙、草台或院坝等地方进行，甚至是在闹市中演出，观众的嘈杂声、小商贩的叫卖声，此起彼伏，很容易淹没演员的声音。为了谋求生存和发展，艺术家们只好一方面努力适应环境；另一方面想方设法地进行演唱、表演技巧方面的探讨。经过长期摸索，艺术家们发现只有制造出火爆的舞台效果才能在嘈杂的环境中突出戏曲表演。久而久之形成了一套行之有效的方法：高亢悠扬的唱腔配以敲击有力的锣鼓，镶金绣银的戏衣衬着勾红抹绿的脸谱，火爆激烈的武打结合如浪花翻滚的长髯。

演出收到了不错的效果，戏曲舞台表演的固定规则也就形成了。舞蹈表演的程式规范化，音乐节奏的板式韵律化，舞台美术、人物化妆造型的图案装饰化，连同剧本文学的诗词格律化，共同构成了中国戏曲和谐严谨、气韵生动、富于高度美感的文化品格。这样的舞台效果，达到了一种动人魂魄的审美效应。从此，中国戏曲成了一种表现生活而又与实际生活相去甚远的程式化了的艺术形式。

在中国戏曲舞台上，戏曲表演讲究的就是真真假假、虚虚实实的"逢场作戏"。戏曲舞台的布置不需要符合生活逻辑和实际尺度，戏剧表演的动作不需要绝对的逼真。总之，从时间到空间，从道具到表演，都处于一种虚拟的状态。这就是中国戏曲的假定性。

中国传统的戏曲舞台丝毫没有布景装置，舞台环境都是靠人物的演出活动表现出来的。在没有任何布景、道具的情况下，演员用其细致的动作，完全可以让观众了解演员所扮演的角色当时所处的环境、角色的身份，甚至于人物的心理活动。比如在《拾玉镯》中，哪儿是门槛？哪儿有鸡窝？孙玉姣在干什么？都是通过大量细微传神的虚拟动作和神情来体现的。

舞台上的时间概念也是不固定的，弹性极大，可长可短，完全由内容的需要来决定。也就是说，中国戏曲的舞台基本没有时间、空间概念，舞台上的一切可以说主要靠演员的表演创造出来。

这种假定性的表现方法就是戏曲反映剧情和现实生活的基本手法，经过长期的磨合，已经能被观众认可接受，并达成了一种默契。就是这种假定性，使得戏曲剧作家和演员有了极大的创作空间和自由，他们可以尽情地发挥，利用一定的技巧把观众带入剧情之中，让观众通过自觉的联想，自觉地产生身临其境的感觉，自觉地体味演员的艺术创造。

第二节　书法与国画

一、书法

（一）中国古代书法的发展

书法是中国特有的艺术瑰宝，在诸艺术门类中，最具有中国性。尽管每个进入文明时代的民族一般都有自己的文字，但只有中国汉字的书写成为一门艺术，成为中华民族传统文化的重要组成部分，并与文学、美学等紧密相连。

　　今天看到的中国最早的汉字是殷商时代刻在龟甲和兽骨上的甲骨文，它本身具备了中国书法的三个基本要素：点画、结体、章法。

　　使用甲骨文的殷周社会，已进入奴隶制的青铜时代。奴隶主贵族为了显示自己的权力和地位，役使奴隶铸造了不少精美的青铜器，有的青铜器上铭刻有文字，称为钟鼎文，因古时铜称金，故又称"金文"。殷周的金文书法，雄浑多姿，在字体方面，它还保留着甲骨文的字形特点和象形的成分。但周代的金文，在成王、康王之后已趋于成熟，形成了点画圆浑、体势雍容工整的所谓"宗周风格"，构成了书法艺术中用笔、结体、章法的初步格局。

　　春秋战国时期，因文字异形，书体也具有地区的差异。春秋时期有铭文的传世铜器中，如《齐太宰归父盘》、《散氏盘》等，都有各自的书法特点。战国时期的书法，主要散见于货币和简、帛书中，其早期书法大多与金文具有脉息相通之处。

　　从大篆看，已明显地注意到书体本身的结构美，如石鼓文，其书体在古文与秦篆之间，不仅在结字上有明显的规律性，而且在笔画的借让方面，也注意到均衡和虚实，用笔也力求统一，成为一种从大篆到小篆之间的一种过渡文字。古代汉字书写经过这样长期的实践发展，终于萌生了书法这门艺术，遗存下来的甲骨金石刻文，可以说是早期的书法珍品。

　　秦始皇统一了中国，命李斯等统一文字，以秦文为标准，斟酌省改，凡是不与秦文合者，一律废除，这就产生了秦篆，与称六国文字为"大篆"相对，又称"小篆"。秦隶是秦篆后产生的一种新书体，是一种草创的简化字，书写比篆书简便得多，它的产生对中国文字和书法的发展起到了有力的推动作用，秦小篆、秦隶虽居于中国书法史上的最初阶段，但从汉字字体的演变看，秦代是极其重要的时期。

　　汉代，出现了小篆、隶书、八分、楷书、章草、今草、行书7种书体。其中的隶书虽萌芽于古，施用于秦，却定型于两汉之际，成熟于东汉传世的汉隶，一般是东汉碑刻，它开魏碑之先河，而章草虽然是草书，但字与字不相连，用笔与隶体相近，后人称之为"草隶"或"隶草"，据说它的开创者是汉元帝时的史游。严格地来讲，书法作为一门艺术是在汉末开始的，而以书法为纯艺术的书法家也是此时出现的，如主张"书者散也，欲书先散怀抱，任情恣性，然后书之"的蔡邕，"临池学书，池水尽墨"终为草圣的张芝等。

　　魏晋时期是中国书法空前繁荣的时代，从汉字的书法发展来看，汉字在汉隶的基础上演变出了楷书，相传钟繇为楷书之祖，可惜无真迹传世。东晋开始了南北朝局面，北方以魏碑为代表，代表作有《张猛龙碑》、《晖福寺碑》、《张墨女墓志》等。南方则以"二王"（王羲之、王献之）为代表，其中一代书圣王羲之，书学钟繇、张芝等名家，创立新书体行楷，并擅长真、隶、草、篆各体，成就极高，其作品中最负盛名的是《兰亭序》，相传这是王羲之同谢安等41人于会稽山阴兰亭作驱疫仪式时，为轮觞所作诗集写的序。原帖由蚕茧纸和鼠须笔书就，字体妍美流便，神采奕奕，此帖中用了20个"之"字，8个"以"字，7个"不"字，却各具其妙而不雷同。据传唐太宗视《兰亭序》真迹如掌上明珠，在世反复临摹，死后还将其作为陵内第一件最珍贵的陪葬品，此帖因此而只留得摹本。

隋代的书法，大多追求华美，已从粗犷、浑朴向严谨、闲雅转变，如《苏孝慈墓志》、《董美人墓志》、《龙藏寺碑》，为唐人书法开启了先河。

唐代是中国书法史上的黄金时代，其间涌现出了一大批多才多艺，且富于创新精神的书法家，无论是"初唐四家"的欧阳询、虞世南、褚遂良、薛稷，还是中晚唐的颜真卿、柳公权，他们的书法均为后世所宗，影响深远，至今依然。值得一提的是，唐代的草书在书法史上是极负盛名的，代表人物是张旭、怀素。张旭虽精通楷法，却以草书名于世。性嗜酒，每饮醉，辄草书，挥笔大叫，甚至以头浸墨而书，醒后自视，以为神异，时人谓之"张颠"。相传张旭草书、李白诗歌和裴旻剑舞，并为唐代"三绝"。怀素俗姓钱，幼年出家，为玄奘门人。自幼酷爱书法，勤学苦练，秃笔成冢，漆板写穿，因家贫无钱买纸笔，即广植芭蕉，以蕉叶代纸书写。他继张旭完成了狂草的创造，成为与张旭齐名的狂草大家，人称"颠张醉素"。怀素的狂草，较张旭笔法变化丰富，但不违背传统法度，可识性强，因而对后世的影响超过张旭。

五代至宋初的书家中，以杨凝式的成就较为突出，他的字体趣韵具足，突破了唐人严谨的法度，在由唐楷至宋行的发展过程中起了重要的枢纽作用。

盛行行书是宋代书法的一大特点。代表宋代书坛的，主要是世称"宋四家"的苏轼、黄庭坚、米芾和蔡襄。苏轼的书法"尚意"，代表作有《黄州寒食诗》；黄庭坚的书法"重韵"，代表作有《松风阁诗帖》；米芾的书法清雄绝俗，代表作为《珊瑚帖》；蔡襄的书法骨气洞达，字势雄逸，代表作有《自书诗》等。他们四人均打破了唐后期以来日趋僵化了的格式和笔法，使中国行书出现了新的高潮。

元代书法越两宋而直承晋唐，故出现了赵孟頫这样的大书法家。赵孟頫，字子昂，号松雪道人。其篆、隶、行、草无所不学，学而思变，集晋唐书法大成，其字体端庄而妖媚妍丽，用笔圆肥而笔力沉着，后人称为"赵体"，元代与赵孟頫并驾齐驱的书家是鲜于枢和康里巎巎。

明代书家兴旺，书法蓬勃，真、行、草、隶、篆均有杰出者，可谓是"千匹乌骏驰宣纸，万淙细流汇汪洋"，但从总体上看，还是有如江河日下，字都写得呆板齐整，缺少神气，形成所谓"台阁体"。其间影响较大的书法家主要有祝允明（枝山）、文徵明、董其昌、邢侗、米万钟，有创新的书法家则有张瑞图、徐渭等人，其中"董（其昌）、米（万钟）、邢（侗）、张（瑞图）"被称为晚期四大家。

清代书法中兴，力图摆脱帖学的影响，于是极力提倡"碑学"，并以嘉庆、道光为界分为前后二期，前期重帖学，书法不很景气；后期重碑学，注重了继承与革新，突出了个人风格，因而出现了新的局面。清代的书家极多，有突出的成就如郑燮、金农、邓石如、何绍基、吴昌硕、康有为等。

（二）中国古代著名书法家

1．王羲之

王羲之，字逸少，琅琊临沂（今属山东）人。王羲之是中国书法史上影响最大的书法家，被誉为"书圣"。他的书法被称为"古今之冠冕"，尽善尽美。代表作品有行楷《兰亭序》；草书《十七帖》；行书《姨母帖》、《快雪时晴帖》、《丧乱帖》；楷书《乐毅论》、《黄庭经》等。其字端庄清秀，飘若浮云，精研体势，心摹手追，广采众长，冶于一炉，创造出"天质自然，丰神盖代"的行书，有"天下第一行书"的美誉。

2．欧阳询

欧阳询，字信本，潭州临湘（今湖南长沙）人。欧阳询楷书法度之严谨，笔力之险峻，世无所匹，被称之为"唐人楷书第一"。代表作楷书有《九成宫醴泉铭》、《皇甫诞碑》、《化度寺碑》；行书有《行书千字文》。后人以其书于平正中见险绝，最便初学，称为"欧体"。

3．颜真卿

颜真卿，字清臣，京兆万年（今陕西西安）人。颜真卿是唐代中期杰出书法家，是书史上王羲之之后最有影响的书法家。初学褚遂良，后师从张旭得笔法，又汲取"初唐四家"特点，兼收篆隶和北魏笔意，完成了雄健、宽博的颜体楷书的创作，树立了唐代的楷书典范。颜真卿与赵孟頫、柳公权、欧阳询并称"楷书四大家"。其书法与柳公权并称"颜筋柳骨"。《颜氏家庙碑》，书法筋力丰厚，也是他晚年的得意作品。传世墨迹有《争座位帖》、

《祭侄文稿》、《刘中使帖》、《自书告身帖》等。

4. 柳公权

柳公权，字诚悬，京兆华原（今陕西铜川）人。柳公权是唐朝最后一位著名书法家。由于他也被皇帝封为河东郡公，因此后人也称他"柳河东"。他是颜真卿的后继者，后世以"颜柳"并称他们，成为历代书法的楷模。其字笔画劲健，结字精严，便于初学。柳公权一生书碑特多，主要代表作有《金刚经刻石》、《李晟碑》、《玄秘塔碑》等。

5. 张旭

张旭，字伯高，苏州吴县（今江苏苏州）人。张旭善草书，性好酒，世称"张颠"。其草书与李白诗歌、裴旻剑舞当时并称"三绝"，诗亦别具一格，以七绝见长，与李白、贺知章等人共列"饮中八仙"之一。他的草书笔势连绵，如龙飞凤舞，同时又极有规矩，后人谓之"狂草"。传世书迹有《肚痛帖》、《古诗四帖》等。

（三）中国古代书法的艺术特色

中国传统的书写工具独具一格，与古埃及人用苇笔、巴比伦人用角笔、欧洲人用鹅毛笔不同，中国人用毛笔。毛笔制作讲究，原料为动物的毫毛。古人赞誉毛笔有四大美德：一曰尖，纤毫毕露，描画细微；二曰齐，展毫纸上，负荷雷霆万钧之力；三曰圆，回转收纵，流畅无碍；四曰健，富有弹性，提顿扬抑，挥洒自如。毛笔丰富的表现力在书法上得到了酣畅淋漓的发挥，顺、逆、急、涩、点、掠、勾、勒……古人的人文精神和审美境界在墨色丹青中得到出神入化尽善尽美的抒发。美学家宗白华认为："中国人这支笔，开始于一画，界破了虚空，留下了笔迹，既流出人心之美，也流出万象之美。"

二、绘画

中国绘画分为国画和民间美术两个部分。国画和民间美术相互映衬，体现出中国文化特有的风貌。

（一）中国国画

中国传统绘画简称"国画"。国画扎根于中华民族深厚的文化土壤之中，有着灿烂辉煌的成就，经数千年的发展，留下来无数的旷世杰作，足以与西方任何年代的作品相媲美，越来越为当今世界所瞩目。

中国绘画可以从题材、技法、绘画的材质、绘画者等不同的角度分类。从题材上可以分为人物、山水、花鸟画等；从技法上可以分为写意画、工笔画、界画等，不同作品在不同的技法和意境追求中体现出中国文化的审美情趣。

1. 中国绘画的发展历程

中国绘画的源头可以回溯到 6000 多年前的原始彩陶和公元前 2000 年的青铜纹饰，它们确立了中国绘画从整体着眼、以线为主、平面构图的基本原则。战国帛画反映出早期中国绘画水平，汉代画风兴盛，设有画官，帛画更为成熟，战国帛画标志着中国传统绘画风格技法的正式成熟，并且开创了后世"密体"及游丝描之先声。而壁画尤为发达，画像石、画像砖具有满、实、多、动的风神，画面丰实，线条飞扬，造型生动，色彩鲜明，追求整体气势，同时保持了古朴坚实的作风，创造出了雄浑刚健的绘画典范。

三国鼎立时战乱频繁，但绘画艺术仍有若干的发展，如画家曹不兴，他是中国第一个佛像画家，对后世佛教画影响很大，只是他的画迹很少流传。

魏晋南北朝时，随着佛教的流传，佛教艺术也大大兴盛起来，石窟壁画无论规模和成就，都超过以前，其中以敦煌莫高窟（千佛洞）最为著名。另外随着绘画艺术的发展，上层社会的士大夫阶层也开始进入美术创造队伍，出现了一批著名画家，如"以形写神"的人物画代表画家顾恺之，代表作有《女史箴图》、《洛神赋图》；使人"澄怀味象"的山水画的代表宗炳、王微。同时，随着社会进一步重视绘画，画史论著时有问世，齐梁之间的画家谢赫在所著《画品》中提出评价绘画的标准为"六法"，将表现人物精神状态的"气韵生动"列为首位，是对汉以来绘画创作实践经验的科学总结，为后世绘画理论的发展奠定了基础。

隋代绘画的主流仍是宗教画和人物画，但其精细的程度已远远超过魏晋南北朝时期，在风格上也呈现出成熟的民族样式，这可从敦煌莫高窟遗存的 110 个隋代洞窟中的壁画可以看出来，这一时期的画家有展子虔、郑法士、杨契丹、尉迟跋质等，但只有展子虔有作品传世可考。

唐代是中国历史上辉煌灿烂的时代，反映在绘画上同样如此，它超过了以前各代，并影响到东方各国。宗教画（主要仍为佛教画）的发达堪称"空前绝后"，其中尤以敦煌壁画成就巨大，其用线着色，十分有气势和意趣，佛像中既寄托了对现实生活的要求，更显示了画工们的艺术才智和创造力。人物画在唐代也臻于顶峰，民族风格日益成熟。"画圣"吴道子长于宗教画，"吴带当风"、"吴装"、"吴家样"都是誉其画作的。另一名画家阎立本留下的传世名作有《步辇图》和《历代帝王图》。山水画在隋唐继魏晋以后发展成为独立的画科,并在唐代得到进一步发展,代表人物有李思训、王维、张璪等。李思训重彩工笔,创金碧青绿山水画,代表作《游春图》是现存最早的一幅山水画;王维"画中有诗"(后称"文人画"),创水墨山水画,都体现出较高的艺术成就。

五代是中国绘画史上一个重要时期,表现为山水和花鸟画均向写实方向发展,山水画代表人物是后梁的荆浩、关仝及南唐的董源,工笔画代表人物是西蜀的黄筌及其子黄居寀,为后世花鸟工笔之祖,江南的徐熙则为后世花鸟写意派所宗。另外当时的西蜀和南唐都设立了画院。

宋代是中国绘画全面发展时期。宋在开国之初,就设立了翰林国画院,并用科举的办法将许多著名的画家罗致于画院内,形成了精细谨严、注重法度的院体画风,构成了宋代绘画的鲜明特色。同时宋代的人物、山水、花鸟画也随院体画一同前进,人物画发展了白描和减笔的表现形式,出现了李公麟、梁楷、米芾等著名画家。风俗画则更高地反映社会生活之现状,北宋末年张择端的《清明上河图》是风俗画之杰作,具有很高的艺术价值和史料价值。在花鸟画方面值得一提的是出现了以梅、兰、竹、菊为描写内容的"四君子画",它标志着写意花鸟画的崛起,代表画家有苏轼、文同、赵孟坚、杨无咎等。南宋时期重要山水画家集中于画院,出现了号称"南宋四家"的李唐、刘松年、马远、夏圭,他们的画风趋向简括,用笔取景更加洗练,在形象和意境创造上有很高水平。

中国绘画艺术在元代发生了重大变革和转折,此即"文人画"占据画坛主流,人物画相对减少,山水画盛行,花鸟园中枯木竹石、梅兰题材流行。一个最主要的特征是诗、书、画密切配合,"画法,即书法所在"。元代文人受蒙古贵族统治,渗透了佛道思想的文人写意画各趋兴盛并向更清逸荒寒的方向发展。赵孟𫖯风格清远,上追宋时神致,下启元人逸韵;代表人物则是元末黄公望、吴镇、王蒙和倪瓒四大家,四大家中尤以倪瓒"逸笔草草"、古淡天然而备受推崇。元代开启的新风对明清影响甚大,涌现的名家更成为后世的楷模。

明清时代的绘画继承发展了元画传统,比较保守,是中国绘画史上的衰落时期。明初由于统治阶级在思想文化领域内实行禁锢政策,画坛十分僵化,直到明中叶以后,画坛才渐趋活跃,山水画出现了"浙派"和"吴派"两大流派。"浙派"画风继承南宋院体,在造型技巧上有深厚功底,代表画家有戴进、吴伟、蓝瑛等;"吴派"的代表画家是苏州的文徵明、沈周、仇英和唐寅,他们的画风各不相同,被称为"明代四大家"。明代晚期松江董其昌极力鼓吹文人画，在其影响下，明末清初出现的"四王"（王时敏、王鉴、王翚、王原祁），都追踪元人，除其中王翚融合宋元各派外，其他三人画中大都缺少境界，一味追求笔墨韵味，成为正统的文人画派。明代后期人物画家以崔子忠、陈洪绶为代表，有"南崔北陈"之称。而在花鸟画方面，明代花鸟画工笔一派有陆治、边文进等；写意一派有陈淳、林良等，此外民间绘画有一定成就，主要体现在大量的版画插图上，著名的木版插图画家是陈洪绶，其代表作有《水浒叶子》、《博古叶子》、《西厢记插图》等。明代画坛由文人画占据主导地位，山水画和水墨写意画法盛行，更多画家追求笔墨情趣，在艺术形式上翻新出奇，涌现出了诸多不同风格的流派。

　　清初画坛上极有创造性的是江西、安徽、江苏一带的画家。江西的朱耷擅以夸张变形的手法画写意花鸟，表达内心悲愤。石涛主张山水应借古以开今，反对因袭，力倡我用我法。江苏髡残善于用画笔表达对自然的感受。他们三人加上安徽的弘仁和尚被后人并称为"四僧"。清代中叶，在商业经济繁荣、文化活跃的扬州，聚集了一批画家，被称为"扬州八怪"（金农、李鱓、黄慎、汪士慎、郑燮、高凤翰、闵贞、罗聘），他们不但擅长绘画，还兼精金石书法，他们的绘画多以写意见长，追求狂放怪异格调，擅长"四君子画"和花鸟画，艺术上破除陈言俗套，具有独创精神。清代末年，上海、广州、天津等近代商埠出现一批具有革新精神的画家，如"沪上三熊"（朱熊、张熊、任熊）和"海上三任"（任熊、任薰、任颐），其中最杰出的是任颐（伯年）和吴昌硕。任颐在绘画上具有多方面的才能，山水、人物、花鸟、肖像，无一不精，作品极富独创性。吴昌硕擅长写意花卉画，并将书法、金石绘画结合起来，开创出自己的新风格。任、吴的绘画所表现出来的新的精神风貌，成为了现代绘画的光辉前奏。

　　2. 古代中国画坛巨匠

　　（1）顾恺之

　　顾恺之，字长康，晋陵无锡（今属江苏）人。当时人称他"画绝、才绝、痴绝"，充分肯定了他在绘画、文字方面的才华和他任性放达、超越世俗的虚静态度。他曾画过释道人物、山水及同时代人物肖像。他用线"遒劲连绵"如"春蚕吐丝"，似"春云浮空、流水行地"，体现出当时艺术追求的秀雅与高贵之美。顾恺之还提出了人物画的最高要求——传神写照，并加以实践。现在流传下来的是他创作的《洛神赋图》、《女史箴图》、《列女图》等作品的绘本。

　　（2）阎立本

　　阎立本，雍州万年（今陕西西安）人。阎立本的人物画一般不画任何背景，只通过对侍从和少量器物的描绘来交代情景和衬托人物。他特别看重对人物服饰、举止和面部神情的刻画，通过这些来表现人物的不同气质、个性和外貌特征。他的绘画，线条刚劲有力，神采如生，色彩古雅沉着，笔触较顾恺之细致，人物神态刻画细致，其作品备受当世推重，被时人列为"神品"。传世作品有《步辇图》、《历代帝王图》等。

（3）吴道子

吴道子，又名道玄，阳翟（今河南禹州）人。是中国唐代第一大画家，被后世尊称为"画圣"，被民间画工尊为祖师。吴道子的绘画具有独特风格，是中国山水画之祖师。他创造了笔间意远的山水"疏体"，使得山水成为独立的画种，从而结束了山水只作为人物画背景的附庸地位。所画人物衣褶飘举，线条遒劲，人称莼菜条描，具有天衣飞扬、满壁风动的效果，被誉为"吴带当风"。吴道子的这种绘画技法的出现，标志着中国佛画的诞生，也是中国人物画的一个里程碑。吴道子绘画无真迹传世。

（4）赵孟頫

赵孟頫，字子昂，号松雪道人，湖州（今属浙江）人。赵孟頫是中国绘画史上承前启后的大师，开创了元代新画风，被称为"元人冠冕"。他主张复古，追求古意，效法唐人，开创了新一代的不同于宋的新画风，强调"以书入画、书画等同"。他在人物、山水、鞍马、竹石方面无所不能。《秋郊饮马图》、《鹊华秋色图》是其山水画的代表作，此画笔法潇洒清逸，设色明丽浓郁，使其以"有唐人之致去其纤，有北宋之雄去其犷"的综合风貌屹立于元初山水画坛。

3. 中国绘画的艺术特色

第一，就国画的形式看，它是用中国特有的艺术工具——毛笔，在陶、瓷、墙壁、纸上进行创作，并着重于神情意态的创造。国画有特殊的装裱形式，并与文学、书法、篆刻等艺术密切配合。一般画面上都有题款、闲章和印章，与画面的构图、字迹巧妙地配合，相映成趣。

第二，就国画的技法看，它与西洋画的焦点透视方法不同，国画采用的是散点透视（若干不同视点）方法，"以咫尺之幅，写千里之遥"。在构图布局上要求空灵和单纯，讲究意境和情调。在造型上多从偏侧、仰视和俯视下笔，使画中物象显出主次、虚实、轻重的分别。对于主体部分的位置，国画往往经过精心的布局，各景物之间的关系按主题思想加以调度，并尽量简化背景，突出主题，而又使主题和背景互相衬托、互相照应。许多画或者背景是一片空白，或者是"墨团团里墨团团，墨团团里天地宽"。无论怎样处理，看似随意所画，其实都是经过精心布局的。"有画处"与"无画处"互相协调，"虚实相生，无画处皆成妙境"。

第三，国画的民族风格的最重要一点就在于不但讲究形似，而且非常讲究"神似"。遗貌取神，是中国画的一大特色。所谓"貌"是物体的外部形状；"神"是物体的内在精神，如人物的神采、山水的气势、花鸟虫鱼的生机。古人论画、绘画，都十分看重这种内在的"神似"，六朝时期的著名人物画家顾恺之，特别重视写意和表现事物的内在精神，提出"以形写神"的主张，把"点睛"作为"传神"的一种重要手段。唐张彦远也说："夫象物必在于形似，形似须全其骨气，骨气形似，皆本于立意，而归于用笔。"这里所谓的"气韵"、"骨气"就是"神似"。讲究"神似"，是中国画的民族风格最重要的特征。

(二)中国民间美术

1. 中国民间美术概说

民间美术是民族文化几千年来积淀的结晶，从洪荒时代的石器、陶器、骨器，到现代的民间绘画、民间工艺美术等，民间美术的造型始终保持着相对的传承性。如果说史书在某个历史阶段可能有空缺的话，民间美术在中国这片大地上，却从来没有中断过，它所保持的完整性和演绎性，是没有多少其他文化所能匹敌的。研究民间美术，就是研究我们的成长过程。

人民群众创作的、用以美化环境、丰富民间风俗活动和在日常生活中应用及流行的美术——民间美术贯穿于人民生活和精神世界的各个领域，直接反映劳动人民的思想感情和审美趣味，显示出他们的聪明智慧和艺术才能。

民间美术是构成各民族美术传统的重要组成部分，是一切美术形式的源泉。远在距今6000年前新石器时代的彩陶艺术就闪耀着民间艺术的光辉，中国在魏晋以前的美术创作者主要是工匠，战国秦汉之际的石雕、陶俑及画像砖石，虽为统治阶级生前或死后享用，但在造型及艺术风格上都带有朴质活泼的鲜明民间特色，魏晋以迄近代，士大夫贵族成为画坛的重要组成部分，但在版画、年画、雕塑、壁画及各种工艺创作中，民间匠师仍占绝对优势，至于在广大城乡群众中流行的剪纸、刺绣、印染、服装缝制等直接装饰人民生活的工艺美术创作，更有着极为广泛的社会基础。他们世代相沿，在延续继承中不断丰富和创新，创造了富有民族和乡土特色的优美艺术形式。但由于过去的阶级偏见使民间美术的成就常常被贬低或忽视；又由于劳动人民在经济、政治及文化上遭受重压，以致他们在艺术上的智慧才能，也不免受到压抑而未能充分发挥出来。

民间美术的作者是人民群众和民间匠师，其中绝大多数是在劳动生产的业余时间制作的或作为副业生产，又主要为自己使用、欣赏，因此表现了他们的心理、愿望、信仰和道德观念。民间美术和民俗活动有极为密切的关系，是伴随民俗活动而发展的。在民间的节日庆典、婚丧嫁娶、生子祝寿、迎神赛会等活动中，民间美术创作也最为活跃。例如，中国春节前后用年画、剪纸、春联装饰环境，为孩子赶制服装，社火花会的戏具，庆贺元宵的花灯纸扎；端午节悬挂的天师符、钟馗像、五毒服装饰件及龙舟彩船；中元节的荷花灯、中秋节的月饼花模、泥塑兔儿爷；结婚用的嫁衣、喜花、喜帐；祝贺幼儿百天和生日用的虎头帽、虎头鞋、长命锁、长命衣。少数民族民俗节日中的歌舞集会中的服饰布置也用丰富的美术品点缀。藏族供神的酥油花，傣族泼水节男女互赠的花荷包等。

2. 中国民间美术的种类

民间美术品种极为丰富，既有供玩赏用的造型艺术，又有衣食住行中以实用为主的工艺品，又与民俗、宗教及其他民间文艺存在密切关系，形成多种分类法：

绘画包括版画、年画、建筑彩画、壁画、漆画、灯笼画、扇面画等。

雕塑包括彩塑（寺观彩塑、小型泥人），建筑石雕，金属铸雕，木雕，砖刻，面塑，琉璃建筑饰件等。

玩具包括泥玩具、陶瓷玩具、布玩具、竹制玩具、铁制玩具、纸玩具、蜡玩具及综合材料所制玩具等。

染织刺绣包括蜡染、印花布、土布、织锦、刺绣、挑花、补花等。

服饰包括民族服装、儿童服装、嫁衣、绣花、荷包、鞋垫、首饰、绒花绢花等。

家具器皿包括日用陶器、日用瓷器、木器、竹器、漆器、铜器及革制品、车马具等带有装饰及艺术价值者等。

戏具包括木偶、皮影、面具、花卉造型等。

剪纸包括窗花、礼花、刺绣、刺绣花样、挂笺等。

纸扎灯彩包括各种花灯、各种纸扎。

编织包括草编、竹编、柳条编、棕桔编、麦秆编、棕编、纸编等。

食品面花面点造型、糕点模、糖果造型等。

传统民间美术遍及农村、渔岛、牧区及少数民族地区，而作者也是各地的农民、渔民、牧民和其他民间艺术家。从这些民间美术作品中，可以看出当地绮丽的地方风光、多彩的民族风俗、优秀的传统文化以及缤纷的生活情景。

3. 中国民间美术的艺术风格

民间美术分布于全国各地区，由于中国地域广阔，民族众多，在地理条件、风俗、感情、气质等方面互有差异，在民间美术中形成了多彩的风格。这些美术作品有的供生活使用（如灯具、食器、家具），有的用于装饰和美化环境（如年画、窗花），具有实用价值和审美价值统一的特点；民间美术的制作材料大都是普通的木、布、纸、竹、泥土，然而制作技巧高超、构思奇巧、很少自然主义的模拟物象，而是善于大胆想象和夸张表现强烈的感情，又常用于人们熟悉的寓意谐音的手法通过优美的形象表达他们对美好生活的憧憬，具有积极乐观的态度，艺术上刚健清新、活泼淳朴，带有鲜明的浪漫主义色彩。

第三节　舞蹈与雕塑

一、舞蹈

在中国传统艺术中，书、画是同源的，乐与舞也是同源的。《毛诗序》中有"咏歌之不足，不知手之舞之，足之蹈之"，说的就是舞蹈的起源。

（一）中国舞蹈艺术的发展

上古时代，宗教是文化活动的主要内容，音乐和舞蹈与宗教活动密不可分。尧的《大咸》乐舞是用来祭祀地神的；舜的《大韶》是用来祭四望的；禹的《大夏》是用来祭山川的；汤的《大濩》是用来祭先妣的；武王的《大武》是用于祭先祖的。

奴隶社会后，舞蹈进入三条发展道路：一是从原始祭祀中发展而来的巫舞，一直延续着，在殷商时期盛行；二是供个人享乐、声色追求极尽其欲的女乐舞蹈发展道路；三是用伦理道德匡正感官声色追求的理性化雅乐乐舞的发展道路。

汉代流传最广的表演形式是"百戏"，这是一种融杂技、武术、音乐、歌唱、舞蹈等为一体的综合性表演艺术。受百戏的影响，汉代的舞蹈有两大特点：一是偏重技艺，如著名的"盘鼓舞"；二是宫廷女乐舞蹈，如汉高祖的宠姬戚夫人，擅长"翘袖折腰之舞"。三国的曹魏时代以铜雀伎最为有名。汉代的《盘鼓舞》，把中原舞蹈的优美典雅和西域舞蹈的热烈奔放相交融，形成了汉代舞蹈审美的特征。

魏晋南北朝时期北方最重胡舞，舞蹈呈现出各民族艺术和南北方艺术交流的趋势。西晋丧乱，关中人士纷纷避难凉州，带去了汉魏传统乐舞。氐族吕光和匈奴族沮渠蒙逊把平西域获得的《龟兹乐》与传于凉州的中原旧乐相合，产生了新型乐舞《西凉乐》，甘肃敦煌是西凉国都，敦煌石窟壁画记录了《西凉乐》的韵律神采。

至唐代，乐舞机构有太常寺、教坊、梨园、宜春院等，集中了大量技艺高超的乐舞伎人，重视舞蹈技巧的培养和训练。唐代继承了隋朝大一统的成果，既有南朝的清商乐舞，又有北朝的西凉、龟兹、高丽、天竺、康国、安国、疏勒等东、西方乐舞，特别是接受了西域各族乐舞的影响，旧乐新声，汉胡交融，促进了唐代乐舞的发展。唐代的主要舞蹈种类包括《九部乐》、《十部乐》、《坐部伎》、《立部伎》等宫廷燕乐，真正代表唐代舞蹈艺术风格的，是小型娱乐性舞蹈健舞和软舞。健舞中以《剑器》、《柘枝》、《胡旋》、《胡腾》为代表。软舞中以《绿腰》、《凉州》、《春莺啭》、《乌夜啼》为代表。代表唐代乐舞艺术高峰的是歌舞大曲。唐代大曲有46种，其节奏复杂、曲调丰富、结构严密，具有大型歌舞的高级形式，是集纵向的继承和横向的借鉴二者之大成。著名的《霓裳羽衣舞》就是宫廷艺人根据唐玄宗创作的《霓裳羽衣曲》所编排的"大曲"乐舞。唐代舞蹈的表演艺术、编导艺术以及舞美、化妆都有很高的水平，还出现了传播舞蹈的工具——舞谱。

宋代舞蹈主要有三种：宫廷队舞、民间队舞和百戏中的舞蹈。宋代的民间舞蹈十分兴盛。每逢新年、元宵灯节、清明节、天宁节（皇帝的生日），民间舞队非常活跃。《武林旧事》所记的元夕舞队有70种，这70种舞队有许多节目至今尚在民间流传。宋代百戏中的舞蹈，在军旅中常有演出。《东京梦华录》"驾登宝津楼诸军呈百戏"条载，军士化装成假面披发的神鬼、判官等，在鼓笛齐奏，烟火弥漫，爆竹、喝喊声中，表演《抱锣》、《硬鬼》、《舞判》、《哑杂剧》、《七圣刀》、《歇帐》、《抹跄》等，表演者从一两个人到百余人，有的戴面具，有的用青、绿、黄、白各色涂面，金睛异服，两两格斗击刺，摆阵对垒。这些扮演了各种人物的舞蹈，各成一出，又似有一定的戏剧情节的联系。

元朝最著名的赞佛舞蹈，是元顺帝时创制的《十六天魔舞》，名为赞佛，实为娱人，在宫中演出时只有受过秘戒的宦官才准观看，并严禁民间演出。

戏曲舞蹈是在中国古代舞蹈的基础上，又根据剧情和人物的需要发展而形成的。它不仅具有中国古典舞蹈的特色，并且保存了中国古代舞蹈的精粹。

(二)中国舞蹈艺术的文化特征

中国舞蹈艺术受中国传统文化儒、释、道等文化观念和中国人性格特征的影响，舞蹈动作遵循"圆、倾、拧、曲、提、沉、冲、靠、含、腆、移"等原则，体现了中国人外柔内刚、含蓄委婉、内敛自谦等性格特征，以及中国传统文化"刚健有力"、"和与中"、"天人协调"的基本精神。

二、雕塑

雕塑包括雕刻和雕像。在金属、木料、石料、玉器上刻出的形象叫雕刻；用黏土之类软材料造成的形象叫雕塑。中国的雕塑与西方的雕塑有所不同，从造型上来看，西方雕塑从古希腊以来都是以人体为造型，中国的雕塑决不限于人体，更多的是动物、植物和著名人物。从地位上看，西方雕塑有独立的地位，而中国古代的雕塑基本上是建筑的一部分，是建筑群中的陪衬，或是器皿上的装饰。总的来看，中国的雕塑不如西方的发达和普及。但中国的雕塑有悠久的历史，早在殷代就已经有了相当高的成就。

(一)中国雕塑艺术的发展

中国雕塑的悠久历史可以追溯到原始彩陶，陶猪就用黏土捏成猪的形状，然后烧成陶器。夏商、西周时期把青铜器铸成饕餮的形状、龙的形状、凤的形状、鹤的形状等，这些都可以看做"塑"的源头。在商代的雕刻中，已广泛地采用了骨、角、牙、玉、石、木等为质料，其中以雕骨的技巧最佳。春秋战国时期的土俑陶俑，则是古代塑像的代表作，如秦始皇兵马俑，有人物塑像、马塑像，还有铜铸的兵马战车。俑是中国古代典型的雕塑，在古代，俑是代替活人活马殉葬的雕塑。春秋以前，盛行活人陪葬，春秋以后逐渐用俑代替活人与活牲畜殉葬。目前，我们所能见到的较早的俑，除秦始皇兵马俑之外，还有春秋末年的陶俑、陕西铜川秦墓出土的一批彩塑泥人俑和彩塑泥牛、泥羊、泥狗和泥鸡等，其中泥人大小约是真人的十分之一；山东临淄一座大墓出土过一批陶舞俑和武士俑。在战国时期的墓葬中，出土了不少木俑，有的身着服装或彩绘，秦汉至隋唐用俑陪葬之风盛行，墓葬出土的各种俑甚多。

两汉的雕刻，以石质为主，主要有石狮、石人和浮雕的石阙，也偶有古帝王、忠臣、孝子贤士的刻像。南北朝以后，帝王陵墓的石刻，极为普遍。在南朝陵墓的石刻中，出现了翼石兽和希腊式的石柱。隋唐的雕塑，特别值得一提的是"唐三彩",它是用彩色釉制作的,常用的颜色主要是黄、白、绿(或蓝),由于它色彩斑斓,富丽堂皇,加上俑的造型生动有力,在中国的雕塑史上占据了一席之地。宋代以后的雕刻,因受文人画风的影响,因此也讲究气韵和逸趣,雕刻的质料也改为木、竹,以表现高尚的精神境界为主。

在中国雕刻史上,书籍雕版的发明,是文化史上的一件大事。雕版始创于隋朝,到唐代开始广泛使用,后经五代到宋,技术已发展得十分精良,雕版的发明有助于文化的传播和文化遗产的保存。

(二)中国古代雕塑的类型

1. 陵墓雕塑

不管是在秦始皇陵,还是在霍去病墓;不管是在明十三陵,还是在清东陵、清西陵,都会发现大量的雕塑。

帝王陵墓是一个雕塑博物馆。在地下有陪葬的陶人、泥人、铜人等,这说明帝王企图把自己现世的享乐与威严带到地下去。为了显示自己的威严,陵墓中大都在石头上雕上龙、凤浮雕形象,让神灵来陪伴自己。在地上,陵墓门前和神道旁大都置以大型石刻,最常见的是石狮、石龟、龟驮石碑。有的帝王陵墓的门前和神道上还摆放系列石刻,往往是极有特色的石刻精品。

2. 宗教雕塑

不管是在佛寺还是在道观,都可以看到令人惊奇的造像、绘画和装饰。比较而言,佛寺比道观更讲究雕塑,中国宗教雕塑大都集中出现于石窟和寺庙。其中石窟又可称作一门独立的艺术,称为石窟艺术。

中国石窟艺术世界闻名,现存古代石窟约120余处,其中最著名的有莫高窟、云冈石窟、麦积山石窟、大足石窟。这些石窟为中国和世界人民欣赏古代佛教艺术提供了最广大的艺术殿堂。魏晋南北朝时期石窟艺术相当发达,敦煌石窟、云冈石窟、龙门石窟并驾齐驱。唐代是石窟艺术的黄金时代,当时的莫高窟已有302个窟。山西大同的云冈石窟现存53个,还有许多小窟。甘肃天水的麦积山石窟堪称塑像馆,这里荟萃了后秦、西秦、北魏、西魏、北周、隋、唐、五代、元、明、清等朝的塑像7800余尊,分布在194个洞窟中。塑像有佛、菩萨、弟子、天王、力士等,诸佛同处一堂,但各具特色。早期的塑像,一般是一佛二菩萨,造型朴拙,额宽鼻子高,眉眼又细又长,嘴唇很薄,不大像中国人。隋代以后的雕塑群像,面部丰满,身子长,下身短,鼻子低下,耳朵变大,比例不太协调。到了唐代，塑像雍容华贵，体形饱满，比例匀称，庄重自然。唐以后的塑像更注重反映人物心理，有的低眸凝视；有的含情带哭；有的双眉紧锁，真是千佛千面，栩栩如生。

从中国现存的120处石窟中的佛教雕像来看，各时代的佛教雕塑与当时的人体审美观念紧密相连，如汉魏时期讲究清瘦，以瘦为美，因此塑的佛像也是瘦骨清相；隋唐时期以胖为美，因此当时人们塑造的佛像也是圆满丰腴的，女性胖大丰满，男性大耳大腹。宋代以后讲究人体匀称，因此宋、元、明、清的佛像其体形也较匀称，更讲究反映塑像的心理变化。另外，石窟中的塑像，在一洞一窟之中，必有一个中心塑像，中心塑像大都高大完整，而周围的塑像则小得多，反映出塑像群体中的等级秩序。以上石窟佛像的这两个特点（按审美观造像和体现等级秩序），在陵墓雕塑和古建筑纪念地的塑像中也能体现出来。

3. 古建筑群

在遍布全国的古建筑所在地，随处能发现作为建筑装饰的雕塑艺术品。在曲阜孔庙，不仅能看到孔子的塑像，还能看到分排两旁的儒家十二子的塑像。在湖北秭归，能看到屈原的塑像；在陕西韩城，能看到司马迁的塑像；四川锦官一带有刘备、关羽、张飞、诸葛亮的塑像。青海玉树有文成公主的塑像；四川江油有李白的塑像；成都西门外有杜甫草堂和杜甫塑像；安徽包河公园有包拯的塑像；浙江杭州西子湖畔有岳飞庙。总之，在遍布全国的古建筑群中，必有一个中心殿，殿中必有一些人物塑像。

4. 工艺雕塑

主要指小型的工艺雕塑，包括泥塑、瓷塑、木雕、根雕、石雕、玉雕、象牙雕、骨雕、漆器和蜡塑等。在战国时期，中国就已开始使用漆。除在日常生活中应用外，还在工艺品上用漆上色或用漆绘成图案。蜡塑是在明清时期开始出现的，一说是从国外引进的。

(三)中国古代雕塑的艺术特色

1. 服从于整体建筑

由于中国的雕塑没有脱离建筑整体而独立出来，因此雕塑品总是服从于整体建筑，在帝王陵墓前，帝王的陵墓大，在陵墓四周的石像也比较大，如秦始皇墓前兵马俑与真人的比例相似。而在较小的陵墓前，其石像也较小，霍去病墓前的石像就没有秦始皇墓前的俑大。而贵族墓中的泥人、泥马、泥猪、泥狗，都是缩小了相应比例的。在各地的石窟中，有大佛不计其数，但大佛周围的菩萨、罗汉总比佛小。这说明雕塑的各种形象本身也有等级，有整体的服从性。

2. 更注重平面性

欧洲的雕塑是通过人体的变化来传达思想情感，他们的雕塑以人体尤其是裸体为主，更注重立体性，让人们从四面八方去欣赏它。中国的雕塑更注重平面性，精雕细刻的是形象的正面，而背面则不怎么下工夫，如寺庙里的佛像、石窟中的石刻像都是注重突出正面和左右两面。

3. 在雕塑品上着色施以彩绘

西方的雕塑多为汉白玉石，雕塑的颜色通常只是石头材料本身固有颜色。而中国的古典雕塑，往往在塑像的各个部位涂上不同颜色，尤其是在寺庙中的宗教塑像和人物塑像多是彩色的。色彩固然能使形象更逼真，但从雕塑艺术角度讲，不着色的雕塑更能看出雕塑的技巧和功夫。

思考与讨论题：

1. 中国古代音乐有哪些艺术成就？

2. 中国戏曲有什么艺术特色？

3. 中国书法的艺术精神表现在哪些方面？

4. 如何理解中国画"以形写神"的艺术风格？

5. 中国古代舞蹈艺术具有什么样的文化意义？

6. 中国古代雕塑同欧洲古代雕塑相比有何不同？

第十四章　中国古代史学

中华民族是具有深刻历史意识的民族。自这个民族跨进文明的门槛以来，经过封建社会漫长的发展道路，出现了众多的历史学家，形成了丰富的历史典籍、完备的修史制度和优良的史学传统。

第一节　中国古代史学的渊源与发展

文字出现之前，先民对历史的记忆、认识和传播，仅仅依靠口耳相传，辅以结绳刻木，这种远古的传说是史学的源头。有了文字，历史记载方成为可能。卜辞和金文，是中国历史上目前所知最早的历史记载。

卜辞是殷、周奴隶主贵族占卜的记录，因刻于龟甲、兽骨之上，故称甲骨文。金文是铸在铜器上的铭辞，故有铭文、钟鼎文之称。这些记载已包含时间、地点、人物、事件等后世历史记载所必须具备的基本因素，因而可以被看做历史记载的萌芽。负责记载的史官，担当起草公文、记录时事、保管文书之责，也参与一些宗教活动的举办，他们是最早的历史学家。继甲骨、金文之后，《尚书》是较早且更具有官书性质的历史记载，所记皆殷、周王朝的大事。《诗经》是西周至春秋时期的诗歌总集，包含风、雅、颂三个部分。其中《大雅》里的一些诗篇，反映周族和周王朝某些发展阶段的传说和历史，可以视为史诗。

西周末年，周王室和各诸侯国都有了国史。春秋末年，孔子以鲁国国史为基础，编撰成《春秋》一书。《春秋》作为中国古代第一部编年史，它的出现具有划时代的意义。孔子开创私人讲学和私人撰史之风，开拓了中国史学的道路，是中国古代第一个大史学家。继孔子之后，战国时代，私人历史撰述有了较大的发展，最有代表性的是《左传》、《国语》、《战国策》。

如果说，先秦时期是中国史学的童年，那么，秦汉时期则是中国史学成长时期。这一时期史学的显著特点是规模宏富的纪传体通史和断代史的出现。《史记》创造了中国史学上纪传体表现形式，以其规模宏大的通史概括了 3000 年社会经济、政治、军事、民族、思想、文化、社会风貌及各阶层人物群像，从而奠定了中国古代史学发展的基础。《史记》的"成一家之言"标志着史学已卓然成为一家。班固因《史记》而撰《汉书》，断代为史，由此开创了皇朝史撰述的先河。世以《史记》为通史的开山，《汉书》为断代史的初祖。纪传一体，后世奉为圭臬，其发凡起例之功，不可轻视。此外，荀悦的《汉记》又创编年体断代先例，刘向、刘歆父子的《别录》、《七略》是中国目录学的开端。

魏晋南北朝时期，史学得到初步发展，私家修史之风盛行，史书极其繁富，门类广泛，史学真正摆脱了经学附庸的地位而蔚为壮观。就史学门类言，除纪传、编年外，又有民族史、地方史、家史、谱牒、别传以及史论、史注等，显示出史学多途发展的盎然生机。

隋唐五代时期，中国史学出现了重要转折。统治阶级重视修史，设馆修史完善了史官制度，官修史书成绩斐然。24 部正史有 8 部成书于唐初，便是一个例证。当然，设馆修史表明皇家对修史的垄断，私修之风受到抑制。总结性著作的出现，是此期史学发展的又一个特点。刘知幾的《史通》、杜佑的《通典》为史学开辟了新路。

宋元时代，尤其是两宋，史学发达，堪称盛世。在通史撰述、当代史撰述和历史文献学方面都取得巨大成就，在民族史、域外史、学术史和史学批评方面也取得重要成果。这一时期，史体广泛，应有尽有。《资治通鉴》是编年体通史，袁枢新创纪事本末体，还有《通志》、《文献通考》。方志在两宋特别是南宋大量涌现。金石学是宋代学者开辟的新园地。官修实录、国史、会要等书，皆较前代为详细。

明代史学同此前不同的是方志撰述的兴盛和稗史的空前增多，经济史撰述的繁富以及史学的通俗化和历史教育的广泛展开，显示出明代史学进一步走向社会深层的趋势和特点。例如，明代学人通过对前人历史撰述的节选、摘录、重编，由此产生出来的节本、选本、摘录本、类编本，以至蒙学读物，对普及历史教育有很大作用。

清代学风，以考据为盛，乾嘉时期是其黄金时代。乾嘉学者对中国有史以来的全部学术文化进行了一次最大规模的清理与总结，反映在史学方面，著述甚丰，学者如林。

梁启超在《中国历史研究法》中说："中国于各种学问中，惟史学为最发达；史学在世界各国中，惟中国为最发达。"此说符合历史实际。

中国古代史学是座瑰丽的宝库，是中国古代文化的重要组成部分。中国传统目录学的发展是中国传统文化发展状况的反映。《隋志》著录文化成果，四部分书，确定了经、史、子、集的顺序，由此直至清代编《四库全书总目》，史书一直位居第二位，这一点足可看到史学在传统文化中的地位。我们说中国是世界文明古国，正是因为她有着悠久的历史和灿烂的古代文化，而这悠久的历史和灿烂的古代文化，在很大程度上则是通过历代的历史学家记录和保存下来的。

第二节　中国古代史学的巨大成就

中国古代史学是一座瑰丽的宝库，其内容之丰富，形式之多样，制度之完备，史家之杰出，理论之精善，在世界历史上是仅有的。这充分说明中华民族是一个有丰富历史传统的民族。

中国古代史学在其发展的光辉历程中，涌现出数以百计的史家和浩如烟海的史籍。丰富的历史内容和多样的表述形式之结合，是中国古代史学的特点和优点之一。

中国古代史籍分类的体制在《隋书·经籍志》里大致确定下来。《隋志》析史书为 13 类：正史、古史、杂史、霸史、起居注、旧事、职官、仪注、刑法、杂传、地理、谱系、簿录。此后不久，刘知幾以编年、纪传为正史，另有"偏记小说"十品，即偏记、小录、逸事、琐言、郡书、家史、别传、杂记、地理书、都邑簿。这说明，在初唐时期，中国史书的积累已极繁富，分类亦相当细致。

《隋志》史部的分类原则是内容和体裁的结合。第一，正史，指纪传体。第二，古史，多依《春秋》之体，《新唐书·艺文志》即称编年类。第三，杂史，据《四库全书总目》所释，"义取乎兼包众体，宏括殊名"，体例杂；内容所述大抵皆帝王之事，但不像正史那样完整，且颇涉琐事遗文入史，内容杂。《宋史·艺文志》称别史。第四，霸史，特指十六国的记注。第五，起居注，指"录纪人君言行动止之事"之书；《新唐书·艺文志》把历朝实录、诏令，都放在起居注类。第六，旧事、职官、仪法、刑法，大都是有关制度之书。第七，杂传，是关于世俗、佛、道各种人物传记。第八，地理，纪州郡、山川、物产、风俗。第九，谱系，纪姓氏。第十，簿录，著文献目录。刘知幾探讨史书源流，把唐以前史籍归为六家，即《尚书》家、《春秋》家、《左传》家、《国语》家、《史记》家、《汉书》家。六家演归为二体，即编年体、纪传体，为史书最主要的体裁。

随着史学的发展，新的史体不断出现。刘知幾撰《史通》，确立了史评体的规模。中晚唐有典制体、会要体的崛起。宋代创立了纪事本末体和纲目体。明清有学案、图表、史论的发展。乾隆时期编《四库全书总目》，其史部分类，较之《隋志》更为细致。《总目》史部分为 15 类，即正史、编年、纪事本末、杂史、别史、诏令奏议、传记、史钞、载记、时令、地理、职官、政书、目录、史评。总之，丰富的历史内容和多样的编纂形式的有机结合，全面地、连贯地反映了中国历史的进程。例如，"二十四史"是一部珍贵的历史巨著，它记载了上起传说中的黄帝下迄明朝末年长达 4000 余年的历史，其中包括了中华民族发展史上的氏族公社制、奴隶制、封建制几个历史阶段。它记事久远，内容丰富，前后衔接，自成系统，包括了各个历史时期的政治、经济、军事、民族、文化等各方面的大事以及成千上万的历史人物，是一部贯通古今、包罗万象的巨著。贯通古今、上下连接的各类史籍，为我们提供了丰富而系统的历史资料，是研究中华民族历史的基础。

编年体是中国史书的主要体裁之一，它以时间为中心，依照年月顺序记述史事。这种体裁的优点是史事和时间的紧密结合，给人以明确的时间观念，容易明了史事发生、发展的时代背景及因果关系。中国历史中有确切纪年是公元前 841 年，而在此之后，各诸侯国都有按年记事的编年史，这些编年史，大抵皆名为"春秋"，春秋即编年之意。当然也有别定他名的，如晋国称"乘"，楚国称"梼杌"。

《春秋》是中国现存最早的编年史，它以鲁国为主，兼及周王室和其他诸侯国，是鲁人系统叙述春秋时期历史的著作。《春秋》原出于鲁国史官之手，后来经过孔子整理。孔子修《春秋》，体现了他的政治立场，达到"惩恶扬善"的目的，这就是"寓褒贬，别善恶"的春秋笔法。

《春秋》文句简短，措词隐晦。后来学者引申阐释，出现各种解《春秋》的书，称之为"传"，《春秋》本文则称为"经"。流传下来的《左传》、《公羊传》、《穀梁传》，合称为"春秋三传"。《左传》的作者相传为左丘明，全书 18 万字，用编年体的形式，是一部相当完备的编年史，具有珍贵的史料价值。

到东汉末年，荀悦的《汉纪》问世。《汉纪》是关于西汉一朝的编年体断代史。荀悦在编年体的写法上有所创新，在叙事时能突破时间界限，根据需要补叙前因或备述后果，且兼及同类人和事。这样，如同纪传一样，备载历史人物、历史事件和典章制度，从而扩大了编年史记叙范围，为编年史写人找到了一条道路。袁宏的《后汉纪》也是一部断代编年史名著。袁宏博取众家之长，且治学严谨，在《汉纪》"通比其事，例系年月"的基础上，采取"言行趋舍，各以类书"的叙事方法，扩大了编年史的容量。故此书一出，后来居上。

两《汉纪》的出现，完备了编年史体的规模，从而促进了汉唐之际编年史的发展。至北宋司马光，打破断代格局，撰写编年通史《资治通鉴》，上起战国，下终五代，按年记载，上下贯通，是中国史学史上一部划时代的名著。鉴于司马光的巨大成就，人们把他同司马迁相提并论，视为中国古代史学的两大伟人，并称为"两司马"。

《资治通鉴》是《史记》之后包容年代最长的通史之一，该书专详治乱兴衰，着重叙述历代重大的政治事件和战争，也记载一些重要人物的事迹、言行，兼及有关国计民生的制度和文化状况，是一部以政治为中心，比较全面反映历史内容的通史。《资治通鉴》行世后，影响很大，补撰、续作、改编、仿制、注释、评论之书络绎不绝，蔚为壮观，很快在史坛掀起"编年热"。南宋李焘竭 40 年之精力私撰《续资治通鉴长编》980 卷，记载了北宋 9 朝 168 年的历史。南宋李心传接续《长编》，撰《建炎以来系年要录》200 卷，是关于宋高宗一朝的编年史。到了清代末，毕沅在李焘、李心传的著作以及清初徐乾学所撰《资治通鉴后编》的基础上，参用宋、辽、金、元 4 史，历 20 年，撰成《续资治通鉴》220 卷。这部宋、元编年史一经出现，史家便认为可取代诸家续作，把它同《资治通鉴》合刊，称《正续资治通鉴》。

毕沅是清朝人，照理而论，他续《资治通鉴》，应以明末为限，但明清相距不远，易代之际，语涉忌讳，弄不好就会受到"文字狱"的惩罚，因而缺而不载。到了清末，文网渐疏，陈鹤编《明纪》、夏燮编《明通鉴》等明代编年史。陈书早出，卷帙较简，所以后来苏州书局合刊《正续资治通鉴》时，取《明纪》相配，以使一系相连。从《春秋左传》到《正续资治通鉴》、《明纪》，形成了自春秋至明末近 2400 年前后衔接的编年史。这是世界史学史上的奇迹。

汉以后的编年体史书还有一个重要系列，这就是历朝的"起居注"和"实录"。"起居注"按照时间顺序专门记载帝王的言行；"实录"是历代所修每一皇帝在位期间的编年大事记，它们常被史家采入正史，或引入编年，发挥了重要的史料功能。

《隋志》把司马迁的《史记》和班固的《汉书》视为纪传体之祖。因为《史记》以人物为中心，分为本纪、表、书、世家、列传五体，开创了纪传体的史书体例。班固因《史记》作《汉书》，断代为史，改"书"为"志"，废去"世家"，整齐为纪、表、志、传四体，而纪、传是这种体裁的主体。班书以下，表、志或有缺略，但一定有纪有传。凡属于这一体例的，都叫做纪传体。纪传体实质上是一种综合体。本纪，基本上是编年体，叙述帝王事迹，排比历史大事。世家，记述诸侯、勋贵和特殊人物的大事，兼用编年和列传的写法。列传主要是记载各类历史人物的活动，这些人物传记有专传、合传、类传和寄传等类型，也有民族史传和外国传。表是用谱牒的形式，梳理历史大事。书志，以事为类，主要记载各类典章制度的发展过程和有关自然、社会各方面的历史。另外，自司马迁创"太史公曰"的史评形式，历代纪传史皆加仿效，刘知几归结为"论赞"，实际上它是史家对历史人物和历史事件的评论，是纪传史的有机组成部分。纪传史诸体交相补充，互相配合，构成一个完整的体系。较之编年体，它具有显著的优点，以人物为中心，便于考见各类人物活动情况，且有范围更宽广的历史容量，便于通观历史发展的复杂局面。此外，也便于读者阅读。因此，纪传体成为中国封建社会最流行的史书体裁。

中国古代所谓"廿四史"，都是纪传体史书。《隋志》首先以"正史"一名概括纪传史一类，记录南北朝末年各史籍。后世各朝陆续增加，到了宋代，定为"十七史"，即《史记》、《汉书》、《后汉书》、《三国志》、《晋书》、《宋书》、《南齐书》、《梁书》、《陈书》、《魏书》、《北齐书》、《周书》、《隋书》、《南史》、《北史》、《新唐书》、《新五代史》。及至明代，又把元、明修的《宋史》、《辽史》、《金史》、《元史》加上，合为二十一部，因有"廿一史"之称。清乾隆初年，《明史》修成，又有"廿二史"之称。后诏《旧唐书》列为正史，又从《永乐大典》中辑出《旧五代史》，合为"廿四史"。再加上《新元史》、《清史稿》，又有"廿六史"之称。

从《史记》到《明史》，总共 4000 万字左右，3249 卷，记载了从传说中的黄帝到明朝末年共 4000 余年的历史，成为一部衔接不断、包罗万象的巨著。它篇幅宏伟，史料丰富，完整而系统地记录了中国古代历史的发展历程，展现了广阔的历史画卷。

纪传体史书创始于《史记》，它的作者司马迁是中国古代文化的杰出代表，中国历史学之父。

《史记》发凡起例，开创了纪传体的史书体裁，是一部贯通古今的通史，上起传说中的黄帝，下至汉武帝太初年间，记载了中国 3000 年的历史。全书包括十二本纪，十表、八书、三十世家、七十列传，共 130 篇，52 万多字。《史记》贯穿着一个重要思想，就是中国境内从传说的五帝，经夏、商、周三代至秦，不仅是世代相传，而且包括吴越和周边少数民族都有一个共同的祖先——黄帝。《史记》真实地记录了中华民族的历史，并以纪传史法为后世史家树立了光辉榜样。所以说，《史记》是中华民族的史诗和颂歌，是中华民族智慧的结晶，也是民族精神的源泉和经验总结。

鲁迅评价《史记》是"史家之绝唱，无韵之《离骚》"，这是非常贴切的。司马迁以拥抱整个民族文化的宽广胸怀，熔 3000 年政治、经济、文化于一炉，完成这部气魄雄伟、包罗万象、博大精深的百科全书式的通史巨著，成为历代史家竞相学习、仿效的楷模。

继《史记》之后，东汉班固沿用《史记》体例而略有变更，写出中国第一部纪传体断代史《汉书》，以十二帝纪、八表、十志、七十列传，记载了西汉一朝历史。《汉书》体例完整，记载系统完备，体现了"文赡而事详"的特点。特别是它的"十志"，取法《史记》八书，但有重大发展，开拓了新领域，补充了新内容。如《艺文志》，著录了西汉官府藏书，分析了学术源流，是中国现存最早的图书总目录。纪传部分内容翔实，远胜《史记》。总之《汉书》博洽，记载翔实，不愧为一部重要的历史名著。范晔的《后汉书》、陈寿的《三国志》亦为史家所重，二书和《史记》、《汉书》并称为"前四史"。

以后各代正史，均以纪传为体，以断代为史，大体上沿袭《史记》、《汉书》体例，但根据需要也有或多或少的变革。如《晋书》采习北魏崔鸿《十六国春秋》撰五胡十六国史，成"载记"30 卷，这是在体例上的创新。《宋书》撰有九志，上溯三代，近及汉魏，颇有特色。《魏书》的《序纪》、《释老志》乃为创见。

中国古代史家非常重视典章制度的记录，《史记》有八书以记天文、地理、文物制度，其后许多断代史皆沿八书体制，设志以记历代典章制度，但制度的演变有很大的继承性，断代为书或原委不明，或反复取厌。到了唐代，杜佑冲破束缚典制史发展的局面，著成中国第一部专记历代经济、政治、文化等典章制度沿革的专史《通典》。《通典》记载历代制度沿革，上起传说中的黄帝、唐虞，下迄唐代天宝年间，肃宗、代宗时的变革亦间有附载。全书 200 卷，分为食货、选举、职官、礼、乐、兵刑、州郡、边防八门。每门之下又分若干子目，综合各代，其中以唐代叙述最详。

《通典》叙述历代典章制度，内容翔实，源流分明，既补历代史志之未备，又会通古今，为史书编纂开辟了新的途径，特别是把食货放在典制的首位，充分反映了其进步的史观和卓越的史识。

南宋史学家郑樵承司马迁通史家风，撰成 200 卷的纪传体通史《通志》。其纪、传部分，几乎全部摘抄诸史原文，并无新意。郑氏功力最深的得意之作是"二十略"，"略"即各史的"志"。他在《通志总序》中说："凡二十略，百代之宪章，学者之能事，尽于此矣。""二十略"包括氏族、六书、七音、天文、地理、都邑、礼、谥、器服、乐、职官、选举、刑法、食货、艺文、校雠、图谱、金石、灾祥、昆虫草木，把经学、礼乐、天文、地理、文字乃至生物等各方面的知识都汇集进去了。这些研究吸取了劳动人民的智慧，扩大了史学研究的范围，提供了丰富的有价值的史料。而且，"二十略"意在"总天下之大学术而条其纲目"，充分体现了"会通"的史学思想。

宋末元初的史学家马端临，仿效《通典》体例，增广门类，或续或补，竭 20 年之精力，撰成一部"贯通二十五代"，统计历代典章的通史《文献通考》。《文献通考》记载了从上古到宋宁宗嘉定末年的典章制度沿革，共 348 卷，凡分二十四门：田赋、钱币、户口、职役、征榷、市籴、土贡、国用、选举、学校、职官、郊社、宗庙、王礼、乐、兵、刑、经籍、帝系、封建、象纬、物异、舆地、四裔；田赋等十九门，依《通典》旧例，详加增补；经籍、帝系、封建、象纬、物异五门，属马氏独创。马端临搜集材料，一是靠书本的记载，就是"文"；二是学士名流的议论，就是"献"；作者详加考证，去伪存真，区分类目，排比编纂，就是"通考"。这种方法实开后世历史考证学的先河。《通考》的史料价值高于《通典》，可以说《通典》一书的精华，全包括在《通考》中了。

《通典》、《通志》、《文献通考》，目录学家合称为"三通"。清代乾隆三十二年(1767)敕撰《续通典》150 卷，起于唐肃宗至德元年(756)，与《通典》相衔接，迄于明思宗崇祯末年(1644)。同时又官修《清通典》100 卷，起于清初，终于乾隆五十年(1785)。官修《续通志》640 卷，《清通志》126 卷。《续通志》和《通志》体例大体相同，分本纪、列传、二十略。纪传部分从唐初至元末，二十略从五代到明末。《清通志》只有二十略。乾隆十二年(1747)敕撰《续文献通考》250 卷，起于宋宁宗嘉定末年，至明崇祯末年。又于乾隆二十六年(1761)撰《清朝续文献通考》266 卷，起于清初，迄于乾隆二十六年。后刘锦藻更私撰《清朝续文献通考》400 卷，上续《清通考》，下迄清末。这样，人们把"三通"、"续三通"、"清三通"和《清朝续文献通考》合称为"十通"。"十通"卷帙浩瀚，共 2660 卷，贯通中国几千年制度的历史，实是典章制度的渊海。

《通典》、《文献通考》属于通史范畴，此外历朝还有专详一朝典章制度的史书。私人撰修的，多称"会要"；出于官修的，多称"会典"。这些断代制度史书，与贯通古今的制度通史配合，相得益彰。

除了上述史籍外，还有很多重要的历史典籍。例如，在纪传、编年以外，还有第三种史书体裁，即纪事本末体。这是以历史事件为中心的一种史书体裁。南宋史学家袁枢喜读《资治通鉴》，却"苦其浩博"，于是自出新意，以事为纲，以类排纂，将《资治通鉴》中千余年史迹，按时间顺序，分编为 239 个题目。"每事各详起迄，自为标题，每篇各编年月，自为首尾"，撰成《通鉴纪事本末》。《通鉴纪事本末》及其体例，曾赢得史家好评，以为这种体裁的好处是"因事命篇，不为常格"，而"文省于纪传，事豁于编年"。在袁书的影响下，明清两代，颇多仿效之作。因而，纪事本末体史籍也自古及今，上下贯通，成为一类系统的史籍。《通鉴纪事本末》之上有《绎史》（从远古至秦末）、《左传纪事本末》（春秋时期），下有《续通鉴纪事本末》（北宋至元末）、《宋史纪事本末》、《明史纪事本末》、《清史纪事本末》，与编年、纪传相配合。

所谓"史评"，系指评论史事或史书的著作。史评大体上可分为两类：一类重在批评史事；一类重在批评史书。批评史事者，是指对于历史事件和历史人物加以评论。这种评论，《左传》、《史记》开了一个头，后来纪传体正史以及编年史都继承了下来。西汉初贾谊的《过秦论》，便是较早的史论专篇。唐宋以来，评史之风颇盛，许多文人学者都有史论之作，也出现如唐代朱敬则《十代兴亡论》、宋代吕祖谦《东莱博议》、明代张溥《历代评论》等史论专著。清代王夫之的《读通鉴论》、《宋论》更是史论的代表作，其中蕴涵深刻的历史哲学思想。批评史书者，主要是指人们对史家、史书或某一种史学现象、史学思想的评论，它在中国古代史学史上也占有重要地位。这种史学评论，司马迁的《太史公自序》是开端，《汉书·司马迁传》是其发展，《文心雕龙·史传篇》更为系统，但作为史学评论之系统而全面的专著则以唐代刘知幾的《史通》、宋代郑樵《通志总序》和清代章学诚《文史通义》为代表。

作为中国古代第一部史学理论专著的《史通》，是史评杰出的代表作。作者刘知幾是唐代著名的史学理论家，所撰《史通》20卷，内容广泛，论及史书编撰、史学家修养、史学准则、史学史、史学流派等问题，特别评论了史书编撰中的体例、书法、史料、行文和史家修养问题，是对唐以前史学理论之系统而全面的总结，标志着中国古代史学理论的确立。

清代著名史学理论家章学诚的《文史通义》，是史学理论的又一代表作。该书不仅谈史，而且论文，特别是对于编纂方志，颇多创造性的见解。与刘知幾强调"史法"不同，章学诚强调"史意"对于治史的宗旨、任务、态度等都有独到的认识，因而对古代史学理论有杰出贡献。

此外，还应该提到清代学者钱大昕的《廿二史考异》、王鸣盛的《十七史商榷》和赵翼的《廿二史札记》等史评著作。《廿二史札记》不但对"二十四史"做了全面介绍和评价，而且能把握重大历史事件，综合分析，探究一代政治利弊和兴衰变革的原因，因而对后代学人有很大帮助。

综上所述，可见中国古代史学成就辉煌，诸般史书，应有尽有，逐步完善，各有源流，自成系统，互相补充，彼此印证，在中国史学史上，犹如簇簇盛开的鲜花，争妍斗艳，交相辉映。中国史籍之丰富多彩，中国古代史学之发达，是任何国家都不能比拟的。黑格尔曾说："中国'历史作家'的层出不穷，继续不断，实为任何民族所不及。"李约瑟在《中国科学技术史》第一卷《导论》中也写道："也许不用多说，中国所能提供的古代原始资料比任何其他东方国家，也确比大多数西方国家都要丰富。譬如印度便不同，它的年表至今还是很不确切的。中国则是全世界伟大的有编纂历史传统的国家之一。"这是中国史学的骄傲。

第三节　中国古代史学的优良传统

中国古代史学漫长的发展过程中，逐渐形成了许多优良传统，它是以往史学家们优良的思想、品德、学风和经验的集中表现。本书所说的批判继承古代史学遗产，不仅是指古代史家所积累的资料、撰述的成果，还应包括反映在史学家身上的优良史学传统。

一、提倡会通古今

中国古代有代表性的史家及其撰述，一般都具有恢廓的历史视野。他们学兼天人，会通古今，用包容一切的气势和规模，阐述历史的发展过程，探究历史的前因后果。司马迁撰《史记》就明确提出"究天人之际，通古今之变，成一家之言"的著史宗旨。不论是通史家，抑或是断代史家，在他们的著作里，都力图展示其学兼天人和会通古今的恢宏气象。《史记》自然是视野恢廓的，它贯通古今，范围千古，牢笼百家，网罗宏富。《汉书》断代为史，不如通史那样辽远，但也颇具恢宏气象。刘知幾称赞它"究西都之首末，穷刘氏之废兴，包举一代，撰成一书。言皆精练，事甚该密"。正是肯定它博通的内容，广阔的视野。

中国古代史学自始至终不是纯粹的社会科学，它不但记叙了人类社会生活的丰富内涵，而且还记载了自然历史，包含了天文地理的变化。这种既讲天（自然）又讲人的史学内容，是中国古代天人合一思想的体现。作为民族文化精神的主导观念和民族文化特质典型表现的天人合一思想曾是史家著史的指导思想，史家的富有文化史学特色的史著也正是这种天人观的贯彻与实践。

会通古今，重视通史著述，是中国古代史学的主潮流。随着条件的成熟（客观的需要，资料和经验的具备等）和通人的出现，新的通史之作便会应时而生。就连不推崇通史撰述的刘知幾也以"总括万殊，包吞千有"之势纵论古今史书，评其得失利弊，写出了《史通》这样一部古代史学批评通史。此后，杜佑撰典章制度体通史《通典》，司马光撰编年体通史《资治通鉴》，郑樵以纪传体撰成《通志》。袁枢别开生面，以事为主，撰成《通鉴纪事本末》，马端临撰典制体通史《文献通考》。这些著作，都发展了"会通"之旨，展示了恢宏的历史视野。《汉书》以下的断代史也不乏鸿篇巨制，如《续汉书》、《宋书》、《魏书》、《晋书》及《五代史》，都展现了史家学兼天人、会通古今的宏大气魄。中国古代史家的这一传统，不仅促进了中国史学的繁荣，而且也影响、造就了许多通人、名家。

学兼天人、会通古今这一优良传统源于中国传统思想，特别是儒家的天人观、古今变通观而作为史家的历史观，经过他们的验证，这种思想变得更深刻更系统。

二、强调古为今用

一方面，注重史学研究的古为今用。司马迁写《史记》，就是着重写当代史。《史记》130 篇，写了 3000 年的历史，其中有关汉代史的内容就超过半数。《汉书》是写前朝的历史，此后历代纪传体正史大都如此。"实录"、"国史"都是当代史。只是到了后来，撰写"国史"和前朝历史的工作为史馆独占；私家修史方渐转向古代。尤其是清代，屡兴"文字狱"，致使一些学者不敢谈论现实问题，于是便把精力集中在古典文献的整理和考订上，即使如此，清代还是有不少著名史家重视对近现代史的研究和撰著。浙东史学的几位大家如黄宗羲、万斯同、章学诚等，就是典型的代表。

中国自古以来对于历史遗产和记事写史，很注意借鉴和垂训的作用。《尚书·召诰》说："我不可不监于有夏，亦不可不监于有殷。"《诗经》上也有"殷鉴不远，在夏后之世"的诗句，随着史学的发展，以史为鉴成了一个重要的史学传统。唐初君臣以史为鉴，当时史馆修《隋书》就贯彻了这一宗旨。贞观十年(636)，房玄龄、魏徵等修《五代史》成，唐太宗大为高兴。他说："朕睹前代史书，彰善瘅恶，足为将来之戒。""欲览前王之得失，为在身之龟镜。公辈以数年之间，勒成五代之史，深副朕怀，极可嘉尚。"唐太宗的话很可代表统治者对修史目的的看法。唐太宗说他有三面镜子："以铜为镜，可以正衣冠；以古为镜，可以知兴替；以人为镜，可以明得失。""以古为镜"就是"古为今用"，就是发挥史学的经世作用。司马光写《通鉴》的目的

就是给帝王"周览",从中鉴戒得失,神宗皇帝特赐名为《资治通鉴》,强调以史为鉴的作用。在中国古代史学发展史上,史学家向来都对国家治乱兴衰给以极大关注,表现出饱满而深沉的政治情怀。这种政治情怀,大多以经世致用为其出发点和归宿。孟子论及孔子作《春秋》说:"世衰道微,邪说暴行有作,臣弑其君者有之,子弑其父者有之。孔子惧,作《春秋》。"说明孔子作《春秋》就有自觉的社会目的。这一目的就是史学为现实服务,包括以理想来批判现实,也就是经世致用。

另一方面,史学满足现实政治的需要,因而又得到国家政权的提倡和支持,这就是政治关注史学。上面提及的唐太宗就是典型的例子。政治关注史学,对史学的发展有促进作用,同时也出现政权对史学事业的控制,在一定程度上扼杀了史家的创造精神。史家以考论政治得失、劝善惩恶为己任,这也就决定了他们所撰史书的主要内容是现实社会中实实在在的政治和人事,如《资治通鉴》,司马光"专取关国家盛衰,系生民休戚,善可为法、恶可为戒者,为编年一书",尽管其篇幅宏伟,内容丰富,总离不开政务这个中心。这是中国史学的民族特色之一。

经世致用的史学传统起初主要是注重史学的鉴戒作用,至中唐杜佑则发展为比较全面的经世目的。杜佑撰《通典》,突破了在史书中从历史事件方面总结治乱得失的模式,深入到社会的经济制度和上层建筑领域,从各种制度的沿革变迁中探讨经验教训,从而对历史上的治乱得失做全面而深入的考察;同时也突破了历来所强调的鉴戒模式,提出了以史学"经邦"、"致用"、"将施有政"这一具有直接实践作用的认识模式。

史学经世源于儒家,而儒家学说从整体而言,也是经世的学说。儒学,从它的创始人孔子开始,都有一种经世的传统和特色。

三、崇尚秉笔直书

中国古代史家历来把秉笔直书视为持大义、别善恶的神圣事业和崇高美德。他们以直书为荣,曲笔为耻,为了直书,不避强御,不畏风险,甚至不怕坐牢,不怕杀头,表现了中国史家的高风亮节。

早在中国史学开始兴起之时,秉笔直书就成为史家的崇高美德而受到称赞。《左传·襄公二十五年》记述了齐国太史、南史氏直书不惜以死殉职的故事:"太史书曰'崔杼弑君',崔子杀之。其弟嗣书而死二人,其弟又书,乃舍之。南史氏闻太史尽死,执简以往,闻即书矣,乃还。"这种直书的精神就成为后世史家遵循的传统。刘知幾在《史通》中,写了《直书》、《曲笔》的专篇，总结唐以前史家直书的优良传统，表彰南、董仗气直书，不避强御，韦、崔肆情奋书、无所阿容的直书精神。刘知幾说："虽周身之防有所不足，而遗芳余烈，人到于今称之。"南史氏冒死以往的"仗气"已如前言，董狐"书法不隐"，被孔子誉为"古之良史"。三国史家韦昭，主撰《吴书》，孙皓要求为父作"纪"，韦昭不允，其理由是"曜执以和不登帝位，宜名为传"。北魏崔浩主修魏史，无所阿容，因遭杀害。

这种直书精神有很大影响力，正直的史官、史家都自觉效法，付诸实践。贞观年间，褚遂良负责记录太宗言行。太宗欲索取过目，褚以"不闻帝王躬自观史"为由加以拒绝。太宗问他："朕有不善，卿必记之耶？"褚答曰："臣职当载笔，君举必记。"《贞观政要》的作者吴兢曾参与《则天皇后实录》，如实记载了魏元忠事件的原委，宰相张说感到此事于己不利，想让史官"删削数字"，吴兢义正辞严斥之："若取人情，何名为直笔！"吴兢被时人誉为"昔者董狐之良史，即今是焉"。南宋袁枢曾兼国史院编修官，负责修宋朝国史的传，原宰相章惇的后人以同里故，婉转请"文饰"章传。袁氏当即拒绝："吾为史官，书法不隐，宁负乡下，不可负天下后人公议！"言如金玉，掷地有声。

刘知幾指出直书与曲笔的对立，认为"直书"是实录的前提，而"曲笔"则会造成实录难求。刘知幾正是从历史撰述是否是"实录"这一根本点来区分直书和曲笔的界限。所以，直书集中地反映了中国古代史学的求实精神。从《史记》被誉为"实录"之后，这种求实精神便成为大多数史家追求的目标。自然，曲笔也是史学上的客观存在，刘知幾剖析了它的种种表现，或者以实为虚，以是为非，或者虚美讳饰，任意褒贬。造成曲笔的原因，主要是史家为当权者的威势所慑，也因史家品德修养所致。古来惟闻以直笔见诛，不闻以曲词获罪。"世事如此，而责史臣不能申其强项之风，励其匪躬之节，盖亦难矣。"但是，在整个封建社会，曲笔在任何时期都不可能成为公开提倡的行为，任何得计于一时的曲笔作史，终究要被后人揭露，而直书精神，千百年来赢得人们的赞扬，成为史家效法的传统，始终是中国史学的主流。

四、重视史家修养

关于史家修养问题，历来史家都十分关注，他们在总结、评论前人的史学成果时，也同时就史家修养做了评论。班固评论司马迁《史记》说："自刘向、扬雄，博极群书，皆称迁有良史之才，服其善序事理，辨而不华，质而不俚。其文直，其事核，不虚美，不隐恶，故谓之实录。"这里既肯定《史记》是部"实录"，又高度评价了司马迁的历史责任感，肯定他有"良史之才"。《隋志》史部后序说："夫史官者，必求博闻强识、疏通知远之士，使居其位，百官众职，咸所贰焉。是故前言往行，无不识也；天文地理，无不察也；人事之纪，无不达也。"可见，作为一名史家，学识上要"博闻强识"，见识上要"疏通知远"。不过，从理论上明确而全面地提出史家修养的问题还是刘知幾。刘知幾认为，史家必须兼有史才、史学、史识三长。所谓"史才"，是指修史的才能，主要是指历史编纂和文字表达方面的才华和能力。所谓"史学"，是指占有史料和掌握历史，要能搜集、鉴别和运用史料，要有广博丰富的知识，还要深思明辨，择善而从。所谓"史识"，是指史家的历史见识、见解、眼光、胆识，即观点和笔法，包括"善恶必书"的直笔论，也包括其他的历史观点。后来，章学诚肯定了"三长"理论，又补充了"史德"。所谓"史德"，即高尚的道德，章学诚解释为"著书者之心术"。什么是心术呢？章学诚说："盖欲为良史者，当慎辨于天人之际，尽其天而不益以人也。尽其天而不益以人，虽未能至，苟允知之，亦足以称著书者之心术矣。"这里的"天人之际"，是指客观历史与史家的主观之间的关系，史家应尊重客观历史，不能用主观的好恶去影响对历史客观的忠实反映。尽管刘知幾早已在史识中包含了史德的思想，章学诚以心术论史德，无疑是理论上的一个发展。总之，德、才、学、识是对史家素质的全面要求，因而它就成为史家的奋斗目标和评论史家的标准。

需要指出，无论是刘知幾论"识"，还是章学诚论"德"，其衡量识、德的标准无一不是儒家的伦理道德观。在中国重伦理道德的思想文化的熏陶下，史家向来以修身立德为己任，史书以表彰忠臣孝子为要务。儒家修齐治平的政治人伦正是贯穿中国古代史学的精神支柱。历史上善恶是非之裁断的主要标准就是儒家的伦理道德。司马迁说《春秋》"采善贬恶，推三代之德，褒周室"，是"礼义之大宗"，便是从伦理上评论的。司马迁写《史记》，遵循其父的教诲，着重表彰明圣盛德和功臣世家贤大夫的功名、道德。他选择和评论历史人物的功业和品德的标准正是儒家的君臣父子之义。班固撰《汉书》，把儒家礼教视为"所以通神明，立人伦，正情性，节万事者也"。荀悦撰《汉纪》，明确宣布："夫立典有五志焉：一曰达道义，二曰彰法式，三曰通古今，四曰著功勋，五曰表贤能。"意在宣扬儒家伦理道德，表彰统治阶级的代表人物。袁宏撰《后汉纪》，则明确宣布："夫史传之兴，所以通古今而笃名教也……今因前代遗事，略举义教所归，庶以弘敷王道。"至刘知幾总结史学功用，讨论史才三长，其衡量是非善恶、进行褒贬的标准，仍带有浓厚的伦理色彩和森严的等级观念。中国古代史书没有不宣扬纲常名教的，而宋明史学则较前代尤甚，如司马光的《资治通鉴》、欧阳修的《新五代史》和朱熹的《通鉴纲目》等都渗透着儒家伦理纲常的内容。

儒家学说支配中国思想界几千年，影响极其深远。经学是儒家思想的集中表现，它是封建社会的理论基础和行为准则的学说，并且成为修纂史书的指导思想，也是这些史书企图通过历史经验反复阐明的史义。这里不可避免地包含一些思想糟粕，表现了中国古代史学的历史局限性。

思考与讨论题：

1. 如何认识中国古代史学在中国传统文化中的地位？

2. 中国古代史学有哪些优良传统？它对当今中国史学的发展有何借鉴意义？

3. 试述中国古代史学在史家修养论上的理论贡献。

第十五章　中国古代科技

中国古代科学技术一度处于世界领先地位，诸多发明、发现均早于世界其他国家。据统计，从公元前 6 世纪到公元 16 世纪，世界上主要的科技成果有 298 项，其中 173 项属于中国发明。这足以说明在世界科学技术发展的领域里，中国先民确实做出了巨大的贡献。

第一节　中国古代科技的伟大成就

一、四大发明

世界最先了解中国科学技术的是中国的四大发明。可以说，中国的四大发明对于彻底改造近代世界并使之与古代及中世纪划分开来，乃至对于推进整个世界文明都起到了至关重要的作用。

（一）火药

火药的发明应当归功于中国古代的炼丹家和炼丹活动。炼丹家在炼药时发现硝石、硫磺、木炭混合后容易使火猛烈燃烧，同时火药还可以入药，可以用于杀虫，辟湿气，治疮癣和瘟疫，于是就把这种既可助燃又可入药的东西，命名为"火药"。唐朝末年，火药始用于军事，并发明了使用火药的武器——火器。10 世纪中叶又出现了火枪，这是一切管枪和火炮的始祖。北宋时，曾公亮、丁度等编纂的《武经总要》不仅描述了许多火药武器制造工艺，而且还记载了火药配方。这比欧洲最先出现或记载的任何火药配方早约 3 个世纪。火药的用途很广，不只是在正常生活和生产中能够发挥很大的作用，而更为重要的是在军事上的使用，导致了世界武器史上的重大改进。

（二）指南针

指南针是指示方位的仪器。战国时已有用天然磁石琢磨成的指南针，当时被称为"司南"，样子像一只勺，底部呈圆形，可以在刻有二十四方位的平滑的地盘上旋转，等它静止时，勺柄就会指向南方。最早有关司南的记载，见于公元前 3 世纪的《韩非子·有度》。但"司南"本身沉重，摩擦系数较高，转动也不灵，且容易失磁。唐末五代时，人们开始用人工方法使铁器磁化。直到 19 世纪电磁铁出现以前，几乎所有的指南针都是采用这种人工磁化法制成的。东汉张衡在写《东京赋》时，第一次把司南改称为"指南"。最早的指南针常被用做风水术的定向仪器。北宋天文学家、星占学家杨惟德在《茔原总录》中记载，指南针须在正南偏东 17.5°取向，这是世界上最早的有关磁偏角的记录，而欧洲关于磁针的记录要晚很多年。北宋以前，航海要靠日月星辰来判断方位，遇到阴雨天气，就难辨东西。然而指南针的发明并用于航海，无疑促进了航海业的发展，以至于宋代以来中国商船就已经频频出现在南洋、印度洋乃至波斯湾一带。尤其是在明朝，如果没有指南针，就难有郑和七下西洋的历史壮举。应该说，中国是世界上最早把指南针应用于航海的国家。12 世纪以后，指南针传到阿拉伯国家和欧洲，磁针罗盘便成为欧洲人早期环球试航的必备条件之一。指南针还被广泛地用于军事、生产和日常生活。马克思认为指南针在欧洲的运用，是资产阶级发展的必要前提。

（三）造纸术

纸出现以前，古人最早是利用龟甲、兽骨和青铜器记事，称为"甲骨文"和"金文"，后来又用竹简、木牍和丝帛，称为"简牍"和"帛书"。但这些书写材料，或不易于书写，或形制过于笨重，或材质十分昂贵，导致书籍在社会上并不能够得以广泛地传播。西汉初年，人们发明了最早的植物纤维纸，这种纸用麻皮纤维或麻类织物制成，比较粗糙，不适于书写，仅可做包装之用。公元 2 世纪，东汉的宦官蔡伦对造纸原料和工艺进行重大革新，开始尝试采用树皮造纸，并将常温制浆改为高温制浆，拓宽了原料来源，提高了纸的质量，也降低了造纸成本。蔡伦虽不是造纸鼻祖，但在中国造纸术上的地位却是不可替代的，他创制的纸因此被称为"蔡侯纸"。之后，造纸原料进一步拓宽，造纸设备得到了改进，加工技术也有新的提高，树皮、嫩竹、桑皮、稻秆等都可用于造纸，还出现了色纸。明代宋应星的《天工开物》记述了竹纸和皮纸的制作工艺，并附有造纸操作图。这是世界上最早的关于造纸的最详尽记载。中国的造纸技术大约在 3 世纪传入越南，4 世纪又传入朝鲜、日本，8 世纪传入印度、波斯，后又经阿拉伯传至北非和欧洲，取代了用于书写的欧洲羊皮、印度树叶和埃及纸草，促进了各国文化事业的广泛发展，进而推动人类的文化传播、思想交流和科学发展。直到近代，欧洲工业革命发明用机器造纸，中国在世界造纸业的龙头地位才随之改变。

(四)印刷术

印刷术没有发明以前，所有书籍的流传，只能靠抄写，这不利于文化的广泛传播。加之古代文字形体不统一，书写工具也几经变化，因此不同的人在辗转传抄的过程中，各种版本的讹误情况时常发生。于是学者们便发明了摹拓的方法，这可以说是中国最原始的印刷术。用石板刻字来摹拓比起手抄本有了很大进步，但价格昂贵，根本无法满足更多一般需求。初唐时期发明了雕版印刷术。雕版印刷，顾名思义就是在整块的木板上刻字然后进行印刷，采用这种技术可使社会上需求量较大的书能成百上千地一次性印刷出版。雕版印刷术在唐时传入朝鲜、日本、波斯，后又传至埃及，元时传到欧洲。但印刷不同的文章要雕刻不同的木版，十分不便，而且非常浪费人力、物力和财力。据沈括的《梦溪笔谈》记载，北宋庆历年间，平民毕昇首创了活字印刷术。他用胶泥刻成单字烧硬后制成一字一印活字，再用活字拼版成像雕版一样进行印刷。活字可以多次使用，比整版雕刻经济方便。这种活字排印方法和现代的铅印排印原理基本相同，是印刷史上的一次重大革命。之后的元代农学家王祯不仅成功地创造出木活字，还发明转轮排字架，进一步提高了排字效率和印刷质量。大约在 14 世纪，木活字印刷术传到朝鲜、日本。1456 年，德国人谷腾堡首先用活字印成《谷腾堡圣经》，活字印刷术由此很快从德国传到意大利、瑞士、捷克、法国、荷兰、比利时、西班牙、英国、葡萄牙等国。中国人发明的雕版与活字印刷术，都是当时世界上最先进的，对人类文化的传播和发展所起的作用确实不可估量。

二、天文学

(一)天象记录

中国古代天象记录的特点是记录准确丰富，而且从未间断。特别是关于太阳黑子、彗星、流星雨、新星、超新星等的记录资料，相当丰富。

1. 太阳黑子的最早记录

在上古时期，中国的先民们就有了"月中有乌"的传说，其实这是对太阳黑子较早的形象描述。目前，世界上公认的最早对太阳黑子进行记录的时间是西汉成帝河平元年（前28），这比欧洲人关于太阳黑子的记录早800多年。再从汉至明，仅在史籍中关于太阳黑子的记录就有100多次，如此丰富的记录资料也是世界上极为罕见的。

2. 彗星的最早记录

据《竹书纪年》记载，周昭王十九年（前1034）"有星孛于紫微"，这是世界公认的最早对彗星的记录。另一次记录是在春秋战国时期鲁文公十四年（前613）。至今，中国关于哈雷彗星的记录有30多次。难怪法国人巴尔代断言："彗星记载最好的，当推中国的记载。"

3. 新星与超新星记录的重大贡献

中国古代在天象记录方面，对现代天文学贡献最大的，要数新星和超新星的记录。中国古代把新星和超新星称作客星，殷商时代的甲骨中已载有"七日新大星并火"等记录。而从汉代开始，这种记载见于典籍。关于超新星的记载最早见于《后汉书·天文志》。在中国史书上有记录的，在18世纪以前出现的新星和超新星约有90多个。这是古代恒星观测史上的伟大成就。

4. 日月食的记载

中国对日月食的记载最早见于夏代，据《左传·昭公十七年》载："《夏书》曰：'辰不集于房，瞽奏鼓，啬夫驰，庶人走。'"这也是世界上最早的日食记载。自此以后，见于文献的日月食记载就越来越多，也更加系统而丰富。这些资料是现代宇宙学研究的重要资料，这种记录的全面性、系统性也是其他文化系统所缺乏的。

（二）天体测量

天体测量是通过测定天体的位置和天体到达某个位置的时间来为各种科学目的服务的一门学问。中国古代的天体测量尤其是在测天仪器、星表、星图、测定子午线长度等方面取得了巨大成就。

1. 测天仪器

不论是天体测量、天象记录还是历法制定，都离不开测天仪器。中国一直重视制造和改进天文仪器，并且构成了以漏壶、浑仪、简仪为主的传统天文仪器系统。漏壶又叫漏刻，是古代一种漏壶装水以计时的仪器。在《周礼·夏官·挈壶氏》中，已记有周代有专人管漏壶之事。浑天仪又叫浑仪、浑象，是中国古代观测天体位置的仪器。据许多文献记载，中国远在五六千年以前葛天氏、黄帝、尧舜时代，就有了浑仪。简仪是中国古代观测天体坐标的仪器，现代天文台大型光学望远镜的一些装置就是由简仪的结构演化而来的。

2. 星表

星表是把测量出的若干恒星的坐标汇编而成的表册，它是天文学上一种很重要的工具。二十八宿是中国及印度、阿拉伯等国家为天体定位的坐标系统，是一个星座群，分为东、南、西、北四个部分（四象）。中国先民把天体黄道、赤道附近的恒星分为 28 个星区，各个星区取一星为主，称为二十八宿。春秋以后，中国二十八宿传入印度、波斯、阿拉伯等地。战国时天文学家石申著《天文》8 卷（后世尊称《石氏星经》），除二十八宿星之外，还记录了 121 颗恒星的坐标位置。这是世界上最古老的星表。石氏星表比希腊天文学家测编的西方最早的星表早 200 年。石申所用的赤道坐标系，欧洲 1598 年才有。

3. 星图的测绘

星图是将分布在天空上的恒星，按照球面视觉位置投影在平面上的图。它是恒星观测的一种形象记录，也是天文学上用来认星和指示位置的一种重要工具。在这方面中国古代有着辉煌成就，14 世纪以前的星图，只有中国保存下来，特别重要者有三：其一，先秦时期的星图。三国时代，吴国陈卓在公元前 270 年左右将甘德、石申、巫咸三家所观测的恒星，用不同方式绘在同一张图上，分为 283 组，有星 1464 颗。此星图虽已失传，但从绢制敦煌星图上可知其大概。其二，敦煌星图。敦煌星图发现于 19 世纪敦煌，是敦煌经卷中珍藏的一幅古星图，现藏于伦敦大英博物馆。这是世界上最早的星图，也是世界上现存古星图中星数较多而又较古老的一幅。全图展示了从中国可见的整个北天星空，另有云气图 25 幅，附占文。本图将北极附近（约相当于赤纬 50°～90°）单独成图，距北极较远处则分成 12 幅（称为横图），这也是现代星图册的做法。其三，苏州石刻天文图。苏州石刻天文图是根据北宋元丰年间的观测结果刻制的。原图为宋人黄裳所绘制，上刻 1434 颗恒星，是中国流传至今最早、最完整的星图之一。

4. 子午线长度的测定

子午线长度是天文学、地理学上的一项极其重要的数据。世界上通过实际测量而算出子午线长度的工作，始于中国唐代。唐朝和尚张遂（僧一行）于 724 年发起了规模宏大的实际测定子午线长度的活动。他发起在全国 24 个地方测量北极高度和夏冬二至、春秋二分的日影长度，并设计了一种叫复矩图的仪器，其工作之精细，规模之宏大，是史无前例的。他计算出的大约 351 里 80 步而极差 1 度，即子午线上 1 度长的数据，是世界上首次子午线的测量，对后人从事天文大地测量提供了科学依据。

（三）历法

中国古代天文学的最主要组成部分是历法，古历法的内容，包括年月日的安排，日、月食的预报和节气的调整等。据载，中国远在一万年前氏族公社时期，就发明了用十二天干和十二地支搭配以记时的方法。这是人类历法的开端。

1. 岁实的确定

岁实，即一年的天数，夏历、周历都是使用四分历（春、夏、秋、冬），每年的天数是 365.25 日，这是当时世界上最精密的数值。南宋杨忠辅的《统天历》和元代郭守敬的《授时历》中的岁实是 365.2425 天，均为世界上最精确的数据。

2. 置闰与节气

中国古代使用的阴历，以朔望月的长度为一个月的平均值。全年 12 个月，这样就同回归年差 11 天左右，因此，必须置闰（设立闰月）。在阴历中确立了 19 年 7 闰的方法。后来，在南朝祖冲之创制的大明历中，对闰法做了改进，把 19 年 7 闰改为 391 年 144 闰，更符合天象实际了。

由于太阳位置的变化，地球上有气候的寒暖，于是古人创立了二十四节气。二十四节气的名称，估计在战国时期已经产生，这是中国古人的独创。

三、数学

（一）记数与十进位制

今人习以为常的十进位制，就是中国的一大发明。至迟在商代，中国就已采用了十进位制。从现已发现的商代陶文和甲骨文中，可以看到当时已能够用一、二、三、四、五、六、七、八、九、十、百、千、万等 13 个数字记 10 万以内的任何自然数。十进位制的记数法，对世界科学起着十分重要的作用。而当时欧洲的罗马累计法，无法进行累加计算。巴比伦是六十进位，玛雅人是二十进位。正如李约瑟所说："如果没有这种十进位制，就不可能出现我们现代这个统一化的世界了。"

(二)算学

在计算数学方面,中国大约在商、周时代已有了四则运算。到春秋战国时代,整数和分数的四则运算已相当完备。

1. 九九歌

出现于春秋时期的正整数乘法口诀"九九歌",堪称最先进的十进位制记数法与简明的中国语言文字相结合的产物。

2. 算筹

中国人在很早就发明了特有的计算方法和计算工具,即用一种专门用于计算的小棍"算筹"进行计算。但算筹在运算时有诸多不便,于是在宋元时期,珠算出现并代替了筹算,影响甚为长远。

3.《九章算术》

中国古代数学以擅长计算著称于世,并逐步形成了独具特色的数学体系。约成书于1世纪中叶的《九章算术》是此体系的重要标志。《九章算术》著者不详,相传西汉初张苍、耿寿昌等人曾对它进行增订删补,其后又经人补订,全书分为九章。该书提出勾股定理,用以解决各种几何问题。书中有很多数学成就,如分数的四则运算、负数的概念和正负数的加减运算法、十进小数概念等,在当时世界上都十分领先。书中的"盈不足"算法,在欧洲和阿拉伯被称为中国算法,朝鲜和日本均曾将此书作为教科书。该书采用应用题集形式写成,共九章,收集了实际生产和生活中的数学问题246个,并给出答案,是古代计算方法的总结,对世界数学的发展有很大影响。

4. 魏晋南北朝算学与圆周率

魏元帝景元四年(263),著名数学家刘徽把极限的思想用于圆周率的计算,他用割圆术计算出圆周率为3.1416。南朝祖冲之继承了刘徽的工作,求出精确到小数点后7位有效数字的圆周率:3.1415926~3.1415927。直到一千年后,才有外国数学家求出更精确的数据。

5. 宋元算学与开方术和方程论

宋元是中国古代数学高度发展时期。涌现了一大批卓有成就的数学家。贾宪、秦九韶、李冶、朱世杰等学者在开方术和方程论等方面作出了突出贡献。秦九韶著有《数学九章》,对后世影响很大。

四、医学

据神农氏勇尝百草的传说来看,中国医学知识起源于远古时代。春秋战国时期，出现了神医扁鹊以及《导引图》这样的医学著作，说明当时的诊断手段和治疗方法都已经相当高超。不过，较早的医学著述一般被归入"方技"中，如据《汉书·艺文志》载，主要有神仙、房中、经方和医经四部分。后来经方和医经逐渐成为传统医学的主体，相继出现了《黄帝内经》、《神农本草经》等一系列举世瞩目的医学著作。最晚在两汉时已经形成了中医的望、闻、问、切四诊法，创立了中国独特的脉学理论。从汉到宋，医学理论得以进一步发展，相继出现了关于切脉、针灸等专著。明清时代在探索免疫治疗上有重大突破，如在 16 世纪时，用人痘接种的方法预防天花。总之，中国医学的形成，一方面来源于对临床医疗经验的归纳；另一方面则与整体民族文化背景有着极为密切的关系。可以说，中国传统医学在独具特色的传统文化环境中形成了迥异于西方医学的式样，并以独特、完善、符合规律的医学体系与西医并驾齐驱，在治疗中颇有携手结合之妙。

（一）中医学

中国现存最早、内容丰富的传统医学著作《黄帝内经》，为中医理论奠定了基础。所谓中医学五大核心理论体系，即阴阳五行学说、脏象学说、经络学说、形神学说和天人学说均肇始于此书，且千百年来不断地演进推广、加深内涵。

1. 中医学五大核心理论体系

（1）阴阳五行学说

该学说包含着中国传统文化中的两个主要的方面：一是遵循事物在彼此之间对立的双方互相依存、互相消长和互相转化的阴阳原理。二是依据事物属性的五行归类及生克规律。中医学应用五行学说以解释人体的生理功能，将身体各部位和外在环境有机地联系起来，形成了比较完整的中医五行理论，并以此指导临床实践，说明机体病理变化，用于疾病的诊断和治疗。阴阳五行学说是中医理论的重要组成部分，对中医学理论体系的形成和发展，起着极为重大的影响。

（2）脏象学说

又称"藏象学说"、"脏腑学说"，是中国传统医学中研究人体脏腑的生理功能、病理变化及其相互关系的学说。"脏"即人体的内部脏腑；"象"指脏腑的功能活动和病理变化反映在体外的各种表象。以五脏为中心，从系统整体的观点来把握人体，是脏象学说的基本特点。至今脏象学说贯穿在中医学的解剖、生理、病理、诊断、治疗、方剂、药物、预防等各个方面，在中医学理论体系中，处于十分重要的地位。

（3）经络学说

即研究人体经络的生理功能、病理变化及其与脏腑相互关系的学说。它补充了脏象学说的不足，是中国传统医学的又一理论基础。古代经络学说认为人体除了脏腑外，还有许多经络，其中主要有十二经络及奇经八脉。每一经络又各与内在脏腑相连属，人体通过这些经络把内外各部组织器官联系起来，构成一个整体。经络学说也是中医理论体系中重要的组成部分，是依据临床现象和治疗经验概括出的人体气血传输的理论模型。

（4）形神学说

形是指形体和体质，包括脏腑、经络、气血、津液、精、骨、肉、筋、脉、髓等及其生理活动；神是指人的理智、意识、思维、记忆等内在的精神活动及其外在表现，即通常所说的"七情五志"。二者的辩证关系是相互依存、相互影响、密不可分的一个整体。形神学说无论是在养生理论还是在养生方法上均有重要的指导意义。

（5）天人学说

这是指人作为自然界的一部分与天地万物合成一个有内在联系的不可分割的整体。人体的生命活动，内部器官的运动变化，要受整个自然界运动变化的影响和制约。这一观点贯穿了整个中医理论体系，并体现在医疗实践中。中国中医早在秦汉时期就提出了"天人相应"的著名论点，讲究天人合一，把人体看做自然的一部分，并且与自然变化紧密互动，在中医眼里，人体不是放在解剖台上孤立的个体，而是生活在自然界中的一分子，这种观念决定了中医学将研究的目光扩展到人体生存的环境——世界万物中，从而和西方医学对人体的生理和病理认识产生了不同。这种研究人体、认识疾病的辩证思想和方法，远比那种把人作为一个孤立的个体，机械地把人体分成若干独立的部分加以研究的思想和方法优越得多。

2. 中医学传统四大经典著作

（1）《黄帝内经》

《黄帝内经》成书于春秋战国之时，是中国医学宝库中现存成书最早的一部医学典籍。该书作为中国传统医学四大经典巨著之一，奠定了中医学的理论基础。其主要内容有生理学、病理学、诊断学、治疗原则、药物学等。其重要医学理论基于中国古代道家学说的理论基础，体现着中国古代文化中强调人与自然和谐统一的理念。特别是在理论建树方面，确立了中国古代中医学五大核心理论体系。

（2）《伤寒论》

原名《伤寒杂病论》，是由东汉末年张仲景编撰的一部阐述外感及其杂病治疗规律的专著。该书在后世的流布过程中，又经世人整理编纂，将其中外感热病内容的部分结集为《伤寒论》，另一部分主要论述内科"杂病"内容的被结集为《杂病论》。该书奠定了中医临床学基础。

（3）《金匮要略》

中医经典古籍之一，由东汉末年张仲景编撰。后经晋王叔和整理时将《伤寒杂病论》中的"杂病"部分归入，故有古传本之一名《金匮玉函要略方》3卷，上卷为辨伤寒，中卷则论杂病，下卷记载药方。后北宋校正医书局林艺等人重予编校，取其中以杂病为主的内容厘定为 3 卷，改名《金匮要略方论》，所述病证以内科杂病为主，兼有部分外科妇产科等病证。

（4）《难经》

原名《黄帝八十一难经》，传说为战国时秦越人（扁鹊）所作。该书以问答解释疑难的形式编撰而成，共讨论了 81 个问题，故又称《八十一难》，全书所述以基础理论为主，还分析了一些病证。其中 1～22 难为脉学；23～29难为经络；30～47 难为脏腑；48～61 难为疾病；62～68 为腧穴；69～81难为针法。

（二）中药学

中国古代的药学，即中药学，是传统医学的重要组成部分，又称"本草"之学，主要记述药物名称、性状、功能、主治、产地及采集、加工、保存等知识。后来诸多的"本草"类著作中还附有治疗的范例。特别是明代李时珍完成了集中药学之大成的巨著《本草纲目》，是一部当之无愧的中药学百科全书。

1.《神农本草经》

简称《本草经》或《本经》，是中国现存最早的药物学专著。《神农本草经》成书于东汉，是秦汉时期众多医学家总结、搜集、整理当时药物学经验成果的专著，是对中国中草药的第一次系统总结。其中规定的大部分药物学理论和配伍规则以及提出的"七情合和"原则在几千年的用药实践中发挥了巨大作用，被誉为中药学经典著作。因此很长一段历史时期内，它是医生和药师学习中药学的教科书和工具书，也是中国第一部药物学专著。

2.《脉经》

晋代名医王叔和著。该书是中国现存最早的脉学专著，在学术上的主要特点有二：一是对脉象的系统归纳。该书第一次把病脉归纳为浮、芤、洪、滑等24种，并对每种脉的体状、搏动征象及其变化，都做了具体描述，丰富了中医诊断学的内容，使脉学系统化。二是保存了大量古医籍内容。

该书在脉学上保存了晋以前大量的有关诊脉方法、脉象病理、脉诊意义等方面的资料，成为后世脉学研究的重要参考。同时，该书几乎转录了张仲景《伤寒杂病论》的全部内容，成为《伤寒论》、《金匮要略》的古传本之一，对研究张仲景学说有重要价值。

3.《针灸甲乙经》

这是中国现存最早的一部针灸学专著，也是最早将针灸学理论与腧穴学相结合的一部著作。该书原名《黄帝三部针灸甲乙经》，简称《甲乙经》，晋皇甫谧编撰于魏甘露四年(259)，共 10 卷，南北朝时期改为 12 卷本。该书在针灸理论上强调"上工治未病"之病，即要求一位高明的针灸医生要学会运用针灸来达到保健预防疾病之目的。这表现了该书对预防疾病和提倡早期治疗的重视。同时，该书还对针灸用针之形状制作、针灸之禁忌、针灸经络、孔穴部位之考订、针的临床适应症、针灸操作方法以及临床经验的总结等进行了系统的论述。特别是专篇阐述了每日时辰不同与选穴、针刺补泻方法的关系，这一时间医学问题至今在临床上还在应用，并为国际学者所注目和研究。

4.《新修本草》

简称《唐本草》，唐代苏敬等修纂于 659 年，是世界上第一部由国家颁布的药典。该书正文 20 卷，目录 1 卷，是在《神农本草经》、《名医别录》和《本草经集注》等书的基础上，进一步增补了隋唐以来的一些新药品种，又重新修订编纂而成的。内容分为玉石、草、木、禽兽、虫鱼、果、菜、米谷及有名未用等 9 类，共收药 850 种。这比 1498 年出版的欧洲最早的《佛罗伦萨药典》早 839 年，比 1535 年颁发的世界医学史上有名的《纽伦堡药典》早 876 年，比 1778 年颁行的俄国第一部国家药典早 1119 年，故享有"世界第一部药典"之称。

5.《本草纲目》

明代李时珍撰，刊刻于 1590 年。全书 52 卷，共 190 多万字，载有药物 1892 种，收集医方 11096 个，绘制精美插图 1160 幅(分为 16 部、60 类)。该书是李时珍在继承和总结以前本草学成就的基础上，既结合自己长期学习、采访所积累的大量药学知识，又经过不断实践和钻研，历时数十年而编成的一部中药学巨著。该书所载不仅考证了过去本草学中的若干错误，综合了大量科学资料，提出了较科学的药物分类方法，融入了先进的生物进化思想，而且反映了丰富的临床实践。迄今为止，本书仍旧是世界上最完备的中医药典。

(三)临床治疗技术

1. 人工呼吸的最早应用

东汉张仲景在《伤寒杂病论》中记载了人工呼吸法的应用。书中说遇到自杀时间不长或自杀后心脏还有热气者时，就马上对其进行人工呼吸。而国外的人工呼吸术的应用，比中国至少晚 1600 年。

2. 最早的麻醉外科手术

麻醉剂是中国古代外科成就之一。早在距今 2000 年前，中国医学中已经有麻醉剂和醒药的实际应用了。《列子·汤问》中记述了扁鹊用"毒酒""迷死"病人，施以手术之后再用"神药"催醒的故事。东汉时期，中国古代著名医学家华佗发明了"麻沸散"，在临床上用作外科手术时的麻醉剂。据记载华佗曾经成功地做过腹腔肿瘤及肠、骨部分切除吻合术。"麻沸散"作为中药麻醉剂，问世后对外科学发展起了极大的推动作用，对后世的影响相当大。

3. 免疫法的先驱

晋代道士葛洪著有《肘后备急方》一书，书中记载了"疗狂犬咬人方"，以防狂犬病，这是世界史上最早的免疫法。

4. 人痘接种法的发明

北宋时期，中国就已经开始用"人痘接种法"预防天花。至 16 世纪，该种痘术得到官方的认可，并广为推广。其方法有痘浆法、旱苗法、水苗法、痘衣法四种。人痘接种法的创造，是人类免疫医学的先驱，有其不可磨灭的历史功绩。

5. 独具一格的针灸疗法

针灸疗法是中国医学中的一枝奇葩。早在 2000 多年前的春秋战国时期，针灸疗法就已相当普及。西晋时《针灸甲经》的问世，促进了后世针灸学的发展。唐代，针灸疗法被列入医学里程。秦汉以后，针灸疗法传到朝鲜、日本及东南亚和中亚各国。宋元以后，针灸疗法又传到欧洲，至今欧洲、亚洲许多国家仍采用针灸疗法。

中医的针灸疗法，先用银针刺人体一定的穴位，然后通过捻、转、提、插等手法的交替使用，以达到治病的目的。针和灸是两种治疗方法。针法是用金属制成的针具刺激人体特定部位以防治疾病。灸法用艾作为主要材料，点燃后熏灼特定部位以防治疾病。

(四)气功

气功是中医学的分支，是一种特殊的治疗、养生理论和方法。气功流派很多，无论练习哪种功法，都要做到调身、调息、调心。调身指姿势锻炼，静功要摆好规定的姿势，动功要准确习练动作。调息指呼吸的锻炼，用特定方法有意识调节呼吸，使其达到深长细匀。调心指意念的锻炼，让心意处于恬淡、宁静的状态。气功是自我身心锻炼的理论和方法。它强调内因，主张通过意识的锻炼来调节和改善机体。气功是整体锻炼方法，对人体具有全方位的调整作用。气功不仅能强健体魄，还能修身养性，陶冶情操。

五、其他科技成就

(一)农业方面

中国的地理环境决定了农业是立国之本，所以历代都对此予以高度的重视，致使这方面科学技术成就也不同凡响。

根据考古资料证明，中国是世界上最早种桑、养蚕和织布的国家，早在5000多年以前，丝织业已发展起来。

现存最早、最完善、最系统的农业著作是北魏时期贾思勰所著的《齐民要术》一书，全书分10卷，92篇，总结了农业生产技术和经验，记载了谷物、蔬菜瓜果和树木种植法、牲畜饲养法、养鱼法以及各种酿造法、食物贮藏法等。这是中国现存最早、最完备的农业百科全书。

唐代陆羽的《茶经》是世界上第一部茶叶专著，陆羽被奉为"茶圣"。

元代山东关平人王祯的《农书》，对农作技术、农具改进都有详细描述。

明代科学家徐光启集中国古代农业思想之大成，撰写了《农政全书》一书，全书70多万字，把农业分做12门类，分别从农业政策、农业工具、气候等方面做了专门论述，是继《齐民要术》之后古代最完备的农业大全。

(二)水利方面

水利，与农业息息相关，同时又是古代运输的主要通道，因而历来也是备受重视。中国古代无论是水利工程的规模，还是技术水平，都是世界各国所无法比拟的。

都江堰工程位于四川灌县岷江，由"鱼嘴"、"飞沙堰"和"宝瓶口"三部分构成。这项工程把灌溉、排洪、航运、泄沙等功能集于一体，是一个设计周密、布局合理、效益很高的具有系统工程性质的技术成果，代表了当时世界治水工程的最高成就。

隋炀帝时花了6年时间完成的大运河，是一条人工开凿的贯穿南北、全长2400公里的大型水利工程。其开凿时间之早、规模之大、里程之长，堪称世界之最。

在高水平的治水工程实施的过程中，诸多有关总结治水经验的学术著作也相应流传了下来。其中最全面、系统的是北魏时期地理学家郦道元所著的《水经注》。该书内容非常广泛，除治水以外，还包括地理、矿产等方面的知识。

第二节　中国近代科技落伍的反思

在探索自然科学原理的道路上，我们的先民用自己的智慧和勤劳一路走来，多有所收获，一项项处在世界最前列的科技成果不胜枚举，为世界文明的发展所做出的贡献之巨大不可估量。但是，鉴于古代中国传统农业社会的性质、制度等基本因素，导致即便是四大发明这样的科技成果，也始终未发展成为社会前进的主流内容，难免如同其他许许多多的中国古代科技发现一样，都很难得到社会的推广和应用，其结果或为长久停滞不前，或为发展出现中断，或为最终静悄悄地失传。出现这样的结果，又不能不令人反思。

一、传统科技思维的局限致使中国近代科技发展迟滞

（一）重视实用技术而轻视理论提升

中国古代科学技术注重实际运用，具有实用性和整体性的特点。例如，都江堰主体工程规划科学、布局合理，综合发挥了分水、导水、壅水、引水和泄洪排沙的功能，形成了科学的、完整的、调控自如的工程体系。既能保证内江灌区用水需要，又可防止灾害发生。但从逻辑抽象的缜密性和实际应用的精准度来看，往往因轻视理论提升而缺乏科技应有的深度和广度。诸如对生产经验的直接记载或对自然现象的直观描述很丰富，但具有较强的主观性。我国古代科学理论的技术化倾向严重，而这些技术又不具有开放性，没有转化为普遍的生产力。因此，传统科技思维一贯表现出重

感性而长于技术经验的反复应用、轻理性而缺乏科学发明的理论依据的现象。长此以往，传统科学最终便出现了生殖能力不强的弊端，传统技术后期处于一种简单机械、不断重复的低迷之中。所以，传统科技越到后期，自身体系的结构越加显得不合理，以至于近代科技步履蹒跚而徘徊迟滞。

(二)科学的"形式化"不够

由于缺乏演绎推理系统，故科学的"形式化"不够。近代西方科学就是建立在用抽象演绎及数学系统对实验材料概括的基础之上的。中国缺乏这种严密的概括体系，因此科学的可持续性不强。

(三)传统观念对中国古代科技的束缚比较严重

重政轻技、重道轻器等传统观念对中国古代科技的束缚比较严重，致使近代科技发展迟滞。"道器"属哲学范畴，"道"为原理，"器"为器物、技术。但中国传统文化往往把"道"解释为政治伦理的原理，而不是科学理论。重道轻器一直是中国社会的一个传统。中国是一个文化政治化倾向非常严重的国家。可以说从古至今，推崇政治，重视做官，鄙视技艺，轻视学问，成为整个国家的时尚。很多科学巨著因与功名无关而很快失传，成为绝版。例如，《九章算术》在北宋以后其术已不传，至明朝时已无人知晓，倒是传到日本和朝鲜，此书一直被作为教科书而代代流传。

二、封建制度的扼制不利于中国近代科技发展

(一)科技人员地位低下

由于自给自足的自然经济形态占主导地位的封建制度长期存在，科技人员几乎处于社会的下层，没有应有的政治、经济和文化地位。甚至所从事的工作不但不被封建统治者重视，反而被一再鄙视为奇巧淫技；所付出的艰辛劳动很难被社会予以认可，以至于存在着严重的生存危机。因此，从业的人员不仅一向很少，而且也缺乏应有的从业精神，至于为了科学事业甘愿奉献出一切的专业研究者，更是少之又少。

(二)没有形成科技产品的市场机制

中国古代科技虽具有很强的实用性，但发展的目的是服务于生产和巩固统治的需要。而中国历代封建统治者均倾向于执行重本抑末的政策，既

压制手工业生产规模的发展，又限制商贸往来的流通，进而影响到科技成果很难迅速转化为生产力，从而得到进一步的推广和应用。因此，在自身并没有形成科技产品的市场机制的情况下，科技发展因缺失来自于外部因素所形成的强劲推动力，往往表现得十分被动地缓慢行进。

（三）封建统治思想与政策直接限制科技的发展

在封建社会时期，历代统治者尊崇儒家思想，并奉之为正统，故从根本上对科技不予重视。而儒家历来又注重以社会人文问题作为论说的主题，对于自然的探求和技术的总结不够重视，存在着重政轻技、重道轻器等观念以及缺乏理性精神。因此，封建统治者为了维护统治的需要而重儒，并经常利用儒家思想长期束缚，或者直接限制科技的发展。特别是由此而制定的治国长策所导致的后果，影响更为深广。这一点最为严重的当属当时清政府实行的闭关锁国政策。当时西方国家正在进行资产阶级革命和工业革命，跨入生产力迅速发展的新时代。清政府却闭关锁国，与世隔绝，既看不到世界形势的变化，也未能适时地向西方学习先进的科学知识和生产技术，对中国社会的前进起了阻碍作用。由于对出海贸易横加限制，严重影响了经济的发展，从而使中国在世界上逐渐落伍了。这也就是为什么当伦敦举办第一届世博会时，而中国封建王朝的统治者对世界科技的飞速发展茫然不知的原因了。

思考与讨论题：

1. 中国古代科技有哪些伟大成就？
2. 以具体实例论述中国近代科技落后的原因。

第十六章　中国古代建筑

中国建筑从其萌芽到发展壮大，一脉相承，自成体系，具有很强的稳定性，因此在世界上独树一帜，有着不同凡响的成就。中国古代建筑作为中国传统文化的一个重要组成部分，从整体的建筑布局和规划理念到具体的建造设计和施工方法，甚至是细枝末节的装饰修缮都很讲究，有一套自成体系的理论与方法。

第一节　中国古代建筑的历史文脉与人文意蕴

从远古到清代，承载中国古代建筑文化的类型和式样有宫殿、陵墓、佛寺等。虽其各具形态，但均以与众不同的艺术风格展示着我们先民的智慧与勤劳，以深广厚重的传统文化底蕴传承着中国文化的伟大与优秀。也正是由于这些实体文化的普遍存在，才清晰地展示了中国古代建筑的历史文脉与人文意蕴，也无可置疑地加深了中国传统文化在世界建筑领域里的重大影响。不过，历代建筑顺利进行的前提是有何建材及其所要进行建筑的基本结构与方式，而后才是一代接一代承继下来的建筑文化的类型和式样。在这些建筑实体形成与发展的历史呈现中，我们就有了探求中国古代建筑的历史文脉与人文意蕴的基本依据。

首先，中国建筑的基本建材是瓦和砖。

第一，瓦的使用。较早的陶瓦出现于西周，有板瓦、筒瓦、半圆瓦当等。瓦的各种纹饰也有数十种之多。古人称剖瓦为削，削开后谓之"瓦解"。板瓦是仰铺在屋顶上，筒瓦是覆在两行板瓦之间，瓦当是屋檐前面的筒瓦的瓦头。战国时，半瓦当都印有花纹，并有了圆瓦当。秦国的圆瓦当上出现了卷云纹图案。汉代用"延年益寿"、"长乐未央"等作为瓦当的纹饰。唐代时，屋檐前的板瓦上有了"滴水瓦"。后来出现了琉璃瓦，最初只是用于檐脊而不用于整个殿顶，到了宋代，才出现了铺满琉璃瓦的殿顶，从而使建筑物增加了绚丽华贵的色彩。

第二，砖的使用。砖的出现比瓦要晚的多。最早的砖有方形的、曲形的和空心的。方砖多用于铺地面或屋壁四周的下部。铺地砖没有纹饰，而包镶屋壁的砖多带有几何图案，还有雕刻收获、猎渔、煮盐等图案的画像砖。

其次，中国古代建筑以木构架结构为主要的结构方式，创造了与这种结构相适应的各种平面和外观。中国古代木构架有抬梁、穿斗、井干三种不同的结构方式。

抬梁式构架在春秋时已有，唐代发展成熟，在古代木构架建筑的结构方式中居于首位。斗式木构架的技术大约在公元前2世纪，即西汉时期已经相当成熟，被中国南方诸省所普遍采用并流传至今。井干式结构以圆木或矩形、六角形木料平行向上层层叠置，形成房屋四壁。井干式结构需用大量木材，因此受到限制。

总之，有了这些基础性建材及其要进行建筑的基本结构方式，中国历代建筑实体及其所要承载的历史文脉与人文意蕴才得以一一呈现出来，或见载于文献，或遗存至今。

一、宫殿建筑

（一）早期的宫殿建筑

中国的宫殿建筑可追溯至夏商时期，而春秋时代的《周礼·考工记》对于宫城规划制度已有了详细的记载。《汉书》颜师古注："古者屋之高严，通称为殿，不必宫中也。"古代称高大的房屋为宫殿，不过依通常情况的解释，一般把用于处理国家日常政务之处所的称为殿，用于权位高重者之居所的称为宫。

甘肃秦安清理出的房屋遗址呈现出原始居住大村落或部落布局的轮廓，除矮小的窝棚式建筑外，还发现有殿堂式建筑。这是中国早期居民建筑群的基本特征，它以5000～7000年之前的存在形式和发展趋势，昭示了未来中国建筑艺术的源头。根据史料记载和现存的宫殿现状来看，中国已知最早的宫殿是河南偃师二里头商代早期的宫殿遗址。这是在一个夯土地基上以廊庑围的院落，南侧中间为大门，轴线后端为殿堂，殿内划分出开敞的前堂和封闭的后室，屋顶是重檐庑殿。此后院落组合和前堂后室（对于宫殿又可称为前朝后寝）成了长期延续的宫殿布局方式，重檐庑殿顶则是中国古代建筑中最高等级的屋顶形式。

(二)秦汉以来的宫殿建筑

宫殿建筑可以说是中国古代最重要的建筑类型之一。尤其是在中国长期的封建社会中，以皇权为中心的中央集权制得到充分发展，于是建造宫殿便成为这一历史趋势下，以物化形式体现封建专制集权思想意识的主要方式，故在很多方面都无可争议地代表了中国传统建筑艺术的最高水平。特别是历代的宫殿建筑，为了显示帝王地位的至高无上、权力的至大无比和威仪的神圣庄重，都在力求表现出高、大、庄、深的基本理念。

1. 阿房宫

秦阿房宫遗址位于现西安市三桥镇南，总面积约 11 平方公里。据《三辅黄图》载："阿房宫亦曰阿城，惠文王造，宫未成而亡，始皇广其宫。"又南宋程大昌《雍录》记载：阿房宫"未为屋，先为城，城成而人为呼名阿城也"。阿房宫殿屋在秦末被项羽焚毁，而阿城至汉唐犹存。《旧唐书·高祖本纪》载，隋大业十三年(617)九月，李渊领兵入关，曾"命太宗自渭汭屯兵阿城"。

2. 未央宫

长安未央宫现在为西汉都城遗址。未央宫建于西汉都城长安城西南角，为长安城地势最高之处。因在长乐宫之西，汉时称西宫。它是汉高祖七年(前 200)，在秦章台基础上修建的。惠帝即位后，开始成为主要宫殿，成为西汉诸帝日常起居和办公的场所。宫内有宣室、麒麟、金华、寿成、万岁、椒房等殿阁 32 处。其殿台基础是用龙首山的土做成的，殿基甚至高于长安城。由于其处西南，命名很可能是位于未(西南方)的中央宫殿之意。

3. 大明宫

至今基址尚存的唐代大明宫建于 634 年，位于长安城(今陕西西安)东北龙首原高地上，居高临下，可以俯瞰全城。最为宏伟的三殿分别是含元殿、宣政殿和紫宸殿。主殿含元殿是一座 11 开间的殿堂，建有东西对称的翔鸾、栖凤两阙楼，以飞廊与殿身相连，更有坡道供登临之用，称为"龙尾道"。整组建筑气势雄伟，唐代诗人王维有诗："九天阊阖开宫殿，万国衣冠拜冕旒。"描写的就是大明宫含元殿的盛况。

4. 故宫

故宫旧称紫禁城，是明清两代皇宫，也是中国现存最大最完整的古代宫殿建筑群落。整体为一长方形城池，城墙外四周有护城河环绕，四角矗立风格绮丽的角楼，构成一个壁垒森严的城堡，整体气势雄伟、豪华壮丽，是中国古代建筑艺术的精华。

故宫有 4 个大门，正门名为午门，俗称五凤楼。其平面为凹形，中有重楼，重檐为庑殿顶，两翼各有重檐楼阁4座。明廊相连，宏伟壮丽。午门后有5座精巧的汉白玉拱桥通往太和门。东门名东华门，西门名西华门，北门名神武门。

故宫宫殿的建筑布局有外朝、内廷之分。内廷与外朝的建筑格调迥然不同。外朝以太和、中和、保和三大殿为中心，是皇帝行使权力、举行盛典的地方。内廷以乾清宫、交泰殿、坤宁宫为中心，是封建帝王与后妃居住之所。

太和殿俗称金銮殿，在故宫的中心部位，是故宫三大殿之一，建在汉白玉台基上。台基四周矗立成排的雕栏称为望柱，柱头雕以云龙云凤图案，前后各有3座石阶，中间石阶雕有蟠龙，衬托以海浪和流云的"御路"。殿内有沥粉金漆木柱和精致的蟠龙藻井，上挂"正大光明"匾，殿中间是封建皇权的象征——金漆雕龙宝座。太和殿红墙黄瓦、朱楹金扉，在阳光下金碧辉煌，是故宫最壮观的建筑，也是中国最大的木构殿宇。

中和殿是故宫三大殿之一，位于太和殿后，平面呈方形，黄琉璃瓦四角攒尖顶，正中有鎏金宝顶，形体壮丽，建筑精巧。

保和殿也是故宫三大殿之一，在中和殿后，平面长方形，黄琉璃瓦四角攒尖顶。建筑装修与彩绘十分精细绚丽。

乾清宫在故宫内廷最前面。清康熙前，此处为皇帝居住和处理政务之处。清雍正后，皇帝移居养心殿，但仍在此批阅奏报、选派官吏和召见臣下。

交泰殿在乾清宫和坤宁宫之间，含天地交合、安康美满之意。明清之际，该殿是皇后生日举办寿庆活动的地方。坤宁宫在故宫内廷最后面，明时为皇后住所，清代改为祭神场所。其中东暖阁为皇帝大婚的洞房，康熙、同治、光绪三帝均在此举行婚礼。

总之，回溯中国两千多年封建帝制下所营造出的宫殿建筑文化发展史，其辉煌壮丽者，当以北京故宫为最，堪称中国古代宫殿建筑中最杰出的代表作，也是集皇家建筑艺术精华之大成者。它不仅充分体现了中国古代宫殿高、大、深、庄的特点，也向世人充分展现了皇家昔日的赫赫威仪。

高，从形式上表现为帝王宫殿均高于四周一般建筑，其主旨在于向人们显示帝王地位之高贵无比。

大，是指宫殿建筑本身所需占地很大，规模也异常宏伟，令人产生对帝王坐拥天下、富有四海的敬畏情绪。

深，是指宫殿建筑重重叠叠、回环往复，而又布局森严、层次分明，给人一种森严有序的感觉，因此宫殿之深，主要是为了体现封建等级秩序井然有序。

庄，是以建筑完全沿中轴线呈南北和东西对称排列，并以墙柱门的深红色显示出来。中轴线对称是为了显示阴阳和谐统一、天地生生不息、四面八方太平、天下万民归心的特点。深红色主要是为了体现皇家庄严、肃穆、不可动摇的气派。

二、陵墓建筑

中国古代习惯于土葬，且厚葬成风，特别是历代帝王在建造陵墓方面，从来都不惜耗费大量的人力、物力和财力。据《水经注·渭水》载："秦名天子冢曰山，汉曰陵，故通曰山陵矣。"可见，从秦汉开始，山陵一词成为历代帝王陵墓专称。中国历代帝王陵墓均有高大威严、深邃沉静、庄严肃穆等的特点，其实就是将生前所拥有的宫殿建筑风格延伸到地下，从而形成中国古代建筑史上有别于其他建筑艺术风格的一个重要类型。

（一）秦陵

秦陵，即秦始皇陵，位于陕西省西安市临潼区以东的骊山脚下，是中国历史上第一个皇帝陵园。在中国近百座帝王陵墓中，秦陵以其规模宏大，埋藏丰富而著称于世。秦陵发现于1974年，至今见者无不惊叹的世界奇迹——秦始皇兵马俑，只不过是整个秦陵的一部分。

秦始皇陵集中体现了"事死如事生"的礼制，即按照秦始皇死后照样享受人间荣华富贵的原则，仿照秦国都城咸阳的布局进行建造。墓葬区在南，寝殿和便殿建筑群在北。陵墓地宫中心是安放秦始皇棺椁的地方，陵墓四周有陪葬坑和墓葬。主要的陪葬坑有铜车马坑、珍禽异兽坑等，另外还发掘出大型石质铠甲坑、百戏俑坑、文官俑坑等。

秦陵从嬴政即位起就开始营建，主持规划设计者乃丞相李斯，监工建造者乃大将章邯，修筑时间长30多年之久。无论是所耗费的人力、物力和财力都不可胜计，还是所建工程规模之浩大与建筑气魄之宏伟，均创历代封建统治者奢侈厚葬之先例。陵园建成后，殁于公元前210年的第一位统一中国的皇帝嬴政葬于陵墓的中心。在其陵墓的周围井然有序地环绕着的无数陶俑，各个方面都是按照现实社会中真实原型的形制，进行仿真制作。这些几乎与真人相仿的陶兵俑形态万千，连同他们的战马、战车和武器，在成为现实主义的完美杰作的同时，也保留了极高的历史价值。这是一座价值无与伦比的中国历史文化宝库，也是中国劳动人民勤劳和智慧的结晶。

（二）汉陵

汉陵是指中国西汉和东汉的皇帝陵墓，分别在汉代故都（今陕西西安和河南洛阳）附近。年代约自公元前 2 世纪~公元 2 世纪。

1. 西汉陵

陕西汉帝陵共有 11 座，合称"十一汉帝陵"。西汉 11 陵，除文帝霸陵在西安市东郊的白鹿原上，宣帝杜陵在西安市南郊的少陵原上外，其余 9 陵都在西安市北面渭河北岸的咸阳原上。考证后的渭北 9 陵，分别是汉武帝茂陵、汉昭帝平陵、汉成帝延陵、汉平帝康陵、汉元帝渭陵、汉哀帝义陵、汉惠帝安陵、汉高帝长陵、汉景帝阳陵。最著名的是刘邦的长陵和刘彻的茂陵。茂陵附近有"白鹤冢"遗址、李夫人墓、霍去病墓。在西汉陵中，文帝霸陵采用依山为陵的形式，墓室开在山崖中，不另起坟丘，其余 10 陵都在地面上夯筑高大的覆斗形坟丘。当时帝后合葬，同茔而不同陵，皇后埋在帝陵东边，后陵规模略小。从景帝阳陵开始，帝后坟丘的四周均筑起夯土垣墙，每面中央各辟一门，门外立双阙。陵园内还设寝殿，陵园旁设庙，陵园外有大批陪葬墓。

2. 东汉陵

东汉 12 陵除献帝禅陵在山阳（今河南焦作）外，其他 11 陵，或在雒阳（洛阳）故城的东南，或在雒阳故城的西北。据记载，从明帝显节陵开始，不置陵邑，不建庙，陵园四周不筑垣墙，改用行马（临时性的竹木屏篱）；坟丘前建石殿，石殿前建神道，神道两旁列置成对的石象石马。东汉开创的这种陵寝布局，为以后各朝所沿用。

（三）唐陵

唐代的皇陵制度沿袭汉代，是经历了魏晋南北朝的动乱岁月，将堆土为陵转变为依山为陵的产物。唐代 290 年的历史中先后出现了 20 位帝王，除去末代两帝不在陕西安葬外，其余都葬在长安以北的塬上，号称"唐十八陵"。陵区由三部分组成：一是陵山；二是陵园（内外城）；三是下宫和陪葬墓群。所有陵墓都以都城长安为中心，朝东西两翼以 120 度向北展开。唐陵可以分为初、盛、中、晚四个时期。

1. 初唐陵

初唐陵包括高祖李渊献陵、太宗李世民昭陵，还有李渊祖父李虎永康陵、李渊父亲李昞兴宁陵。这一时期的皇陵的特点主要是继承了北朝浑厚质朴的传统，间糅南朝甚至中西亚石刻风格，形制比较自由，石雕题材广泛，石雕数量和种类都未形成定制，如献陵的石虎、石犀牛、华表。昭陵祭坛的浮雕六骏，则被北门设置六尊圆雕仗马的形式继承下来。

2. 盛唐陵

盛唐陵包括高宗和武则天乾陵，中宗李显定陵，睿宗李旦桥陵，孝敬皇帝李弘恭陵，武则天之母杨氏顺陵，李渊三世祖、四世祖建初陵、启运陵（二陵共茔），让皇帝李宪惠陵（玄宗长兄）。这一时期由于国力强盛，故石雕尺度一般比较大，气势恢弘。这一时期石雕的设置制度和造型样式已基本定型，其中代表就是唐高宗和武则天的乾陵，此后诸陵都是遵循这个规则，没有太大的变化。石雕的顺序由南及北分列神道两侧：华表1对、翼马1对（唐中宗为天禄、唐睿宗时为獬豸）、鸵鸟1对、仗马及控马官5对、翁仲10对；部分唐陵有蕃酋像（乾陵、庄陵），乾陵和定陵还有无字碑；内城四门分别有石狮1对，共4对；北门（玄武门）除石狮外还有仗马3对。

3. 中唐陵

中唐陵包括玄宗李隆基泰陵、肃宗李亨建陵、代宗李豫元陵、德宗李适崇陵、顺宗李诵丰陵。这一时期是在"安史之乱"结束后，由于国力衰落，石雕普遍减小尺度，但是在细节的处理和雕刻的精度上还延续了盛唐，甚至个别还有所创新。

4. 晚唐陵

晚唐陵包括宪宗李纯景陵、穆宗李恒光陵、敬宗李湛庄陵、文宗李昂章陵、武宗李炎端陵、宣宗李忱贞陵、懿宗李漼简陵、僖宗李儇靖陵。这个时期是唐代逐步走向衰亡的时期。在这个背景下，景陵、光陵、庄陵、章陵、端陵尚能继承中唐的风格，只是制作较为粗疏，而之后的贞陵、简陵、靖陵在审美上的追求就很淡了，贞陵的翼马滑稽蠢笨，靖陵的规模甚至不如中唐时期的一个大臣墓，石雕造型干瘪瘦小。

（四）宋陵

北宋陵集中在河南巩县境内，南宋6陵都在绍兴城南。

1. 北宋陵

北宋陵位于河南省巩义市境内，是中国中部地区规模最大的皇陵群。北宋皇陵的诸帝陵园建制统一，平面布局相同，皆坐北朝南，分别由上宫、宫城、地宫、下宫四部分组成，围绕陵园建筑有寺院、庙宇和行宫等。北宋9个皇帝，除徽、钦二帝，其余7个皇帝及赵弘殷（赵匡胤之父）均葬在巩义，再加上后妃和宗室亲王、王孙及高怀德、蔡齐、寇准等功臣名将之墓葬，共有陵墓近千座。从公元963年开始营建宋陵，前后经营160余年之久，形成了一个规模庞大、气势雄伟的皇家陵墓群。尤以宋陵石刻数量多且保存完好著称。这些宋陵石刻整体的力感虽稍不如唐陵，但在很大程度上摆脱了传统的神秘色彩而转向较为真实地体现世俗生活的诸多方面，如风貌人物神态的生动、器物造型的浑厚、雕刻技法的精湛等都反映了北宋石刻艺术的风貌和大型陵墓石刻的发展脉络，堪称露天艺术博物馆，是研究宋代典章制度和石刻艺术十分珍贵的实物资料。

2. 南宋陵

南宋 6 陵位于浙江省绍兴市攒宫山，有宋高宗永思陵、宋孝宗永阜陵、宋光宗永崇陵、宋宁宗永茂陵、宋理宗永穆陵、宋度宗永绍陵 6 帝陵寝，此外，还有北宋宋徽宗陵、宋哲宗后陵、宋徽宗后陵、宋高宗后陵。宋陵陵区占地 2.25 平方公里，为江南最大的皇陵区。每座陵寝均设上下宫，功能齐备，结构完善。不过，南宋陵在历史上曾被毁坏和盗掘。

（五）明陵

除明太祖朱元璋孝陵在南京紫金山下，其他 13 位帝王皆葬于北京市昌平区天寿山麓，故称十三陵。13 座皇陵均依山而筑，分别建在东、西、北三面的山麓上，形成了体系完整、规模宏大、气势磅礴的陵寝建筑群。明代术士认为，这里是风水胜境，绝佳“吉壤”，因此被明朝选为营建皇陵的“万年寿域”，是中国乃至世界现存规模最大、帝后陵寝最多的一处皇陵建筑群。

明十三陵既是一个统一的整体，各陵又自成一个独立的单位，陵墓规格大同小异。十三陵从选址到规划设计，都十分注重陵寝建筑与大自然的山川、水流和植被的和谐统一，追求形同天造地设的完美境界，用以体现天人合一的哲学观点。明十三陵作为中国古代帝陵的杰出代表，展示了中国传统文化的丰富内涵。尤其是这种依山建陵的布局也曾受到外国专家的赞赏，如英国著名史家李约瑟说：皇陵在中国建筑形制上是一个重大的成就，它整个图案的内容也许就是整个建筑部分与风景艺术相结合的最伟大的例子。他评价十三陵是“最大的杰作”，他的体验是“在门楼上可以欣赏到整个山谷的景色，在有机的平面上沉思其庄严的景象，其间所有的建筑，都和风景融汇在一起，一种人民的智慧由建筑师和建筑者的技巧很好地表达出来”。英国城市规划家爱德蒙·培根也高度评价了明十三陵的艺术成就，他认为“建筑上最宏伟的关于‘动’的例子就是明代皇帝的陵墓。”

（六）清陵

清代帝王陵墓分为东陵和西陵。清东陵在河北省遵化市的昌瑞山下，有 14 座帝王和后妃的陵墓，其中有 5 位帝王(顺治、康熙、乾隆、咸丰、同治)的陵墓。清西陵在河北易县的永宁山下，总面积小于东陵，埋葬着雍正、嘉庆、道光、光绪 4 位皇帝以及 9 个皇后、57 个嫔妃。整体而言，清代皇帝的墓区规模宏大，建制完备，保存较好。

三、宗教祭祀类建筑

寺、庙与观均属于宗教祭祀类建筑。道观是道教的活动场所；寺院是随着佛教的流传和发展建立起来的，是佛教的活动场所。此外，修筑坛是用于进行特定的祭祀活动，诸如北京的天坛、地坛、日坛等。建造塔为了特殊的供奉或收藏宗教圣物，如西安慈恩寺塔、登封嵩岳寺塔、历城神通寺四门塔等。

(一)佛寺

1. 东汉白马寺

最早的佛寺是建于东汉明帝永平十一年(68)的河南洛阳的白马寺。据传，东汉明帝时期朝廷接纳外国僧人以后，才有了以塔为标记的佛寺。东汉明帝接纳外国僧人布道传教，并安排他们住在鸿胪寺。后来就根据外来僧人的建议，改建为精舍，专供僧人居住。所谓改建就是在原址上建一座塔，由此开始，后代都在佛寺建塔作为佛门圣地的标记。白马寺是佛教传入中国后的第一座寺院，也是佛教在中国开始传播开来的发祥地，故被尊誉为中国佛门之"祖庭"(祖师之庭院)和梵教之"释源"(佛教发源地)。据说，白马寺当初规模虽不甚大，但相当雄伟。今存天王殿、大雄殿等均属明代遗物。

2. 唐宋时期的佛寺

唐代山西五台山建造有南禅寺和佛光寺，其中佛光寺最为著名。传说北魏时孝文帝见佛光照遍山林，便名为佛光寺。辽宋时期的独乐寺，在天津附近，关于命名，一说"因寺独有乐水"；另一说唐安禄山在此誓师叛唐，思独乐而不与民同乐而得名。隆兴寺，在河北正定，始建于隋开皇六年(586)，当时规模较小，称龙藏寺，宋初改名为隆兴寺，又因以寺内大佛著名，故又叫大佛寺。此寺规模宏大，超过宋代以前的寺院，寺中的弥勒佛像，塑功精致，姿态动人。佛香阁内的铜铸大悲菩萨像也是中国现存的最高的一座铜佛像。铜像有四十二臂，故又称千手千眼观音。除此之外，还有山西大同的华严寺、河南登封的少林寺，也是极其著名的。

3. 元明清时期的佛寺

这一时期著名的佛寺有济南的千佛寺、江苏的金佛寺、北京香山的碧云寺、青海湟中的塔尔寺等。清代寺院大都保存完整，其中一部分是清代重修前代的寺院；一部分是清代建造的，如北京的潭柘寺、大觉寺、大钟寺。清代的寺院在承德避暑山庄也是比较集中的，有普宁寺、普乐寺、普陀宗乘（小布达拉宫）等，都是清代皇家建造的寺院。

（二）道观

道教宫观，即道观，现存数量比佛教寺院少，但著名道观也不乏其例，如福建莆田的三清殿，北宋风格，在建筑上彩绘道教图案；苏州的三清殿是现存最大的木构建筑，藏有吴道子、颜真卿、李隆基的字画；山西芮城的永乐宫，传说是吕洞宾出生的地方，其中的道教壁画是艺术珍宝。另外，武当山也是道教圣地，故此山上的道观建筑也是道观的代表作。

（三）庙

庙是中国古代的祭祀建筑，形制严肃整齐，大致可分为以下三类：

1. 祭祀祖先的庙

中国古代帝王诸侯等奉祀祖先的建筑，统称为宗庙。帝王的宗庙称太庙，庙制历代不同。太庙是等级最高的建筑，贵族、显宦、世家大族奉祀祖先的建筑称家庙或宗祠，仿照太庙方位，设于宅第东侧，规模不一。有的宗祠附设义学、义仓、戏楼，功能超出祭祀范围。

2. 奉祀圣贤的庙

最著名的是奉祀孔丘的孔庙，又称文庙。孔丘被奉为儒家之祖，汉以后历代帝王多崇奉儒学。山东曲阜孔庙规模最大。奉祀三国时代名将关羽的庙称关帝庙，又称武庙。许多地方还奉祀名臣、先贤、义士、节烈，如四川成都和河南南阳奉祀三国著名政治家诸葛亮的武侯祠；浙江杭州和河南汤阴奉祀南宋民族英雄岳飞的岳王庙。

3. 祭祀山川与神灵的庙

中国从古代起就崇拜天、地、山、川等自然物并设庙奉祀，如后土庙。最著名的是奉祀五岳（泰山、华山、衡山、恒山、嵩山）的神庙，其中泰山的岱庙规模最大。此外，还有大量源于各种宗教和民间习俗的祭祀建筑，如城隍庙、土地庙、龙王庙等。

(四)坛

坛是中国古代主要用于祭祀天、地、社稷等活动的台型建筑，如北京的天坛、地坛、日坛等。坛既是祭祀建筑的主体，也是整组建筑群的总称。坛的形式多以阴阳五行等学说为依据，比如天坛、地坛的主体建筑分别采用圆形和方形，来源于天圆地方之说。天坛所用石料的件数和尺寸都采用奇数，是采用古人以天为阳性和以奇数代表阳性的说法。祈年殿有三重檐分别覆以三种颜色的琉璃瓦：上檐青色象征青天，中檐黄色象征土地，下檐绿色象征万物。乾隆十六年(1751)改为三层均蓝色，以合专以祭天之意。

(五)塔

塔是供奉或收藏佛舍利、佛像、佛经等的高耸型点式建筑，又称"佛塔"、"宝塔"。塔起源于印度，也常称为"佛图"、"浮屠"、"浮图"等。塔是中国古代建筑中数量极大、形式最为多样的一种建筑类型。塔一般由地宫、塔基、塔身、塔顶和塔刹组成。地宫多藏舍利，位于塔基下。按性质分，佛塔有供膜拜的藏佛物的佛塔和高僧墓塔。楼阁式塔著名的有西安慈恩寺塔、兴教寺玄奘塔、苏州云岩寺塔等。密檐塔著名的有登封嵩岳寺塔、西安荐福寺塔、大理崇圣寺千寻塔等。单层塔著名的有历城神通寺四门塔、北京云居寺石塔群、登封会善寺净藏禅师塔等。喇嘛塔塔身涂白色，俗称"白塔"，著名的有北京妙应寺白塔、山西五台山塔院寺白塔等。金刚宝座塔著名的有北京正觉寺金刚宝座塔。

(六)宗教建筑的特征

综观佛寺和道观的全貌，可发现宗教建筑主要有以下几个特征：

第一，追求整体对称，力求肃穆效应。佛寺以塔为主，四周建筑讲究对称。道观以主殿为主，四周建筑也讲究对称。

第二，佛寺和宫观由于熔建筑、雕塑、绘画、园林、艺术为一炉，化哲学、宗教、伦理、道德、美学、书法、文书为一体，因而具有丰富的文化内涵。

四、其他古建筑

由于中国先民一直承继着很质朴的崇尚古风、敬重圣贤的优良文化传统，所以至今全国各地都存在着以供奉圣贤人物为核心的古建筑群，如山东曲阜孔庙、湖北秭归屈原祠堂、陕西韩城司马迁祠堂等。

(一)殿堂

中国古代建筑群中的主体建筑，包括殿和堂两类建筑形式，其中殿为宫室和宗教建筑所专用。堂、殿之称均出现于周代。"堂"字出现较早，原意是相对内室而言的，指建筑物前部对外敞开的部分。"殿"字出现较晚，原义是后部高起的物貌，用于建筑物，表示其形体高大，地位显著。自汉代以后，堂一般是指衙署和宅第中的主要建筑，但宫殿、寺观中的次要建筑也可称堂，如南北朝宫殿中的"东西堂"、佛寺中的讲堂、斋堂等。殿和堂都可分为台阶、屋身、屋顶三个基本部分。其中台阶和屋顶形成了中国建筑最明显的外观特征。因受封建等级制度的制约，殿和堂在形式、构造上都有区别。殿一般位于宫室、庙宇、皇家园林等建筑群的中心或主要轴线上，其平面多为矩形，也有方形、圆形、工字形等。殿的空间和构件的尺度往往较大，装修做法比较讲究。堂一般作为府邸、衙署、宅院、园林中的主体建筑，其平面形式多样，体量比较适中，结构做法和装饰材料等也比较简洁，且往往表现出显著的地方特征。

(二)楼阁

楼阁是指中国古代建筑中的多层建筑物。楼与阁在早期是有区别的。楼是指重屋，阁是指下部架空、底层高悬的建筑。阁一般平面近方形，两层，有平坐，在建筑组群中可居主要位置，如佛寺中有以阁为主体的，独乐寺观音阁即为一例。楼则多狭而修曲，在建筑组群中常居于次要位置，如佛寺中的藏经楼，王府中的后楼、厢楼等，处于建筑组群的最后一列或左右厢位置。后世楼、阁二字互通，无严格区分，古代楼阁有多种建筑形式和用途：城楼在战国时期即已出现。汉代城楼已高达三层。阙楼、市楼、望楼等都是汉代应用较多的楼阁形式。汉代皇帝崇信神仙方术之说，认为建造高峻楼阁可以会仙人。佛教传入中国后，大量修建的佛塔建筑也是一种楼阁。建于辽代的山西应县佛宫寺释迦塔是中国现存最高的古代木构建筑。可以登高望远的风景游览建筑往往也用楼阁为名，如黄鹤楼、滕王阁等。中国古代楼阁多为木结构，有多种构架形式。唐宋以来，在层间增设平台结构层，其内檐形成暗层和楼面，其外檐挑出成为挑台，这种形式宋代称为平坐。明清以来的楼阁构架，将各层木柱相续成为通长的柱材，与梁枋交搭成为整体框架，称之为通柱式。

(三)亭

亭是中国传统建筑中周围开敞的小型点式建筑，供人停留观览，也用于典仪，俗称亭子，最早出现于南北朝的中后期。"亭"又指古代基层行政机构，兼设有旅舍形式，亭一般设置在可供停息、观眺的形胜之地。亭的平面形式除方形、矩形、圆形外，还有连环、梅花、扇形等多种形式。亭的屋顶有攒尖、歇山、锥形及其他形式复合体。大型的亭可筑重檐，或四面加抱厦，如明长陵的碑亭。大型的亭可以做得雄伟壮观，如北京景山的万春亭。小型的亭可以做得轻巧雅致，如杭州三潭印月的三角亭。亭的不同形式，可以产生不同的艺术效果。

(四)廊

廊是中国古代建筑中有顶的通道，包括回廊和游廊，基本功能为遮阳、防雨和供人小憩。廊是形成中国古代建筑外形特点的重要组成部分。殿堂檐下的廊，作为室内外的过渡空间，是构成建筑物造型上虚实变化和韵律感的重要手段。围合庭院的回廊，对庭院空间的格局、体量的美化起重要作用，且能产生庄重、活泼、开敞等不同效果。园林中的游廊则主要起着划分景区、造成多种多样的空间变化、增加景深、引导最佳观赏路线等作用。在廊的细部常配有几何纹样的栏杆、坐凳、鹅项椅（又称美人靠或吴王靠）、挂落、彩画，隔墙上常饰以什锦灯窗、漏窗、月洞门等各种装饰性建筑构件。

(五)台榭

中国古代将地面上的夯土高墩称为台，台上的木构房屋称为榭，两者合称为台榭。最早的台榭只是在夯土台上建造的有柱无壁、规模不大的敞厅，供眺望、宴饮、行射之用，同时也具有防潮和防御的功能。台榭的遗址颇多，著名的有春秋晋都新田遗址、战国燕下都遗址等，都保留了巨大的阶梯状夯土台。榭还指四面敞开的较大的房屋。唐以后又将临水的或建在水中的建筑物称为水榭，但已是完全不同于台榭的另一类型建筑。

(六)影壁

影壁是建在院落的大门内或大门外，与大门相对作屏障用的墙壁，又称照壁、照墙。影壁能在大门内或大门外形成一个与街巷既连通又有限隔的过渡空间。明清时代的影壁从形式上分有一字形、八字形等。北京大型住宅大门外两侧多用八字墙，与街对面的八字形影壁相对，在门前形成一个略宽于街道的空间；门内用一字形影壁，与左右的墙和屏门组成一方形小院，成为从街巷进入住宅的两个过渡。南方住宅影壁多建在门外。农村住宅影壁还有用夯土或土坯砌筑的，上加瓦顶。宫殿、寺庙的影壁多用琉璃镶砌。明清宫殿、寺庙、衙署和宅第均有影壁，著名的山西省大同九龙壁就是明太祖朱元璋之子朱桂的代王府前的琉璃影壁。北京北海和紫禁城中的九龙壁也很有名。

(七)牌坊

牌坊是中国古代一种对精神文化和道德风尚起导向性作用的标志性建筑物，一般具有表彰、纪念的意义。在单排立柱上加额枋等构件而不加屋顶的称为牌坊，上施屋顶的称为牌楼，这种屋顶俗称为"楼"，立柱上端高出屋顶的称为"冲天牌楼"。牌楼建立于离宫、苑囿、寺观等大型建筑组群的入口处，形制的级别较高。冲天牌楼则多建立在城镇街衢的冲要处，如大路起点、十字路口、桥的两端以及商店的门面。前者成为建筑组群的前奏，造成庄严、肃穆、深邃的气氛，对主体建筑起陪衬作用；后者则可以起丰富街景、标志位置的作用。江南有些城镇中有跨街一连建造多座牌坊的，多为"旌表功名"或"表彰节孝"。在山林风景区也多在山道上建牌坊，既是寺观的前奏，又是山路进程的标志。

(八)华表

华表又名桓表、表木，是一种在古代建筑物中用于纪念、标识或寄托心理象征的标志性立柱型建筑物。据说尧时的诽谤木以横木交于柱头，作为识别道路的标志。后世的邮亭、传舍、驿站等也用它作标识。元代以前，华表主要为木制，上插十字形木板，顶上立白鹤，多设于路口、桥头和衙署前。明以后华表多为石制，下有须弥座，石柱上端用一雕云纹石板，称云板；柱顶上原立鹤改用蹲兽，俗称"朝天吼"。明清时的华表主要立在宫殿、陵墓前，个别有立在桥头的，如北京卢沟桥头。明永乐年间所建北京天安门前和十三陵碑亭四周的华表是现存的典型。晋代崔豹在《古今注·问答释义》中说："程雅问曰：'尧设诽谤之木，何也？'答曰：'今华表木也，以横木交柱头，状若花也，形似桔槔，大路交衢悉施焉。或谓之表木，以表工者纳谏也，亦以表识肠路也。"崔豹所言华表木的形状与现存的天安门前的华表大致相同。只是华表的"谤木"作用早已消失，上面不再刻以谏言，而为象征皇权的云龙纹所代替，成为皇家建筑的一种特殊标志，也成为一种艺术性很强的装饰品。

(九)万里长城

万里长城是世界建筑奇迹之一。万里长城被视为中国古代文明的象征，闻名于世界。长城已有 2000 多年的历史，它是从战国时期开始修筑的。当时的秦、赵、魏、齐、燕等诸侯国，为防御北方游牧民族南侵，都兴建了长城。秦兼并六国后，为防范北方匈奴的突袭，于公元前 213 年发起了修筑长城的巨大工程，把秦、燕、赵、魏的原有长城连接起来，并加以扩建。整个工程共征用民工 30 万人，连续花了 10 多年方告完成，建成了西起甘肃临洮(今岷县)，北达阴山，南到山西雁门关，东抵辽东的长城，全长达三百多公里。由于长城工程极其艰巨，民工境况非常悲惨，故留下了孟姜女哭长城的传说故事。整座长城"五里一燧，十里一墩，卅里一堡，百里一城"，构成了一个严整的防御体系。汉朝及以后的北魏、北齐、隋、金等朝代都对长城进行过部分修建，到了明代则进行了全面的重修。整座长城又建有很多关城，关城都建在地势险峻的要地，著名者有嘉峪关、居庸关等。其中嘉峪关始建于明洪武五年(1372)，气势雄伟，布局周密，结构严谨，有"天下第一雄关"之称。

第二节　中国园林文化

中国古代的园林是由人造的建筑物、山水、花木、匾联、文物等要素构成的综合艺术品，包括私人园林和皇家园林。

一、中国园林发展的几个重要时期

(一)中国园林发展的初始阶段：西周时期

中国园林可追溯至西周的苑囿合池。据《诗经》和《尚书》记载，周文王的苑囿"方七十里"，掘土造台，在最高处建楼阁，建筑物与水面高低起伏，相互映衬。这表明西周初年已有人造园林。

(二)中国园林发展的壮大阶段：春秋到秦汉

春秋战国时期楚庄王曾建大型园林，楚灵王的章华台也不小。秦汉时期苑囿中出现了神话意味的仙岛。《三秦记》记载："秦始皇作长池引渭水，东西二百里，南北二十里，筑土为蓬莱山。"汉武帝也曾建过海上仙山。其实，秦汉时期的园林只不过是把宫殿的建筑造于依山傍水之处，讲究"一池三山"或池水堆山之法，并未构成建筑物、山水、文物融为一体的园林。

（三）私人园林和皇家园林竞相争胜的兴盛阶段：魏晋南北朝时期

到了魏晋南北朝时期，一些士大夫有爱好自然的雅致，在园林建造方面试图创造一种比较朴素自然的环境。晋代一士大夫建造一金谷园，种松柏几万株，河水环其下，水中养鱼，亭台四处养奇兽怪禽。这个金谷园是晋代私人园林的代表。除私人园林外，皇家园林也不甘示弱，如魏文帝造假山园林，叫景阳山，其规模之大、建筑物之豪华是相当可观的。此时期的私人园林和皇家园林对后世园林产生了相当大的影响。

（四）园林建筑艺术风韵的提升阶段：隋唐至北宋时期

1. 园林建筑中的隋唐之风

隋唐时期是中国封建社会的鼎盛时期，也是各门艺术的成熟时期，皇家园林与私人园林均有很大发展，而且整体园林建筑的艺术品位明显提升。隋炀帝在洛阳建西苑"聚土石为山，凿北海引水环三山，山上建台榭回廊"。唐代最有名的园林是唐玄宗营建的华清池。这个华清池至今还坐落在陕西临潼的温泉附近。诗人王维的"辋川别业"是唐代著名的私人园林，这座园林在风景优美的终南山上，是将自然地形略加整理点缀而成的。

2. 园林建筑中的北宋之韵

北宋时期的园林建筑主要集中在洛阳。洛阳的名园众多，形成了所谓"城市山林"。但正如王世贞所言"洛阳有水、有竹、有花，又有树木，但无石"，北宋园林中不曾叠石为峰岭，实在是洛阳园林的缺憾。到宋徽宗时期，园林多建于浙江余杭一带，这时建造的艮岳是中国造园史上的一个杰作。艮岳位于余杭凤凰山旁边，因地处都城东北，属八卦中艮卦的位置，故名艮岳，又称万寿山。这座园林吸取并聚合了当时全国名园胜景、奇花异石。总的来看，唐宋时期的园林是临摹自然山水向写意山水发展的阶段，具有"尽广大而致精微"的特点。

（五）园林建筑艺术臻于极致的阶段：元明清时期

元明清时期的园林建筑主要集中于北京。元代知名府宅园林有 50 多处。明代园林极为发达，其数量之多，艺术水平之高，皆远胜前代，如在北京城内外营造的十几处皇家园林，其中就有北海和中南海。到了清代，皇家园林集古代园林艺术之大成，并吸收了西欧园林艺术，如在紫禁城内有小型园林4座，在皇城内扩建了三海，在西郊兴建了三山五园，在承德兴建了依山傍水的避暑山庄等。其中以圆明园最为宏伟而精致，号称"万园之园"。除皇家园林外，明、清两代的私人园林也很发达，且多集中于扬州、南京、苏州、嘉兴和杭州一带，诸如苏州、杭州的园林等，至今依然是世界著名的旅游胜地。

二、中国园林体现出的美学原则

中国园林艺术体现出的美学原则是真、假、动、静、曲、直、隐、显、大、小、远、近、主景与背景无不对立统一，并由此而构成了中国古典园林所蕴涵的人文理念：诗意山水，雅致情趣。诸如真与假，造园林的基本法则是"有真为假，做假成真"；动与静，若静坐亭中，行云流水，鸟飞花落，皆动也；舟游人行，而山石树木皆静止。故以静观动，以动观静，则景出。俯与仰，园林中的景物，妙在含蓄，一山一石，耐人寻味，故中国园林不讲究对称，旨在俯察仰观，妙趣无穷。远与近，有些山水耐远观，有些景物、文物耐细看，而文物、匾联都是必须近看才能体味其妙趣的。小中见大，园林犹如盆景之妙，有诗曰："栽来小树连盆活，缩得群峰入座山。"故著名的园林很注重把优秀的名山大川之美缩于园内，类似盆景。

三、中国园林的特点

中国园林的基本特点有二：一是人造景物与自然景物相交替，组成有韵律的景观；二是追求千姿百态、充满诗情画意的气氛，能满足人们欣赏大自然的情趣，园林追求的最高境界是自然情趣。

第三节　中国古桥文化

建桥最主要的目的，就是为了解决跨水或者越谷的交通，以便运输工具或行人在桥上畅通无阻。《说文解字》段玉裁的注释为："梁之字，用木跨水，今之桥也。"说明桥的最初含义是指架木于水面上的通道，以后才有引申为架于悬崖峭壁上的"栈道"和架于楼阁宫殿间的"飞阁"等天桥形式。中国是桥的故乡，一向就有"桥的国度"之称。数千年以来，中国的劳动人民在纵横交错的江河之上建起了数以万计、类型繁多、构造新颖的桥梁，沟通了交通，便利了生活，同时也留下了一笔宝贵的艺术财富，诉说着动人的故事和昨日的辉煌。可以想见，没有桥梁的衔接，水陆交通就会很难顺畅。在交通实用的基础之上，中国古桥还形成了特有的文化。可以说，中国古代桥梁所蕴涵的建筑艺术，有不少是世界桥梁史上的创举，展现了中国古代劳动人民非凡的智慧。

一、中国著名古桥

（一）福建泉州洛阳桥

洛阳桥原名万安桥，位于福建泉州东郊的洛阳江上，是中国现存最早的跨海梁式大石桥。宋代泉州太守蔡襄主持建桥工程，从北宋皇祐四年（1053）至嘉祐四年（1059），前后历 7 年之久，建成了这座跨江接海的大石桥。桥全系花岗岩石砌筑，初建时，桥的两旁分立武士造像。洛阳桥原长1200 米，宽 5 米许。造桥工程规模巨大，工艺技术高超，名震四海。桥之中亭附近历代碑刻林立，有"万古安澜"等宋代摩崖石刻；桥北有昭惠庙、真身庵遗址；桥南有蔡襄祠，著名的蔡襄《万安桥记》宋碑，立于祠内，被誉为书法、记文、雕刻"三绝"。洛阳桥的建成首开建造滨海石梁桥的先河，在世界桥梁史上有着特殊的意义，现为全国重点文物保护单位。

（二）河北赵州桥

赵州桥又叫安济桥，坐落在河北省赵县城南五里的洨河上。赵县古时曾称作赵州，故名。赵州桥是由隋朝石匠李春设计建造的，距今已有近1400 年，是世界现存最古老、最雄伟的石拱桥。赵州桥采用单孔石拱跨越洨河，采取这样巨型跨度，在当时是一个空前的创举。更为高超绝伦的是，在大石拱的两肩上各砌两个小石拱，从而改变了过去大拱圈上用沙石料填充的传统建筑形式，创造出世界上第一个敞肩拱的新式桥型。这是一个了不起的科学发明。诸如赵州桥这样古老的大型敞肩石拱桥，在世界上相当长的时间里是独一无二的。在欧洲，公元 14 世纪时，法国泰克河上才出现类似的敞肩形的赛雷桥，比赵州桥晚了 700 多年，而且早在 1809 年这座桥就毁坏了。隋代著名石匠李春的杰出贡献在世界桥梁建筑史上永放光辉。

（三）北京卢沟桥

卢沟桥位于北京市西南郊的永定河上，为联拱石桥。该桥始建于金大定二十九年（1189），成于明昌三年（1192），元、明、清三代曾经修缮。卢沟桥以其精美的石刻艺术享誉于世，全桥有 10 个桥墩，桥面两侧筑有石柱，各柱头上刻有石狮，或蹲、或伏，或大抚小、或小抱大，共有485头。石柱间嵌石栏板，桥两端各有华表、御碑亭、碑刻等，桥畔两头还各筑有一座正方形的汉白玉碑亭，每根亭柱上的盘龙纹饰都雕刻得极为精细。卢沟桥久已闻名中外，自从意大利人马可·波罗的《马可·波罗游记》称卢沟桥是"世界上最好的独一无二的桥"以来，欧洲一直盛传着"汉八里的美丽石桥"的美誉。"七七事变"之后，卢沟桥又成为具有特殊历史意义的纪念性建筑物。

(四)广东潮州广济桥

广济桥又称湘子桥，是中国也是世界上最早的一座开关活动式大石桥，位于广东省潮州市东，横跨韩江。该桥始建于南宋乾道六年(1170)，潮州知州曾汪主持建西桥墩，于宝庆二年(1226)完成。因水流湍急，未能架桥，只用小船摆渡，当时称济州桥。明宣德十年(1435)重修，称广济桥。桥墩用花岗石块砌成，中段用18艘梭船联成浮桥，能开能合，当大船、木排通过时，可以将浮桥中的浮船解开，让船只、木排通过，之后再将浮船归回原处。广济桥上有望楼，为中国桥梁史上所仅见。广济桥与赵州桥、洛阳桥、卢沟桥并称中国古代"四大名桥"，是中国桥梁建筑中的一份宝贵遗产。

(五)福建泉州安平桥

安平桥是中国现存古代最长的石桥，享有"天下无桥长此桥"之誉，位于中国福建省泉州市晋江安海镇和南安水头镇之间的海湾上。因安海镇古称安平道，由此得名；又因桥长约5华里，俗称五里桥。安平桥属于中国古代连梁式石板平桥，始建于南宋绍兴八年(1138)，前后历经13年建成，明清两代均有修缮。长桥的两旁，有石塔和石雕佛像，其栏杆柱头雕刻着雌雄石狮与护桥将军石像。整座桥上面的东、西、中部分别设有5座凉亭，以供人休息，并配有菩萨像。两边水中建有对称方形石塔4座，圆形翠堵婆塔1座，塔身雕刻佛祖，面相丰满慈祥。中亭有两位护桥将军，头戴盔，身穿甲，手执剑，是宋代石雕艺术的精华。该桥是中古时代世界最长的梁式石桥，也是中国现存最长的海港大石桥。

(六)四川泸州龙脑桥

龙脑桥位于四川省泸州市泸县大田乡龙华村的九曲河上，明洪武年间建成，布局奇特，雄伟壮观。中部8座桥墩分别以巨石雕凿成吉祥走兽，有四龙、二麒麟、一象、一狮。雕龙造型别致，口中衔宝珠，完全镂空，可用手拨动。风起时，龙鼻发出响声。象鼻卷曲，长牙上伸，胖身下垂，神态自若，给人以安详、宁静之感。雄狮、麒麟栩栩如生，各具特色。该桥为石墩石梁式平桥，既未用榫卯衔接，也未用粘接物填缝，全靠各构件本身相互垒砌承托。该桥在建筑技术上具有较高的价值，是中国古代桥梁史上的罕见之作。

(七)江西婺源彩虹桥

婺源有一种颇有特色的桥——廊桥，所谓廊桥就是一种带顶的桥，这种桥不仅造型优美，最关键的是，它可在雨天里供行人歇脚。其中宋代建造的古桥——彩虹桥是婺源廊桥的代表作。这座桥以唐诗"两水夹明镜，双桥落彩虹"的诗意取名。彩虹桥周围景色优美，青山如黛，碧水澄清，坐在这里稍作休憩，欣赏四周风光，会让人深深体验到婺源之美。

(八)江苏扬州五亭桥

五亭桥位于扬州瘦西湖畔，整个建筑造型别致，比例适当，把稳重大方和玲珑剔透巧妙地结合在一起。桥含五亭，一亭居中，四翼各一亭，亭与亭之间回廊相连。中亭为重檐四角攒尖式，翼亭单檐，上有宝顶，四角上翘，亭内吸顶上图案精美。桥孔彼此相连，由桥外看去，每个洞外都有一幅不同的景物。每当晴朗的月满之夜，每个洞内各衔一月，越发显得奇特而又极具诗情画意。

(九)广西三江程阳桥

程阳桥又叫永济桥、程阳风雨桥等，位于三江县城古宜镇，始建于1912年，历时12年。桥上部分为木质梁柱凿榫衔接，构成重檐翘角，桥的两旁镶着栏杆，桥中有5座塔阁式桥亭，飞檐高翘，犹如羽翼舒展，桥的壁柱、瓦檐、雕花刻画，富丽堂皇。整座桥梁不用一钉一铆，大小条木，凿木相吻，以榫衔接。全部结构，斜穿直套，纵横交错，却一丝不差。程阳桥是侗寨风雨桥的代表作，是目前保存最好、规模最大的风雨桥，也是中国木建筑中的艺术珍品。

(十)浙江绍兴广宁桥

广宁桥位于浙江省绍兴市东，系绍兴现存最长七折边型石拱桥，建于南宋高宗以前。站在桥上可见城南诸山，桥心正对着大善寺塔与龙山，为极好的"水上"对景，自南宋以来，一直是纳凉观景之处，故名广宁桥。24

根桥栏柱都雕以倒置荷花，雄健厚实。柱板花纹，幽雅大方。桥洞顶拱石上，刻着"鲤鱼跳龙门"等 6 幅石刻。桥拱下有纤道，可供行走。

二、中国古桥文化的意蕴

（一）美寓其中的中国桥文化

桥梁的基本功能在于跨越障碍、便于交通，所以造桥首先要符合这一要求。如果所造的桥是一座不堪使用、摇摇欲坠的危桥，那也就没有什么文化意蕴可言，桥之美也便无从说起了。因此，桥梁结构及其造型应首先表现出能负重、有力量、性能持久稳定、具备跨越能力等以显示其基本功能的保证性，而后才会自然而然地形成蕴涵着桥梁建造艺术的文化。对于不同用途的桥梁而言，如园林、城市、公路、铁路桥梁等，或同一用途而其所在环境条件不同时，其结构及各项附属设施的造型都应准确而鲜明地表现出符合使用要求，做到恰如其分。这也就是一种美的因素。就所有桥梁而论，交通使用功能要求和鉴赏要求在其重要性上，并不是等量齐观的，它随着建桥目的和建桥环境等因素而有所差异，并通过造型表现出来为人们所理解，如荒漠原野上的公路桥和繁华城市中的园林桥应当各自"量体裁衣"地选择适合的形式。自古以来，正确的桥梁审美观是功能、技术、经济与美观的融合，共同作用，美寓其中。

关于桥梁美，很多人早就关心了，并提出过很多设想和措施，关于桥梁美的形态规律、审美标准等，可以说是众说纷纭。现参考这些资料，并结合中国桥梁工程中习用的一些原则，以简单明了的形式拟以下桥梁美十则：一是环境的协调；二是主从与对称；三是韵律；四是均衡与稳定；五是统一；六是比例与尺度；七是连续与明暗搭配；八是力线明快；九是色彩；十是风格。这些法则也可以说是达到"协调"的法则。

（二）桥名与文史

著名的桥梁设计专家茅以升先生谈及桥名时认为：中国近代桥梁，受了西方影响，题名时总是从地理观点出发。只要能指出它的所在地，使人一望而知就行了。然而中国古时桥名不是这样的，它总要有些文学气息，使人见了不由地产生情感，念念不忘，或是记事抒情，引起深思遐想；或有诗情画意，为之心旷神怡。于是通过慎重题名，一座桥的历史、作用或影响，就立刻表现出来，桥的"身价"也因此而抬高。有的是在民间自然而然地逐渐形成的，有的却是文人雅士特地题名的。总之，为桥题名和以桥为吟咏主体的风尚，也是中国古代文化的一个特色。尤其桥名题得好，既能显示出桥的基本特征与用途，又可在探讨文史记载方面有着独到的文献价值。

1. 较著名的单名桥

如"蓝桥"，在陕西蓝田县蓝溪上，"传其地有仙窟，即唐裴航遇云英处"；"枫桥"，在苏州，唐张继有《枫桥夜泊》诗；"断桥"，在杭州西湖，唐张祜诗"断桥荒藓涩"，明朝莫仲有《断桥残雪》词；等等。

2. 以材料为名的桥

如"石桥"，梁简文帝即有《石桥》诗"写虹便欲饮，图星逼似真"；"铁桥"，明朝吴兆元《渡铁桥》有"宝筏群生渡，金绳八道开"的诗句；"竹桥"，杜甫有《观造竹桥》诗；等等。

3. 指明桥的所在

如"山桥"，梁简文帝有"卧石藤为缆，山桥树作梁"的诗句；"江桥"，唐杜甫有"山县早休市，江桥春聚船"的诗句；"野桥"，唐刘长卿有"野桥经雨断，涧水向田分"的诗；等等。

4. 指明桥的形状与特色

如"方桥"，唐韩愈有"君欲问方桥，方桥如此作"的诗句；"斜桥"，宋欧阳修"波光柳色碧溟蒙，曲渚斜桥画舸通"的诗句；"画桥"，宋范与求有"画桥依约垂杨外，映带残阳一抹红"的诗句；"朱桥"，唐郑谷有"朱桥直抵金门路，粉堞高连玉垒云"的诗句；等等。

5. 与桥畔景物有关

如"花桥"，福建宁德、湖北长阳及广西桂林都有，桂林的"花桥"有"花桥烟雨"之称；"柳桥"，在杭州西湖，宋周邦彦有"水涨鱼天拍柳桥"的词句；等等。

6. 指明此桥与众不同

如"草桥"，在北京右安门外；"席桥"，在山东东平，"相传宋真宗东封泰山，车驾经行，以席铺藉"；"瓜桥"，在浙江富阳，"世传孙钟设瓜于此桥"；"鸭桥"，在陕西陕城；"金桥"，在山西上党，唐潘炎有《金桥赋》；等等。

7. 与事涉怪诞相关联

如"暗桥"，在安徽建平，"旧传伍员奔吴，避于山中，追者至此，云气护之，员及桥而天暗"；"鬼桥"，《初学记》有"上方有鬼桥"之载；"赤桥"，在山西太原晋水北渠上，"宋太宗凿卧龙山，血出成河，因更今名"；等等。

8. 借以记事

借桥名以记载与桥有关的故事，且代代相传。例如，"万里桥"在四川成都南门外，本记载"昔孔明于此饯费聘吴，曰万里之行，始于此矣"一事。唐陆肱有《万里桥赋》，宋吕大防有《万里桥》诗；杜甫有"万里桥西宅，百花潭北庄"的诗句；唐张籍有"万里桥边多酒家，游人爱向谁家宿"的诗句；宋苏轼有"我欲归寻万里桥，水花风叶暮萧萧"的诗句；宋陆游有"雕鞍送客双流驿，银烛看花万里桥"的诗句等。再如"马桥"，即"升仙桥"，在四川成都北，西汉司马相如不甘贫贱，立志做官，"尝题柱云，大丈夫不乘马车，不复过此桥"。唐岑参《升仙桥》有"及乘马车，却从桥上归"的诗句；宋京镗《马桥记》有"兹建桥以马名，自是长卿之遗踪亦不泯矣"的记载等。还有如"兰亭桥"，在浙江绍兴，"晋王右军修禊处，桥下细石浅濑，水声昼夜不绝"。"洗耳桥"，在河南汝州，相传尧要将天下让给许由，许由自命清高，认为听了这话污了自己的耳朵，此桥所在"即许由洗耳处"。诸如此类，可谓不胜枚举。

思考与讨论题：

1. 简述宫殿建筑发展的历程，并以故宫为例探讨中国宫廷建筑的人文意蕴。

2. 概述中国古代帝王陵墓建筑的特点及其文化内涵。

3. 结合宗教文化的特性谈谈中国宗教建筑的基本特色。

4. 以中国园林建筑的实例，谈谈园林建筑所体现的历史文化底蕴。

5. 结合中国"四大名桥"的建造历史事实，谈谈对中国古桥文化的认识和感触。

第十七章 中国古代交通文化

中国交通文化形成于夏、商、周时期，后经历代的发展，在交通方式和礼制方面都逐步地创新和完善，造就了丰富的交通文化。

第一节 中国古代交通文化的形成与初步发展

一、中国古代交通文化的形成：先秦时期

（一）夏代的交通文化

早在原始社会时期，交通建设就已经是人们关注的重要内容。中国古人总是将首开道路的功劳记在禹的名下。

《史记·河渠书》引《夏书》载："禹抑洪水十三年，过家门不入。陆行载车，水行载舟，泥行蹈毳，山行即桥……通九道，陂九泽，度九山。"这应该属于早期中国交通史上前所未有的举动。

另据《尚书·禹贡》的记载，有学者对于禹开通的"九道"的研究结果认为：这是以今豫西为中心，向四方伸展出去的交通网络，其中从豫西沿岍、岐、荆山至河为一道，经壶口、雷首达太岳为二道，经砥柱、析城达王屋为三道，经太行、恒山、碣石至海为四道，经西倾、朱圉、鸟鼠达太行山为五道，经熊耳、外方、桐柏至陪尾为六道，经嶓冢达荆为七道，经岷山达衡山为八道，经内方达大别山为九道。

现今的研究结果表明：《禹贡》成书于战国时期，所载内容与大禹王或夏代史实并不完全吻合，特别是《禹贡》所追记大禹王的活动范围也未必有那样大。不过，其中至少有一点是不可否认的基本事实：禹及其继承者在夏代拓展道路交通范围应当是存在的，而且是一种具有重大历史意义的国家行为。

(二)商代的交通文化

商代的道路交通比夏代更加发达。有学者据考古与古文字资料的研究，认为商代从王邑通向各地方的国家干道有6条：其一是向东北方向，通往今河北卢龙、辽宁朝阳等地；其二是向东方，通往今山东曲阜、淄博等地；其三是向东南方，通往徐淮地区；其四是向南方，通往今湖北、湖南、江西；其五是向西方，通往今陕西直到岐山；其六是向西北方，逾太行，通往今山西境内。另据《尚书·洪范》记载，在商朝的中心区域王畿内，被称作"王道"的交通道路，其形状是宽阔、平坦、笔直的，即所谓"王道荡荡"、"王道平平"、"王道正直"等。

在商代的交通道路上，车辆的使用已经十分普遍，这从当时贵族下葬时通常都有成套的车马作为陪葬就很能说明问题。河南安阳附近考古发掘出的商代车马坑表明：有一车四马二人、一车二马三人、一车二马一人等马车款式。另据《说文》又称，商代有三匹马拉的车，叫做骖。足见，当时的车马种类已比较丰富，用途也较多，所呈现出的马车制造技术水平，应该居于同时期的世界前列。

(三)周代的交通文化

周人建国后更加重视道路的修建和管理。它在商代已修"王道"的基础上，进一步扩建成的"周道"或"周行"，以成周为中心，向四方延伸，主要有6条：一是向西至丰镐，再至宝鸡，折而向南到巴蜀；二是自成周经桧、谭到齐；三是自成周向南经鄂、申、曾至江汉之浒；四是自成周向东南经邶、陈、蔡到害夫；五是向北，通晋即今山西；六是向东北，通邢、燕即今河北邢台、北京等地。除上述国家级干道外，在地方上，包括西周春秋时期诸侯国范围内，还有更多的在诸侯国都修建的"国"中之道及其国都以外的"野"中之道。《周礼·地官·遂人》记述野中之道的类型说："凡治野，夫间有遂，遂上有径；十夫有沟，沟上有畛；百夫有洫，洫上有涂；千夫有浍，浍上有道；万夫有川，川上有路，以达于畿。"郑玄注云："径容牛车，畛容大车，涂容乘车一轨，道容二轨，路容三轨。"路、道、涂、畛、径，就是地方通向京畿宽窄不同的五级道路。它与宽阔、平坦而又笔直的周道虽有等级之差别，但与夏商地方交通比，无疑是一个大的发展。降至春秋战国时代，随着交通的进一步发达，道路之名称更多。据《尔雅·释宫》所记载："一达谓之道路；二达谓之歧旁；三达谓之剧旁；四达谓之衢；五达谓之康；六达谓之庄；七达谓之剧骖；八达谓之崇期；九达谓之逵。"

达即通达或通向，足见这一时期交通实况更是四通八达。

周代时期，从中央到地方的各级交通道路畅达程度越高，则在社会生活中对车马的依赖性也就越大，进而对车马的制造要求也逐渐提高，于是出现了制造马车行当的"百工"，这既是当时交通条件下出现大量马车以满足社会需求的结果，也是造车业自身在这一时期得以迅速发展的必然结果。再从这一时期制造的马车款式来看，亦可显见其具体的发展程度，如周人在商人骖的基础上增加了一匹马，成为驷。在河南浚县辛村周墓出土的 12 辆车，马骨达到 72 架，这说明了当时已有 6 匹马拉的车。及至春秋战国时期，车辆制造业的发展更比之前又快又高超，如《墨子》中说，春秋各国造的大车，能装 50 石谷子而且运转灵活，即使是长途运输，车轴也不会弯折。战国时期，人们又对车进行了大的改进，车辕由单辕改为双辕，这样车就更加牢固，载重量也更大。

总之，秦统一前的各国交通均已粗具规模，造车的技术也非常成熟，人们的交通方式仍是骑马和乘车（包括马车、牛车、人推拉车）船，但有两个明显的文化特征值得我们注意：

第一，建立了交通管理制度。《国语·周语》中引《夏令》云："九月除道，十月成梁。"把修道路、架桥梁作为行政管理的一项内容。《韩非子·内储说》云："殷之法，弃灰于公道者断其手。"《诗·周颂·天作》云："彼徂岐矣，有夷之行，子孙保之。"这是统治者勉励后代子孙要保护好平坦的交通道路。最迟从商代开始，政府在路政管理上已设立了旅舍之制，为军旅和一般旅客提供食宿。设立了驿传之制，为朝廷和老百姓传递信息。春秋以后，还开始使用符节，《周礼》记载当时国家设有掌节、司险、行夫、掌交等官吏，掌管诸侯国之间的交通事务。

第二，建立了严格的用车制度。首先是辂车，这是指一般由天子出行乘坐的经特殊装饰过的高级马车，此类车通常有五辂。据《周礼》记载，五辂分为玉辂、金辂、革辂、木辂和象辂五种。其次为王后之五辂，包括重翟、厌翟、安车、翟车和辇车五种。最后为王公贵胄的车。形式上主要以彩饰和车马饰来区别，如玉辂以玉饰，金辂以金饰，象辂以象牙装饰等，这完全是以政治等级制为内容的礼制思想在交通工具使用权上的表现。官僚、贵族和平民百姓用的马车，也是很明显地存在着社会地位的区分，《周礼·春官·巾车》载："孤乘夏篆，卿乘夏缦，大夫乘墨车，士乘栈车，庶人乘役车。"

二、中国古代交通文化的初步发展：秦汉时期

秦统一六国的第二年，秦始皇就下令修筑以咸阳为中心，通往全国各地的驰道。著名的驰道有 9 条，有出今高陵通上郡的上郡道，过黄河通山西的临晋道，出函谷关通河南、河北、山东的东方道，出今商洛通东南的武关道，出秦岭通四川的栈道，出今陇县通宁夏、甘肃的西方道，出今淳化通九原的直道等。从《汉书·贾山传》所载来看，秦驰道在平坦之处，道宽 50 步（约 69 米），隔 3 丈（约 7 米）栽一棵树，道两旁用金属锥夯实，路中间为专供皇帝出巡车行的部分。驰道是皇帝的专用车道，大臣、百姓，甚至皇亲国戚都没有在驰道上行走的权利。

秦汉时期，陆地的交通工具主要是车，且多用牲畜或人拉。车分大车、小车和手推车。大车一般为牛拉双辕，后有方型车厢；小车以单辕为主，驾二马或三四马，车厢上有伞盖，以坐人为主。秦始皇陵兵马俑坑出土两辆四马车，当是秦始皇出巡用车的仿制器，车厢上开有车窗。较小型的手推车又叫鹿车，与今独轮车相似。稍大型的叫辇，是贵族或女眷乘坐的人力车，这几种车在中国古代沿用的时间都很长。水上主要交通工具是舟船。一般民用船可载客运货，分前、中、后三舱或前后舱，有桨有舵。大型船有的用于战争，有楼型船舱，称楼船。汉代水军即称楼船军。

道路是交通的重要保证。战国时列国之间多有水陆交通相连，但战争期间，各诸侯国为了割据称雄，往往据险修建关塞、壁垒和堤防，以抵御敌国的军事进攻。这些防御性的军事设施，自然成为地区间的交通阻障，不利于各地的经济往来和文化交流。秦统一全国后，下令拆除上述各种防御设施，为消除地区间的隔绝，加强地区间的联系铺平道路。秦一方面堕壁垒，决川防；一方面修治驰道，统一车轨。同时，秦还以咸阳为中心，修建两条贯穿全国的驰道，后又修筑咸阳通九原的"直道"和云贵地区的"五尺道"、五岭山地的"新道"，大大便利了各地的交通。为用兵华南，公元前214 年秦开凿灵渠，总长 34 公里，接通湘江和漓江，从而沟通了长江和珠江两大水系，加强了南北联系。

汉代交通更为便捷。在汉和匈奴的对垒交战中，汉朝的使者多次出使西域，著名的使者张骞、班超、甘英等为打通西域之路，历尽千辛万苦，足迹达到中亚、西亚的广袤地区，打通了"丝绸之路"。从此，汉朝与西域各国使者络绎不绝，中西商人、学者、工匠、僧人的来往也很频繁。汉宣帝时，在乌垒（今新疆轮台东北）设西域都护府，统领西域诸国。

早在汉代以前，通过西域联系中西的道路已经出现。汉中叶以后，与西域各族的贸易逐渐发展，经济文化的联系日益密切。汉朝修筑令居（今甘肃永登）以西道路，形成通往西亚、中亚的两条商路：一为天山北路；一为天山南路。这就为彼此的沟通和较为长久的联系创造了条件，特别是"丝绸之路"的开凿，为中西文化的交流做出了不可磨灭的贡献。

第二节 中国古代交通文化的进一步发展与繁荣

一、中国古代交通文化的进一步发展：魏晋南北朝时期

两汉时期最常见的交通工具是马车，只有下层市民和广大农村才使用牛车。魏晋南北朝时期，乘牛车却成为一种风气，王侯、士大夫多乘牛车，农田、运输用牛车，行军作战也常用牛车。相比之下，用马拉车则已不多。晋时，御衣车、御书车、御轺车、御药车、画轮车等皆驾牛。东晋时期，乘坐牛车更成为豪富之家纨绔子弟的一种爱好。南方少马固然是一个原因，而标新立异，追求时髦却是他们的重要心理特征。

当时的世家大族，往往不愿做武官，大多以任清官为荣耀，如石崇与王恺驾牛车出游，双方均想抢先进入洛阳城，结果石崇的牛车快的像飞禽一样，王恺追不上他。再如晋司徒王衍在牛车上揽镜自照，丞相王导害怕外妾为妻所羞辱，手执麈尾驱赶牛车，前往别馆救驾。诸如此类，不胜枚举。究其原委，大概是乘牛车比较安稳且有逸致，乘马车反而有武夫卑职之嫌。

北朝人乐于骑马和乘马车，但坐牛车的风气也很盛行。朝廷为了嘉奖德高望重的大臣，往往赐以牛车。战争及平时都依赖牛车来完成运转物资的任务。高欢特赐牛车四乘给常景，御史中尉元仲景因为喜欢驾驶赤牛车而被称为赤牛中尉。可见北朝爱乘牛车的风气，也深受东晋南朝的影响。

坐肩舆之习在这一时期也十分流行。肩舆是用人力抬杠的代步工具，这种交通工具为两条平行的长竿，竿中央设有软椅以坐人，竿下另有垫足以保持平衡，由人抬在肩上行走，故称肩舆，或平肩舆。肩舆最初无覆盖，后来又增加了覆盖用来遮挡阳光和风雨。这种交通工具最适合走崎岖山路。

古代陆路设有驿、传、亭、置、舍等机构，以传递军事情报和为过往行人提供食宿。东汉末年，由于战争频繁，亭、传等官方设置的邮驿机构受到严重破坏，这反而促使了魏晋南北朝时期逆旅之业的兴盛。曹操《步出

夏门行》的《孟冬十月篇》中有"逆旅整设，以通商贾"的诗句。《魏书·崔敬友传》载，崔敬友精研佛道，昼夜诵经，"又置逆旅于肃然山南大路之北，设食以供行人"。

魏晋南北朝时期的桥梁建设以黄河上架设的河桥及渭河上的崔公桥最为有名。《晋书·杜预传》载，泰始十年（274），度支尚书杜预"以孟津渡险，有覆没之患，请建河桥于富平津。议者以为殷周所都，历圣贤而不作者，必不可立故也。预曰：'造舟为梁，则河桥之谓也。'及桥成，帝从百僚临会，举觞属预曰：'非君，此桥不立也。'"由于河桥的建成，往来颇为便利，所以北魏时期便在南北两岸及河中洲上加筑河阳三城。孟津从此成为兵家必争之地。太武帝拓跋焘南幸孟津时，栗磾也编次大船，架桥于冶阪。《魏书·崔亮传》载，崔亮任安西将军、雍州刺史期间，曾以杜预为榜样，决心要在长安城北渭水上架设河梁。群臣以为"水浅，不可为浮桥，泛长无恒，又不可施柱。恐难成立。亮曰：'昔秦居咸阳，横桥度渭，以像阁道，此即以柱为桥。今唯虑长柱不可得耳。'会天大雨，山水暴至，浮出长木数百根，籍此为用，桥遂成立。百姓利之，至今犹名崔公桥。"河桥和崔公桥的架设，不仅使交通往来更为便利，而且也标志着中国造桥技术的新发展。

水运方面有扁舟、艇、筏、舫（并两船）、航（方舟）和舰等不同类型的船只。三国时，吴国孙权对于船舰的制造十分关心，当时不仅能制作用于水战的各种船只，还能建造远航夷州（今台湾）及南洋群岛等地的大船。《晋书·王濬传》载，晋武帝准备进攻东吴，命令王濬修造舟舰。于是王濬"乃作大船连舫，方百二十步，受二千余人。以木为城，起楼橹，开四出门，其上皆得驰马往来。又画鹢首怪兽于船首，以惧江神。舟楫之盛，自古未有。"太康元年（280），晋军大举伐吴，王濬率领船舰顺流直下，所向披靡，逼使东吴末帝投降。南朝梁时，陆纳曾造大舰名三王舰（邵陵王、河东王、桂阳王），又造青龙舰和白虎舰，都高达15丈。这些舟舰的诞生，不仅使水路交通更为快捷，而且也说明魏晋南北朝时期的造船技术有了很大的发展。

二、中国古代交通文化的繁荣：隋唐五代时期

（一）四通八达的水陆交通网

隋唐前期，国家统一，民族关系比较融洽，国内、国际交通发达。据《元和郡县志》载，唐代每个州都有四通八达的道路，其中最主要的是各州通往西京长安和东京洛阳的道路。从全国的交通状况来看，隋朝除国内州郡之间交通畅达，其最大的成就，一是修通了南起余杭，中经江都、洛阳、

直到涿郡(今北京市)的大运河,它不仅便利了南北交通,而且对维护国家统一也起了巨大的作用。二是维护了晋代以来中国与中亚、西亚、南亚以及欧洲诸国交通的"丝绸之路"。裴矩《西域图记》记载,当时从敦煌到西海(地中海)的交通大道有 3 条:北道经伊吾(今新疆哈密)、蒲类海(今新疆巴里坤)、铁勒部(今新疆准噶尔盆地西南一带),过葱岭(今帕米尔高原)而达于西海;中道经高昌(今吐鲁番)、焉耆(治今新疆焉耆县南)、龟兹(今新疆库车)、疏勒(今新疆喀什市),过葱岭到达西海;南道则经鄯善(今新疆若羌县)、于阗(今新疆和田市)、朱俱波(今新疆叶城县)、温盘陀(今塔什库尔干),过葱岭而到西海。三是新辟了通突厥道。另据《隋书》卷五十一载,大业三年(607),隋炀帝幸榆林,欲出塞外,经突厥中,突厥可汗染干亲率其贵人及诸部芟草开路,从榆林北境到其牙帐,又向东到蓟州(今北京市),"长三千里,广百步,举国就役而开御道"。

唐朝社会开放,疆域辽阔,国内交通网络发达,井然有序,为了加强对周边各族及各国的联系,在原有的道路基础上,新开了许多"入四夷之路",见于《新唐书》卷四十三所载者 7 条:"一曰营州入安东道,二曰登州海行入高丽渤海道,三曰夏州塞外通大同云中道,四曰中受降城入回鹘道,五曰安西入西域道,六曰安南通天竺道,七曰广州通海夷道。"其中每条道路又有其"四至八道"。安南通天竺道今已不属于中国范围,其余都是中原与周边民族、地区和国家交通的干线。包括著名的海上和陆上两条"丝绸之路"。

此外,唐和五代时期新开的国内水路也不少。《新唐书·地理志》记载的重要水道就有 20 多条。五代以后唐明宗时幽州开凿的东南河长 165 里,宽百米,深近 4 米。由于造船航行技术的提高,许多江河湖海都变成了人们水上交通的坦途。架桥和修路一样是地方政府的职责。这一时期的桥大部分都由石、木、竹、藤、绳等材料架设。浮桥一般是用竹筏大艑和两岸石仓铁牛架起来的。据《旧五代史》卷五十三载,后唐李存进"课军造苇笮;维大舰数十艘,作土山;植巨木于岸以缆之",在大黄河上造起一座浮桥,"人皆服其勤智"。陆上石桥流传至今的有隋李春设计的赵州安济桥。水上桥著名者有山西永济县境内黄河上的蒲津桥,京兆府的灞陵桥、东渭桥、中渭桥,洛阳的天津桥等。此外,一些跨度较大的江河大桥,如大渡河上有一座长 50 丈的桥,陕州黄河上有座太阳桥长 76 丈、宽 2 丈,洛水上的永济桥也长 40 丈,这些桥在沟通水陆交通中起的作用可想而知。

(二)各式交通工具及其服务设施

这一时期的交通工具还是车、骑、船、舆,但在行制、使用上都有新的发展。隋开皇元年(581),内史令李德林建议废除北朝烦琐的舆辇制度,只保留了孝文帝太和年所制的天子五辂,即玉辂、金辂、象辂、革辂、木辂,在形制上差不多,只有装潢、颜色、纹饰上的区别。五辂作为最高统治者的礼仪用车,分别用于祭祀、纳后、乡射、巡狩、畋猎等活动。此外,安车(驾用 4 匹马)、耕根车(驾用 6 匹马)、四望车(驾用 1 头牛),分别用于籍田、临幸、丧吊、拜陵等。随皇帝出行的仪仗用车,据《隋书·礼仪五》记载,则有羊车(驾用小马,即像羊一样大小的果下马),属车(驾用 1 牛),指南车、记里鼓车、白鹭车、鸾旗车、辟恶车、轩车、豹尾车、黄钺车等。皇后、太子乃至百官用车,也都有具体规定。炀帝时又做了修订,唐朝沿而未改。唐高宗以来,皇帝多不喜欢乘辂车,每次举行礼仪,往来都是乘辇(像辂车而无轮子,用人抬着行进)。辇有等级之分,一般而言,皇帝所乘者,称之为"步辇";王公大臣所乘者,则称之为"步舆";妇女所乘者,称之为"檐子",又称作"担子"。现所见唐代阎立本所画《步辇图》,反映的就是当时皇帝乘坐步辇的情状。武则天以后,遂以为常。玄宗以乘辇不合礼仪规定,乃在开元十一年(723)冬南郊祭天时仍乘辂前往,礼毕骑马而回。五辂车舆已不再是礼仪出行的工具了。官、民一般用车,如牛车、马车、驴车、驼车等,应用都比较广泛。隋朝官员出行普遍乘牛车。唐以后朝士不再坐牛车,坐牛车的主要是妇女,如杨贵妃姊妹乘坐的犊车,据《明皇杂录》云:"饰以金翠,间以珠玉,一车之费,不下数十万贯。"

马、驴、骡、牛、骆驼、大象也是重要的交通工具。无论北方人还是南方人,骑马、驴、骡、牛较为普遍。大象主要畜养于云南等地,乘人载物,与中原马、牛一样。骆驼则多用于北方,特别是西北少数民族。船有木船、竹船、竹木船、皮船等类型,形制较高级的则有楼船、轮船等。据《隋书·食货志》载,隋炀帝幸江都所乘的楼船,是在大船上建三层楼,高百尺。《旧唐书》卷一三一载,唐代山南东道节度使李皋的战舰"挟二轮蹈之,翔风古浪,疾若挂帆席,所造省易而久固"。此外,使用人力的交通工具还有舆(又叫担子),它形似辇而小,是后世轿的雏形;有兜笼(又叫兜子),类似今日的滑竿,有的四周有遮蔽,门上有帘子,是商人、庶民妻女的乘具。贵州山区还用"背笼"送客,被送者坐在笼里,由人背着登山入谷。

这一时期的交通设施还有馆驿和旅店。馆驿是政府设立的,用于为来往使臣、官员提供食宿和交通工具。驿又叫驿舍、邮亭、邮舍、亭侯、传舍等，它最早专管通信交通设施，隋朝以后就与专管住宿的传舍合二为一了。据《唐六典·尚书兵部》记载，"凡三十里一驿，天下凡一千六百三十有九所"。其中陆驿1297所，水驿260所，其余为水陆相兼驿。两驿之间的实际距离会因地而异，如两京附近是10～30里一驿，西北沙州等地两驿相隔有上百里者。驿有专职官员及驿丁、水夫、驿马、驿船等人员设施。使臣、官员可凭传符或符券等乘驿(传符即乘驿凭证，铜制，上写驿数、行程、程粮等，装在骨筒中，用泥封死，盖上门下省的印。到驿验符乘传。符券玄宗以后始行，它是在京由门下省在外由留守、军、州长官发给的纸券，性质与符券一样，唐中后期又有"转牒"、"食牒"或"馆帖"、"传牒"、"驿券"、"传券"、"券牒"等名目，都是节度使手批的在馆驿食宿的条子)。

旅店又叫逆旅、客舍、邸舍、馆舍、旅社、旅馆、旅邸、邸店等，它是由私人在水陆交通要道上设立的，目的在营利。凡不能免费住馆驿的出门人，就到旅店来食宿。

(三)严密的交通行政管理

交通行政管理除道路维修、馆驿设置、公使符券、转牒、私人过所、公验的发放、查验外，还有交通关卡稽查。《唐律疏议》卷八云："水陆等关，两处各有门禁，行人来往皆有公文，谓驿使验符券，传送据递牒，军防、丁夫有总历，自余各请过所而度。若无公文，私从关门过，合徒一年。""符券"前已述及，文中"递牒"即"转牒"。"总历"或即"行历"，与"过所"、"公验"(又叫"公凭"、"凭由")一样，都是不同形式的私人通行证。区别是"过所"比较正规，要由个人提出申请，逐级上报，批准后由主管部门发给，有一定书写格式，"行历"可能是个行程简历。"公验"是在个人申请书上由府、州、县签字盖章即可，是"过所"的简化形式，多用于晚唐和五代。城市交通，除宫门出入防范甚严外，还有巡警、禁夜等管理程序。巡警是派士兵夜巡，盘查行人。禁夜是城、坊中早上击鼓开门，任人行走，入夜后击鼓闭城坊门，禁止通行。据《唐律疏议》卷二十六载："闭门鼓后，开门鼓前，有行者，皆为犯夜。"犯夜又叫冲夜、侵夜、冒夜等。除传递公文、婚嫁有文牒者、奔丧、求医、追捕犯人或其他急事有文牒者外，犯夜是要被稽查处罚的。

第三节　中国古代交通文化的巅峰与继续延伸中的转机

一、中国古代交通文化的巅峰：宋辽夏金元时期

　　宋、辽、西夏、金、元时期的交通设施在前代基础上又有新的发展。北宋修建了各路、府、州、县通往汴京的"官道"，官道两旁栽种榆柳、松、杉、杂木，有些路段还挖了排水沟。官道上有标记道路里程、国界、州县界或交通规则的路标，当时叫做堠子，它是在一个土堆上树立的石碑或木牌。驿铺设施齐全，官道一般是"二十里置马铺，有歇马亭"，"六十里有驿，驿有饩给"，专门用于接待公使、官员。馆驿之外还有私人开设的邸店，可为私人旅行提供食宿。水上交通也比较方便，宋朝开封的汴河、广济河、惠明河、金水河连接黄河、运河和长江，宋人开始将指南针广泛地运用于航海，因而沿海和远洋航行更加方便，江河航运有"岸夹"（即码头或避风港）、"津渡"，广州、泉州、明州等地是当时最大的出海口。辽金统治区道路不如内地发达，多数路段只通人马，不可行车，无里界驿宿设施，甚至阻以"原薮"、"大碛"。但出于政治、商务需要，从中原到燕北的交通道上，仍然常有行人。由于航海技术的提高和海上"丝绸之路"的畅通，西北陆上的"丝绸之路"除仍是中西方国家联系的大动脉外，还是中原王朝与西北各民族，内地人民与西北边疆各族人民经济、文化联系的主干道。"丝绸之路"长安—洛阳—开封道，古渭州（今甘肃陇西）至青唐（今青海西宁）道，夏州（今陕西靖边北）至高昌（治今新疆吐鲁番）道，灵州（今宁夏灵武）至于阗（今新疆和田）道，泾原（今甘肃泾川及宁夏固原）至西域道等新路段，都在这一时期开通。

　　元朝将驿传叫做站赤。早在成吉思汗进攻西夏、金朝的时候，就陆续在驿传的基础上，开通了从大都（今北京市）通往全国各地的驿站、急递铺。按元朝政府的规定，并据《元史·兵志四》记载，中书省、河南、辽阳、江浙、江西、湖广、陕西、四川、云南、甘肃10处，所辖水、马、牛、轿、狗、步站1400处，有马4.4万匹，牛驴1.5万头，船5900余只。

　　这一时期的交通工具，主要有轿子（按不同的形制，又分为肩舆檐子、兜子等）、车、马、骡、驴、牛、骆驼、船、浑脱、筏子等。特别是"轿子"一词，较早见于宋代的文献，而后这一称谓沿用至今。宋代的轿子已经为全遮式，轿身呈立体长方形，四周围遮，盔帽式盖顶，四角上翘，左右开

窗，门扉施帘，轿内放置供乘轿者坐的高脚椅。这种形制的轿子一直沿用至近代。不过，轿子在宋代还是官僚贵族的乘具，政府对乘轿也有着严格规定，如北宋时，只有元老大臣老而有疾者，方能乘轿，禁止工、商、庶人家乘用四人、八人抬的檐子。但自南宋高宗以后，百官无论大小尽乘轿，连宦官、使臣出行都乘轿了。车有用人力和畜力的两种，人力车"平盘两轮"，主要用于运货车，畜力车用马、牛、驴、骡、驼牵引。宋朝缺马，拉车多用牛、驴、骡。其中牛车应用最广泛。北方的辽人、西北的西夏人多用马或驼车。女真人除马车外，又多以牛、驴拉车，此外无论官民普遍用马、骡、驴驮运货物或当乘骑。山间道路崎岖，牲畜难行，就只有靠人力负担了。官员出行，也常差兵士或役夫负担跟随。

船是水上的交通工具。当时内河航行用平底船，海上航行用"上平如衡，下侧如刀"的尖底船。河船大者可载米 12000 石。海舰大者 5000 料（载重单位，一料即一石）可载五六百人，其动力除帆、桨外，还有车船或轮船。它用人力踏轮，激水而进，配之以指南针，是当时先进的水上交通工具。

浑脱是西北少数民族的一种水上交通和运输工具，它是用整体剥下的牛皮或羊皮充气做成，西夏每个兵卒都配发一只浑脱，以作浮水工具。筏子是用木椽编成的，也被用在内河运输上。

唐和五代时政府邮递都由老百姓承担，宋太祖改"以军卒代百姓为递夫"。宋代的邮递按传送速度发给不同的"檄牌"。其中红漆金字牌速度最快，日行 500 里，专递御前急件。其次有急脚递、马递和步递，速度分别为日行 400 里、300 里和 200 里。南宋时又有雌黄青字牌和黑漆红字牌，规定日行 350 里，也用于传递军机文件。

辽朝用"银牌"传递紧急文书，最快的一昼夜驰 700 里，其次 500 里。金朝也用"金牌"、"银牌"、"木牌"等传递急件，最快日行 700 里。当时西北也有以信鸽传递信息的，如据《齐东野语》卷十五载，宋将曲端"纵五鸽，则五军顷刻而集"，宋、夏好水川之战中，夏军用家鸽百余传递信息，打败了宋军。

二、中国古代交通文化在继续延伸中的转机：明清时期

明代皇帝的交通工具承袭了前朝。据永乐三年（1405）的定制，卤簿大驾，车有大辂、玉辂、大马辇、小马辇、步辇、大凉步辇、板轿等种类。世宗时又造耕根车，耕籍田时服用，后妃的车也有辂、辇、安车、凤轿等

名目，配之以卤簿仪仗，出行时有浩浩荡荡、无比威严的气派，但从文化进步的角度看，却缺乏创新。明初规定，文官三品以上方可乘轿，武官不许乘轿。明中期以后，制度放宽，文官各品均可乘轿，武官也有乘轿者。但车轿的装饰、仪仗、轿夫和随从人数等方面的限制一直都很明显。

　　百姓出行，条件好的可以乘车、轿和骑马、骡、驴、驼，南方水乡多乘船，还有的乘象。北方也有船、皮筏等水上交通工具。当然，在车、轿形制、马具鞍辔等方面，明政府也有许多限制，如据《明史·舆服一》载，洪武元年(1368)规定，车不得雕饰龙凤纹，一至三品用间金饰银璃绣带、青缦；四至五品用素狮头绣带、青缦；六至九品用素云头青带、青缦；庶民车轿饰以黑油、齐头、平顶、皂幔，禁用云头饰。洪武六年(1373)规定，凡车轿禁涂丹漆，五品以上车只用青缦，妇女、官民老疾者出行可以坐轿。类似禁令，明太祖以后各帝还有许多，都是从维护封建等级制度出发的。对于一般贫民来讲，出行无论远近都主要靠徒步而行。

　　清前期皇帝的交通工具，沿袭了明制并有所改进。乾隆十三年(1748)以后，皇帝出行除沿用五辂(即玉辂、金辂、象辂、革辂、木辂)，还有辇(有玉辇、金辇，合称二辇)，舆(分礼舆、步舆、轻步舆)。它们的区别在于大小尺寸、外形构造、饰物和用场等，玉辇是一种人力大车，高一丈一尺一寸，圆顶方座，朱木构造，饰玉，皇帝南郊祀天时乘坐，由36人抬行。金辇与玉辇结构大致相同但相对较小，盖饰金板，由28人抬行，皇帝北郊祭太庙和社稷时乘坐。礼舆供皇帝参加朝日、夕月、亲耕等祭祀活动时乘坐，用楠木制作，金龙宝座，黄缎龙绣幄，由16人抬行。步舆比礼舆小，楠木制造，不设帷幔，由16人抬行，为皇帝日常乘坐的轿子。轻步舆比步舆更轻巧，龙椅用象牙制作，由16人抬行，也是皇帝日常乘坐之轿。清朝后妃的交通工具有舆(凤舆、翟舆)，车(凤车、仪车)等，凤舆高7尺，外漆明黄色，顶及辕、檐等部位饰金凤，内置朱红座椅1把，由16人抬行，是皇后的专用轿。翟舆形如凤舆而略小，饰金翟，由8人抬行，是皇帝贵妃乘坐的轿。凤车是皇后所乘之车，高九尺五寸，一马驾驶，饰如凤舆。仪车是后妃随皇帝祭祀日月时所乘的车，用一马驾驶。皇后仪车漆用明黄，饰金凤，其他仪车涂金黄，饰以多翟。清代王公的轿子(分明轿和暖轿)以装饰、盖幔颜色及轿夫人数来区别品级。民间交通工具，有畜力车(包括大鞍车、小鞍车、敞车)，人力车(有独轮车、冰车或冰床)，轿，滑竿，船，皮筏，木排，乘畜(马、骡、驴、驼)等，车、船、轿的形制、规格等也有严格的规定。

　　总之，明代至清代前期是中国古代交通文化发展的延伸。但在19世纪中叶以后，由于受外来侵略因素的影响，迫使中国古代交通文化出现了近代化的重大转机，主要体现在近代道路的修建和近代交通工具的制造，如火车、汽车、脚踏车、轮船及邮电通信事业等方面的发展，都与古代交通文化大不相同。

思考与讨论题：

1. 略述中国古代交通文化发展的概况。

2. 以隋唐至五代的史实为例，论述中国古代交通文化为何在这一时期趋于繁荣？

3. 如何看待中国古代交通文化在宋辽夏金元时期臻于巅峰？

第十八章　中国饮食文化

饮食是人类生存与发展的第一需要，也是社会生活的基本形式之一。中国地理环境多样，气候条件丰富，动植物品类繁多，这为中国饮食文化的形成提供了坚实的物质基础。在漫长的生活实践中，中国人在饮食结构、烹饪技艺、营养保健与饮食审美等方面，逐渐形成了自己独特的饮食风格，最终创造了博大精深的中国饮食文化。

第一节　饮食结构与烹饪技艺

一、饮食结构

我们的祖先不断选育和创造丰富多样的食物资源，使得我们的食物来源异常广博。早在新石器时代，中国人的饮食结构就以粮、豆、蔬、果等植物性食料为基础。以谷物为主，肉少粮多，辅以菜蔬，这是中国人典型的膳食结构。从那时起，中国人就形成了以粮食为主食，以肉类、蔬菜、水果为副食的饮食结构，并世代传承下来。

（一）主食

中国传统的主食是谷类，"谷"是禾本科粮作物的总称。《诗经·豳风·七月》："其始播百谷。"《诗经·周颂·噫嘻》："率时百农，播厥百谷。""百谷"犹言众谷，谷可细分为"五谷"、"六谷"、"九谷"等。"五谷"，古代有多种不同说法，其中最主要的有两种：一种指稻、黍、稷、麦、菽；另一种指麻、黍、稷、麦、菽。两者的区别是前者有稻无麻；后者有麻无稻。古代经济文化中心在黄河流域，稻的主要产地在南方，而北方种稻有限，所以"五谷"中最初无稻。因此第一种说法更为可信。《周礼·天官·冢宰》："一曰三农，生九谷。"郑玄注引郑司农云："九谷：黍、稷、秫、稻、麻、大小豆、大小麦。"据此可知，后世主要的粮食作物在先秦已大致齐备。

黍、稷，皆为黍属，稷在汉文献中又写作"穄、粢、糜"，现称"稷子"，西北地区又称"糜子"。在古代，人们主要从它们的品质特性上进行区别，黍米有黏性，稷米则不黏，《仓颉篇》说："穄，大黍也，似黍而不黏，关西谓之糜。"秦汉时期，粟和黍稷在南方和北方都有栽培，但在南方仅为零星种植，而以北方为主要产区。"粟"与"稷"名异实同，都是指小米，小米是中国栽培历史最悠久的粮食作物。"黍"即黄米，有黏与不黏两种，黏性的最宜酿酒，也可蒸成可口的黄米饭，味美于稷。

麦也是中国古代五谷之一。商周时期，中原地区开始有了种植麦类的文字记载，甲骨文中已有"麦"、"来"等字，并有"来麦"、"受麦"、"告麦"、"田麦"、"登麦"、"食麦"等卜辞。《诗经》中"麦"字出现的次数仅次于黍、稷。春秋战国时期，由于农具的广泛应用和牛耕的初步推行，麦在黄河下游平原地区种植，已成为"五谷"之一。先秦到西汉前期关于五谷内容的15种解释中，把麦列于首位的有6种，反映了麦在人们饮食生活中地位正在迅速提高的趋势。到了汉代，由于石转磨迅速广泛地推广应用，小麦由"粒食"变为面食，极大地丰富了人民的饮食生活。社会对麦类的需求急剧增长，小麦生产进入大发展时期。中原、山东、淮北地区是最重要的小麦产区。这一带平原广阔，土地肥沃，气候温暖湿润，适于麦类生长。故《周礼·夏官·职方氏》中说："青州、兖州、豫州皆宜种麦。"

中国是世界栽培稻的起源地。早在7000年前，长江下游就出现了以河姆渡为代表的发达的稻作文化。秦汉时期是中国水稻生产的大发展时期。在汉代，由于生产力的进步，水利工程的兴修，北方水稻种植有了较大幅度的发展。但水稻在南方的大面积种植，是由于魏晋南北朝时期北方人大量南迁，促进了水稻的发展，到南朝中期，南方稻米的产量才超过了北方。水稻有粳、籼、糯三大种类。粳稻在当时写作"秔"。《说文》以"稻之不黏者"释之，亦正符合籼米特征。糯稻，秦汉文献中称"秫"，亦称"稬"。在长沙马王堆汉墓和江陵凤凰山汉墓出土的稻谷及其遣策中，粳、籼、糯三大种类均有证实。在此三类水稻中，粳对气候、土壤等条件的适应性最强，产量也高，因此种植最为广泛。三国人杨泉《物理论》中说："稻者，粳之总名。"古籍中凡提"稻"而未冠以种属时，一般指粳稻。由于粳比籼、糯耐低温，所以在北方居绝对优势，马王堆墓中粳就占60%。

大豆古称"菽"，又称戎菽、荏、苔，汉代以后，始称大豆。《广雅》曰："大豆，菽也。"春秋战国时期，由于大豆新品种"戎菽"的传入，大豆在中原地区的种植迅速扩展。《管子》说齐桓公北伐戎得其"戎菽"并"布之天下"。

优良品种戎菽在中原迅速推广开来，菽的地位变得日益重要，后来成为与粟并列的主要粮食作物"五谷"之一。大豆的增长速度慢于粟、麦、稻，因此在农作物中含量较小。但因其叶（古称"藿"）是百姓的饭桌上的常菜，在荒年时常被捣碎和野菜掺在一起作为主粮，所以也有不可替代的作用。《氾胜之书》云："大豆保岁易为，宜古之所以备凶年也。"并倡导："谨计家口数，种大豆，率人五亩，此田之本也。"

"九谷"中的"秫"即糯稻的专称。"粱"是粟中精品，《汉书·食货志上》："食必粱肉。""麻"在上古和秦汉也是粮食作物之一，当时的麻实为脂麻，稍用滚筒挤压即可榨出油脂。脂麻的籽粒称为"苴"。

中国人的饮食结构复杂多样，以五谷为主食者为最多，即吃面食或米食，并配以各种汤、粥。这是因为中国广大地区自然条件优越，尤其是东部广大平原地区适宜种植小麦、水稻等农作物，广大劳动人民在长期生产和生活中逐渐形成了自己的饮食习惯，大多地区习惯于早、中、晚一日三餐。

（二）副食

中国人饮食结构中的副食为各种菜肴。菜肴古称"肴羞"、"肴核"。"菜"是蔬菜和可食野菜的总称；"肴"指鱼肉之类的荤菜；"羞"或作"馐"，指美味的食品；"核"指梅、李、桃等各类的水果。

早在先秦时期中国就有了"六畜"的说法。"六畜"包括马、牛、羊、豕、犬、鸡。"六畜"之中除了马以外，其余五种再加上鱼，就构成了中国古代肉食的主要部分。中国是一个以农业种植为主的国家，肉食在饮食生活中的比重一直比粮食要小。能经常吃上肉的仅为少数上层统治者，对广大百姓而言，年节及庆典上才能有肉。

古人最常食用的肉食有猪肉、狗肉、羊肉、鸡肉，并且讲究选幼不选壮，选壮不选老。《论语·阳货》："阳货欲见孔子，孔子不见，归[馈]孔子豚。"《后汉书·仲长统传》："良朋萃止，则陈酒肴以娱人；嘉时吉日，则烹羔豚以奉之。"这里的"豚"专指小猪，"羔"专指小羊，都被古人视为美味佳肴。狗肉也是人们喜好的肉食之一，由于食狗者多，因此"狗屠"成了专门的职业。家禽类中民间普遍饲养和食用的有鸡、鸭、鹅，民间有"杀鸡为黍"以款待宾客、孝敬老人的风尚。

除家畜、家禽外，古人又常食用野生动物，仅据《盐铁论·散不足》和枚乘《七发》所列举的西汉流行的美食中，就有野猪火腿、焖烂的熊掌、卤山鸡、炸鹌鹑、白灼鲍鱼、红烧小鹿肉、蒸河豚、炖甲鱼等野味和水产。

山东诸城凉台山东汉刘琮墓曾出土线刻石雕《庖厨图》，图中雕刻有从牲畜宰杀到烹饪的不同场景，画面中不仅有羊、牛、猪、狗等家畜，还有野兔、活鳖及各种野生鱼类。

先秦时蔬菜的栽培还处于初始阶段，食菜大多取自野生。据统计，《诗经》中提到 132 种植物，其中可食的就有 20 余种，如葵、菽、壶、荼、苣、荁、荠、薇等。到了西汉，不仅野生蔬、果被大量人工栽培，而且还培植和引进了许多新品种。据文献记载，汉代从西域引进的园圃作物就有黄瓜、大蒜、苜蓿、石榴、葡萄、胡桃等。随着园圃业生产规模的扩大，蔬菜和果类的品种不断增多，各地根据不同的气候、水土等条件，因地制宜地开发和培育优良的栽培品种，安邑之枣、关中之栗、真定的梨、岭南的荔枝、蜀汉的柑橘等，都是极负盛名的地方特产。北方还摸索出利用温室栽培蔬菜的技术，据《汉书·召信臣传》载：西汉时期的皇家园圃中，"种冬生葱韭菜茹，覆以屋庑，昼夜燃蕴火，待温气乃生。"这种温室栽培蔬菜的实践，比欧洲早了 1000 多年。

由于园圃业的发展，它所提供的食物种类和数量越来越多，从而补充了粮食的不足。《管子·禁藏》说："亩取一石，则人有三十石，果瓜素食当十石。"意思是 1 亩地收 1 石粮食，30 亩为 30 石，地里蔬菜瓜果的收成相当于 10 石粮食。可见园圃作物已成为仅次于谷物的重要食物。《素问·脏气法时论》说："五谷为养"，"五果为助"，"五菜为充"，说明蔬菜、果类在古代中国人的食物结构中占有十分重要的地位。

二、烹饪技艺

早在 10 万年前，我们的祖先已懂得烤吃食物。陶罐等较为先进的储器或饮器问世后，人们能较为方便地煮、调拌和收藏食物，饮食习惯进入烹调阶段。中国传统菜肴对于烹调方法极为讲究，常见的方法有煮、蒸、烧、炖、烤、烹、煎、炒、炸、烩、爆、熘、卤、扒、酥、焖、拌等，加之丰富的作料大葱、香菜、蒜、醋等，使中国的饮食和菜肴花样繁多，色香味俱全。这是西方饮食所不能比的。而且长期以来，由于物产和风俗的差异，各地的饮食习惯和品味爱好迥然不同，各地的烹调方法都深受当地食俗的影响，如广东菜的炒、焗；福建菜的醉、糟；湖北菜的煨；北京菜的涮、烤等各有长处，更有四川菜以味多、味广、味厚、味道多变而著称，素有"一菜一格，百菜百味"的佳话。各地在民间口味的基础上逐步发展为有特色的地区性的菜肴类型，形成了丰富多彩的烹调风格，最后发展成为较有代表性的菜系，如闽菜、川菜、粤菜、京菜、鲁菜、苏菜、湘菜、徽菜、沪菜、鄂菜、辽菜、豫菜等。这些地方菜系各具特色，汇成中国饮食文化的洋洋大观。

烹调技术的不同要求和特点，是形成菜肴类型的重要因素。例如，广东位于南部沿海，物产丰富，粤菜有用料鲜活、花色繁多、新颖奇异、取材广泛的特点，口味以清淡、生脆、爽口为主。山东位于黄河下游，处于渤海与黄海之滨，沿海一带海产丰盛，鲁菜的主要特点是擅长烹制各种海鲜，讲究清汤和奶汤调制，善以葱香调味，火功精妙，风味鲜咸适口，清香脆嫩，汤精味醇。江苏是闻名的鱼米之乡，苏菜的主要特点是选料严谨，制作精致，刀工精细，讲究造型，菜肴四季有别，重视制汤，保持原（料）汁，口味清鲜和平。清代饮食鉴赏家、评论家袁枚在《随园食单》中，曾写了南北两种截然不同的烹调方法，做猪肚："滚油爆炒，以极脆为佳，此北人法也；南人白水加酒煨两炷香，以极烂为度。"可见在袁枚之前，早已形成以烹饪术为别的菜系的不同特色。

中国饮食之所以有其独特的魅力，关键就在于它的口味精美。而美味的产生，主要在于五味调和，同时，追求色、香、味、形、艺的有机统一。在色的配制上，以辅助的色彩来衬托、突出、点缀和适应主料，从而使菜肴色彩均匀柔和、主次分明、浓淡相宜、相映成趣、和谐悦目。在口味的配合上，强调香气，突出主味，并辅佐调料，使之增香增味。在形的配制上，注重造型艺术，运用点缀、嵌酿等手法，融雕刻和菜肴于一体，形成和谐美观的造型。中国饮食将色、形、香、味、滋、养六者融于一体，使人们得到视觉、触觉、味觉的综合享受，构成了以美味为核心，以养身为目的的中国烹饪特色。它选料谨慎、刀工精细、造型逼真、色彩鲜艳、拼配巧妙，有着无可争辩的审美价值和文化价值。

中国的烹饪，不仅技术精湛，而且讲究菜肴的美感，将美食视为艺术品。而且美食还要配以美名，如"花好月圆"、"雨丝风片"、"踏雪寻梅"、"雪山飞狐"、"推纱望月"等，取名避实就虚，巧用虚拟写意手法，以唤起食客的浮想联翩，体现了浓郁的中国文化色彩。美食还要以美器相配，中国传统饮食器具之美，首先美在质，陶器、铜器、金器、银器、玉器、漆器、瓷器等，或富丽，或晶莹剔透，或光润雅致，品类繁多。其次美在造型和纹样，古代金属饮食器具上的雕镂纹饰，不仅构思奇特，而且富丽繁缛，传世的商周青铜食器和饮器，几乎件件都是精湛的艺术工艺品。瓷器则饰以绘画、书法，洁白的薄胎上施以色泽图案，使胎面上的彩绘在光线作用下，或如透轻云望明月，或似隔重雾看青山，达到色、香、味、形、美的和谐统一，给人以精神和物质高度统一的特殊享受。

第二节 茶文化与酒文化

中国被誉为"茶的祖国"。世界各国最初所饮的茶叶、引种的茶种以及饮茶方法、栽培技术、加工工艺、茶事礼俗等，都是直接或间接地由中国传播去的。而中国文人对茶尤为青睐，由此形成了对修身养性、为文会友都有重要影响的茶文化。酒文化在中国同样也有悠久的历史，酒文化广泛地渗透在中国人的社会生活中，不管是祭祀、送别、婚丧嫁娶，还是会友、待客，都离不开酒。

一、茶文化

（一）茶史

中国是世界上最早发现茶树和利用茶树的国家，茶树原产地在巴蜀地区，以四川为中心，旁及云南、贵州。中国茶史的发展经历了以下五个阶段：

1. 野生药用阶段

茶的利用始做药料，《神农本草经》载："神农尝百草，日遇七十二毒，得茶而解之。"（茶原名"荼"）说的是远在 4700 多年前茶被神农氏发现，并用为药料，从此茶逐渐推广为药用。但何时开始作为饮料，史料极缺，只有公元前 59 年的王褒《僮约》一文，曾提到"武阳买茶"、"烹茶尽具"等内容，这是关于茶用来饮用的最早记载。

2. 少量种植阶段

饮茶的习惯，最早应当起源于巴蜀之地，后逐渐向各地传播，至西汉末年，茶已成为寺僧、皇室和贵族的高级饮料，到三国之时，宫廷饮茶更为经常。

3. 大量发展阶段

从晋到隋，饮茶逐渐普及开来，成为民间饮品。不过，一直到南北朝前期，饮茶风气在地域上仍存在着一定的差距，南方饮茶之风盛于北方，但随着南北文化的逐渐融合，饮茶风气也渐渐由南向北推广开来，但茶风的大盛却是在大唐帝国建立以后。

4. 衰落阶段

尽管中国古代劳动人民对茶叶积累有不少的宝贵经验，并为世界各国发展茶叶生产做出贡献，但由于新中国成立前腐败政治的统治，茶叶科学技术和经验得不到总结、发扬和利用，茶叶生产在帝国主义排挤和操纵下，日趋衰败。

5. 茶叶生产大发展阶段

新中国成立后，中国茶叶生产获得了恢复和发展，开辟了集中成片的高标准新茶园，使茶园面积不断扩大；因地制宜综合治理了大批低产茶园；同时注重建设茶场和茶厂，实行科学种茶，不但恢复生产了许多历史上的名茶，还创制了种类繁多的新名茶。

（二）茶诗

中国既是"茶的祖国"，又是"诗的国家"，因此茶很早就渗透进诗词之中，从最早出现的茶诗到现在，已有1700年。为数众多的诗人、文学家创作了众多优美的茶叶诗词。

狭义的茶叶诗词专指"咏茶"诗词，即诗的主题是茶，这种茶叶诗词数量不多；广义的茶叶诗词不仅包括咏茶诗词，而且也包括有"茶"字的诗词，即诗词的主题不限于茶，只是诗词中提到了茶，这种诗词数量就很多了。据估计，中国的广义茶叶诗词，唐代约有500首，宋代多达1000首，再加上金、元、明、清以及近代，总数当在2000首以上，真可谓美不胜收、琳琅满目，如元稹的《一字至七字茶诗》：

> 茶。
> 香叶，嫩芽。
> 慕诗客，爱僧家。
> 碾雕白玉，罗织红纱。
> 铫煎黄蕊色，碗转曲尘花。
> 夜后邀陪明月，晨前命对朝霞。
> 洗尽古今人不倦，将至醉后岂堪夸。

卢仝，自号玉川子，爱茶成癖，被后人尊为茶中亚圣，他的《走笔谢孟谏议寄新茶》即《饮茶歌》是他在品尝友人谏议大夫孟简所赠新茶之后的即兴之作，是一首著名的咏茶的七言古诗：

日高丈五睡正浓，军将打门惊周公。

口云谏议送书信，白绢斜封三道印。

开缄宛见谏议面，手阅月团三百片。

闻道新年入山里，蛰虫惊动春风起。

天子须尝阳羡茶，百草不敢先开花。

仁风暗结珠蓓蕾，先春抽出黄金芽。

摘鲜焙芳旋封裹，至精至好且不奢。

至尊之余合王公，何事便到山人家？

柴门反关无俗客，纱帽笼头自煎吃。

碧云引风吹不断，白花浮光凝碗面。

一碗喉吻润，二碗破孤闷。

三碗搜枯肠，惟有文字五千卷。

四碗发轻汗，平生不平事，尽向毛孔散。

五碗肌骨清，六碗通仙灵。

七碗吃不得也，唯觉两腋习习清风生。

蓬莱山，在何处？玉川子，乘此清风欲归去。

山上群仙司下土，地位清高隔风雨。

安得知百万亿苍生命，堕在巅崖受辛苦。

便为谏议问苍生，到头还得苏息否？

齐已的《咏茶十二韵》则是一首优美的五言排律：

百草让为灵，功先百草成。

甘传天下口，贵占火前名。

出处春无雁，收时谷有莺。

封题从泽国，贡献入秦京。

嗅觉精新极，尝知骨自轻。

研通天柱响，摘绕蜀山明。

赋客秋吟起，禅师昼卧惊。

角开香满室，炉动绿凝铛。

晚忆凉泉对，闲思异果平。

松黄干旋泛，云母滑随倾。

颇贵高人寄，尤宜别柜盛。

曾寻修事法，妙尽陆先生。

(三)饮茶方式的演变

茶叶被发现以后，对它的利用方式先后经历了几个阶段的发展演化，才进展到如今天这种"开水冲泡散茶"的饮用方式。

1. 药用阶段

在远古时代，我们的祖先仅仅是把茶叶当做药物。茶叶具有清热解毒、提神、醒脑等功能，至今仍被某些地区的群众当做药用。那时人们从野生的茶树上砍下枝条，采下芽叶，放在水中烧煮，然后饮其汁水，这就是原始的"粥茶法"。这样煮出的茶水，滋味苦涩，因此那时称茶为"苦茶"。

2. 半茶半饮阶段

至秦汉时，人们创造了"半茶半饮"的制茶和用茶方法，即不直接烧煮鲜叶，而将制好的茶饼在火上炙烤，然后捣碎研成细末，冲入开水，再加葱、姜、橘子等调和。这种在茶中加入调料的饮法，在中国的部分民族和地区中沿袭至今，如傣族饮的"烤茶"，就是在铛罐中冲泡茶叶后，加入椒、姜、桂、盐、香糯竹等调和而成。

3. 饮茶之风大盛阶段

到唐宋时期，饮茶之风大盛，当时人们最推崇福建的建溪茶，这种压成团饼形的茶，制作十分精巧，茶饼的表面上分别压有龙凤图案，称为"龙团凤饼"。饮茶时先将团茶敲碎，碾细，细筛，置于盏杯之中，然后冲入沸水，这就是所谓的"研膏团茶点茶法"。

4. 开水冲泡散茶阶段

到了明代，太祖朱元璋有感于制作龙团凤饼劳民伤财，于是亲自下诏："罢造龙团，惟芽茶以进。"这里所说的芽茶也就是我们现在用的散茶叶了。从此以后人们不必将茶先压成饼，再碾成末，而是直接在壶或盏中沏泡条形散茶，使饮茶的方式发生了重大的变革。这样的饮茶方式使人们对茶的利用简单而方便了。人们把盏玩壶品茶，也使盏、壶的制作更加精美，使茶具成为艺术。这种饮茶方式一直延续到现在。

目前，除了适应快节奏的生活，一部分人饮用即冲即饮的速溶茶，或为了治病保健的需要，饮用含茶或不含茶的保健茶外，饮茶的方式、方法自明朝以来基本上没有发生什么变化。

二、酒文化

(一)酒的流变

中国酒的历史，可以追溯到上古时期。《史记·殷本纪》关于纣王"以酒为池，悬肉为林"，"为长夜之饮"的记载以及《诗经》中"十月获稻，为此春酒"和"为此春酒，以介眉寿"的诗句等，都表明中国酒之兴起，已有 5000 年的历史了。在中国，由谷物粮食酿造的酒一直处于优势地位，而果酒所占的份额很小。在 5000 年前的龙山文化早期，中国古人已掌握了谷物酿酒技术。到了商代，曲蘖的出现使酿酒技术得到长足的发展，饮酒之风也盛行起来。据考古学家证明，在近现代出土的新石器时代的陶器制品中，已有了专用的酒器，说明在原始社会，中国酿酒已很盛行。以后经过夏、商两代，饮酒的器具也越来越多。在出土的殷商文物中，青铜酒器占相当大的比重，说明当时的饮酒之风已盛。

周朝建立后，随着农业生产的迅速发展，酿酒业成为一个庞大的独立手工业部门。西周时，专设"酒正"、"酒人"、"浆人"等酒官，掌管酒的酿造和执行有关酒的政令。

秦汉时期，酒肆作坊遍布都市和乡镇，在人口密集的通邑大都，酒业作坊的产销量相当可观。《史记·货殖列传》说："通邑大都，酤一岁千酿。"官僚贵族自家酿酒也很普遍，《四民月令》中有"曲宝"、"作曲"、"酿春酒"、"渍曲酿冬酒"等记载，说明田庄所需之酒多系自酿。汉代普遍以曲酿酒，促进了造曲技术的发展，扬雄《方言》一书记载的地方名曲就达 8 种之多。酒的酿造工艺也在实践中得到改进，东汉时出现的"九酝"新酿法，采取连续投料的方法，以保持糖分的浓度，使酵母菌发酵充分，酿成的酒更为醇厚。随着酒的品种日渐增多，一些地方名酒脱颖而出，如湖北宜城的"宜城醪"、广西苍梧的"苍梧清"、会稽的"会稽稻米清"、巴蜀的"酴清"、关中的"白薄"等，东汉时即已驰名。

西晋时人们把药用植物加入酒中，制成药酒，嵇含的《南方草木状》对此有详细记述。北魏贾思勰在《齐民要术》中所述制曲酿酒的技术和原理，堪称世界上最早的酿酒工艺学。

酿酒业至唐代更为兴盛，地方名酒品类繁多。长安在唐代位居全国中心，酒肆旗亭遍布街巷，各地的名酒佳酿荟萃于此。中唐元和、长庆间的李肇在其《唐国史补》中罗列各地名酒云："酒则郢州之富水，乌程之若下，荥阳之土窟春，富平之石冻春，剑南之烧春，何东之乾和葡萄，岭南之灵谿、博罗，宜诚之九醖，浔阳之溢水，京城之西市腔，虾蟆陵郎官清、阿婆清。又有三勒浆类酒，法出波斯。"各地名酒已呈琳琅满目的态势。

宋金时期，中国诞生了白酒。白酒生产的关键是掌握科学的蒸馏方法。1975 年，河北青龙县出土了一套金代铜制烧酒锅，其铸造年代不迟于金世宗大定年间，这为确定白酒生产的起始年代提供了有力的旁证。至此，低度的米酒、果酒和烈性的白酒在中国都已齐备。

(二)酒的礼俗

在中国古代，酒被视为神圣的物质，酒的使用，更是庄严之事，非祀天地、祭宗庙、奉佳宾而不用，形成远古酒事活动的俗尚和风格。随着酿酒业的普遍兴起，酒逐渐成为人们日常生活的用物，酒事活动也随之广泛，并经人们思想文化意识的观照，使之程式化，形成较为系统的酒风俗习惯。

中国人一年中的几个重大节日，都有相应的饮酒活动，如端午节饮"菖蒲酒"，重阳节饮"菊花酒"，除夕夜饮"年酒"。在一些地方，如江西民间，春季插完禾苗后，要欢聚饮酒，庆贺丰收时更要饮酒。酒席散尽之时，往往是"家家扶得醉人归"。对节日的全新解释是，必须选举一些日子让人们欢聚畅饮，于是便有了节日，而且节日很多，几乎月月都有。

南方的"女儿酒"，最早记载于晋人嵇含所著的《南方草木状》中，说南方人生下女儿才数岁，便开始酿酒，酿成酒后，埋藏于池塘底部，待女儿出嫁之时才取出供宾客饮用。这种酒在绍兴得到继承，发展成为著名的"花雕酒"，其酒质与一般的绍兴酒并无显著差别，主要是装酒的坛子独特，这种酒坛还在土坯时，就雕上各种花卉图案、人物鸟兽、山水亭榭，等到女儿出嫁时，取出酒坛，请画匠用油彩画出"百戏"，如"八仙过海"、"龙凤呈祥"、"嫦娥奔月"等，并配以吉祥如意、花好月圆的"彩头"。

从远古以来，酒是祭祀时的必备用品之一。祭祀活动中，酒作为美好的东西，首先要奉献给上天、神明和祖先享用。战争决定一个部落或国家的生死存亡，出征的勇士，在出发之前，更要用酒来激励斗志。酒与国家大事的关系由此可见一斑。在反映周王朝制度的《周礼》中，对祭祀用酒有明确的规定，如祭祀时，用"五齐"、"三酒"共 8 种酒。

中国各民族普遍都有用酒祭祀祖先，在丧葬时用酒的习俗。人去世后，亲朋好友都要来吊祭死者，汉族的习俗是"吃斋饭"，这就是葬礼期间举办的酒席，而且酒还是必不可少的。死者入葬后，古代的习俗还有在墓穴内放入酒，为的是死者在阴间也能享受到人间饮酒的乐趣。汉族人在清明节为死者上坟，必带酒肉。在一些重要的节日，举行家宴时，都要为过世的祖先留着上席，一家之主这时也只能坐在次要位置。在上席为祖先置放酒菜，并示意让祖先先饮过酒或进过食后，一家人才能开始饮酒进食。在祖先的灵像前，还要插上蜡烛，放一杯酒，若干碟菜，以表达哀思和敬意。

此外，还有一些其他饮酒习俗：

"满月酒"或"百日酒"：是中国各民族普遍的风俗之一。孩子满月时，摆上几桌酒席，邀请亲朋好友共贺，亲朋好友一般都要带有礼物，也有的送上红包。

"寿酒"：中国人有给老人祝寿的习俗，一般由儿女或者孙子、孙女出面举办，邀请亲朋好友参加酒宴。

"上梁酒"和"进屋酒"：在中国农村，盖房是件大事，盖房过程中，上梁又是最重要的一道工序，故在上梁这天，要办上梁酒，有的地方还流行用酒浇梁的习俗。房子造好，举家迁入新居时，又要办进屋酒，一是庆贺新屋落成，并志乔迁之喜；一是祭祀神仙祖宗，以求保佑。

"开业酒"和"分红酒"：这是店铺作坊置办的喜庆酒。店铺开张、作坊开工之时，老板要置办酒席，以志喜庆贺；店铺或作坊年终按股份分配红利时，要办分红酒。

"壮行酒"：也叫"送行酒"，有朋友远行，为其举办酒宴，表达惜别之情。在战争年代，勇士们上战场执行重大且有很大生命危险的任务时，指挥官们都会为他们斟上一杯酒，用酒为勇士们壮胆送行。

(三)酒德与酒礼

历史上，儒家的学说被奉为治国安邦的正统观点，酒的习俗同样也受儒家酒文化观点的影响。儒家讲究"酒德"二字。

"酒德"二字，最早见于《尚书》和《诗经》，其含义是说饮酒者要有德行，不能像夏纣王那样，"颠覆厥德，荒湛于酒"，《尚书·酒诰》中的"饮惟祀"、"无彝酒"、"执群饮"、"禁沉湎"集中体现了儒家的酒德。儒家并不反对饮酒，用酒祭祀敬神、养老奉宾，都是德行。

饮酒作为一种饮食文化，在远古时代就形成了一些大家必须遵守的礼节，有时这种礼节还非常烦琐。中国古代饮酒主要有以下一些礼节：

主人和宾客一起饮酒时，要相互跪拜。晚辈在长辈面前饮酒，叫"侍饮"，通常要先行跪拜礼，然后坐入次席。长辈命晚辈饮酒，晚辈才可举杯；长辈酒杯中的酒尚未饮完，晚辈也不能先饮尽。

古代饮酒的礼仪约有四步：拜、祭、啐、卒爵。就是先做出拜的动作，表示敬意；接着把酒倒出一点在地上，祭谢大地生养之德；然后尝尝酒味，并加以赞扬令主人高兴；最后仰杯而尽。在酒宴上，主人要向客人敬酒（即"酬"），客人要回敬主人（即"酢"），敬酒时还要说上几句敬酒辞。客人之间相互也可敬酒（即"旅酬"），有时还要依次向人敬酒（即"行酒"）。敬酒时，敬酒的人和被敬酒的人都要"避席"，起立。普通敬酒以三杯为度。

（四）少数民族酒文化

粮食是酿酒的主要原料。小麦在中国是天山南路的古代民族最先种植的；大麦是青藏高原的古代民族培育出来的；稻谷是长江下游的古代民族（"东夷"中的一部分）最早种植的；高粱最早产生于中国西南的少数民族地区，宋代以后才开始在中原地区种植；青稞是青藏高原的古代民族培育出来的。《史记·大宛列传》记安息国说："安息在大月氏西可数千里。其俗土著，耕田，田稻麦，蒲陶酒。"又说："宛左右以蒲陶为酒，富人藏酒至万余石，久者数十岁不败。俗嗜酒，马嗜苜蓿。"可见当时当地酿酒业之发达。《汉书·西域传》载，张骞出使西域后，武帝与西域和亲，公主嫁乌孙国主昆莫，公主"至其国，自治宫室居，岁时一再与昆莫会，置酒饮食，以币帛赐王左右人"。乌孙族最初活动在祁连、敦煌间，汉文帝后元三年（前161）左右西迁今伊犁河和伊塞克湖一带。南北朝时迁葱岭北，辽代以后渐与邻族融合，近代哈萨克族中尚有乌孙部落。《左传·庄公二十一年》载："王与之酒泉"，杜预注："周邑。"《水经注·河水二》："又东入塞，过敦煌、酒泉、张掖郡南。"注："酒泉，其水甘若酒味也。"世若无酒，不会以酒喻之，说明当时酒在民间生活中已很普遍。酒泉地区当时是少数民族地区。

葡萄是西汉张骞出使西域带回内地后，才开始在国内广泛引种的。葡萄酒的酿制法，于唐太宗时由西域传入长安。后人传说来自西域高昌国。高昌在唐代的辖地西包库车，东抵哈密东境，北越天山，南接于阗，几乎囊括今日的整个新疆地区。《南部新书》丙卷记载，唐延"收马乳葡萄种于苑，并得酒法仍自损益之，造酒成绿色，芳香酷烈，味兼醍醐，长安始识其味也"。晋张华《博物志》称："西域有葡萄酒，积年败。彼俗云：可十年饮之，醉弥月乃解。"《隋书》和旧、新《唐书》都说西域高昌国盛产葡萄酒。当时汉族人中，只有与西域毗连的凉州（今甘肃西部）才仿造葡萄酒。北宋末年朱翼中所著的《北山酒经》中所说的葡萄酒，只是以葡萄酒酿造法为工艺，以粮食为主料，以葡萄和杏仁为辅助香料制成的酒。直到明代，纯粹的葡萄酒才在内地广泛酿造。

烧酒原本是阿拉伯人创造的，元代经西域传入中原，成为中国人主要的传统烈性饮料。

奶酒又称乳酒，是中国北方蒙古族、哈萨克等牧业（过去主要是游牧）民族的传统饮料，以马、牛、羊的乳汁发酵加工而成。自然发酵而成的奶酒度数不高，不易醉；以蒸馏法制成的奶酒浓度高，酒劲大。《鲁不鲁乞东游记》中记载的奶酒制法是把奶倒入一只大皮囊里，然后用一根特制的棒开始搅拌，这种棒的下端像人头那样粗大，是挖空了的。当他们很快地搅拌时，马乳开始产生气泡，像新酿葡萄酒一样，并且变酸和发酵。继续搅拌，提取出奶油，当它有辣味时，就可以当酒喝了。奶酒最初产生于古代北方游牧民族。他们以皮囊盛奶，在游牧颠簸的过程中乳汁变酸发酵成奶酒，被牧民发现而利用和进一步加工，流传至今。据《史记·匈奴列传》称，"其攻占，斩首虏赐一壶酒"，可见当时酒在匈奴人的生活中已普遍应用。匈奴人饮的酒，除汉王朝送的以外，主要是乳酒。《史记·匈奴列传》说，汉文帝时，中行说投降匈奴，向单于献计，要他摒弃汉王朝送的酒食，"以示不如湩酪之便美也"。蒙古人饮用马奶酒的记载，最早见于《蒙古秘史》，该书说成吉思汗第十一代先祖布旦察尔，曾在通戈格河畔游牧的一个部落中饮用过类似于马奶酒的"额速克"。《马可·波罗游记》中也有"鞑靼人饮马乳，其色类白葡萄酒，而其味佳，其名曰忽迷思"的记述。"忽迷思"即马奶酒。清基城主人《出塞集·塞外竹枝词》注说，蒙古人"以马乳酿酒，每饮必烂醉而后已"。可见马奶酒不仅多，而且好喝，否则不可能"每饮必烂醉"。据实践和科学研究证明，马奶酒确有丰富的营养成分，不仅能促进人体的新陈代谢、补肾活血，助消化，而且对胃病、气管炎、神经衰弱和肺结核等疾病有明显疗效。在元代，马奶酒已成为宫廷国宴的饮料，至现代，蒙古族男女老幼皆喜饮马奶酒。

用酒曲酿酒的技术，最早产生于中国。法国人利用酒曲生产酒精，已是19世纪末的事了。他们过去造酒，是利用麦芽淀粉糖化的方法。中国人用酒曲造酒比欧洲人早3000多年，这当然与中国悠久的农业文明史有关。但是以麦酿酒，却出现较晚。《唐书·党项羌传》载，党项人求大麦酿以为酒，是中国北方有麦酒的最初记载。

第三节　中国古代饮食观念

随着生产力的不断发展和食物的日渐丰富，人们对饮食的认识越来越深刻，从而形成了丰富的饮食观念。

一、饮食与养生观

中国饮食文化与养生文化密切相关，中国饮食的特点之一，就是不仅把食物作为充饥的物品，还把它作为治病防疾、延年益寿的良药。中医食疗主张药食同源，王洪图《内经》认为："五谷为养，五果为助，五畜为益，五菜为充，气味合而服之，以补益精气。"杂合以食之，始得其全，以补益生命所需要的物质。这里的"五"是泛指，涵盖了自然界赐予人类的一切谷物、果品、牲畜、蔬菜，它们均有滋补作用，食之能够强身健体。"合而服之"是指谨食五味，不可偏嗜，以杂合各类食物的营养维护健康。

饮食有节也是古代养生家总结的经验之一。"节"指的是节制、节度，它要求饮食的种类合理搭配，不可偏嗜。《周易》曾言"节饮食"，不能"困于酒食"，强调饮食应以适量为原则，不可暴饮暴食。《论语·乡党》篇中孔子指出"不时，不食……肉虽多，不使胜食气……唯酒无量，不及乱。……不撤姜食，不多食"等，即不符合季节或不是吃饭的时间不食，饮食需要随时令变化而变化，不合时令之物则不可食用，并且提出饮食要有规律，不到吃饭的时间，不能饮食。即使平日生活困顿，饮食粗粝，偶遇赴宴时亦须"肉虽多，不使胜食气"，以免进食过量而伤身。唯有酒，因各人的酒量不一而不必限量，但是不要喝醉乱性。《礼记·坊记》指出，古人斋戒时"醴酒在室，醍酒在堂，澄酒在下，示民不淫也"，以各种规定要求百姓要节制饮酒。

另一个重要的养生观念是饮食有礼。《论语·乡党》："食不厌精，脍不厌细"；"食饐而餲，鱼馁而肉败，不食。色恶，不食。臭恶，不食。失饪，不食。不时，不食。割不正，不食。不得其酱，不食。肉虽多不使胜食气。唯酒无量，不及乱。沽酒市脯，不食。不撤姜食，不多食。祭于公，不宿肉。祭肉不出三日，出三日，不食之矣。"孔子在《论语·乡党》中提出了"八不食"的饮食礼制，尤其是强调了饮食卫生和饮食习惯。腐烂变质，形、色、气怪异的食物可导致消化系统病变，出现呕吐、腹痛、腹泻或便秘等症；烧焦的肉、腌制不当导致变质的食物、足以使身体致病的食物，均不应食，这样可以防止疾病的发生。"不时不食"表面看是守礼法，实际是指节制饮食。"割不正"指可能含有动物肉厌（甲状腺）、肿块或寄生虫卵的食物，食后可生病或发生不良反应，当然也不能食。除此以外，对食料的选择、食品的加工、烹饪的火候以及进食过程中的食量、酒量、礼仪规矩等，也都一一做了详细的规定。这在当时的历史条件下，实属难能可贵。

二、饮食与审美观

中国古典美学的产生与饮食有着密切的关系，人们最初的美感和快感主要来自于美味，即审美欲求从属于物质的欲求。在今天看来，味觉的快感并非严格意义上的美感，但是，人类审美意识的发生确实与美味密切关联。《吕氏春秋·本味》中提到的美的对象，都是色美味鲜的食物。在《说文解字》中，许慎对篆体"美"字解释说："美，甘也。从羊从大。羊在六畜主给膳。"中国进入畜牧社会后，最先驯养的是羊，"养"字的字源就与羊相关。《说文解字》释"养"说："养，供养也，从食羊声。"可以认为，以羊肉为美感对象有着最悠久的历史。显然，审美快感的发生最初来自味觉，美是建立在生活基础之上的。

中国饮食，烹调讲究调味，进食讲究尝味，美不在于吃进食物，而在于对饮食的品味。于是，饮食之味可以升华为审美之味，味觉之美可以超越味觉而得到多种感觉的愉悦。古代烹饪大师伊尹说："鼎中之变，精妙之微纤，口弗能言，志弗能喻。"这种"实不可言"的快感，是整合了眼、鼻、舌乃至心理而形成的一种整体性的快感。因此在中国文艺批评史上，宗炳可以用"澄怀味道"去描述中国山水画的特质，钟嵘则用"滋味"来揭示中国诗歌的特质，司空图以"咸酸外之味"来表达对文学作品的审美体验，欧阳修称梅尧臣的诗"如食橄榄，初觉苦涩，但真味久愈在"。在他们看来，饮食与诗、画具有同构性，味觉感受与艺术的审美感受是相通的。

在美食家的视野中，中国饮食之美不仅在于味美，还因为它在色、香、形等方面都能给人以美的享受，因此美食还要配之以美器，伴之以美乐和美的环境，从而给人以整体的美感。

三、饮食与中和观

中和之美是中国传统文化最高的审美理想。《礼记·中庸》曰："中也者，天下之大本也；和也者，天下之达道也。致中和，天地位焉，万物育焉。""中"不能简单地用"中间"来概括，这个"中"指恰到好处，合乎度。"和"是一个烹饪概念。中国饮食讲究五味调和，五味之说源于中国哲学中的五行学说，《尚书·洪范》说："五行，一曰水，二曰火，三曰木，四曰金，五曰土。水曰润下，火曰炎上，木曰曲直，金曰从革，土爰稼穑。润下作咸，炎上作苦，曲直作酸，从革作辛，稼穑作甘。"五行说一方面用日常生活中习见的水、火、木、金、土这五种物质来说明各种物质的起源；

一方面从口味的属性上将咸、苦、酸、辛、甘这"五味"与五行相对应。由于五行既相互联系又对立统一，因此，烹饪者对五味也要在差异中掌握适中的平衡，即对多样而丰富的物质加以增减调配，使其适中。中国饮食之所以有其独特的魅力，关键就在于它的味。而美味的产生，在于调和，要使食物的本味，加热以后的熟味，加上配料和辅料的味以及调料的调和之味，交织融合协调在一起，使之互相补充，互助渗透，水乳交融，你中有我，我中有你。中国烹饪讲究的调和之美，是中国烹饪艺术的精要之处。

《古文尚书·说命》："若作和羹，惟尔盐梅。"意思是要做好羹汤，关键是调和好咸（盐）、酸（梅）二味，以此比喻治国。《左传》中晏婴（齐国贤相）也与齐景公谈论过什么是"和"，指出"和"不是"同"，"和"是要建立在不同意见协调的基础上的。因此中国哲人认为天地万物都在"中和"的状态下找到自己的位置以繁衍发育。这种审美理想建筑在个体与社会、人与自然的和谐统一之上。这种通过调谐而实现"中和之美"的想法是在上古烹调实践与理论的启发和影响下产生的，中国宴席是一种集体性的合欢活动，具有构建人际关系网络、传递及强化亲情和友情的功能。从古代朝堂祭祀的宴飨、乡村民众的乡饮酒礼，到民间的喜庆节日，无不通过饮食合欢活动，来敦睦感情，维系和整合人际关系。反过来，这种中和的理念又影响了人们整个的饮食生活，对于追求艺术生活化、生活艺术化的古代文人士大夫而言，更是如此。

四、饮食与娱乐观

人们在进食时配以适当的娱乐活动，可以愉悦心情，促进食欲。这些娱乐活动既可以助酒兴，增添情趣，又能够展现才华，锻炼人的敏捷才思。

较为古老的饮酒助兴游戏，首推投壶。《礼记·投壶》注云："投壶者，主人与客燕饮讲论才艺之礼也。"戏前，投壶者要把柘木制的带皮无镞箭投向五至九尺外的壶口里，以投中多寡决定胜负。历代曾出现过不少投壶高手，汉代有个郭舍人，他能使箭杆投中壶口后反弹到手中，再连续投下去。唐代大诗人白居易也善此技，被誉为"神投"。

在中国，筵席间配以音乐的历史非常悠久。《周礼·天官·膳夫》云："以乐侑食，膳夫受祭，品尝食，王乃食，率食，以乐彻于造。"这是说周代君王在进食时，以奏乐来助兴，宴罢，还要在音乐声中把未吃完的食物送回厨房。明洪武元年《圜丘乐章》中规定，进餐时奏《凝和之曲》，撤馔时奏《雍和之曲》。到了嘉靖年间，《天成宴乐章》则规定有《迎膳曲》、《进膳曲》、《进汤曲》。

　　行酒令是古代饮食时的一种娱乐形式，据《韩诗外传》载，它始于春秋之时。《红楼梦》第四十回："（鸳鸯）吃了一盅酒，笑道：'酒令大如军令，不论尊卑，唯我是主，违了我的话，是要受罚的。'"描绘的正是这一情景。联诗也是酒席上的常见游戏，由一人先背一句名诗，其他人依次接联诗句。联句者必须以前一诗句的尾字为句首，引出下一句诗来。猜枚俗称"猜单双"，就是把钱币、棋子、瓜子、松子或莲子等小物件作为酒筹，由一人握在手中，然后由参加者猜测单双数或颜色，负者罚饮。宋元时还流行拆字的游戏，就是把一个字隐于诗句或酒令中，然后由自己或别人把隐字解开。

　　饮食中的游戏活动，曾经盛行于文人儒士之间，也流行于乡里市井之中，可谓雅俗共赏。据《拾遗录》记载，欧阳修在扬州做太守时建平山堂，夏天常携宾客到平山堂宴饮，并专门派人从邵伯湖折取荷花百朵，插在四座，令官伎作乐并以花传客，乐止花在手者饮酒作诗，后世称之为"花会"。而在民间，流行最广的饮酒游戏应属猜拳，通常是两人对猜，以劝酒助食，增欢添趣。

　　总起来看，中国饮食是中华民族物质文明和精神文明的象征，是珍贵的民族文化遗产，正如孙中山所说的："烹调之术本于文明而生，非深孕乎文明之种族，辨味不精；辨味不精，则烹调之术不妙。中国烹调之妙，亦足表文明进化之深也。"

思考与讨论题：

1. 中国的饮食结构有什么特点？

2. 中国饮食独特的魅力是什么？

3. 中国的茶史经历了哪几个阶段？

4. 简述中国传统的饮酒习俗。

5. 如何理解孔子的"食不厌精、脍不厌细"？

6. 中国饮食文化与养生文化关系密切，举例说明这一具有中国民族特色的文化现象。

第十九章　中国服饰文化

中国素有"衣冠王国"的美称，从服饰起源的那天起，人们就已将生活习俗、审美情趣、色彩爱好以及种种文化心态、宗教观念，都沉淀于服饰之中，创造了极为精彩的服饰文化。那五彩缤纷、千姿百态、各式各样的服饰，不仅具有遮羞、御寒的实用功能，而且具有独特的审美价值和文化价值。

第一节　中国纺织技术的发展

原始时代，中国黄河、长江流域就有了纺织品生产，公元前 500 年就有了手摇纺车和脚踏织机。探讨中国纺织技术的发展历程，可以更好地认识中国服饰文化的源流。

一、中国纺织技术的起源

中国原始手工纺纱技术是从手工劈分、搓合、绩接技术逐步发展而来的。早在旧石器时代中期，出于狩猎和采集活动的需要，人类已能制作简单的绳索和网具。绳索最初由整根植物茎条制成。后来人们发明了劈搓技术，先把植物茎皮劈成尽可能细的缕，然后再进行搓合，并合多股，便成为绳。旧石器时代晚期，又创造出缝纫技术，能搓捻符合穿针引线要求的较细的线，而纱线的形成离不开绩接技术，绩接是指把已经劈分的一段段较细的缕续接在一起。1933—1934 年在北京龙骨山距今约 1.8 万年的山顶洞人遗址中发现的一枚骨针，长 82 毫米，直径最粗处为 3.3 毫米，针尖圆锐，针孔窄小，针孔直径只有 1 毫米。这是世界上至今发现的最早的缝纫工具之一。通过骨针的针孔，可以看出当时它所牵引的东西，一定不是一般动植物的单根枝茎和皮条，而很可能是用已经仔细劈分的植物纤维搓合而成的单纱和股线。

《说文·解字》："辫，交织也。"说明织造技术的来源是从编织开始的。中国原始手工织造技术从制作渔猎用品网罟和铺垫用品筐席演变而来。据中国史书记载，在伏羲氏时就已"作结绳而为网罟，以佃以渔"。1973年浙江河姆渡发现的距今约0.7万年的河姆渡遗址中的一块芦席残片，尽管已经腐烂，但仍可见其席纹规整、均匀、结构紧密，可以看出当时娴熟的编织技巧。

根据编织织物的特点和近代尚存于各地的编织方法分析，原始社会编织的方法，和编席、编发辫一样，有平铺式和吊挂式两种。平铺式是把两根以上处于平行状态的纱线，按"×"或"＋"的方向，平铺在地上，一端固定在一根横木上，扯动相邻或间隔一定根数的纱线，反复编织；或者利用骨针和骨梭，在经线中一根根地穿织。编完一条，用骨匕之类的工具，沿着编织者的方向，把编入的纱线打紧。吊挂式是把准备织作的纱线，垂吊在横杆或圆形物体上，纱线下端一律系上石制或陶制的重锤，使经向纱线张紧。织作时，甩动相邻或有固定间隔的重锤，使纱线相互纠缠，形成绞结，逐根编织。在原始纺织技术出现之后，人类才真正进入穿着纺织品的时代。

二、中国纺织技术的发展历程

（一）手工机器纺织阶段

1. 纺纱技术的发展

纺车的不断改进是纺纱技术不断发展的重要体现，随之而来的是纺纱品质和生产效率的不断提升。纺专是中国古代用来纺纱、捻线的最原始工具。纺专加捻是间歇进行的：加捻一段纱，停下来将纱绕到锭杆上，再捻一段，再绕上去，如此反复。纺专的生产效率低下，纱上每片段的捻回数也不均匀。由于生产的需要，后来演变出纺车。手摇纺车的主要机构，一是锭子；一是绳轮和手柄。常见的手摇纺车是锭子在左，绳轮和手柄在右，中间用绳弦传动。由于只需一人操作，比较适合一家一户的农村副业使用，所以一直沿袭流传至今。

东汉前出现脚踏纺车，脚踏纺车是在手摇纺车的基础上发展而来的，用于并捻丝、麻。手摇纺车的驱动力来自于手，操作时，需一手摇动纺车，一手从事纺纱工作。而脚踏纺车的驱动力来自于脚，操作时，纺妇能够用双手进行纺纱操作，大大提高了工作效率。

元代时，又出现了多锭水力大纺车，它有一个直径很大的水轮，利用激流之水冲击水轮上的辅板，发生连续性的推动力，促使水轮旋转。这些特点使水力大纺车具备了近代纺纱机械的雏形，适应大规模的专业化生产。

2. 织造技术的发展

在中国原始的织造工具原始腰机上，已经有了开口运动（在织机上按照织物组织的要求，把经纱上下分开，形成梭口的运动），用手提综开口，使用打纬刀打纬，使用纤子或骨针充当梭子。最初，人们把纬纱绕在两端有凹口的木板上，这便是纤子的雏形。后来索性把纤子装在打纬木刀上，构成一体的刀杆，它就是梭的前身。人们发现将刀杆抛掷穿过织口比递送过织口快得多，于是发明出纤子外面套上两头尖木壳的梭子。这个过程，大约发生在公元前2世纪。但原来刀杆是肩负引纬和打纬双重任务的，改为梭子后，不能再兼扫纬了，定幅筘便演变成打纬筘。定幅筘是在木框中密排梳齿，让经纱一根根在齿间穿过，以达到经纱在幅宽方向的定位，保证织物一定的幅宽。

秦汉时期中国出现脚踏织机，用脚踏板提综开口，两根脚踏板用绳子连接在综框和提综杠杆上，脚踏板上下运动能使杠杆绕支点来回摆动，带动综片做上下运动，形成织机的开口运动。织工使用脚踏织机一手投梭，一手拉筘打纬，配合脚踏提综开口，大大提高了劳动生产率。

为了织出花纹，增加了综框的数目，两片综框只能织平纹组织，3—4片综框只能织到斜纹组织，5片以上的综框才能织出缎纹组织。至于织复杂的花，则必须把经纱分成更多的组。多综多蹑花逐渐形成。西汉时最复杂的花机综，蹑数达到120条。由于蹑排列密集，为便于操作，人们又发明了"丁桥法"：每蹑上钉一竹钉，使邻近各蹑的竹钉位置错开，以便脚踏。三国时马钧发明了两蹑合控一综的"组合提综法"，用12条蹑可控制60多片综个别运动。唐代以后随着重型打纬机构的出现和多色大花的需要，纬显花的织法逐步占了优势。多综多蹑和束综提花相结合，使织物花纹更加丰富多彩。

(二)动力机器纺织阶段

新中国成立前的110年中，中国纺织生产处在引进、借鉴和推广西方动力纺织机器和工厂生产形式的阶段，也是中国动力机器纺织萌芽和兴起的时期。

19世纪八九十年代，中国开始引进欧洲设备，聘用欧洲技术人员建设的第一批毛、棉等纺织厂，先后在兰州、上海和武汉开工。从此，在棉纺织厂生产中开始利用动力机器和实行工厂体制。通过出国留学和培训，中国工程技术人员逐步掌握了动力机器纺织技术，并进行技术改进，使外国制造的机器能够适应中国的原料、市场和环境条件。

1937年抗日战争爆发，后方纺织品严重不足。除了利用手工纺纱弥补不足，千方百计保护生产设备外，形势迫使中国技术人员因地、因时制宜，创造并推广了一些适于战时使用的短流程、轻小型纺纱系列设备，其中比较成熟的有新农式和三步法。新农式成套纺纱机包括卧式锥形开棉机、末道清棉机、梳棉机、头二道兼用并条机、超大牵伸细纱机、摇纱机和打包机。每套128锭，占地面积只有75平方米，功率为7.4千瓦。全套设备可用2辆卡车装运，所以适合在偏僻山区建厂使用。三步法成套纺纱机把原来棉纺的清棉、梳棉、并条、粗纱、细纱、摇纱、成包等7道工序缩成弹棉、并条、细纱三步成纱，配摇纱和成包即成为纺纱全过程。弹棉机用刺辊开松，出机净棉做成小棉卷，并条以小棉卷喂入。细纱改为3罗拉双区双皮圈超大牵伸，由棉条直接纺纱，牵伸可达50～100倍。这套机器结构简化，加工制造和安装极为方便，成纱质量可与大型机器匹敌。这些技术革新为以后中国棉纺织业的全面技术革新奠定了坚实的基础。

新中国成立后，政府接管了中国纺织建设公司各厂，改为国有企业。国内纺织工业经过3年恢复期，从1953年起，进入有计划的发展阶段，纺织生产力迅速提高，纺织技术取得一系列的进步。从1953年起，中国开始进行有计划、按比例的大规模经济建设，1953—1957年，纺织工业建成200多万棉纺锭新厂，大体上接近原来70余年民族资本建厂的总和。主要的技术进步在于改进工艺，节约原料，改善条件，提高质量。1958—1967年，主要的技术进步在于提高机械化、连续化程度和设备生产率，同时开发化纤混纺。1968—1977年，主要的技术进步在于适应化纤的扩大利用，进一步改革设备和工艺。一方面推广自动抓棉、自动落卷、大卷装、大牵伸等高速高效技术；另一方面进一步改进技术。1978—1987年，中国再一次大量引进国外纺织机器和技术，设计制造第三代国产定型成套设备。在结合本国经验和消化吸收引进技术的基础上，设计制造了在高产、优质、大卷装、自动化及机电一体化方面更成熟的成套设备。

改革开放以来，大量引进国际先进技术和装备对纺织行业技术进步发挥了重要作用。1994—2003年的10年间，全行业引进先进装备达248亿美元，其中2003年进口装备达46亿美元，约占当年全行业关键设备投资额的50%。纺织行业大量吸收海外资本，不仅带来了先进技术，而且传播了先进的管理经验。

目前，中国已能批量生产较高水平的机电一体化纺机产品，初步具备自主创新的开发能力。其中棉纺清梳联成套设备国内市场占有率达 70%，并累计出口 30 多套；中档实用型无梭织机的机电一体化水平有了提高，国产中高档无梭织机在国内市场占有率达 10% 左右。

第二节　中国传统服饰的变迁

服饰的发生发展和演变过程与每个历史时期人类文明的发展和进步密切关联。中国服饰文化是中华民族文化艺术的重要组成部分，大体分为先秦服饰、秦汉服饰、唐宋服饰、明清服饰以及近现代服饰这样几个重要阶段，并体现出一定的时代性、文化性。

一、先秦服饰

北京周口店发现过旧石器时代山顶洞人所用的骨针，说明从那个时候起，居住在这块土地上的人们，已经知道缝制衣服。在新石器时代的彩绘陶器上，出现过穿衣服的人物图案。进入阶级社会以后，商代给我们留下了一些有关服饰的资料。从河南安阳出土的玉雕、石雕和陶塑的人像上，可以看到头戴扁帽、身穿右衽交领衣、下穿裙裳腰间束带、裹腿、着翘尖鞋的奴隶主和免冠、着圆领衣、手上戴枷的奴隶的形象。从这些材料看来，古代华夏族上衣下裳、束发右衽的装束特点，这时已经形成。西周时代，贵族们仍然把上衣和下裳分开，在金文和《尚书》、《诗经》等古文献中可以看到玄衣、衮衣、黄裳、绣裳等名目。此外，他们在腰间常束宽宽的绅带，腹前有时还系着一条像围裙一样的韨。

春秋战国时代在服装方面最重要的变化，是深衣和胡服的出现，深衣将过去不相连的衣和裳连属在一起，"被体深邃"，所以叫深衣。它的下摆不开衩，而是将衣襟接长，向后拥掩，即所谓"续衽钩边"。这种服装在战国时广泛流行。胡服则指中国北方草原游牧民族的服装，他们为了游牧时骑马的需要，多穿短衣、长裤和靴。这种服装是战国时期赵武灵王引进为装备军队而加以改革的。伴随着胡服也传来了带钩，它起初带着外来语的名字，叫"鲜卑"、"犀毗"或"私纰头"等，后来才通称为带钩。带钩是束结革带用的。这种带也叫"钩络带"，它结扎起来要比过去的绅带便捷得多，所以很受欢迎。带钩的制作自战国以至两汉都很盛行，所以式样繁多，有些制作也很精美，成为一种优秀的工艺品。

二、秦汉服饰

秦朝服饰由于纺织技术改进的关系，使得战国以后的服装，由上衣下裳的形式，演变为连身的长衣，这种衣着在秦代非常地普遍。它的样式通常是把左边的衣襟加长，向右绕到背后，再绕回前面来，腰间以带子系住，并且往往用相间的颜色缝制，增加装饰和美感的效果。秦代的袍服是一种有絮棉的夹层内衣，穿着时在袍服的外面要罩一件外衣。这种穿着习惯到了汉代产生了变化，袍服除了作为内衣，很多妇女时兴把袍服当外衣穿，令袍服逐步演变为外衣，成为一种十分流行的服饰。秦代已有裤子出现，源自于北方的游牧民族骑马打猎时的穿着，式样跟现代的灯笼裤很相似，汉族人民在种田、捕鱼时也穿着这种裤子。秦代男女日常生活中的服饰形制差别不大，都是大襟窄袖，不同之处是男子的腰间系有革带，带端装有带钩；而妇女腰间只以丝带系扎。

由于西汉时的深衣是将下襟缠在身上，这样既不便利又费布帛，所以到了东汉时，一种直裾的襜褕就流行开来了。在东汉时的画像石上，我们看到的官员和士人，大都穿着这类衣饰，襜褕的再发展一步，就是唐、宋时代的交领袍。

汉代流行的服装则是以连身的袍为主，样式以大袖为多，袖身宽大部分为"袂"，袖口紧小部分为"祛"。从肩部直筒下垂到脚踝的长袍，是汉代人典型的穿着。至于民间的百姓，有的会穿着比较短的袍子，长度大约是遮住小腿，以便于工作。汉代的社会，政治安定，国力强盛，经济繁荣，促使生活富裕，穿衣的风气也走向华丽。

除了衣制之外，汉代服装最重要的特点是它的冠制。冠本来是加在发髻上的一个罩子，很小，并不覆盖整个头顶。古时曾有男子成年时皆行冠礼的规定，但在汉代，"卑贱执事"的人，都只能戴帻而不能戴冠。帻有点像一顶便帽，有平顶的，叫"平上帻"，有尾状顶的，叫"介帻"。到了王莽时，据说他头秃，所以先戴帻，帻上再加冠。后来这种戴法普及开来，因而在东汉画像石上出现的冠，也都在下面衬着帻。但冠和帻并不能随便配合，文官戴的进贤冠要配介帻，武官戴的武弁大冠则要配平上帻。进贤冠前部高耸，后部倾斜，外形有点像个斜三角形的跛足小板凳。冠前有"梁"，根据梁数的多寡来区别身份的高低。武弁大冠又叫"惠文冠"，它起初是在平上帻上面扎一条麻布手巾，后来这条麻巾改用漆纱制作，看上去像在帻上罩了一个漆纱笼，所以又叫"笼冠"。

不过，进贤冠前面的梁虽然起着区别尊卑的作用，但因梁数通常只有一梁、二梁、三梁之别，所以不能区分得很严格。作为官阶在服装上的标志，汉代主要通过绶来达到这个目的。绶本是系在官印上的绦带，汉代官员将印装在腰间的鞶囊里，绶垂在外边。依官阶的大小，绶的颜色和织法都不相同，所以其身份可以一望而知。

汉代的妇女一般将头发向后梳掠，在肩背间绾一个髻，像是拖着一把锤子，所以汉代人把它叫"椎髻"。以"举案齐眉"、"相敬如宾"的故事著称的梁鸿的妻子孟光，《后汉书》就说她"为椎髻，著布衣"。在汉代的陶俑当中，这种发式很普遍。在画像石中还可以看到汉代妇女戴巾帼、华胜（即首饰）的形象。腰鼓形的耳珰这时也出现了，不过这时的耳珰的戴法和后世不同，它是在耳垂上的眼里直接横插进去，露其前后两端在耳外。

魏晋南北朝时期是中国古代服装史上的大转变时期。这时由于大量少数民族入居中原，胡服成为社会上司空见惯的装束，一般群众的服装受到胡服的强烈影响，将胡服的褊窄紧身和圆领、开衩等特点都吸收了过来，最后形成了唐代的缺胯袍等袍服。但另一方面，少数民族的统治者又醉心"汉化"，十分羡慕汉代帝王那一套峨冠博带的"威仪"，北魏的孝文帝元宏（拓跋宏）就是其代表人物。于是，宽袍大袖的衣裳冠冕之类遂在"法服"（礼服）中保存了下来。

三、唐宋服饰

到了唐代，上自皇帝，下至厮役，在日常生活中都穿圆领袍、裹幞头、穿长靿靴，是为"常服"。旧式的冠服，皇帝和官僚们也只在大祭祀和大朝会的时候穿一穿。自南北朝后期至明代，法服和常服一直并存，但是前者使用的范围始终很小。

常服，在唐代出现了几个前所未有的特点。一是幞头，它本是一条头巾，由汉代的帩头、幅巾等演变而来，裹幞头时两个巾角朝前系住发髻，其余两个巾角在脑后系一个结，多余的部分自然垂下。头巾的质地一般用黑色纱、罗，所以后面垂着的巾角也是软的，称"软脚幞头"。以后将软脚中加铜、铁丝撑起来，就成为"硬脚幞头"。硬脚后来又做出不同形状，翘成不同的角度，而产生了"翘脚幞头"、"展脚幞头"等多种名目。二是腰带，汉代虽然在革带上装豪华的带钩，其花样虽多，却并没有一定的制度。唐代则不然，唐代的革带不用带钩而用带扣系结，另在带身上装带銙。带銙是一种方形的饰片，依官僚品阶的不同，分别用玉、金、犀、银、铁等质料制作，使腰带也成为区别官阶的一项标志。另外，隋代开始出现的"品色衣"，至唐代乃形成制度，成为此后中国官服制度上的一大特色。虽然宋、明各代的具体规定不同，但都把官品和服色联系了起来。在唐代，皇帝的服色为柘黄，官僚自一品至九品，服色以紫、绯、绿、青为差。平民百姓多穿白衣。士兵在汉代衣赤，隋代衣黄，唐代则衣皂（黑色）。

唐代的女装主要由裙、衫、帔三件组成。裙长曳地，衫子的下摆裹在裙腰里面，肩上再披着长围巾一样的帔帛。唐代前期，中原一带的妇女还特别喜欢穿西域装，着翻领小袖上衣、条纹裤、线鞋，戴一顶卷檐胡帽。唐代贵族妇女的面部化妆也很繁复，额上涂"额黄"，眉间贴"花钿"，鬓畔画"斜红"，两颊点"妆靥"，再加上"朱粉"、"口脂"、"眉黛"等。这与唐诗描写的"眉间翠钿深"、"当面施圆靥"等诗句完全相符。

宋代服饰大体沿袭唐制。但这时的幞头，内衬木骨，外罩漆纱，宋代称之为"幞头帽子"，可随意脱戴，与唐初之必须临时系裹的软脚幞头大不相同了。这时幞头的样式是不同身份的重要标志。皇帝和官僚所戴的展脚幞头，两脚向两侧平直伸长。身份低的公差、仆役则多戴无脚幞头。

宋代妇女渐不戴帔帛，而且多着小袖对襟式上衣，盖在下裙之外。唐代贵妇戴花钗（当时叫"花树"），宋代改用花冠。安阳宋韩琦墓所出金丝编织的花冠，制作工细，和故宫旧藏的《历代帝后图》中宋代皇后所戴的凤冠极为相似。

元代。蒙古族男子多把顶发当额下垂一小绺，余发分编两辫，绕成两个大环垂在耳后。贵族妇女必戴姑姑冠，冠用绒锦做成，上缀珠玉，高约一尺。官服用龙蟒缎衣，以龙爪分等级。便服仍采用唐宋式样，外出戴盔式折边帽或四楞帽。平民妇女或女婢，梳顶心髻，穿黑褐色袍。

四、明清服饰

明代服饰的材料更加丰富。明代官服制度，皇帝穿着龙袍，大臣依等级穿着绣有蟒、斗牛、飞鱼等纹饰的宽大袍服，袍上胸背缀有象征等级不同而纹饰各异的补子，头蓄发绾髻，戴由幞头演变而来的乌纱帽，腰有玉带。明代统治者为了表示自己天下的巩固，有所谓"四方平定巾"和"六合一统帽"，分别为读书人和小商贩、市民所用。元代的笠子帽、宋代的巾子仍有保留。劳动人民穿短衣，头裹巾子，有的则戴网巾。妇女发髻多垂于脑后。南方妇女有云肩、比甲、遮眉勒。大量的明代文物中，保存着丰富的服饰形象材料。

清朝建立以后，官服有详细的规定。官员的礼帽分夏天戴的凉帽和冬天戴的暖帽。帽上的顶珠随品级不同，颜色和质料各异。有军功的人，皇帝还赏以用孔雀毛做的花翎，戴在帽顶上垂向后方。蟒袍也因品级而有所不同。一、二、三品九蟒，四、五、六品八蟒，七、八、九品五蟒。蟒袍外边用石青、玄青缎子、宁绸、纱等作外褂，前后开衩，胸背各缀比明代官服略小的方形补子。补子上依品级织绣不同的鸟兽图案，文官鸟形，武官兽形。五品以上及内廷官员胸前挂朝珠，大礼时有披领。还系有金玉板做装饰的带，着靴。文武官员的夫人，服饰多依其丈夫的品级而异。

清代男子剃发梳辫，着长衫。马褂初为营兵之服，康熙以后日趋普遍。还有不带袖子的坎肩、套裤。帽有瓜皮小帽、毡帽、风帽、凉帽等。一般女子服饰，满族有上下连裳的旗袍，喜罩马甲，梳有如意头、一字头、大拉翅等。还穿有高眼在足心的花盆底鞋。汉族妇女以南北而不同，南方多系裙，北方扎裤脚。衣有对襟、大襟、琵琶襟。裙有凤尾裙、百褶裙等。女子发式极多，少女有刘海、梳单辫或双丫髻，中年妇女多梳长髻，老年脑后梳纂。清后期，京师妇女衣服镶绲边极多。清代还在服饰上保留了不少明代服饰的特点，并在一定程度上保留了少数民族的服饰特色。

五、近现代服饰

民国初年出现西装革履与长袍马褂并行不悖的局面。穿着中西装都戴礼帽，被认为是最庄重的服饰。20世纪20年代前后出现中山装，逐渐在城市普及。广大农村一直沿用传统的袄裤，头戴毡帽或斗笠，脚着自家缝纳的布鞋。辛亥革命带来了多样化，除了一身袄裤之外，又多穿用袄裙套装。妇女则喜爱旗袍，旗袍逐渐成为时装而经久不衰。中华人民共和国成立后，服饰崇尚简朴实用。20世纪50年代至70年代，中山装渐成男子主体服装，此外流行过军便装、人民装；女装受苏联影响，连衣裙风靡城市，此外还流行过列宁装等。但在农村，上衣下裤一直是大多数农民的传统装束。

1978年后，中国实行改革开放政策，体现时代精神，具有中华民族特色的服饰如雨后春笋般发展起来，面貌簇新。中国古代服饰文明演变成"东方服饰"，从服饰品的造型设计、面料的开发到产品的生产和销售，高科技为之注入了前所未有的新鲜血液，而使其更加丰富多彩和富有生命力。信息时代的人们则少了些理性指导而多了感性认识，他们相信自我、追求自我表现，着装果敢大胆、标新立异，求新求异求美的自我要求成了着装行为的最高要求，人们试图摆脱权威和传统去追求个性，也使人们的审美表现呈多样化。现代服饰的款式、颜色、材质都日益多元化。

第三节　中国服饰文化的制度形态

服饰文化不单是一种服装的技艺知识，而是渗透于不同时代人们的情感、意愿、习俗、道德风尚和审美情趣之中，逐渐积淀而成的一种观念，一种反映社会普遍心理和民族精神实质的亚文化形态。这种亚文化形态由于更贴近人的社会生活，所以与多种文化现象融会贯通。不仅如此，中国古代服饰中若干与祭祀、婚丧仪礼和日常生活方式有关的程序和规范，也逐渐被纳入典章制度，载入史志或约定俗成而稳定为一种制度文化的形态。

一、体现礼制的服饰制度

中国古代的服饰制度，首先体现出的是一种礼制。通过敬天祭祖、崇拜神巫和忠君事亲的程式礼仪服务于原始的巫史活动；而由于中国古代特定的社会状态，在天人不二、帝祖一元、家为巫史的情况下，中国的服饰制度又服务于人伦日用、和睦友善，进而为以血缘家族为基础的宗法国家政治所用，成为明贵贱、别等级的封建帝制的有力支柱。

《礼记·玉藻》中引用郑玄的一句话："名曰玉藻者，以其记天子服冕之事也。"《礼记·玉藻》首句也曾说："天子玉藻，十有二旒，前后邃延，龙卷以祭。"意谓天子遇到大祭的时候，要盛其服饰，头戴十二旒的冠冕，每旒要用五彩丝线穿玉，前后下垂齐肩，身穿天子专用的龙袍，然后才能祭祀天帝神庙。周代仪礼所规定的其他条章也多有反映敬天崇神的服饰规则。《礼记·月令》篇：季春之月，后妃"亲东向躬桑。禁妇女毋观，省妇使，以劝蚕事。蚕事既登，分茧称丝效功，以共郊庙之服，无有敢惰"。即规定在这个月令之中，禁止妇女们过分地装扮修饰，减少杂务，以期专事桑蚕丝服之事。因为这是关乎祭天祭祖的礼服，所以不得有误。从这里可以看出服饰在周代，首先关系到崇敬天帝的祭祀活动，天与神通过服饰与仪礼与人相连。所以仪礼离不开华服，礼制典章与服饰就共同构成一条沟通人神的情感纽带。

礼制是儒家经典的内容之一，是文化传统的主要形式，但其初始的繁文缛节是颇不为统治者赏识的。急功近利的上层阶级在周礼面前一度手足无措之后，经过为帝王师的儒者一番指点，终于发现昔周公之礼完全可以为我所用，礼仪、宫舆、服饰的等级制度与"修、齐、治、平"的文化道统一致，实在能使尊卑、贵贱的等级制度完美无瑕。所以自汉高祖刘邦之后的服饰制度就把森严的等级与虔诚的祭天摆到了同等重要的地位。在等级社会中，服饰就成为一个人身份地位的外在标志。人生来天赋五官四肢，外貌虽然有别，相差究竟无几。而他戴什么、穿什么、佩什么，在等级森严的奴隶社会和封建社会中，才表明他站在社会阶梯的哪一级。旧时有句俗语："只认衣衫不认人"，反映的就是基于这种社会现象的势利观念。古代先主遗制所列的服饰等级区别，无疑是细致详备的，诸如只有国君才能穿用羔与狐交杂的一种裘，诸侯穿狐裘锦衣，庶人只能用犬羊皮衣等。笏板也有规定，天子的笏用美玉制成，诸侯取纯玉或象牙，大夫就只能竹板，至多也只能用玉或象牙装饰把柄。再如，汉高祖到洛阳看到商人穿得华丽，当即下令"贾人毋得衣锦绣、绮縠、絺綜……"在"士、农、工、商"的等级序列中，商贾位居四民之末，社会地位很低，尽管有钱，却无法将这些展示出来。

不仅图案、质料根据等级有严格规定，就连颜色，对于不同身份的人的规定也不同。《论语·阳货》："恶紫之夺朱也"，因为朱是正色，紫是间色，所以孔子要人为地给正色和间色定名位，别尊卑，以巩固等级制度。历史上的"白衣"、"苍头"、"皂隶"、"绯紫"、"黄袍"、"乌纱帽"、"红顶子"等，都是在一定时期内，某种颜色附丽于某种服饰就获得了代表某种地位和身份的意义的例子。每个朝代，几乎都有过对服饰颜色的这种那种规定和禁令，如黄色曾经被封建帝王神圣化过，唐朝天子穿赤黄色袍衫。"禁士庶不得以赤黄为衣服杂饰。"宋赵匡胤"陈桥兵变，黄袍加身"；至清代，则规定：明黄是帝王专用色，贵族只能用金黄色，稍带红色的杏黄则不禁，民间也可用。由此可见，中国古代的服饰，不论从材料、质地，还是从款式、颜色，都无一例外与贵贱等级和礼乐法制有必然的联系。基于每一代统治者不尽相同而又大体一致的政治主张，中国的舆服制度虽历代翻新却万变不离其宗。文化传统的一个"礼"字，凝聚了几千年来传统文化中统治阶级对等级制度和尊卑秩序的追求。

二、反映宗法家族制的丧服制度

中国古代服饰制度，反映的是一种宗法家族制。自夏商周三代至今，中国的国家构成中最具根基的社会组合单元就是以血缘宗亲为纽带的家族。因为社会普遍存在的家庭关系，在中国社会中的表现特别充分，所以服务于这种家园组合关系的制度也特别严密。由于中国封建社会中"国"与"家"

的同构和相似关系，因此从宗族血缘出发的若干行为规范就理所当然地容易被社会认同并得以发展。就服饰文化制度来说，最能揭示这种人文背景的制度就是中国独有的丧服制度。《仪礼》的丧服形制以服丧的轻重对丧服服饰做严格的规定，丧期也完全依照亲疏关系和等差级别而划分长短。《仪礼·丧服》所记通行的丧制主要分为"斩丧"、"大功"、"小功"、"缌麻"等几种。"斩丧"是最重要的一种，以麻括发，丧服上为"衰"，下为"裳"，"斩"是不缝边沿的意思。上衰下裳全用最粗的生麻布做成，左右衣旁和下边都不缝边，以示哀痛无际。儿子和未嫁女儿对父母，媳对公婆，嫡长孙对祖父母，妻对夫都服"斩衰"。丧服的文化意义不仅表示了君臣是民之父母，还对男尊女卑的传统观念进行了客观的揭示。至于"大功"、"小功"和"缌麻"之丧，则是根据亲疏、长幼、恩德和功利等因素判断作出的人际关系规则。另有五服之外的远房亲戚，就只需袒衣免冠，随身附和而已。古代丧服虽然可以简言概之，但是细细推考，却有诸多巨细靡遗的讲究和若干变通原则。从形式上看，五服制度主要是按照一定的血缘亲属关系划分服丧守孝的轻重等次，其实质则是为了维护封建宗法制度，其基本原则是"尊尊"、"亲亲"。而中国古代社会的每一个个体的自我，都被罩在这种原则、纲常中不得脱身。人们安于这种纲常，国家也借这种人际关系保持稳定和平衡。在国家机器运作的过程中，强令遵守的典章规范倒常常遭到违反，而伦理意义上的制度形态却潜入民心而为世人自觉遵循，以忠、孝、节、义等亲子情爱为心理基础的服饰文化制度，就得以借助于集体无意识的势能，长期流传下来，不断固化文化传统。

第四节　民族民间服饰文化

由于不同民族、不同时期、不同地域文化的差异，在民族民间服饰文化方面也就具有各自不同的内涵和外延，但所有民族民间服饰都体现着实用文化与审美文化的集中统一，体现着各自民族的文化选择。也正因为民族民间服饰接受了不同文化背景下的视觉信息传达，便促使其生成了多种特色的服饰文化。

一、客家服饰

客家人的衣着穿戴，包括衣服、鞋、帽、裙、帕、首饰和雨具等。古时衣着为汉唐服制遗风，比较古朴、大方，偏宽偏长，色偏深，多黑、蓝、灰色，只有夏季用苎麻纺织的白布，富家用白绸缎，直至清末仍大体如此。兹分别略述如下：

（一）衣服

平时一般人家衣服，男女无多大区别，上衣是大襟衫，右边斜下开襟，安布纽扣（讲究的用铜纽），女服只在襟边加一两条边（讲究的绣花边），以示男女之别。衣服袖子宽长，袖口宽1尺左右。男装另一形式是"长衫"，俗称"四围齐"，长度以能遮着"脚眼仁"为准，此衫作礼服用，讲究的外加穿"马褂"，配上小官帽（俗称"榄豉帽"），在年节或做客时才穿。裤子，则男女基本无别，一律宽头大脚，裤腰是用较软的布做的，穿时用纱织布带（俗称"裤头带"）扎紧，或干脆不用布带，将裤头交叉绞紧反扎于内即可。裤筒（俗称"裤脚"）宽1尺8至2尺，一个裤筒穿两条腿也还很宽，如果裁去一截，就相当如今流行的时装"裙裤"。

寒暑服饰无多大区别，至少暑天穿薄衣，苎麻布（俗称"夏布"），冬天用厚布。冬春御寒之衣服则统称"寒衣"，一般有"夹袄"（即双重厚布制成的外衣）、"棉袄"（棉衣），"棉裤"样式古怪，只做两条"腿"，左右各一，互不相连，无裤腰，穿时左右腿各穿一条，上边有一布条，将布带结扎在裤头上即可。

成人衣服大抵如此，其色泽多偏黑、蓝、灰色。布是自己用棉花、苎麻纺织的，俗称"家机布"，本色白底，用土染料染漂而成各色，染料是土制"靛粉"，也有用"薯莨"、"土珠"或乌桕树等草木熬水染色的。

小孩至三四岁穿的衣服，多不用纽扣，只用布带扎紧，上身为襟式，下身为开裆裤。小孩子一般要在六七岁入学后，才穿成人式衣服。

富豪之家则穿绫罗绸缎。明、清二朝间，在梅州地方出产有"程乡茧"丝绸布，后来，由于四川天府绸布（俗称"府绸"）打进来，"程乡茧"便衰落了，至清末即已停产。近代以后，由于受西方机织布冲击，不但衣着用布逐渐改进，服式也随之改装。男装先多穿正襟、七纽、四袋的"唐装"。接着就有"中山装"、"西装"；女装也逐渐由偏宽偏长改为窄而短，也有穿正襟式，时髦者穿"旗袍"（满族女装）。青年男女则多穿"夏威夷"式。近几十年来，受国内外服饰的交流影响，客家人的衣着亦随"大流"，带有原来特色的东西虽多已不复存在，但仍各有偏重，如中老年男人多穿中山装；中青年妇女多穿正襟男式服；20世纪七八十年代中青年则崇尚西装、时装。

（二）鞋和帽

旧时，客家人（尤其是农民）不甚讲究鞋帽等物，露头、赤足，照样干活和出门入市，但逢年过节或出门做客，则很注重衣着穿戴的完整。

鞋，旧时一般人只有布鞋、草鞋，唯富者才冬天有棉鞋，而皮鞋则是近代以后才有的。

布鞋都是自制的。男式叫"阿公鞋"，女式叫"阿婆鞋"，布底（用旧布糊成几十层的"布泊"）、布面（普通人家用"家机布"，有的有钱人家用绸缎）、鞋面颜色多为黑色。鞋式是宽口船型，不用鞋带，俗称"懒人鞋"。这种鞋今天仍然流行，只是已换成胶底或塑料底，用机器制成。旧时，女鞋还有"绣花鞋"，用绸缎或绒布为面，鞋面绣花或鞋头部镶花。多为富家仕女穿着。

草鞋有两种，一种是用干稻草纺织的（俗称"秆草鞋"），用麻绳为经、草索为纬，编成"脚底形"。前头两边及后边"鞋跟"用绳带串起即穿着，制作经济简便，一面穿旧了还可以"反底"再穿。这是劳动用鞋，几天穿一双。另一种鞋是"布泊"底（后来改用"车轮胶底"，前头一个"鞋鼻"，左右各两个布"耳"，后边"布跟"（俗称"鞋"）都留有"眼"，用苎索扎好后，用布带串起，即可穿着。男女鞋样相同。旧时，多为劳动、挑担、走路时穿着。这种草鞋比"秆草鞋"耐穿。客家妇女大多都会制作。现在，上述两种草鞋都已绝迹。被胶鞋、皮鞋所代替，穿胶鞋是近代才兴起的，开始均是南洋进口的"力士鞋"，后来有"回力鞋"、"球鞋"等。皮鞋是更后才兴起。这与全国各地差不多。

棉鞋，又称"老人鞋"、"过冬鞋"，行款与阿婆鞋一样，里面用棉花为絮。供老人冬天穿着，多为富裕人家才有，有钱人或有官职的人还穿"鞋"（俗称"官鞋"），与古装戏里的靴一个样式。

穿鞋，除草鞋外，都需穿袜。古时有布袜、线纱袜两种。穿丝袜、尼龙袜是现代的事。冬天，有的老人穿羊毛袜。

帽，客家人一般对帽子不太讲究，平常戴者少，这可能与南方天气温暖、空气清爽、少风沙有关。旧时，男的有"小官帽"（榄豉帽）、"风帽"、蒙面式"夜帽"，后来有南洋进口的"狗毡帽"（西洋礼帽）、"太阳帽"（硬壳礼帽）；女的有"布帽"（用绒布制成）、羊毛帽，也有人戴"风帽"。小孩（幼儿）布帽是圆圈形，前面是头形（俗称"猫头形"），有布绊套在额下，也有将线纱织成布袋形，一头结扎成"花"。近几十年来，除小孩、幼儿帽仍基本保留旧式外，老、中青年的帽子几乎全部换了样式，而且区别不大。老年人多戴棉帽、绒帽、风帽，甚至皮帽；中青年人多戴陆军帽、时装风帽，而且男女无多大区别。

(三)裙

客家裙两种，一种是旧时妇女穿的作为"衣着"的"百褶裙"，布质、很长（齐脚跟），后来越穿越短，只齐膝下，五四后定位"学生裙"，至今仍流行。有些变成了露膝的"超短裙"，只有年轻姑娘穿。衣裙还有一式"连衣裙"，上衣、裙连在一起，背后半开襟，装纽扣。这种裙过去多为少年、儿童穿着，后来青年妇女也穿。这两种衣裙本是旧时流传的，因近几十年来几乎绝迹，一"翻新"，人们把它当做"时装"，就像穿"旗袍"当做"时装"一样。

(四)帕

帕亦有两种，一种是手巾（汗巾），客家人称为"手帕"，这是每个人都随身携带的，至今如此。另一种帕是指妇女用的"头巾"，俗称"东头帕"（即包头布）。旧时，客家妇女都用，近几十年来较少，但兴宁、五华、龙川等地较年老的客家妇女仍然使用。这种"头帕"不像"裙子"，不钉带子，只用方形布一块包扎在头或只包结在发髻上。

(五)首饰

旧时妇女用物较讲究、多样，主要是头上饰物。古时妇女梳"高髻"，饰物一般有簪子、毛锚、耳扒，富家妇女还有簪花。一般妇女都戴耳环或耳塞，戴手镯。手镯有纽丝手镯、龙头手镯、蒜苓手镯，多银质，富裕人家有金质的，还有玉石手镯。戴戒指则男女都有，一般都戴金戒指。项链较少人戴，有的也多放在箱子里，平时少戴在身上。小孩子普遍要戴银手镯、银脚镯，镯圈上串几个小响铃，便于循铃声而找到孩子。

随着妇女法式的改变，用首饰的逐渐少了。清末民初，客家妇女由梳"高髻"改梳为"盘龙"（俗称"圆头"），梳妆简便多了，只把辫子扭起盘结在后脑，像龙盘起扎紧，插上一只"毛锚"就行了。其他饰物也就省去了。后来又改妆，妇女多剪短发，不必梳头，头饰就全免了，手镯、戒指也少人戴，但还要戴耳环或穿耳塞。

(六)凉帽

凉帽有两种，一种是用竹篾织成圆圈，中间穿孔，周围用布条缝挂，戴在头上露出发髻，发髻上用毛锚或竹片横插，使帽稳定。另一种是在竹笠周围缝挂布条。布条多是疏纹的，以便通风。广州郊区流行的篾织圆圈式凉帽，与过去兴梅妇女戴的凉帽相同，因为他们多是古嘉应州（今梅州）

迁移过去的；闽西南客家妇女戴的多是竹笠加布条式的凉帽。在梅州市各县，反而早已没人戴凉帽了。

二、瑶族传统民间服饰

(一)红瑶

瑶族的传统女装有饰衬、花衣、便衣三种。饰衬、花衣均以大红色为主，故又称"红瑶"。

饰衬质料为棉、丝线和毛线，无领对襟，束腰带，长至脐下。缝制时，先用棉线织成布，以大红色为主，用浅红、绿、黄、蓝色相间织成各种大小不一的几何图案，后缝成衣。袖口、襟边绲白花边，衣脚上镶有锡制小梅花。

花衣质料为青粗布，无领，两襟交叉，长稍过脐，无扣，束腰带。工艺精良，缝制时先用红、绿、黄、紫色丝线于青布上挑绣青牛、鹏鸟、狮、凤凰、麒麟、鹿、山羊、鸡、鹅、鸭、竹木花草、山川河流和几何图像。衣背正中绣上大朵香炉花，花下两边绣八角虎爪(名官印)。据说乾隆皇帝下江南时，有一次在深山中突遇猛虎，当时正好有一红瑶妇女路过，拔箭相救，皇帝为报答救命之恩，就砍下虎爪在其衣背按下两个虎印，告知以后见着皇帝不用下跪。遂瑶民取名"官印"。花衣衣尾缀三行锡制小梅花，闪闪发亮。缝制一件花衣要半年，多为姑娘喜庆婚嫁时穿。

便衣多为青布，也有白布，无领对襟，多作夏衣，老年人常穿。

(二)花瑶

女装上衣有右衽衣和长衣两种，前者居多。右衽衣用青布或蓝布右襟安布扣，长及脐下，长脚左右开脐。领至襟缝有宽五六分缘至左边；长衣白布为底，长及膝，对襟距两三寸。衣胸左右缝上大红、浅红、浅蓝、淡黑相间的几何图案，衣背缝织红、白、黑相间的几何图纹并以白布间隔，衣脚接缝处外镶浅青，内浅红色布块。腰束花。袖窄，上挑红、蓝、黄、青色相间的栏杆、草叶、麦穗等图案。

(三)盘瑶

女子头戴贴蜡的独角或双帽，系黑白相间的长巾，左右垂肩，衣青色，无领，长至脐下，左右对襟，按布质涂水银排扣，袖、衣脚及叉口绲细边，腰束花带，窄管裤，长稍过膝，绲花边；胫系青色三角绑，脚穿尖头翘花鞋，喜佩戴银饰。

男子头包青巾；衣青布低领，长至脐下，左右对襟布扣；窄管裤长至膝下；缠青布三角绑，穿普通鞋。

三、苗族服饰

清道光《龙胜志》载："苗人，留长发挽髻子，四时用青布或花布包头。男子穿青衣长至膝，耳戴大银圈。颈戴颈圈，上穿长花领青布短衣。胸前挂银牌，下穿青布短裤。两腿胫常包花布，男女俱赤脚。"女装有便服、盛装之分。便服多净青色，少佩银饰，花边；盛装绣有花边，色艳，并佩各种银饰，为喜庆婚嫁时穿。

四、侗族服饰

侗族素有种棉花、纺纱、织布、印染的传统。一家人的衣着，专靠妇女织布缝制。男子上穿青色布衣，无领斜襟宽袖，束腰带；下身青色便裤；头扎侗布头巾，赤脚。晚上沐浴后，穿草鞋或布鞋。

侗族妇女颈戴银圈，手戴银镯戒指，衣襟绣花，下身穿青色百褶裙，长过膝；小腿缠三角脚绑，脚穿厚底红花翘尖鞋。

五、壮族服饰

龙脊壮族妇女服装上身为绣红、绿、蓝、青、白五色花边。下身穿裙，裙长至膝盖下，绣各种花纹。民国初年，改裙为裤。其裤脚镶红、蓝、绿色花边(也有的领边不镶花边)，下身穿宽口裤，裤筒镶三条红、蓝、绿绣花边。夏季上身多穿白色衣。

男子多穿便服、制服。

思考与讨论题：

1. 中国服饰体现出怎样的思想文化观念？
2. 以魏晋南北朝时期的服饰大转变为例，说明民族文化的交汇与影响。
3. 唐代的服饰有哪些鲜明的特点？
4. 为什么中国服饰发展至清代又发生了一次大转变？
5. 中国的服饰文化蕴涵着哪些制度特点？

第二十章　中国传统文化的传承与发展

　　传统文化是一个国家和民族在长期历史发展进程中创建和传承的物质和精神成果。当我们现在进行社会主义先进文化的创造之时，无法回避的往往是延续下来的现成的文化背景，作为历史上存在过的观念体系和知识体系，优秀的传统文化构成了特定民族世代相传的部分，联结着一个民族的过去、现在和未来，显示出一个民族在其发展过程中的同一性。因此，在众多历史表象交织的同一社会里，先前文化的某些特征总会以各种方式存在于后续的文化现象中。脱离前人所创造的文化传统，凭空塑造本民族的新文化和新精神，民族的凝聚就会出现断层，历史便不再是历史。只有立足于先辈们所创造的传统，立足于历代相传的民族精神，坚持先进的前进方向才有所作为，中国特色社会主义文化建设才有所依托。

第一节　关于中国文化发展的论争

　　中国创造了令人骄傲的灿烂文化，在鸦片战争以前，华夏文化一直保持着优势和自信，虽然受到来自游牧民族的文化和来自印度的佛教文化的冲击，但是，两者都被中国文化所消化吸收。中国历史上，北方的游牧民族曾经多次入主中原，征服汉民族。在异族的统治下，汉人虽然在服饰、饮食等方面受到统治者的影响，但是其思想、价值、信仰等文化核心的东西没有改变，而且不用多久，异族统治者就会被汉人的文化所同化。入主中原的游牧民族之所以会被汉民族的文化同化，是因为两者地缘较近，都源于东亚大陆的生态环境，在文化上有着相当的同质性和互补性。而且，游牧民族的文化发展水平较低，对发展程度高的汉文化素有仰慕之心。因此，游牧民族虽然能征服汉民族，但是反而被汉文化同化。来自印度的佛教文化与中国文化虽然有较大的地理差距，但是，佛教的精神和中国道家的老庄思想比较接近，两者都有出世或遁世的味道。因此，佛教和中国文化也有内在的精神联系，这是佛教传入中国后能被中国文化接纳和消化的基本原因。但是当中国进入明朝后期，西方传教士来到中国，带来了西方新的知识、新的思想、新的价值观和先进的科技，西方文化开始进入中国。鸦片战争后全面影响中国，给中国展示了一个与中国固有文化完全不同的世界。面对西方充满生机与活力的高势能文化，面对国家受西方列强侵略的屈辱，中国人陷入了极大的痛苦和矛盾之中，自此人们开始对中国文化进行反思。鸦片战争以来，在洋务运动、戊戌变法、辛亥革命、五四新文化运动、20世纪80年代等几个重要的历史关口，人们围绕着中国文化的发展方向问题展开了激烈的论争。

洋务运动是清政府内部的洋务派官员发动的一场发展近代工业的社会改革，它遭到清政府内另一部分顽固派官员的反对和阻挠。洋务派认为，中国的纲常伦理、道德教化是优于西方的，所差的只是科学技术比西方落后，因此，应当在保留中国文化的"纲常名教"不变的情况下，学习西方先进的科学技术。这一思想后来被概括为"中学为体，西学为用"。洋务派的观点遭到顽固派的反对。顽固派坚持中国文化的传统价值判断，认为中国文化是世界上最优秀的，别的民族的文化都不如中国，向西方学习是在"用夷变夏"，把先进落后颠倒了。他们还提出，西方的科学技术只是"奇技淫巧"，不必学习，只要内修明政，就可战胜强敌。在洋务派和顽固派的这场论战中，顽固派的思想保守迂腐，洋务派代表了当时中国人的先进思想，但是洋务派只愿学习西方文化的物质层面的东西，在制度和精神层面上还是坚持中国固有的文化。

戊戌变法至辛亥革命时期，中国人向西方学习的眼光由物质层面发展到制度层面。当时，一些进步的中国人开始认识到，要改变中国社会的落后状况，单靠引进科学技术，发展近代工业是不够的，还需要学习和引进西方的政治制度。学习、引进西方的政治制度就要改变现有的政治制度。在戊戌变法中，维新派提出学习西方的君主立宪制，这是一种温和的政治改良办法，但是失败了。戊戌变法失败后，革命派和由维新派发展来的改良派开展了一场文化论争。论争的分歧在于，要不要进行反清革命，要不要实行民主共和。改良派害怕革命会产生暴力恐怖，及引来帝国主义的干涉，导致亡国，主张中国社会必须经过"开明专制"和"君主立宪"等阶段，才能达到民主共和。革命派则认为，民主共和是大势所趋，人心所向，中国唯有通过暴力革命，建立民主共和的国家，才能获得民族的解放和社会的进步。后来，革命派发动辛亥革命，最终用暴力的手段推翻了清朝清政府，建立了资产阶级共和国。辛亥革命的胜利表明，中国文化和西方文化的接触已经深入到制度的层面。

　　五四新文化运动是中国文化精神层面的一场革命，在这场运动中，一些激进的知识分子提出"打倒孔家店"的口号，把批判的矛头直指中国传统文化的核心——儒家思想。他们还提出了"民主与科学"的口号，要以民主科学的新文化扫荡纲常伦理的旧文化。"民主与科学"是西方文化的精神，五四新文化运动提出这一口号，显示了中国人已意识到向西方学习需要深入到精神文化的层面。五四新文化运动开展了关于东西方文化问题的论战，论战的主要方面是比较东西方文明的优劣，以及讨论东西方文化能否调和。论战中出现了保守主义、激进主义、自由主义三种文化思潮。保守主义文化思潮的赞同者持有本土文化的情结，认为应当肯定中国传统文化的价值，他们沉潜于"国学"的研究，探求对传统文化作出新的诠释；激进主义文化思潮的赞同者彻底否定以儒家思想为代表的传统文化，他们把儒家思想视作封建文化，主张用西方的"民主与科学"来与之抗衡，其中一些人提出了"全盘西化"的观点；自由主义文化思潮的赞同者站在保守主义和激进主义的中间，他们崇尚西方文明和自由主义，但是在国学研究方面也倾注了热情。五四新文化运动最终是激进主义文化思潮的赞同者以压倒性的革命的话语权取得了中国思想领域和政治领域的领导权。

　　20 世纪 80 年代，正当中国结束了"文化大革命"之后不久，思想文化界又出现了一场文化研讨的热潮。造成 80 年代"文化热"发生的原因很多，其中有对中国造成巨大灾难的"文化大革命"进行的反思，有对正在陆续开展的现代化建设的文化支持，有受到当时世界其他各国文化研讨热的影响，从更广阔的时空范围来看，它还是五四新文化运动开始的那场文化论争的继续。如同五四新文化时期的文化论争一样，80 年代的文化论争也涉及对东西方文化的理论探讨，它从多维视野的角度反省中国文化，提出各种不同的文化观点，其中有主张复兴儒学的，有主张全盘西化的，有主张"西体中用"的，也有主张推倒重来的，但是，论争的主导意见是中国必须坚持在马克思主义指导下重建中国文化。在这次文化论争中，以传统文化为中心的"国学"研究出现热潮，形成哲学、文学、历史学、政治学、社会学、经济学、法学、伦理学、教育学、心理学等各门人文社会学科互相配合、共同研究文化的局面。文化研究的热潮还突破了高雅文化的范围，扩展到大众文化的领域，在旅游文化、服饰文化、饮食文化、企业文化、校园文化等许多方面进行关注和研究，取得不少成果。

　　鸦片战争以来发生的有关中国文化发展的这几场论争，是中国文化在向现代性转型的过程中出现的，它见证了中国文化的转型从物质层面进入制度层面继而又进入精神层面的过程，记录了近 100 多年来中国文化发展的重要轨迹。

第二节　中国传统文化的发展路径

　　中华民族历史文化源远流长、人文精神博大精深，凝聚着中华民族自强不息的精神追求和历久弥新的精神财富，是发展社会主义先进文化的深厚基础，是建设中华民族共有精神家园的重要支撑。要充分认识中国传统文化的历史意义和现实价值，抓住民族文化的主脉，以国家前途和民族命运为念，对历史负责，对国家负责，对中华民族负责，按照古为今用的原则，对丰厚的传统文化进行梳理挖掘，存真去伪，推陈出新，不断发扬光大，铸造中国文化的新辉煌，使优秀传统文化成为新时代鼓舞人民前进的精神力量。

一、继承和弘扬传统文化必须有一种文化自觉与文化担当的精神

　　文化自觉，本质上是一种主体意识的清醒和执著。而"主体性的迷失"，即忘记整个中华民族是一个完整的、连续的主体，通过无视或割断我们自己的历史，把现实的主体加以孤立和虚化，则必然会导致文化上的"不自觉"。例如，历史虚无主义的态度，就是无视或回避中华民族重新崛起的现实，认为我们自己的历史已经完结，今后应以别人的文化作为我们的圭臬；而文化复古主义的态度，则是把今天的自己与昨天前天的自己割裂开来，认为今天并不是对传统的某种继承和发展，而是"断裂"，出路则在于回到昨天甚至前天。虚无主义和复古主义的共同点，是实际上拒绝了要以今天为立足点的文化自觉和担当。

　　文化担当意味着，我们要更加清醒地反省自己、定位自己、把握自己，并通过科学的发展来全面地实现自己的民族复兴。最重要的是，投身于民族振兴的事业，在实践中去观察、思考和检验我们的文化，同时保持对自己理想与目标的把握和执著，不泥古，不崇洋，不迷权，不媚俗，不畏强，不凌弱，不怕像谁，也不怕不像谁，坚定不移做好自己的事，走好自己的路，在新的高度上实现新的文化自立自强。

　　因此，继承和弘扬传统文化，建设社会主义新文化，就必须要有文化自觉与文化担当的精神。中国人血管里流淌着的，正是中国文化的血液。我们的一切取舍判断、言行效果，都离不开中国文化的土壤，也无不在验证着传统文化的强弱得失。中华民族正在迎来自己命运的一次重大转折，

中华民族伟大复兴的历史责任，只能由我们自己承担。

二、继承和弘扬传统文化必须把传统文化与社会主义的本质结合起来

源远流长、博大深邃的中国文化是中华民族千万年生命历程的凝聚。生长建设中的中国特色社会主义文化，是当代中国文化的先进形态。中国特色社会主义文化的先进性，来源于它既体现"社会主义"的一般本质和特征，从而具有世界历史性和时代性内涵；也体现"当代中国人"的实践方式和成长历程，从而显示中国文化特有的底蕴和力量。

社会主义的本质就是社会主义文化的灵魂。可以说，通过解放和发展生产力，在经济、政治、文化和社会的各个领域消除剥削、两极分化等不公平现象，最终实现全体人民在物质和精神上"共同富裕"这种前所未有的社会公平和公正，是社会主义制度的根本原则和核心价值，也是社会主义文化所特有的精神实质和历史承诺。社会主义文化建设的全部任务，都是要围绕这一核心展开，意在使这一灵魂显现于文化生活的各个层面、各个环节。因此继承和弘扬中国传统文化必须结合和服务于社会主义文化的本质，用传统文化的精髓来丰富社会主义文化的内涵。

三、继承和弘扬传统文化必须把传统文化之魂与现代社会生活之体结合起来

传统文化之魂是指传统文化蕴涵着的基本精神，即理论观念、思想方法、价值导向、趣味境界等。当代社会生活主体，简单说就是人的社会生活本身。我们可以把它扼要表述为以主体为"原点"，由"四个层面"构成，按"两大环节"运行的系统。

"四个层面"，指一个文化体系的静态构成，通常包含四个基本的层面。按照由表及里、由浅入深、由显到隐的顺序来说，这四个层面大体是：

第一，社会风俗、行为习惯、实践风格层面。即通过人们的共同行为表现出来的具体面貌，包括在器物、饮食、服饰、宗教、艺术等日常生活习俗方面表现出来的具体样式和特征。这是每一个文化体系自身历史地形成的实际形象。

第二，规则规范体系层面。即在人们的思想感情和行为中被认同和遵循的导向、分寸和界限，如道德规范、法律体系、经济和政治方面的政策措施等。它通过要求和引导人在任何事情上"怎样去做，不能怎样去做"，

来显现和保持一种文化体系的性质和特征。

第三，社会(共同体)的组织制度和运行机制层面。即人们怎样组织起来，怎样分担生活的权利与责任，如何行使并监督权力的整套方式和程序。这实际是人们的社会地位、利益关系的结构和秩序的体现，主要表现于经济和政治的基本制度、体制层面。

第四，核心价值或基本理念层面。主要是指一个文化体系最终"为了谁、为了什么"的定位与导向。它处于文化体系最深层内核的位置，向外展现为制度和规范体系的制定，并经过长期反复的实践，最终落实为一定的风俗习惯。

"两大环节"，是指文化的"生产"与"消费"。这是一切文化体系必有的动态结构。马克思说，人类每天都在重新生产自己的生活。这里不仅指物质生活资料的生产，也包括精神生活的生产和人本身的生产。生产出来的东西最终供人来消费，消费也是一定意义的生产。文化生产和消费的循环前进，必然推动上述四个层面不断地更新。所以，文化从来不会停止不动，而是总在不断地发展更新。

继承和弘扬传统文化就是要把传统文化的思想精髓融入到当代社会之中，善于从每一层具体的事物和形式入手，去体会和把握"魂"之所在，通过自觉的实践去寻求"魂正"、"体谐"。

但是在现实生活中却有一种偏向，就是往往更在意文化的"体"，只急于找到能够看得见、摸得着、抓得住的东西，以为有了"抓手"就一定能有所作为，却不注意它的"魂"是什么，在这种情况下，往往越是"重视"文化，就越是容易导致文化浮躁、形式主义和急功近利。例如，近年来有些人热心在遗址上大搞重建，想利用文化资源来"发展旅游(文化)产业"，拉动经济。这种为了眼前功利而割断或掩饰历史的肤浅、草率的做法，恰恰显得更"没有文化"。所以我们在现实生活中继承和弘扬传统文化时，特别应突出传统文化的基本精神，要把传统文化的基本精神有机地融入到现实生活当中。为了体现这个魂，更应该注意"为什么、怎样做"。

四、继承和弘扬传统文化必须与以人为本的当代精神结合起来

考察一个文化体系的生命力，首先要看它是否真正保持了以人为本，以什么人为本，这些人是否是实践的主体，是否属于人民大众，它是否深深地扎根于主体的历史和实践，从而有足够的资源和底蕴。这种文化在

"显"的和"潜"的层面之间，是否保持一以贯之、相得益彰，等等。如果这些是肯定的，那么这种文化就一定兴盛而坚强；反之则必然羸弱衰败，经不起别种文化的冲击，比如"节日文化"，近些年来，中国一些传统节日有被淡化的迹象，而某些"洋节"却自发地红火起来。不少人对此甚表忧虑。政府和民间想了许多办法，也有一些实效，但仍难解除"春节年味儿越来越少"，传统节日越来越"有名无实"的感叹。显然，这里有一个问题须待解决：形成于农业和乡土生活方式的传统习俗，如何贴近现代化的城市生活。解决这个问题，也许正是振兴传统（节日）文化的关键。

一般说来，传统节日的价值和魅力，大多在于让那些平时以个体方式分散活动的人们，以一定的理由和形式聚会起来，以表达和享受相互间的情谊与关爱。这正是文化中的"节日之魂"。而如今生活在现代城市中的人们，平时饱尝忙碌和拥挤，更在意节日的是"放假"，以享用平时难得的个人休整、娱乐和交往自由。要知道，自 2011 年起，中国城市人口总数第一次超过了农村，城市生活将越来越成为主流。在这种情况下，要让人们乐于聚会，就不能仅仅沿袭旧的理由和形式，而需要重新挖掘"节日之魂"，提供新的具有普遍性的理由和形式，使人们乐于和易于参与。比如，春节与西方圣诞在满足人们"回家团聚，享受亲情"这一点上，二者是一样的。而出现一个圣诞老人，用来表达对孩子们的特殊关爱，从而带动了节日氛围，这是"圣诞节"的显著亮点，却为中国春节所缺少。当然，中国春节本有"生肖年"之说，即相当于有 12 个中国式的"圣诞老人"。可惜的是，我们历来"龙年说龙，虎年说虎"，总不与人相关。因此，过春节时也可以借此来说说"人"。如果每逢春节，大家都来给进入"本命年"的人一份特殊关爱，使每个人、社会各界都有机会参与，从而创新过年的形式，逐渐形成新的风俗。如果这样，春节也许就不会淡化了。

从"节日文化"这个侧面可以看出，在文化上"以人为本"绝不是一个简单的结论，更不是一个空洞口号，它总是可以并应该"于细微处见精神"的。实际上，事无巨细，唯有以人为本方得人心。这是文化建设的"诀窍"。一种文化形式的强弱兴衰，根本在于它与主体人的生存发展的联系。一种传统文化的命运，取决于它对人的发展的意义：它是否能够反映社会发展要求和人民的利益，是否能为主体的生存发展提供最大的资源，包括精神资源（如道义资源、智力资源等）和制度资源（如体制空间、机制活力等）。如果能够，它就仍然是先进的、有强大生命力的文化；反之，它就成为落后的甚至反动的文化，必然衰落。

五、继承和弘扬传统文化必须坚持实施"走出去"战略

文化"走出去"不仅是中国文化的影响力问题,更是中国文化的发展空间问题。要抓住国际社会研究东方文化、了解中华文明兴趣不断增加的有利时机,切实加强与国外知名文化机构合作,广泛利用各种传播渠道,推出更多代表中华民族永久记忆乃至世界永久记忆的作品,积极推出更多展示中华优秀文化独特魅力的作品,不断提升中国文化的国际影响力。

中国传统文化要走向世界,就必须出版更多的精品。文化精品反映着一个国家、一个民族的文化创新能力和创造水平,精品纷呈、佳作迭出是文化繁荣发展的重要标志。不断推出与中国文化历史、国际地位相匹配的文化精品,是扩大中国文化的发展空间和国际影响力的重要举措。

思考与讨论题:

1. 应该以什么样的态度对待传统文化?

2. 在现代社会应该怎样继承和发展传统文化?

参考文献

[1] （唐）刘知幾著，（清）浦起龙释. 史通通释. 上海：上海古籍出版社，1978

[2] （清）章学诚著，叶瑛校注. 文史通义校注. 北京：中华书局，1985

[3] 白寿彝主编. 史学概论. 银川：宁夏人民出版社，1983

[4] 蔡元培. 中国伦理学史. 北京：东方出版社，1996

[5] 樊凡. 桥梁美学. 北京：人民交通出版社，1987

[6] 方立天. 中国佛教与传统文化. 北京：中国人民大学出版社，2010

[7] 冯天瑜等. 中华文化史. 上海：上海人民出版社，1990

[8] 冯友兰. 中国哲学简史. 北京：北京大学出版社，1985

[9] 傅抱石. 中国绘画史纲. 南京：江苏文艺出版社，2007

[10] 甘满堂. 村庙与社区公共生活. 北京：社会科学文献出版社，2007

[11] 加润国. 中国儒教史话. 保定：河北大学出版社，2010

[12] 江晓原主编. 科学史十五讲. 北京：北京大学出版社，2006

[13] 姜义华主编. 中华文化读本. 上海：上海人民出版社，2009

[14] 金元浦，谭好哲，陆学明主编. 中国文化概论. 2 版. 北京：首都师范
    大学出版社，2008

[15] 黎孟德. 中国音乐简史. 成都：四川文艺出版社，2009

[16] 李本富，李曦. 医学伦理学十五讲. 北京：北京大学出版社，2007

[17] 李刚. 中国道教文化. 长春：长春出版社，2011

[18] 李慕南主编. 中国文化史丛书·艺术卷. 开封：河南大学出版社，2005

[19] 李申. 中国儒教论. 郑州：河南人民出版社，2005

[20] 林德宏. 科学哲学十五讲. 北京：北京大学出版社，2004

[21] 林国平主编. 当代台湾宗教信仰与政治关系. 福州：福建人民出版社，
    2006

[22] 刘敦桢主编. 中国古代建筑史. 北京：中国建筑工业出版社，1984

[23] 刘青，邓代玉编著. 中国礼仪文化. 北京：时事出版社，2009

[24] 楼庆西. 中国传统建筑文化. 北京：中国旅游出版社，2008

[25] 卢嘉锡，路甬祥主编. 中国古代科学史纲. 石家庄：河北科学技术出版社，1998

[26] 罗国杰主编. 中国传统道德. 德行卷、规范卷. 北京：中国人民大学出版社，1995

[27] 牟钟鉴，张践. 中国宗教通史. 修订版. 北京：中国社会科学出版社，2007

[28] 彭澎主编. 礼仪与文化. 北京：清华大学出版社，2007

[29] 秦榆编著. 中国文化性格. 北京：中国长安出版社，2006

[30] 沈从文编著. 中国古代服饰研究. 上海：上海书店出版社，2005

[31] 沈福煦. 中国古代建筑文化史. 上海：上海古籍出版社，2001

[32] 沈善洪，王凤贤. 中国伦理学说史. 上、下卷. 杭州：浙江人民出版社，1985、1988

[33] 沈锡伦中国传统文化和语言. 上海：上海教育出版社，1995

[34] 孙培青主编. 中国教育史. 3 版. 上海：华东师范大学出版，2009

[35] 谭家健主编. 中国文化史概要. 增订版. 北京：高等教育出版社，1997

[36] 汪凤炎，郑红. 中国文化心理学. 3 版. 广州：暨南大学出版社，2008

[37] 王炳照，徐勇主编. 中国科举制度研究. 石家庄：河北人民出版社，2002

[38] 王凤喈编著. 中国教育史. 福州：福建教育出版社，2011

[39] 王瑾瑾主编. 中国文化概论. 北京：机械工业出版社，2006

[40] 王卡. 中国道教基础知识. 北京：宗教文化出版社，2005

[41] 王学太. 华夏饮食文化. 北京：中华书局，1993

[42] 王一方. 医学人文十五讲. 北京：北京大学出版社，2006

[43] 韦政通. 中国文化概论. 台北：水牛图书出版事业有限公司，1983

[44] 谢定源. 中国饮食文化. 杭州：浙江大学出版社，2008

[45] 谢路军，潘飞. 中国佛教文化. 长春：长春出版社，2011

[46] 邢莉. 民间信仰与民俗生活. 北京：中央民族大学出版社，2008

[47] 许嘉璐. 中国古代衣食住行. 北京：北京出版社，2002

[48] 晏可佳主编. 中国宗教与宗教学. 上海：上海人民出版社，2010

[49] 杨文衡. 中国风水十讲. 北京：华夏出版社，2007

[50] 尹达主编. 中国史学发展史. 郑州：中州古籍出版社，1985

[51] 余同元主编. 中国文化概要. 北京：人民出版社，2008

[52] 袁行霈主编. 中国文学史. 北京：高等教育出版社，1998

［53］张传燧. 解读中国古代教育思想. 广州：广东教育出版，2009

［54］张岱年，程宜山. 中国文化与文化论争. 北京：中国人民大学出版社，
1990

［55］张岱年，方克立主编. 中国文化概论. 修订版. 北京：北京师范大学
出版社，2008

［56］张家成. 中国佛教文化. 杭州：浙江大学出版社，2011

［57］张全海. 易经的预测：全世界最聪明的人都在玩的益智思维游戏. 北京：
新世界出版社，2011

［58］张晓雨. 周易筮法通解. 济南：山东人民出版社，1994

［59］张征雁，王仁湘. 昨日盛宴：中国古代饮食文化. 成都：四川人民
出版社，2004

［60］张志春. 中国服饰文化. 北京：中国纺织出版社，2001

［61］赵吉惠. 中国传统文化导论. 西安：陕西人民教育出版社，1994

［62］郑同点校. 御定子平. 北京：华龄出版社，2011

［63］中国建筑工业出版社编. 宫殿建筑：末代皇都. 北京：中国建筑工业
出版社，2010

［64］钟敬文主编. 民俗学概论. 上海：上海文艺出版社，1998

［65］朱鹰主编. 中国民俗文化·礼仪. 北京：中国社会出版社，2005

［66］诸葛铠等. 文明的轮回：中国服饰文化的历程. 北京：中国纺织出版社，
2007